U0514354

器凝时光

讲述沈阳二中人的故事

胡玉倩／主编

辽宁人民出版社

© 胡玉倩　2024

图书在版编目（CIP）数据

器凝时光：讲述沈阳二中人的故事 / 胡玉倩主编．
沈阳：辽宁人民出版社，2024．10．-- ISBN 978-7-205-11374-2

Ⅰ．G639.283.11

中国国家版本馆 CIP 数据核字第 2024DU0536 号

出版发行：辽宁人民出版社
地址：沈阳市和平区十一纬路 25 号　邮编：110003
电话：024-23284325（发行部）　024-23284300（发行部）
http://www.lnpph.com.cn

印　　刷：辽宁一诺广告印务有限公司

幅面尺寸：170mm × 240mm

印　　张：26.5

字　　数：480 千字

出版时间：2024 年 10 月第 1 版

印刷时间：2024 年 10 月第 1 次印刷

责任编辑：王晓筱

装帧设计：琥珀视觉

责任校对：吴艳杰

书　　号：ISBN 978-7-205-11374-2

定　　价：98.00 元

编委名单

主　编　胡玉倩

副主编　刘亚军　巩　固

编　委　黄聪聪　聂　鑫　李　阔

胡玉倩：女，1967 年 12 月生，毕业于北京师范大学地理系，教育硕士，中学正高级教师，沈阳市教育专家，辽宁省特级教师，全国教育系统先进工作者（享受国务院政府特殊津贴）。2016 年 2 月至今，任沈阳市第二中学党委书记。出版《科学探究课与科学实验室》《深入开展教育创新，创建优才教育模式》《超常教育实验与探索》《共同引领孩子未来》等 200 多万字的教育科研论著。

刘亚军：1967 年 5 月生，毕业于东北师范大学历史系，高级教师，沈阳市优秀校长、沈阳市骨干校长、辽宁省领航校长。2023 年 3 月至今，任沈阳市第二中学党委副书记、校长。主持完成《基于学科核心素养的教学模式研究》和《新课程理念下课例研究对促进教师专业发展的实践研究》等课题，组织完成的《养化教育：沈阳市特色德育模式的构建与探索》和《“十百千”工程牵动市域教育科研转型升级的实践探索》获辽宁省 2021 年基础教育教学成果一等奖和二等奖。

巩固：1973 年 5 月生，毕业于东北师范大学体育系，教育硕士，中学高级教师。曾参与辽宁省《体育与健康》教材编写，担任校刊《气韵流芳》主编，图书《国旗下的青春》和校刊《学校记忆》副主编，在《中小学教学研究》等期刊发表论文数篇。

序 言

时光荏苒，缱绻着悠然舒美的岁月静好，亦彰显着温婉从容的气韵悠长。七十五载光阴流转，沈阳二中再次拉开记忆的闸门，迎接万千学子的澎湃回忆，绘就沉潜育人的锦绣繁华，抒写凝心铸器的志向理想。让我们倾听岁月的呢喃，捡拾馨香的记忆，将赤诚的情愫，书于字里行间……

器者，物也。这部书，将带我们感受育二中之“器”的历史温度。

雅致的校园依旧于闹市中静守一方恬淡，我们依然抚摸着加拿大杨粗砺的枝干，仰望绿意葱茏中的湛湛蓝天。迎春花下还是书声琅琅，夏日炎炎抵不过红色跑道上飞扬的青春，银杏果实随秋风落下，碎琼乱玉依旧浪漫着冰霜寒冬。校史馆中，优秀学友泛黄的笔记书写扬帆启航，乘风破浪；绿茵长廊，历任校长肃穆的照片诠释赓续传承的星河梦想；科创基地，各项科研优秀成果，展现守正创新的蓬勃力量。

每一件器物都保持着时代的温度，饱含二中历史的深厚记忆。

器者，才也。这部书，将带我们体会铸二中之“器”的人文力度。

“高山仰止，景行行止。”这里有高瞻远瞩的掌舵之人。他们是于艰苦卓绝中矢志报国、筚路蓝缕的时代创业者；是于风云变幻时锐意进取、无畏挑战的开拓创新者；是于复兴之路上求真务实、为国育才的踔厉奋进者。他们构建包容平和的教育生态，以为祖国培养更多具有美好人性的英才为目标，实干笃行，掌控二中巨轮创造一个又一个辉煌。

“桃李不言，下自成蹊。”这里亦有匠心育人的奉献之星。时光定格过的，是靠吃止痛片坚守讲台的坚定背影，是骨折后坐上轮椅也不能缺一堂课的伟岸背影，是默默资助班里贫困家庭学生的温暖背影……他们如微光点亮希望，如灯塔指明路向，给理想的种子以沃土，给焕发的生命以滋养。

“如切如磋，如琢如磨。”这里还有向阳生长的青春之光。课堂之上，有凝神静气、内化于心的芝兰玉树；实验室里，有自由探索、笃志于行的初生之犊；篮球场上，有元气健朗、敢打敢拼的运动少年；音乐厅内，有以文化人、以艺润心的艺术精英。他们激情澎湃，他们梦想缤纷，他们一往无前，他们满怀感恩。他们承载二中精神，他们尽显二中锋芒！

每一位“大气成就大器”的二中人，构成了二中长卷中最美的风景！

器者，怀也。这部书，将带我们领悟成二中之“器”的精神维度。

“于高山之巅，方见大河奔涌；于群峰之上，更觉长风浩荡。”二中人的故事通过一个个榜样数十年如一日踏实、认真、务实工作的事迹，诠释二中人振兴祖国做奉献的担当精神。“一脉·讲坛”本着一脉相承的宗旨，邀请二中优秀毕业生重回母校，登上讲台，传承二中永葆探究志趣、夯实数理基础、学科交叉融合的科学精神！邀请高校专家学者走进二中校园的“大师之道”系列活动，深化精研发展，开阔战略视野，助力科技强国的创新精神……

七十五载积淀，二中张扬着蓬勃向上、平视世界的自信，自立自强、踏实肯干的奋勇，坚毅有力、风雨无阻的强韧；沉潜着言传身教、精雕细琢的专注，持躬修能、恪尽职守的执着，淡泊名利、耕耘心田的诚朴……

每一段岁月精华，沉淀于二中扎实的深根；每一种品质精神，厚植于二中繁密的年轮。

岁月不居，时节如流。时间不会辜负奋斗者的每一滴汗水，所有的努力都在为更好的未来筑基。如今，越来越多的二中人成长为新一代的国之栋梁，二中点亮过他们的那道光，早已燃成他们手中高擎的燎炬。相信，这份坚守定会代代赓续，燎原中华！

器凝时光中，品荏苒岁月，抒师生真情，铸国家大器，展七五芳华！

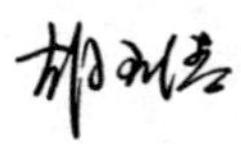

沈阳二中赋

白凇源　巩固

辽中胄脉，盛京宏址。星垂箕尾，祚交夷夏。沈水汤汤，襟怀清荣峻茂，黉宇崔巍，华曜古柏苍松。

河沿芳汀，万泉嘉树，汉卿力创，同泽济世。五校萃集，庚与邦齐，文化天元，商业央邑。栗玉兴业，扬波奋鳍，尊贤重道，筚路蓝缕。祸燹一度，难隳猛志，劫波数起，肝胆犹然。

黄钟复唱，清音洪发。名师辈出，奏钧天而宏道；英才蜂起，乐闻韶而忘饥。文翁儒化，甘棠蓊蔽，强将点兵，八方勠力。薪火相传兮，播桃李之蹊路；一脉相承兮，踵先贤之钵衣；聚萤映雪兮，断鳌足以奋达；砚破韦绝兮，穿虱心而笃志。

大气浩然兮，终成大器；硕果实藩兮，拓疆沈北；明珠熠熠兮，泽被省内；中加协盟兮，名达四海。吁嗟英才兮，攀蟾折桂；吁嗟栋梁兮，纷纭寰宇；吁嗟健儿兮，夺魁华夏；吁嗟乐团兮，蜚声国际。专家雾列，院士星呈：创天广材、兴治强藩、爱克探元、金吉精器、学军御侮，郭旭致力。 雏凤清发，奋长翮而桓宇内；箨龙拔节，延修颈而怀八荒。

杏坛典范，庠序翘楚，师道砥柱，学苑先锋，膺重器于神州，飙罡风于九夏。育人三载兮，泽学子一世，漫漫未央兮，思国家千秋。蚕心绸缪兮，谱文章之锦绣；弦歌凤起兮，彰礼乐之铎声。

元亨受运，成哉二中，立心天地，立命民生，绛帐圣学，勒石丰功。强国梦好，创世精英。定远志济，请长缨于丝路；宗悫辈出，御江海之长风；少年中国，凌太岳之绝顶；寥廓江山，蹈亘古之祖龙。壮哉二中，气吞虹霓，潜渊飞天极广宇！ 伟哉二中，珪璋特达，烈舞狂歌焕穹空！

目录 CONTENTS

第一章

高山仰止，景行行止

这里有高瞻远瞩的掌舵者。他们用赤诚的爱国情怀、高尚的人格魅力、宽广的教育视角，引领二中这艘巨轮一路行稳致远，驶过劈波斩浪的创业时光、继往开来的改革岁月。他们用栉风沐雨的拼搏、愚公移山的勇毅、我自为峰的自信铸就二中底气、树立二中志气、成就二中大气！

◎大爱无疆

——张少铭、张佩纶父子的故事

文 / 巴鲁

引言

1996年1月15日，《人民日报》在显要位置，登载了记者易傢的文章《专家父子——记教育专家张佩纶和他的父亲张少铭》，深入报道了这两位不同领域知名专家的感人事迹。

后来，有位《人民日报》的资深记者也曾对我说，在你们辽宁省，有一对知名父子，父亲是全国著名的化学家，叫张少铭；儿子是全国闻名的教育改革家，叫张佩纶，二人都是全国劳动模范。

我在辽宁省的机关工作，张佩纶的大名我当然是知道的，但对张少铭，我却知之甚少。于是，探索和瞻仰这对专家父子的崇高精神境界和思想信仰火花，在一个相当长的时期内，成了我的主要任务。

在编写《东北记忆》的过程中，我努力地寻找在东北黑土地上留下痕迹的那些有人文价值和思想信仰的智者贤达。

于我而言，张佩纶的大名我是知道的，但对张少铭我知之甚少。

于是，梳理家乡张氏父子的精神价值，采撷他们思想信仰火花的叙事，成为我的任务。

一、两张照片

在采访过程中，我见到了两张照片。一张拍摄于1978年4月2日，是党和国家领导人接见出席全国科学大会第一次全体会议代表的合影。合影中有邓小平、华国锋、叶剑英、李先念等党和国家领导人，站在邓小平身后的就是张少铭。

据知情者回忆，当时合影之前，中国科学院院长郭沫若，还把张少铭介绍给邓小平说，邓副主席，这是获国家重大科研成果奖的化学家张少铭，他也是收藏家，他向中国历史博物馆捐献了五件可谓稀世珍宝的国宝级文物。邓小平伸出手握住了张少铭的手，说了句：是科学家，还是舍得献出家财的人，你的名字我记住了。

第二张照片，拍摄于 2002 年，是党和国家领导人接见全国劳动模范代表的合影，张佩纶站在国家主席江泽民的身后。

这位知情人说，父子两代，既是专家，又是劳模，全国罕见。这是辽宁省的一个骄傲啊，辽宁历史上应该留下他们的故事。

二、收藏在中国历史博物馆的镇馆之宝

为了一睹稀世珍宝，我来到坐落于北京天安门广场的中国历史博物馆。在西周铜器“召伯虎簋”展柜前，我停下脚步，俯身观看，簋前的小木牌上写着“张少铭献”。

陪我前去参观的，是沈阳故宫博物院的专家，他介绍说：簋是西周时期用于盛放饭食的器皿，也用作礼器，圆口，双耳。流行于商朝至东周，是中国青铜器时代标志性文物。

召伯虎簋，就是史称召穆公所用的器皿。召穆公是西周的著名人物，是周厉王、周宣王身边的重臣，在周厉王寝宫被叛军围攻之际，召穆公把太子靖藏匿起来，而以自己的儿子替死。

周厉王死后，他拥立太子靖继位，即周宣王。周宣王执政时，淮夷不服，周宣王命召伯虎领兵出征，平定了淮夷。《诗·大雅·江汉》所咏“江汉之浒，王命召虎”，指的就是这件事。召伯虎簋存世的仅有两件，另一件据说流落在保加利亚。

1959 年 9 月，中华人民共和国成立 10 周年大庆前夕，中国历史博物馆在

北京天安门广场落成，准备国庆节向全国观众开放，正是布置展馆的紧张时刻，遗憾的是，十分缺少够分量的稀世珍品、镇馆之宝。

当时，身为化工部沈阳化工研究院总工程师兼院技术委员会主任的张少铭，知道了这个消息后，对出自名门的老伴匡淑元说：我想把家藏的5件最好的古董，无偿捐献给中国历史博物馆，你同意吗？

匡淑元回答：那我怎么能不同意？让更多人见识一下几千年前的国宝级文物，比放在自己家里强多了。

张少铭说：我怕你心疼，当时买的时候，家里钱不够，是你卖了自己的手饰，才凑够的钱。

匡淑元回答：我们在青岛，那么一大片房子都卖了，不就是为了买下这几件稀世珍宝嘛。你高兴做的事情，我是一向支持的。

这样的夫妻对话，虽然是脱口而出，但那种舍弃珍宝的淡然和三观的默契，令人叹为观止。

为了谨慎，张少铭用一个不起眼的旧包袱皮小心翼翼地把宝物裹好，连夜奔赴北京。

第二天，来到中国历史博物馆后，专家们看到摆在面前的西周青铜器召伯虎簋、召公簋盖、汉代石洛侯黄金印、石洛侯家丞印、金代山东东路钞版五件国宝级稀世珍品后，无比激动。消息汇报上去，惊动了国务院。中国科学院院长郭沫若、文化部部长沈雁冰，亲自会见了张少铭。沈雁冰还欣然命笔，题写了褒奖奖状。

张少铭先生，在中国历史博物馆建馆期间，将家藏西周时代的召伯虎簋、汉代的石洛侯黄金印、金代的山东东路钞版等重要文物五件，捐献国家，丰富了中国历史博物馆的陈列，化私为公，表现了爱国主义热情，特此表扬。

中华人民共和国文化部部长，沈雁冰

1960年2月6日

中华人民共和国成立后，特别是1957年张少铭加入中国共产党后，就把“倾尽家财、鞠躬尽瘁、报效国家、死而后已”作为自己矢志不渝的人生目标，终生奉行、从未动摇。

1977年，他又一次将家藏的729册历代古籍善本绝版图书；29幅中国历史上有名书画家的字、画；65件古时各朝代的铜器；1499枚历朝有代表性的古钱币；21件文物玉器；35方奇石美料、名人篆刻的历代印章，悉数献出，捐赠给辽宁省博物馆和辽宁省图书馆。这些可全是精品，绝无一件赝品。家学渊源，从小见识，自己喜欢，再加上十四年抗战期间在家专修考古、文物鉴赏、中国历史和历代文化传承，张少铭已经通过自学成为文物鉴定方面的大师。多年来，辽宁省博物馆一直聘任他担任顾问。

据一位资深拍卖师索图先生估计，张少铭无偿捐献给中国历史博物馆、青岛市文物管理委员会和辽宁省博物馆、辽宁省图书馆的珍贵古董，价值连城，不可估量。这位拍卖师感叹，这种爱国之心、怀德之美，化私为公、倾家奉国的做法和精神，可以传载千古。

三、无私无畏的科技先驱

1908年5月17日，张少铭出生于山东高密，1928年，举家迁往青岛市。1929年，张少铭21岁时，东渡日本留学，在日本工科最高学府东京工业大学化学系学习，从本科一直读到博士。

1937年，“七七事变”爆发，日寇铁蹄践踏着中国大地，日本鬼子屠杀着中国人民，张少铭激于爱国热情，坚决拒绝日本政府的挽留和高薪聘用，愤然回国。

1937年到1945年，精通日语的他，闭门谢客，多次坚决拒绝日本鬼子许以高官厚禄的聘请，闭门自修，从未为日伪做过任何工作。

张少铭足不出户，在家中刻苦自学，研读化工、考古和国学，他还在自己家中建立了化学实验室。这为他日后有本领实现科技报国，打下了坚实的基础；也使他具备了丰富的考古知识和鉴赏文物的能力。解放后，他受聘长期担任辽宁省博物馆的顾问。

抗战胜利后，他受聘担任青岛啤酒厂、青岛维新化学厂（解放后更名为国营青岛染料厂）的工务（技术）科长、代理厂长。在此期间，他引进德国技术，成功研发了轰动一时的青岛黑啤酒。

青岛市刚解放，他就被青岛市军管会任命为“国营青岛染料厂”第一任厂长。

1955 年，他奉中央重工业部调令，赴沈阳筹建中国的染料、农药和高分子三大基地。因为任务紧急，在北京接受上级任务后，张少铭直接由北京赴沈阳上任，再也没回过青岛老家。一个爱国知识分子倾家奉献、无私报国的情怀，展现得淋漓尽致。

到沈阳后，他先后担任化工部沈阳化工研究院总工程师、院技术咨询委员会主任、院实验厂厂长、农药研究室主任。

在采访过程中，我看到了一份资料，那是 1985 年，沈阳化工研究院院长在沈阳化工研究院《庆祝张少铭同志从事科技工作四十周年大会》上的讲话。

那时的张少铭已经 78 岁。

院长在讲话中，概括总结了张少铭同志四十年科技人生所经历的风风雨雨和为国家做出的巨大贡献。据不完全统计，从 20 世纪 50 年代至 80 年代，他的重大科研成果有 13 个，解决的都是国外反动派对我们“卡脖子封锁”的关键技术。

他是我国著名的化工专家、农药专家、考古专家，是中国农药专业的开创者和奠基者之一。在第一次“全国科学大会”上，他是受党中央和国务院褒奖的数名科学家之一，他发明的农药和做出的科研成果，荣获“国家重大科研成果奖”，受到党和国家领导人的亲切接见。

他精通日、英、俄、德、法等多国语言，是全国政协委员、全国劳动模范。

这种才华，这些成就直到今天，也是我们仰望的“明星”，更是中国历史上应该铭记、彪炳和致敬的科技先驱。

一位很有名望的老科学家说，张少铭是理论专家又兼任实验厂厂长，他的科研目标指向非常务实，就是研发和生产国民经济急需的关键产品，破除国家发展经济存在的壁垒。通俗点说，就是国家经济发展和科研道路上，逢山开路、遇水搭桥的先遣队、先锋队。

改革开放前，我们国家能换取外汇的科技产品少之又少。张少铭成功研制，独立发明了高效、低毒、广谱性的杀菌剂“多菌灵”和“多菌灵二号”。

他独立研制发明的“多菌灵”，对防治我国三麦赤霉病、水稻稻瘟病、油菜菌核病、柑橘霉斑病、地瓜黑斑病、白菜腐烂病等病害有特效，增产止损，产生了巨大的经济效益。亿万农民甜在心头喜上眉梢，没有什么事能比保护自己的丰收果实不受侵害更令人喜悦了。

“多菌灵”问世后，全国有52家工厂生产，当时，总产值就达到1亿多元，成为我国产量最高、用途最广、出口创汇最多的杀菌剂，被国家列为重大科研成果。

张少铭随后又发明了“多菌灵二号”，巧妙地解决了困扰广大蚕农多年的“柞蚕线虫病病害”，又获得了“国家发明奖”，这项技术至今仍是国家级的保密项目。

他发明了一种农药，一举杀灭了隐藏于广袤水田里的血吸虫，根除了千百年来危害稻农的血吸虫病。毛主席得到消息后，兴奋地夜不能寐，遥望南窗，欣然命笔，写下了《送瘟神》二首：“春风杨柳万千条，六亿神州尽舜尧……借问瘟君欲何往，纸船明烛照天烧。”著名诗句传遍祖国大地。

他发明的产品，是我国具有自主知识产权、出口创汇最多的化工产品。你能体会到这个分量了吧？

在当时，绝大多数的化工产品都是进口或偷偷仿制外国技术生产的，中国人自己发明的技术和产品寥寥无几。所以，他的发明，属于具有中国自主知识产权的国家重大科研成果，被国家称为“五朵金花”，具有世界水平。大英百科全书等世界性的图书中，均有记载。他被国家遴选、列入“中国化工百年百人”序列。他的名字登上了中国大百科全书化工卷。

当时，中国的羽毛工艺品也是出口创汇产品，但是工艺品的防蛀问题一直没有解决，影响了产品质量。周恩来总理在一次全国性会议上对他说，我们的羽毛工艺品，很受外国友人的喜欢，但防蛀问题还没有解决，这个问题不能再等了。张少铭接过这个任务，仅用两个月的时间，就研发出一种药剂，从根上解决了这个问题。

生产汽车轮胎，需要一种关键性的重要化工原料，叫已萘胺。20 世纪 50 年代，需要从美国进口。但是，抗美援朝开始后，美国封锁了这个原料的进口渠道，卡住了我们脖子，中国的橡胶轮胎厂停产了。

十万火急的任务，交给了张少铭。经张少铭挂帅，用最短时间，在国家最紧急、最需要的情况下，研发出了这种原料。国家成功生产出了国产轮胎，源源不断地支援了抗美援朝前线的需要，保证了抗美援朝钢铁运输线的畅通。弹药、给养、军需品及时送到了前线指战员手中。我英勇的中国人民志愿军打出了国威，打得以美国为首的武装到牙齿的联合国军，狼狈逃窜、节节败退，抗美援朝战争取得了辉煌的胜利。

这位老科学家说，其实，张少铭这一生做得太多太多，比如，老百姓喜欢的硫化青、硫化蓝、冰染染料紫酱、牙齿黏结剂等。他一生翻译的国外技术资料，更是无法统计，用等身来形容，也难企及其数量。他当年培养的研究生，已经成长为沈阳化工研究院的院长。在张少铭 89 岁临终前数个小时，还从《CA》杂志上，为沈阳化工研究院翻译完成了一份国际最新的化工资料……

这位老科学家发自内心地说，张少铭对国家和事业的热爱，已经融入了骨髓。

1997 年 2 月 21 日 23 时 39 分，张少铭在沈阳逝世，享年 89 岁。

在春寒料峭的凛冽寒风中，500多位领导和生前友好，齐聚回龙岗革命公墓，出席张少铭先生的追悼会。会场肃穆，哀乐低回，沈阳化工研究院党委书记致悼词。会场两侧，高悬着一副挽联：磊落英才铭华夏学富德昭毕生献四化，儒风奇志万代碑果硕功高为国增光辉。

四、历史泯灭不掉的人生截图

在他人生历史的影像册里，留下了无数画面，被后人铭记。

其一，抗战胜利日本投降后，张少铭应聘出任青岛维新化学厂工务（技术）科长、代理厂长（原厂长周则岳逃往了台湾）。在青岛解放前夕，国民党政府电令青岛维新化学厂把全部设备拆运上海集结，集中运到台湾。

张少铭在中共地下党指示下，立即组织起工人护厂队，实施严密的护厂措施。他坚定地表示：工厂是人民的财产，是几百名职工和家属的饭碗。设备绝不能拆运，我们坚决不能做人民的罪人。从今天开始我和大家一起，吃住在工厂，拿起能够作为武器的东西，要坚决顶住，一切问题由我一个人承担！

这个场景永远镌刻在青岛维新化学厂职工们的记忆中，那拳拳之心，那男人的气场，跃然而出。当张少铭和工人代表打着横幅迎接青岛解放，把青岛维新化学厂毫发无损地交到人民政府手中时，他深情地说了一句话：我们终于等到了这一天啊！

青岛市解放第二天，厂子正常开工生产，保障了工人的正常收入，稳定了社会，支援了国家建设。张少铭被青岛市军事管制委员会任命为国营青岛染料厂（原青岛维新化学厂）第一任厂长。从那时起，张少铭就吃住在工厂，只有星期天，才能与家人团聚，为青岛染料厂的恢复和发展倾注了全部的心血。在他调离青岛染料厂40余年后离世时，青岛染料厂发来的唁电中这样写道："……张老一生爱国、爱党、爱社会主义事业，在1949年前后，为保卫青染发展生产做出了卓越的贡献。他对祖国、对党和人民事业的无比忠诚，在青染厂史上写下了光辉的篇章，他的事迹是我们进行爱国、爱党、爱社会主义教育的最好教材……”

张少铭八十八岁生日时，曾对儿女们说了几句话。他说，人的一生，要做到忘我。忘我的人，才能无畏；忘我的人，才能做出千年风雨也洗不掉的历史功绩。雁过留声、人过留名，那种“且乐生前一杯酒，何须身后千载名”的生活态度，不是我们张家成员的人生观，希望你们记住我的话。

这些话，余味无穷。

其二，1950 年，抗美援朝战争爆发，张少铭把自己的一栋楼房和夫人匡淑元的全部金银首饰都捐献给了国家，当时叫“捐献飞机大炮，打败美帝野心狼”。他又大力支持适龄的儿子和女儿，参加中国人民解放军。后来，儿子成了兰州空军某部的飞行员，女儿成了海军某部的军官……

其三，1955 年，张少铭奉调沈阳，任沈阳化工研究院总工程师。行前，将祖上留下的坐落于青岛市内繁华地段的五栋楼房和一处作坊，无偿捐献给了国家，并将一千多件珍贵文物，捐献给了青岛市文物管理委员会，那里面可没有一件赝品。

张少铭的夫人匡淑元说，我的先生，一生的生活态度，我总结就是八个字：爱国、忘我、舍得、放下。相濡以沫共同走过漫长的人生之路后，我才更深刻地认识到，我的先生一生奉行的这八个字是一种高风亮节，换取的是祖国的繁荣和无憾的人生。

张少铭夫妇共育有八个子女，四儿四女。他们都没有依赖家庭，而是个个自强自立成长成才。

翻开张少铭八个子女的简历，看到他们个个都是大学毕业，本科以上学历，都是所从事工作领域的精英。院士、全国劳动模范模、全国人大代表、全国政协委员、厂长、船长、所长、总工程师和战功荣立者、国务院特殊津贴获得者……这些荣誉和称号，在张少铭的大家庭中应有尽有。而一直在父亲身边从事教育工作，成为全国名校沈阳二中校长、全国劳动模范和辽宁省优秀共产党员的张佩纶对笔者说，论在专业领域的成就和个人修养格局，我在八个兄弟姐妹中，是排在最末位的。

五、高尚灵魂的界碑

在采访中，一位香港的著名收藏家对我说，我的学识和收藏与张少铭先生相比，有云泥之别差之千里。全国解放前，香港的收藏界有一位知名人士，邀请张少铭先生去香港举办收藏展览，承诺帮助办理一切布展手续。他还表示，愿为张少铭全家，办理在香港定居的手续，但被张先生婉言谢绝了。张少铭还对他说，日本鬼子投降了，中国人民就要站起来了，这个时候，我带着国宝、文物走了，我愧对祖先和祖国啊。

这位收藏家还说，如果张少铭先生那时候来香港定居，不讲先生收藏家的声誉和收藏的国宝文物的规模，仅以先生的专业和学识，在实业方面，一定是个举足轻重的人物啊！

这位收藏家的话，让我沉思良久。我的脑海里浮现出张少铭挺身而出，率领工人，坚决护厂的画面；浮现出抗美援朝战争爆发时，张少铭把自己的一处房产和夫人匡淑元的金银首饰捐献给国家，并支持适龄的儿子女儿参加中国人民解放军的画面；浮现出1955年，张少铭奉调沈阳，肩负创建中国染料、农药、高分子三大基地重任，行前，将祖上留在青岛的五栋楼房、一处作坊和一千多件珍贵文物全部捐献给国家的画面；浮现出张少铭把五件稀世珍宝捐献给中国历史博物馆的画面；浮现出他把数千件珍贵文物，无偿捐献给辽宁省博物馆和辽宁省图书馆，并且不留任何清单的画面……

这就是张少铭。

一位血气方刚的男人，一位散尽家财为民族的男人，一位将整个身心都献给了中国化工事业，鞠躬尽瘁，死而后已的爱国精英和科学巨匠。

他的所作所为，无论是才华还是情怀，是很少有人能够做得到的，是少数中的少数，是真正忘我的人。

世上的每个人，对荣华富贵、高尚精神的理解和追求是不一样的，它是对灵魂、格局、抱负是否能达到“海纳百川有容乃大”“壁立千仞无欲则刚”崇高境界的试金石和界碑。

张少铭如果以日本工科院校最高学府——东京工业大学化学专业的博士身份留在日本，是可以丰衣足食的；张少铭如果在全国解放之前，携稀世珍藏和饱学之识前往香港，无疑是富甲一方的名流。但这并不是张少铭的需要、选择和追求。我知道，做出这样选择的是极少数人。当一个人把民族情、爱国志根植于内心时，人生的境界、格局和胸襟是截然不同的。这是人与人的重要区别。对高尚精神世界的追求是个界碑，是伟大与渺小、优秀与平庸的界碑。

而张少铭无疑是一个灵魂高贵，可以永垂史册的人，而这恰恰是笔者所要记录的精髓。

张少铭的墓志铭，很好地概括和诠释了他的一生：

张公少铭，齐鲁人士。
少怀壮志，远赴东瀛。
存丹心系家国，
展聪颖学有成。
适逢抗战，
毅然归国。
实践报国之愿，
义弃苟且之荣。
喜迎建国展宏图，
独到学识奉赤诚。
开染料研制先河，
辟农药创新蹊径。
承国重托转沈城，
新药频出助三农。

巧构思蚕宝获救，

灭钉螺万民重生。

呕心沥血，攻关克难担重任。

劳苦功高，硕果累累获殊荣。

满腹经纶，著作等身。

令闻广誉，口碑满盈。

倾家奉国，呈重器国博镇馆。

献身故土，铸伟业千秋称颂。

淡薄清雅，厚德堪比赤子。

托体山阿，浩气孕育精英。

回归净土，寿享天年有道。

传薪本色，祺盈家业长兴。

灵魂流芳，丰碑万众素仰。

后昆勿忘，俎豆祭而有恒。

金一南将军说，支撑起一个国家和民族灵魂和血性的，支撑起一个国家和民族脊梁的，不是多数，是少数。你没有这关键的少数，就会满盘皆输；你有这关键的少数，这个国家这个民族永远不会服输，一定会有复兴的那一天。

应该承认，张少铭身上的至诚之美和对祖国之爱，是必须镌刻在中国历史的长卷中的。记录的节义和人生底色，不仅仅是钱财上“倾尽珍藏以报国”，更是在科学兴国上“呕心沥血建奇功”。

这是历史的风云所不能吹散的啊！

六、他把一种理念留在了教育界

有一位曾担任省级领导，主管过教育的老人对我说，张佩纶是教育界实施创新型教育的改革者和实践者。他为实现三个面向而提出的教育理念、他对

21 世纪中国教育的思考、他一往无前的大胆实践，是具有巨大的现实影响力和长远的历史价值的，是应该很好地总结和全面传承的。

他用有限的权力，把沈阳二中打造成了“净土上的殿堂”。沈阳二中之所以成为全国知名学校，是与他担任沈阳二中校长 20 年所坚持的正确的办学方向和工作中不畏艰险、攻坚克难、勇攀高峰分不开的。如果能用文学的方式留存下来，犹如美酒，会随着岁月迁延而醇香益远。

张佩纶说：学校就是我的碑。

张佩纶把“三知”作为一个校长做好工作的前提。

知师、知生、知心。

知师，是深入了解、认真解决教师疾苦，关心教师学识水平和资历水平的提升，关心教师生活待遇的改善，解决教师方方面面的困难。一句话，就是想教师之所想，急教师之所急。

知生，是了解学生心思，读懂学生之意。提倡“依法治校和依情治校相结合”，抛弃没有生命力的观念、理论和做法，创造多元的、有动力的、师生高度融洽的新氛围。以教师为主导，以学生为主体，教师要围着学生转，要多调动、少压抑，这样才会有新能量的释放。张佩纶任校长时的沈阳二中，就形成了这样的氛围。沈阳二中师生之间的融洽关系，用亲昵来形容，绝不过分。

沈阳二中按照教育规律和人才成长的规律办学，实行分类推进，大面积提高教育质量，不使一个学生掉队。学生是在天高任鸟飞、海阔凭鱼跃的校园环境中成长起来的。学生群体的标志是：人人有专长、个个有特色、升学有后劲、德才齐发展。这和在单纯追求升学率办学思想指导下成长起来的学生，是截然不同的。

创造这样的教育环境，是张佩纶治校的最大特色。

知心。就是用人不疑、交人交心，与师生勠力同心，是张佩纶担任沈阳二中校长二十年间，时刻奉行的准则。

张佩纶深知，一个人再有本事，也包打不了天下。校长就是浑身是铁，又能打几颗钉？办好沈阳二中，需要举全校师生之力，这就需要最大限度地调动全校师生的积极性。

一校之长，既是学校的掌舵人，又是学校的后勤部长。让师生既能认准前进目标，又能放下后顾之忧，一心一意盯着既定目标向前冲，其结果必然是攻无不克、坚无不摧。

这要求校长，抛弃个人得失与荣辱，勤于思考、忘我耕耘、勇于创新、善始慎终。以真心与诚意对待师生，千方百计给师生谋出路，不堵路，留退路。

张佩纶担任沈阳二中校长二十年，沈阳二中真正实现了张佩纶上任伊始就提出的“昂扬向上、追求卓越、有标必夺”的办学目标。学校出现了人人心情舒畅，个个奋勇争先的一种生动活泼的局面；成为辽宁省全面贯彻教育方针，全面推进素质教育的一面旗帜；成为辽宁一流、全国知名的特色学校。

通过这些业已实现、尽人皆知的业绩，能从不同角度，捕捉到对张佩纶素质、格局、人品的客观评价和人文价值。

七、己所不欲，勿施于人

张佩纶所言所行，与他的人生经历和家庭熏陶密不可分。

他体验过痛苦，便不希望别人痛苦；他心怀着渴望，便懂得别人的渴望；他被命运扼过喉咙，在他有权之时却从不用权力去难为别人；他曾仰望天空不能翱翔，便用可用之权，去砸碎阻挡别人飞得更高的羁绊，为别人飞翔助力。

因为命运曾经无情地折磨过他……

张佩纶 5 岁上学，14 岁就考进了辽宁省重点高中——沈阳第 31 中学高中部。他是班上德智体美劳全面发展的好学生，担任英语和化学两科课代表，是学校体操队和管弦乐队的成员。

1960 年夏季，那是高考录取前，一段期待的日子。张佩纶报考的是中国最高学府——清华大学，高考成绩公布了，相当不错，上清华似乎没有悬念。

但令人意想不到的是，一批又一批同学接到了录取通知书，偏偏张佩纶的录取通知书渺无音讯。

录取是有顺序的，通常先是国内最好的学校，譬如清华、北大，然后是其他国家重点大学，然后是省级大学，然后是大专，等等。论成绩，张佩纶已经达到了清华大学录取线。可是清华、北大的录取通知书下来了，没有他。其他国家重点大学的录取通知书也下来了，还是没有他。再以后，甚至连省级大学的录取通知书都下来了，仍然没有他。眼看着，许许多多考试成绩远不如他的同学，相继接到了录取通知书，唯有他仍然悬在半空里，音信皆无。

“大道如青天，我独不得出”，他不知道自己的命运之舟，会被抛到哪里去。

结果终于出来了，是一个边境小城的师专。

为什么啊？

后来，据知情人透露，问题出在毕业前的政治审查上。他的高中毕业生登记表上，被赫然写着 13 个字“政审不合格，不得录取本科院校”。

政审不合格的根源，来源于家庭和父亲。因为父亲曾在日本读过书，就被想当然地错误地认定为“日本特务”。因为父亲受国家化工部委派，带队前往苏联、东欧等国家进行“煤焦油综合利用”项目的考察，所以被错误地认定为“苏修特务”“波兰特务”。因为父亲出身于一个地主家庭，所以又被愚蠢而又错误地划定其本人就是“地主分子”，是混入党内的“阶级异己分子”。

就在 1960 年那个滴水成冰的严冬，在反右倾的凛冽寒风中，父亲被错误地取消了党籍，那可是张佩纶高考政审最关键的时刻啊！

昔日之英杰，今日之罪人，而且株连了儿女。

这些，在今天看来，可能是政治笑话。在当年乌云压城城欲摧的年代里，这可是囚禁你的牢笼和枷锁，是扼杀你命运和前途的十字架。

时代造成的苦难，往往就是这样残酷、这样不公。

5 岁上学，苦读 12 年书，张佩纶从天堂一下子跌入了地狱。

那年，张佩纶 17 岁。

就在张佩纶因为受家庭出身影响，政审不合格，受命运逼迫准备去那个边境小城的师专报到的前一天晚上，父亲张少铭走进了他的房间，父亲语重心长地对他说，自己前半生最遗憾的是只专注于科研，没能培养出学生继承自己的事业。做个“传道授业解惑”的老师，一直是他的向往，如今在爱子身上实现这个夙愿，他感到很欣慰。学校的名气无所谓，关键在于自己的努力。此外，遇事不能只从自己的角度考虑，要学会相信党、相信国家。

这一席话，和父子在六平方米的小屋内促膝谈心的情景，张佩纶牢记了一生，至今记忆犹新。

倔强的种子，不会被巨石压住。金子被埋，也不会失其本色。

张佩纶来到了那个边境小城，来到了小城那个并不出名的师范专科学校。在入校就开始的全面复试中，张佩纶考出了全校第一名的好成绩。张佩纶把第一名的位置一直保持到毕业。

这个世界上，总有一些正直的人。张佩纶不但被选为班长，而且被选为校学生会文娱、体育两个部的部长。这期间，他接连被评为学校的优秀学生、优秀学生干部和优秀团员。在市里组织的纪念“五四”演讲会上，他还夺得了一等奖。

在毕业分配的动员会上，学校特别强调，因为工作需要，要留一名同学，在边境小城工作。张佩纶是从省会城市考去的，家中年迈的父母身边没有一个子女照顾起居，他当然可以选择回省城。可是，临到自愿报名时，全班 24 个人的教室，最终只有一个人，举起了一只孤零零的手，这个人就是班长张佩纶。他把去大城市和回家乡的机会，让给了同学。作为班长，他选择了响应号召，留在边境小城。在决定命运的关键时刻，他选择了牺牲自我。

全班 24 个同学，有 23 个同学离开了小城，回家和亲人团聚了。往日热闹的宿舍里，只剩下张佩纶孤孤单单一个人。“寂寞难耐，时光不再……只有自己为自己悲哀，只有自己为自己喝彩”。

此曲，彼时，何其相似乃尔。

冥冥之中，命运有时也很公平。

时隔三天，一名同学因为有两科毕业成绩不及格，被沈阳市退回学校重读一年。张佩纶作为替补，最终得到了回沈阳的机会，被分配到沈阳市一所普通中学。

校长拿着张佩纶的档案，高兴地对教导主任说，分来了一个好学生。

八、苍穹角落里的星星也在发光

张佩纶参加工作刚刚 14 天，就遇到了一个情况。全校有一个最乱的班，班主任是党员。让党员去带一个最乱的班，这种做法，按说是理所当然的，也是出自一种信任。可遗憾的是，信任归信任，现实却不尽如人意。

学生压根不管老师是不是党员，学生有学生的思考，学生有学生的做法。这个老师的苍白说教和课堂教学水平，学生不感兴趣，学生该怎么淘气还是怎么淘气。结果，班级乱得一塌糊涂，班主任抹过几次眼泪后，一甩手，坚决不当这个班主任了！

万般无奈，校长找到张佩纶说，你去带这个班吧。

淘气的学生，没有时间观念。迟到的学生突然发现，讲课的位置上不见了原来的老师，站在那里的，是一个与他们年龄差不了多少的男青年。开始他们还以为自己走错了门，等他们知道这就是他们新来的班主任的时候，他们似乎有一种战胜国的感觉，原来的老师到底被他们给挤对走了。这个年龄比他们大不了几岁的小老师，他们才不会放在眼里呢！

淘气的学生照淘不误，什么五花八门的坏点子都有。张佩纶观察了几天，看出来真正调皮的也就是那么几个学生，但这几个学生身上，都有自己的闪光点。有的唱歌好，有的爱游泳，有的英语好，有的打球好，有的学生家庭缺少这样那样的理解与温暖……

毕竟，出自书香门第的张佩纶，对初中生所学的那点课程，可以说门门叫座。底蕴是对灵魂的一种征服，几堂课下来，调皮的学生对学识、知识和文体技高一筹的小老师佩服得五体投地，随之而来的就是言听计从。

大不了学生几岁的小老师，不仅肚子里有干货，而且多才多艺，能拉善唱。读初中时，他就在学校的民乐队里吹笛子,《麦收时节》《扬鞭催马运粮忙》《相见欢》等是他经常演奏的曲子。上高中后，他又进了学校的管弦乐队。他吹奏巴里东（中音号）和拉管（长号），能用娴熟的“降 B 调”和“F 调”指法，演奏《迎宾曲》《团结紧》《中朝人民胜利》《中国人民解放军进行曲》《骑兵进行曲》等著名曲目。他还是沈阳 31 中学体操队的成员，是国家体操三级运动员，单杠、双杠、鞍马、垫上的规定动作和自选动作，那是他的拿手好戏。他还精于二胡和小提琴。他曾师从著名的音乐教育家贾广义先生（贾先生的大女儿贾晶环是沈阳音乐学院弦乐系小提琴演奏第一名，二女儿贾玉环是辽宁省儿童剧院的第一小提琴手，儿子贾宏光是国际知名小提琴大师梅纽因的学生）学习小提琴和二胡，无论是刘天华、阿炳的二胡曲，还是霍曼、开塞及马扎斯的小提琴曲，他都演奏得如泣如诉，炉火纯青。在学校的艺术节上，他多次展示过才艺。

张佩纶说，老师是什么？

老师是学生的楷模。老师是学生兴趣和天赋的开发者，老师是学生三观的塑造者。老师的威信来自学生的信任，被学生信任是一个老师最大的成功。

张佩纶是个工作狂，他白天授课，晚上利用课余时间，走街串巷地拜访学生家长，还和班里英语好的学生组成英语角，单独对话；和对体育感兴趣的学生一起练体操、踢足球、结伴游泳；和爱好文艺的学生一起吹拉弹唱。当然，前提是老师热爱学生，学生信任老师。

班级的秩序很快变得井然有序，全校师生每学期都要数次列队步行前往沈河俱乐部活动，精神最饱满、步伐最整齐、口号最嘹亮的队伍，不用问，一定是张佩纶所带的那个班。

学生的学习兴趣越来越浓，再没有人调皮捣蛋了。最乱的班，很快成为学校乃至区里最好的三好班级。学生升学时，考入沈阳二中和辽宁省实验中学的学生数量名列全校各毕业班之首。

有知情者回忆说，那段时间，张佩纶一直住在学校。因为学校领导看他有朝气，有能力，就让他兼管物理实验室，同时还负责学校的文艺宣传队。

普通中学的物理实验室太简陋了，为了适应教学需要，必须改变这种面貌。他首先去参观了辽宁省实验中学的实验室，拜访了实验员、市劳动模范杨永义老师，开了眼界、长了见识。

从善如流、见贤思齐是张佩纶一生的一大特点。张佩纶干脆把自己的行李搬到了实验室，累了困了就睡在物理实验台上。他把家里能用得上的工具都搬到了学校。那段时间，他制作了几十种教具，课堂教学不再是枯燥无味的纸上谈兵。实践中，他也学会了电工、木工、钳工、油工多种手艺，还写了 20 多篇论文。他说，这是时代给我的机会，我要拼命地珍惜。

学校文艺宣传队在沈阳市还是小有名气的，经常参加市、区文艺汇演。那时候，演出时时兴画油妆，张佩纶就自费买了几十个学生用的铁皮文具盒，在里面焊成一格一格的，改装成化妆盒。盒内，42 号 44 号底色、各色化妆油、定妆粉、卸妆油、卸妆棉、眉笔、油笔等应有尽有。当年的文艺宣传队队员，现在也都年过古稀了，有人却还保存着这个小小的、简陋的化妆盒，那可是张老师亲手制作的。

他先后带过 10 个较乱的班级，这些班后来都成了三好班。

他设计了沈阳市第一本班主任工作手册，撰写了班级学生常规 36 条。他被学校推荐和上级批准，先后 8 次向区、市同仁介绍教学及班主任工作经验。他以《为教育事业大发展贡献力量》《怎样当好班主任》为题，在沈阳市介绍了物理教学和当好班主任的经验。

由于工作突出，他年年被评为沈河区模范班主任及沈阳市五好教工、辽宁省物理特级教师、沈阳市学习毛主席著作积极分子。

九、阴霾过后是彩虹

1965 年冬天。

张佩纶因为家庭出身、社会关系问题，被关进了“牛棚”，那时他 23 岁，成了学校里最年轻的“牛鬼蛇神”。“牛棚”的门框上，贴着一副对联，上联是“庙小妖风大”，下联是“池浅王八多”，横批是“一窝混蛋”。负责看管“牛棚”的，他们头戴军帽、手拎带铜扣的军用武装带，对往日的老师，当时的“牛鬼蛇神”们非打即骂。

但是，张佩纶从来没挨过打。因为，干脏活累活时，他有的是力气，总能干得又快又好。背诵“老三篇”和毛主席语录，他更不在话下，甚至比那些红后代背得还流利。

每天中午，休息一个半小时，张佩纶准时来到太原街老联营公司胡同里面的“杨家吊炉饼”饭店，和几个事先约好的“铁杆保皇”学生吃吊炉饼、喝鸡蛋糕，交流学校“战况”。饭后，再回去接受下午的折磨。一段时间下来，反而养得白胖白胖的。

随遇而安，是张佩纶的又一特点。张佩纶深知，在诡谲多变、不如意事常存的环境中，唯一不觉其拂逆，而使得心情轻松的办法，就是要做到使自己“随遇而安，随缘而至”。

蹲在“牛棚”里，少参加了不少批判会，少听了不少言不由衷、口号连篇的发言。

那时，最新最高指示发表，市里都要在市体育场举行庆祝大会，叫做“传达学习不过夜”。那时的师生，都像变态人一样，一面跳着忠字舞、唱着忠字歌，一面奔向大会会场，体力不支，汗流浃背也要咬牙坚持。而“牛鬼蛇神”们是没有资格参加大会的，既免去了沿途疲劳，又多学了不少毛主席的著作。“牛鬼蛇神”也没有上街砸橱窗、破四旧、剪背头、剪辫子、剪裤腿的“政治待遇”，自然也少干了不少祸国殃民的缺德事。“牛棚”反而成了避风港，张佩纶自诩为“愉快的牛鬼蛇神”。

张佩纶的脑海中，始终萦绕着杨绛的一段话：一个干净的人，经历生活的磨难之后，依然保持对生活的热爱，在岁月的煎熬中，刻画出独有的思想，灵魂深处有净土，思想背后有初心，坚守良知和道义。依然能简单而单纯地面对这个世界，知世故却不世故，历圆滑而弥天真，善自嘲而不嘲人，处江湖而远江湖。

经历过那段岁月的一位教师对笔者说：张佩纶那时是学校的团委委员，教工团支部书记。有几个家庭出身不好的学生，因为表现好，张佩纶力主发展他们入团，于是，张佩纶最重的罪名就是“招降纳叛”，为资产阶级子弟扬幡招魂。

在批判张佩纶的这条罪状时，他拿出有关文件平静地读道：“表现突出，可以教育好的子女可以发展入团。”

罪名到底成不成立呢？连批判他的人都糊涂了。

但是，批判会照常开，黑白颠倒的时代，哪容得你分辨，你的出身不好、你有海外关系，就是你的原罪。谁让你投错了胎、进错了门。

当造反有理，没有独立思考的时候，社会就混沌了。

但清醒的灵魂是存在的，在那个许多人无所适从浑浑噩噩的年代，张佩纶聚精会神地埋头做了两件事：

一是拜中国医科大学基础部英语教研室主任王琁为师，把英语学得炉火纯青。在王老师指导下，张佩纶为薄冰所著“中学英语练习册”撰写了数十万字的标准答案，成了当时学生甚至一些英语教师都渴望得到的参考书。

二是受聘义务担任沈河区游泳教练十五年，既教沈河区游泳队的孩子们游泳，又自我健身。张佩纶以专业水准为目标，先后为国家游泳队、海军游泳队、国家蹼泳队输送了数十名优秀队员。在2008年北京奥运会上，中国游泳项目唯一打破世界纪录的刘子歌的教练金伟，就是张佩纶从小带大的队员；在中法瑞国际蹼泳邀请赛上，连破3项世界纪录的袁越，也是他从小带大的队员。至今，辽宁省游泳协会的主席，辽宁省游泳中心的主任、副主任，沈阳市游泳协会的副主席，都是他当年的队员。就是现在，张佩纶还担任沈阳市游泳协会名誉会长。多年来，他一直担任辽宁省游泳裁判委员会主任、中国游泳裁判委员会常委。

张佩纶经常挂在嘴上的一句话就是：我就喜欢领着学生玩，二中的学生玩也要玩出高水平、玩出新格局。张佩纶身体力行为学生做出了榜样。在工作之余，他义务担任沈河区的游泳教练，每天早晨5点到7点，下午3点到5点，带领40多名队员进行游泳训练，坚持十五年，风雨无阻。为国家、省、市游泳队、潜泳队、蹼泳队、海军队输送了数十名优秀运动员。

张佩纶坚持40年担任游泳裁判，他以第一名的成绩考取了游泳国家级裁判，这是国内游泳裁判的最高级别。他参加了历次全运会、城运会、大运会、军运会、全国锦标赛、全国冠军赛、全国分区赛，分别担任裁判长、副总裁判、总裁判、仲裁委员。他还连续四届，共16年，当选为中国游泳裁判委员会常委。

张佩纶以优异的成绩，通过了国际泳联的考试，晋升为国际级游泳裁判，那时中国只有4人被通过。随后他在国内举办的所有国际比赛（如奥运会、两次亚运会、东亚运动会、国际邀请赛、世界杯赛、世界游泳锦标赛）中，都担任了技术官员。

2008年，在北京奥运会游泳比赛第一次技术官员大会上，他用流利的英语向来自31个国家的100余名技术官员介绍了自己的自然情况和游泳执裁资历，并表示热烈欢迎各国朋友来北京参加奥运会，获到了热烈的掌声。他多次用娴熟的英语，与国际泳联主席罗格及各国技术官员进行交流。

国家体委一共评选了四次全国优秀裁判员，他次次榜上有名；国家体委和教育部联合表彰了一次全国优秀游泳工作者，他也是其中之一。

“莫听穿林打叶声，何妨吟啸且徐行……一蓑烟雨任平生。”

他坚信，阴霾不会持久，乌云终会散去，风雨过后，定会是明媚的阳光。

张佩纶终于等来了云开雾散的这一天。

十、天下，永远是有准备的人的舞台

1978年，十一届三中全会召开，这是一个历史性的转折，教育的春天到来了。

沈阳二中又恢复了辽宁省重点中学，沈阳市委市政府成立工作组，对沈阳二中的领导班子和教师队伍进行了大刀阔斧的整顿。张佩纶以沈阳市优秀物理教师和沈阳市模范班主任被选调到沈阳二中工作。

张佩纶的命运发生了根本性的转变。正直、善良、才华和见识集于一身的张佩纶，在沈阳二中很快被吸收，加入了中国共产党。由于教学和表现的出类拔萃，他很快由普通教师提升为副教导主任、教导主任、副校长，又从副校长提升为沈阳二中的校长兼党委书记。

沈阳二中成立于1949年3月8日。第一任校长栗玉是一位从延安来的女革命者，也是新中国第一代女教育家。她从战火硝烟中走来，深知新中国得来不易，而建设新中国，则急需大量人才。她把沈阳二中建设成了社会主义人才成长的基地，建设成了辽宁省一流的重点中学。

“马蹄哒哒哒，黄河水哗啦啦……漫漫长夜啊，多少等待和挣扎。”

张佩纶像一个充满活力，攒足力量的运动员，站在了一个新赛道的起点上。

他会是一个在赛道上创造新纪录的合格选手吗？

张佩纶的回答是肯定的。

“要努力生根要发芽，让梦想开出最美的花”，歌曲《战马》的歌词，仿佛是他人生的写照。

1984年，他上任伊始，就把刘勰在《文心雕龙》里“思接千载，视通万里”作为自己的座右铭。

张佩纶可不是光说不练的江湖艺人，他深谙身教胜于言教的道理。他要求教师要认真备课，他把自己20年的物理教案展示出来，供全体教师观看。他要求学生要重视体育活动以增强体质，他从调到沈阳二中当上班主任的第一天，每天下午都要亲自带领学生在操场跑步。所以，他所带领的班级，年年都是学校冬季长跑的冠军；他带领班级体操队在学校运动会上做过表演，并亲自做单杠、双杠的示范动作；在学校运动会上，他曾经夺过教工跳高第一名和铅球第二名；沈阳二中没有一个教职工能与张佩纶在游泳赛道上一争高下。他要求学生全面发展、学有特色，培养一技之长。他在学校多次艺术节文艺汇演中，登台亮相，一展才艺。他和教工民族小乐队一起演奏过广东音乐《梅花三弄》、他和一位音乐教师齐奏过刘天华的二胡曲《光明行》、他自己也独奏过阿炳的二胡曲《二泉映月》；在与国际友好学校联欢的篝火晚会上，他也一展歌喉，与一个学生合作，表演了京剧沙家浜的选段《智斗》，他一人兼唱胡传魁和刁德一的唱段……

他深知“打铁还需自身硬”，为胜任新职务，必须尽快提高自己的学识和资历水平。他没有高官后台，也没有可以交换的权力和资本，唯一有的，就是不服输的精神、刻苦学习的劲头和苦行僧般的生活。他很快就读完了大学本科课程，又顺利地从硕士研究生班毕业，并成为中国教育最高学府北京师范大学的高级访问学者。受美国联邦教育部和新闻文化总署特邀，他前往美国，成为“富布赖特计划”的国际教育高级访问学者。

他认为，一所名校的发展，必须有“面向未来”的时空观，要有面对二十一世纪，面向世界的逼问和审视。为此，他撰写了《面向二十一世纪对中国教育的思考》，发表在全国性的杂志上。对这个即将面临的问题，从理论到实践，进行了全面的阐述。

有些事，听起来，似乎很简单。校长的任务就是“出主意、用干部”；辽宁省示范校的任务就是“出经验、出人才”。

可实际做起来，却是问题如织，困难如山，千头万绪，无从置喙。

张佩纶敢于赴二中校长之任，足以说明他已经下定了赴汤蹈火、在所不辞，会当凌绝顶，一览众山小的决心；他之所以敢于提出昂扬向上、追求卓越、有标必夺的工作目标，就是封杀了自己的退路，要求自己必须脚踏实地，把方方面面的工作做到极致、做成榜样。

他说，沈阳二中培养的学生，若只是死记硬背的“功夫匠”和应试教育下的“解题匠”，那二中的教育就失败了。从沈阳二中走出去的学生，必须是德才兼备、知能双全、一专多能、有创新精神的“千里马”。那才是沈阳二中真正的培养目标。

一个名校所进行的教育，必须要有前瞻性；必须要有面向世界、面向未来的准备；必须在中学时代就为学生植入有足够的续航能力、能适应大中学教育衔接、能战胜未来纷至沓来的各种挑战的强大基因；必须为学生负责一辈子。这才是名校存在的价值。

他鼓励教师，实施最优化的课堂教学，找出能与学生共振的频率，使教与学的共振频率达到最大值；必须用最优化的教学内容和方式，来激发学生学习的激情，收到短时高效的课堂教学效果，这是减轻学生过重负担的关键一步。他说，一个好老师，要知生、爱生，对学生要有爱心，讲课要有针对性，要知道学生需要什么。既不要天马行空、信口开河，又不要絮絮叨叨、味同嚼蜡。

张佩纶每天上午的主要工作就是听课，他给自己定下的任务是每学期必须听 150 节课，他还要求主管教学的副校长每学期要听 200 节课，课后还要检查教师的备课教案，要与老师交流听课心得，要提出既内行又中肯的指导性意见，这既是对教师的帮助督促，也是对自己的考验。

张佩纶认为，教学是学校的中心工作，课堂教学是中心的中心，校长不下去听课，硬着头皮听了，又谈不出指导性意见，对教情和学情两眼一抹黑，胸无点墨、心中无数，怎么能提高教育教学质量呢？

张佩纶还认为，关心教师疾苦，解决教师后顾之忧，是一个好校长的必修课，死任务。

沈阳二中创造一切机会，让教师提高学识水平，按时晋升职称和工资。学校鼓励教师继续读硕士，派车接送教师去报名、上课；鼓励教师参加学校举办的英语提高班培训；鼓励教师参加学校举办的电脑学习班。学校出面，为教师解决住房、子女上学、有病就医等问题，千方百计让教师吃好、住好。只要是视野之内、力所能及的问题，学校一律予以解决。

人非草木，孰能无情。

人心都是肉长的，教师深切地感受到学校的关心和沈阳二中这个集体的温暖，他们被深深地感动了。身心的温暖，汇成了巨大的工作动力，他们铆足了劲，全心全意为学生倾注心血，聚精会神地投入教学、辅导和自身学识、素质和格局的提高，没有一个教师精力外流，没有一个教师在校外补课。

沈阳二中教师队伍中，硕士生的比例是全省最高的。大学毕业生在沈阳二中，只要努力工作，考核优良，到了年限，就一定会按时晋升职称。每年晋升职称时，如果差几个名额，张佩纶一定会亲自到市教委职称处，不磨下这几个名额，他是不会打道回校的。

大学校友聚会，共同的感觉就是：分到沈阳二中工作的同学，比分到其他学校的同学，职称晋升快得多，工资水平高得多。

民不患寡而患不均。公平、公正、公开是沈阳二中一贯奉行的政策。奖勤、奖优、罚懒、罚庸，诸事一碗水端平，在沈阳二中是司空见惯、习以为常的事情。张佩纶认为，一个学校，必须实行校务公开，必须充分尊重教职工的主人翁责任感。越是努力工作的教工，越不吃亏，付出多的教师，总会得到肯定、总会得到相应的荣誉和酬劳，二中教师的结构工资是全沈阳市最高的。

张佩纶在每一个假期里都要骑自行车走访149位教职工家庭。给20世纪80年代初还住在低矮的小平房里的教师送去引火的劈柴，取暖的煤炭。帮教师砌防风的门斗，了解每一个教师的疾苦和后顾之忧。

新毕业分来的大学生，多数家在外地，住在学校单身宿舍。过年过节的时候，张佩纶就从家里带了一些肉菜，来到学校与他们一起过。给住校教师宿舍购买了电视机、洗衣机、建了淋浴房，在80年代初，这可都是奢侈品。

每个周日，住校教师都可以在食堂点菜单做。每逢年节和特殊情况，他们都可以免费使用校长室的长途电话，与家人互致问候，倾诉思念之情。任沈阳二中校长20年，张佩纶20个除夕夜都在学校值夜班，他把除夕夜阖家欢乐的机会，让给了其他人。

为了让住校学生们吃上面包和烤饼，他亲自与友邻单位金属研究所联系，在他们的支援下，制作了一台面包炉。又陆续配备了馒头机、切菜机和面条机。为了照顾生病体弱的教师和学生，他让食堂专门为他们开设了小灶。

一个学校的温暖，实际上是道德与格局的体现，是教职工积极工作、学生努力学习的动力之源。

用张佩纶的话说，一个学校就应该像一个大家庭，要使每一个成员都能感到大家庭的温暖和心情的愉悦，要通过全心全意的工作，把师生激励得群情振奋，总想为学校为社会多做点什么。这是发自内心自觉自愿的行动，不同于打鸡血吃兴奋剂刺激出来的假象。大家高高兴兴地上班上学、聚精会神地工作教学、心满意足地按时回家休息和锻炼，这样的学校，这样的师生集体，怎么能不出成绩呢？

20世纪80年代，中国是个穷国，穷国的学校，百废待兴。想干成点事情，经费总是捉襟见肘。张佩纶说了这样一个理念：一所学校成长和繁荣，不仅需要精神，还需要资本的支撑。精神、物质两手都要抓，两手都要硬。

这样的认知，虽然在国外是常识，但是在当时的中国却是超前的，甚至被个别掌权者视为离经叛道。

他的这个想法一提出，就受到了上级主管领导的批评。领导强调：我们是社会主义国家，不学外国的那一套，要越穷越革命。

1984年，张佩纶从报上得知，一位高层领导，在天津一中视察时提出：在当前教育经费严重不足的情况下，一个学校，可以背靠一个大企业搞校企联合，这既可以解决企业子弟上学的后顾之忧，又可以解决办学经费不足的问题。双方只需稍稍各展所长，问题就会迎刃而解，此等双赢的好事，何乐而不为呢？

张佩纶如获尚方宝剑，他亲自带队，到天津一中进行了参观考察。回来后，他召开领导班子会议，介绍了天津一中的联建经验和繁荣局面，班子成员也备受鼓舞、群情振奋，一致决定在辽宁省率先走校企联合办学的路子。

沈阳二中首先选择了辽宁省最富的企业——辽河油田。双方达成的协议是：辽河油田每年为学校提供 150 万元经费，学校为油田开设总共不超过 100 人的三个高中寄宿班。

这显然是一个互惠互利的构想。对学校来说，一个年级增加一个小班，教师多上几节课，这是举手之劳的事。而 150 万元的资金，在 20 世纪 80 年代初，简直是个天文数字，如同久旱之甘霖，学校利用这部分资金能办多少大事啊。

那些天，张佩纶都在勾画着学校的未来蓝图。校园内的 39 家住户就可以全部迁出。校园的面积增大了，可以建设塑胶田径场地和塑胶篮排球场地，可以建设实验楼、图书楼，可以建设体育馆，甚至还可以建设游泳馆。学校的教学条件和教师的待遇也会有飞跃性变化……

张佩纶万万没有想到，上级主管领导和自己的认知，竟然背道而驰、相去甚远。得到的答复是：违反原则，离经叛道。

他并不甘心，又选择与中科院沈阳金属研究所合作。金属研究所答应的条件是每年给学校 15 套住房，直到学校教职工的住房全部解决以后，再按等量的房价，付给学校办学资金。学校还是给金属研究所办 3 个高中班。

金属研究所郑重其事地向中科院沈阳分院打了报告，分院又直接向北京中国科学院打了报告，两级机构都批准了这一合作方案。可是，轮到张佩纶请示时，上级的答复还是不行。而且暗示，沈阳二中校长这把椅子，不是给不听话的人准备的。

张佩纶当然不信邪，他下定决心，宁可牺牲自己，也要把这件事干成。因为这是一件利国利民的好事。

第三次合作的对象是沈阳铝镁设计院，张佩纶采取的方式是先斩后奏。校企合作的联建班建立起来并且开始在沈阳二中校内上课了，双方极为满意的局面很快就出现了。当时铝镁设计院的端木书记、罗院长和厉院长都来学校看过学生上课。

当然，紧接着，不祥的一幕发生了。张佩纶接到通知，上级领导要亲自找他谈话。这个时候找谈话，肯定不会有什么好事，张佩纶早已做好了最坏的打算。果然，领导的批评是严厉的。

"你这样做是无组织、无纪律。"

"你这是给有钱人办学，违背了党的教育方针。"

"你们在沈阳市带了一个坏头，影响很恶劣。"

大帽子一顶接着一顶，向他头上飞来。张佩纶硬着头皮听着，看着，心里却在偷偷乐着。这不就是邓小平同志所说的开帽子工厂吗？现在可是80年代了，帽子工厂怎么还在生产？听着他们言不由衷的说教，看着他们色厉内荏的表情，张佩纶暗想，真是人生如戏、戏如人生啊！正是，有心者有所累，无心者无所谓，谈话中，他思想开了小差，寻到了属于自己的那一份岁月静好。

领导显然是想让他认错，但张佩纶毕竟是张佩纶，他认准自己没有错，所以就坚决不低头。他耐心细致地向领导作汇报、讲道理，怎奈领导一句也听不进去，谈话进入了僵局。

"你再这样干下去，就自己辞职。"

"我这样做没有错，你们要是认为我错了，可以把我撤了。"

三位局级主管领导和一位人事处长，整整与张佩纶进行了三个多小时的谈话。这是漫长的三个小时，也是针锋相对的三个小时。领导们生了一肚子气，最后一句话，至今张佩纶记忆犹新：张佩纶，你真行！把我们气得够呛，你啥事没有，回去写书面检查去吧。领导就是领导，眼看下班的时间到了，造了一个小小台阶，双方各自体面下台，回家吃饭。

张佩纶没有辞职，也没写什么书面检查。可能领导知道张佩纶不会写，所以也没要，事情不了了之。

在一次全市性的会议上，张佩纶有机会见到了沈阳市市委书记李泽民，于是便把自己的想法直接向市委李书记作了汇报。李书记说："既然天津市已经带头干了，我们也可以试着干，可以自己闯出一条路嘛。"站在李书记身旁的市委文教部长王东升也点头，支持二中先行一步，闯一条路。

但市委书记的话竟然动摇不了主管部门领导的决心。他们派了一个处长到沈阳二中蹲点，任务是拆班。在沈阳二中校内，课上不下去了，联建班秘密迁移到铝镁设计院找好的教室上课，他们又派人到铝镁学生学籍所在学校下指示，强令学生回校上学，否则取消学籍。张佩纶戏称的"联建游击班"，就这样被用前后夹攻、釜底抽薪的办法强行解散了。

十一、但时间会改变一切

一年后的 1985 年 5 月 12 日，《中共中央关于教育体制改革的决定》发布了。决定中指出：在当前国家经济相当困难的情况下，采取多渠道筹集教育经费的做法是引导中国教育走出低谷的唯一正确途径。

那位一再阻挠沈阳二中搞校企联建的领导，很快就从领导岗位上调走了……

到了 20 世纪 90 年代，张佩纶在自己的赛道上，奋楫扬帆，借助于多种力量，把沈阳二中推上了历史的高峰。无论是教学软件的质量、硬件基础设施、体育场馆和军训基地，都如雨后春笋般茁壮成长起来，大大突破了人们的想象，成为辽宁省乃至全国的一面旗帜。全国政协副主席、教育部副部长、国家体委副主任、国家档案馆馆长等领导相继来沈阳二中视察指导工作。

20 世纪 80 年代，国家准备把计算机教育引入中学，首先在北京市试点。当教育部首选拟开设计算机课的 6 所重点中学的教师还在香港培训时，沈阳二中的学生就在全国率先开设了计算机课。学生在有静电地板的计算机教室，学会了使用单板机、学会了 Basic 语言、286、386……

一扇扇通向世界、通向未来的知识窗口在学生面前敞开了。这可是当时中国教育界首开的先河，是教学大纲上没有的内容……

辽宁教育界的改革典范。

国家主席江泽民的接见。

全国各大媒体争相报道。

在灯火辉映的舞台上，张佩纶戴上了全国劳动模范的奖章和绶带。

一任校长，把一个名校，建设得繁花似锦，赫赫有名。

沈阳市委把张佩纶的级别破格提升到副厅局级、兼市政府副主任督学，市长亲自向他颁发了副巡视员委任状。一个中学校长被提到这个级别，这是新中国成立以来前所未有的。

十二、人性人格人文的光彩

赫赫有名，却本色不变。

这是许多人对张佩纶的评价。

沈阳市实行校长负责制、实行学校内部管理改革，当时市里有规定，校领导的岗位工资可以略高于教师最高岗位工资。

张佩纶给自己定的岗位工资，却是教师最高岗位工资的一半。张佩纶说他当时这样做基于三点想法。一是校长是教师的表率，理应做到但问耕耘莫问收获；二是当校长的少拿岗位工资，这样讲起话来腰杆子硬；三是干部搞特殊化，必然脱离群众。

这样一来，张佩纶的岗位工资就远远低于全市校长岗位工资的平均值。上级主管领导亲自到学校动员他把岗位工资提高一些，并说：如果沈阳二中校长把自己的岗位工资定得这么低，那别的学校校长怎么办？简直是笑话，这个问题怎么能到张佩纶这里来寻求解决办法。张佩纶当然没有照他们说的办，他心里明白，这不是什么好主意。

那时学校教师的待遇可是全市最好的，一年到头，学校什么都分。凌源的牛肉，塔特姆良种鸡场的活鸡、冻鸡腿、冻鸡翅，山东的烟台苹果，吃的用的包括香皂、肥皂、牙膏、手纸、洗洁精……教师一面往家运东西，一面自豪地说：我们沈阳二中是供给制。也有个别教师提意见：校长，别老分鸡腿啦，都吃腻了；校长，有的学校分的月饼是红果馅儿的，我们怎么老分五仁馅儿的……怎么办？再分时就换样，见贤思齐嘛。

每一个教职工过生日，不管是工作日还是节假日在家，都能按时收到一束艳丽的鲜花和生日祝福词；三八妇女节，女教师都能收到一份精美的礼品，回家过节；六一儿童节，有孩子的家长，都会放假回家，陪孩子过节，还带回去一件孩子喜欢的礼品……张佩纶把这样做叫做一减一大于一。

他被誉为“拥军校长”，沈阳军区司令部、政治部、联勤部、装备部、总医院、202医院、炮兵学院、39军、64军的许多领导都是他的老朋友。他的哥哥、姐姐就是军中一员。适龄时，他报名参军，却因政审不合格，被拒之于军营大门之外，但他的骨子里有着根深蒂固的军人情节。

张佩纶认为，中国人民解放军不但是祖国的长城，更是一所大学校，他对这句话深以为然。经过参观、考核、比较，他筹建了沈阳二中军训基地，早于其他学校若干年就开始了二中学生的军训。以军人为榜样，学生的爱国情怀、组织性纪律性、团结友爱的情操、吃苦耐劳的精神和奋勇攀登的意志品质得到了大幅度的提高。教育心理学认为，人的能力是可以迁移的。学生从军训中得到的受益，必然迁移、辐射到他成长的其他方面，产生积极的作用。

沈阳二中顺理成章地被上级批准为辽宁省首批学生军训试点学校。张佩纶被沈阳军区任命为上校军官。每当学生军训，张佩纶穿着合体的上校军服出现在他们面前时，学生们都会高兴地说，我们校长是辽宁省唯一的戴军衔的校长。

事无巨细，他必亲力亲为。

张佩纶担任沈阳二中校长20年，每天清晨6点50分，准时到校，先把教学楼内外和校园巡视一遍。7点30分，准时站在学校大门口，迎接全校师生到校，向每一位师生打招呼，常年如此，寒来暑往，风雨无阻。学生每天7点30分以后才可以到校，下午5点必须放学离校，在校时间不能超过8小时，这是教育部为了减轻学生负担做出的规定，张佩纶在任20年，始终坚持执行。

上午，是他深入课堂听课的时间，雷打不动。中午，他会准时站在学生食堂卖饭的窗口，向学生卖饭。他要求全体炊管人员，要像对待自己的孩子一样，保证学生营养，精心做好饭菜，搞好食堂卫生，热心为学生服务。沈阳二中的学生食堂年年被评为沈阳市卫生防疫部门的先进单位。

职称改革时，全校160人的业务档案，全是他带领人马，亲自动手，逐页整理、编目、装订成册的。然后，亲自送到印刷厂，切成整齐划一的标准尺寸。在沈阳市教委职称处，数万份教师档案中，沈阳二中的教师档案，人们一眼就能看得出来，因为它整齐划一、太有特色。在评定中，沈阳二中获高级职称的教师数量和比例，是全市最高的。

无偿献血、支援灾区、援救国宝大熊猫、修复长城、为亚运会甚至为非洲灾民捐款，他都是站在沈阳二中师生的前头。为了援建希望小学，他捐出了一个月的工资；为了救助患白血病的教师，他也捐出了一个月的工资……

学校有个孤儿叫闻旻，由于父母双亡，家庭困难，张佩纶为他减免了一切费用，并提供一切可能提供的学习、生活用品。他喜欢吃鱼，可是自己不会做，于是，许多个周末，张佩纶都要买好鱼和蔬菜，赶到孩子家里，亲自下厨烹饪，做好可口的菜肴，让孩子晚上和星期天吃……做饭可是张佩纶的拿手好戏，他和父母共同生活40年，先耳濡目染学本事，后亲自洗手入厨下，煎炒烹炸熘，不敢说是内行，基本上能做的像模像样。

他带领师生在学校空地上建起了一个有1000棵优质葡萄的果园，又栽种了140棵优质山楂树。这既是学生生产劳动科研的基地，又是学生素质高低的考场。

古乐府有云：瓜田不纳履，李下不整冠。这似乎对沈阳二中的学生没有什么约束。

果园是开放的，学生可以自由出入，散步、休憩、赏景观绿、放松身心，可挂满枝头的累累硕果，却没有任何一个学生染指。直到果实成熟采收，自然首先摆到了每个学生的面前。学生心花怒放，连家长都感到神奇，很多学校都在乱收费，沈阳二中不但没有任何乱收费现象，还给学生发放水果，在沈阳市没听说过有第二家。

张佩纶创制了《学生品德记实卡片》，千人一面的操行评语，从此在张佩纶领导的学校销声匿迹了。记实卡片从 22 个方面翔实记录了学生的道德品质、行为习惯、心理素质以及受到奖惩的多维表现，一张卡片就是一个活生生的人格透视。

他亲自示范，要求所有教师都要在课堂上做到“六度”，这“六度”就是：足够的信息与学生适当的动手、动脑、动口相结合，不浪费课堂一分一秒的“密度”。

课堂上，从教学内容到训练科目，从教学语言到板书设计，全方位精练、精辟、精确、精简的“精度”。

建立在知识内在规律和学生认知规律基础上的，可以使新旧知识自然过渡，促使学生从知识到技能的全面提高所设置的科学的“坡度”。

为培养学生的发散思维，使学生能从不同角度认识问题、能用不同方法解决问题、能具备一题多解能力、能养成多维思考习惯的讲课切入“角度”。

以教学大纲为基础，采用布鲁纳教育理论，要求教学内容要使学生“跳一跳，够得着”，成绩好的学生能吃得饱，成绩中等的学生能吃得好，给成绩暂时上不来的学生开小灶，实行分类推进，大面积提高教学质量，不使一个学生掉队，具有深刻性、灵活性和创造性的“难度”。

表现为教师精准、凌厉的教风和学生敏捷、准确的学风和课堂短时、高效、快节奏的“速度”。

密度、精度、坡度、角度、难度、速度，这“六度”，被张佩纶称为“作战计划”。它成了规范二中课堂教学的尺牍和特色。没有深厚的教学功底和绝对认真的备课，做到这“六度”是不可能的。

他把自己从教20年的教案，在全校教师面前进行了展览，那工整的字迹、规范的教图、课后的反思，历历在目，一个学期，就密密麻麻地写了20本教案，教师们击节称赞。但是，他们哪里知道，这些教案多是在不眠之夜，蜗居在一个不足6平方米的小屋内完成的。学生都知道，张佩纶上课只拿几支粉笔，从来不拿教案（不是没有教案）。每堂课的重点、难点、关键点他早已烂熟于心。所讲内容在书上哪一页，重点黑字在哪一行，练习题的每一个数字，板书的设计方案，他都记得清清楚楚，倒背如流。每晚，做不到这些，他是不敢睡觉的。张佩纶认为，学生提问题，教师解答不上来，有的教师甚至把学生提问“挂在黑板上”，这是教师的奇耻大辱。偶尔有之，情有可原；经常如此，必须下岗。

解决的办法当然有，那就是一杯水和一桶水的故事了。朱自清先生所描述的“问渠那得清如许，为有源头活水来”的境界，更是沈阳二中教师，所应当追求和达到的。

他特别强调：没有这些，就没有45分钟课堂教学的高质量，就没有短时高效的教学效果，就不可能减轻学生的课业负担。

为了使所有教师的教学，都能切实达到“六度”，张佩纶还要求教师在教学中，做到多思、练实、入轨、创新。

“多思”，就是要求教师不论是对学科课程还是对活动课程，一律都要精心准备，写好教案、精准施教并在课后写好教学反思，不断总结，不断提高。既要备教材，也要备学生，要做到精准备课，靶向施教。

“练实”，就是要求教师有扎实的基本功，不允许在课堂上“虚晃一枪，退下阵来”，也不允许“雨过地皮湿，风过草抬头”。相反，要“打实弹，下透雨”。课堂上不讲废话，不哗众取宠，教师讲授的内容，都应是学生需要的及时雨，教师的每一句话，都应该如“雪落河中水，日照冰雪融”那样，自然地滋润学生的心田。

“入轨”，就是要求教师一切教学活动，从课前准备到课堂教学、课外活动、课外作业、考试测验，都要依据沈阳二中制定的教学大纲、教学进度和教学规范进行，都要纳入学校管理范畴，接受沈阳二中独有的“三表”指挥，实行依法依规治教。

“创新”，就是鼓励教师，积极探索教学规律和人才成长规律，大胆提出改革课题。教学有法但教无定法，学校通过半年的教学大讨论，集思广益，很快就总结出了行之有效的、具有沈阳二中特色的“三类、八法”教学模式和合作教育法，形成了百花齐放、殊途同归、活而不乱的教学局面，师生齐心协力，奔向提高教学质量这一终极目标。那种各吹各的号、各唱各的调、要个人英雄主义、华而不实、哗众取宠的课堂教学，在沈阳二中是绝对禁止出现的。

与“六度”相配套，张佩纶还提出了“五控”，即控制教学要求，控制教学课时，控制教学进度，控制作业总量，控制考试次数。这些，都是通过每周的集体备课和教导处的常规检查来实现的。

严格按教学大纲授课，不增减科目，不增减课时，不盲目拔高，不赶进度，不煮夹生饭，不乱留作业，不搞题海战术，不参加必要考试之外的各种名目的所谓统考。所有这一切的目的，都是为了减轻学生不必要的过重课业负担，给学生自我学习，自我发展，自我选择课外活动，乃至自由翱翔，拓展出充分的时间和空间。

张佩纶利用学校师资、设备等办学优势，为学生开设了包括文学赏析、音乐欣赏、第二外语、高级英语、生态平衡、环境保护在内的16门选修课程，学生可以根据自己的兴趣，任意选择，所选课程经考核合格，记入学生档案，承认其特长。

张佩纶非常看重体育达标，非常看重学生的身体素质，他不仅以自己领导的学校具有一流的升学率为骄傲，更以全校学生身体素质的绝对一流而自豪。

张佩纶五岁的时候就在老家青岛下海游泳，少年时，曾是沈阳市游泳队最优秀的队员之一。他还多次参加全国比赛，得过国家体委颁发的一金一银二铜四枚奖牌并荣获游泳一级运动员称号。并且他还是竞技体操、铅球、跳高等项目的三级运动员。

他用自身的感悟去强调，在教育心理学上，德智体美劳五育是相辅相成的，其能力是可以互相迁移的。学生每天至少要有一个小时的体育锻炼。一所体育不完善的学校，不是一所完整的学校。在沈阳二中的校园和体育馆内，体育器械、器材应有尽有，堪比博览会。学校的田径、篮球等代表队训练完毕即可以在游泳馆或体育馆内沐浴更衣。沈阳二中，年年是沈阳市中学生田径运动会的总分第一名，沈阳市篮球比赛的第一名；学校在全省率先用富有青春气息的广播韵律操取代了广播体操，学生做操的积极性和身体素质大大提高。辽宁省教委和辽宁省体委在沈阳二中召开了全省中小学间操改革现场会，推广了沈阳二中经验。

张佩纶建立了学生书库，每个月都要亲自率领各班学生代表到图书城选购喜爱的图书。学生亲自挑书，校长统一结账。沈阳北方图书城的卜经理说，从来没看到哪个学校这样为学生选购他们喜爱的图书。学生书库有 10 万册各类图书、期刊杂志供学生随意借阅。每年评选出的特优生还可以到教师书库借阅图书。学校长年活跃着一些由学生组成的文化社团，如青年文学社、环保研究会、时政协会、集邮协会等。学生们所作、所集的作品、邮品，琳琅满目，犹如文化博览会……

在他亲自指导下，二中建起了符合国家建筑规范和比赛标准的游泳馆。除了供全校师生上游泳课外，还承办过两次国家体委主办的全国青少年游泳比赛和一次国家体委举办的全国游泳健身高级教练员培训班。来自全国各省的 800 多名运动员、教练员、工作人员全部吃在学校，住在学校，比赛在学校。整个赛事不用出校园，就圆满完成了，开创了承办全国游泳比赛前所未有的范例，至今无人超越。国家体委副主任崔大林（沈阳二中毕业生）、国家游泳运动中心主任李桦都来到比赛现场视察，满意的神色溢于言表。辽宁省游泳协会也曾在二中挂牌办公。

他还自掏腰包到美国去考察教育。他说，美国号称自己是教育上的最高峰，我一定要爬上去看一看，在这方面我要去补课……

在美国驻沈阳总领事馆总领事陶醒龙先生的推荐和协助下，他拜访了美国新闻文化总署、美国联邦政府教育部、全美青年人义务劳动指导协会；参观了华盛顿杰斐逊科技高中、洛克威勒中学、兰丽高中；走访了美国国会图书馆……

张佩纶为了携带200多磅的资料样品回国，超重了，怎么办？他把自己出国新做的两套西装、两双皮鞋，还有一些美国亲友赠送的礼品和全部食品都扔在了美国达拉斯国际机场……

这是融在骨子里的，对国家深深的爱。

这一细节，被美国的一位记者拍摄下来，为他送行的美国管教育的官员看后说，中国人，真的了不起……

被国人尊称为“教育市长”的沈阳市市长武迪生，看到张佩纶带回来的14件先进产品的样品，也赞不绝口，责成有关部门研究组织生产。

十三、简单却又艰巨的任务

沈阳二中作为国内有名，省内一流的辽宁省首批示范校，已经是家喻户晓、尽人皆知了。那么，张佩纶担任沈阳二中的校长，而且一任就是20年，他做了些什么呢？

概括起来也很简单，校长的任务就是“出主意、用干部”；辽宁省示范校的任务就是“出经验、出人才”。

说它简单，因为它字数少，仅仅12个字。“出主意，用干部”“出经验，出人才”。说它艰巨，因为这12个字，字字千钧，一个校长就是穷毕生之精力，也未必能做到做好。

三十几岁的年轻校长刚上任，摆在面前的困难就其大如山，拨乱反正才刚刚开始，政通人和百废待兴，千头万绪困难重重。

大象屁股真的就推不动吗？张佩纶可不信这个邪！

在当时那种形势下，张佩纶敢于赴二中校长之任，足以说明他已经下定了赴汤蹈火在所不辞，会当凌绝顶一览众山小的决心；他之所以敢于提出昂扬向上、追求卓越、有标必夺的工作目标，就是封杀了自己的退路，要求自己必须脚踏实地，把方方面面的工作做到极致、做成榜样。

张佩纶担任沈阳二中校长 20 年，始终把自己的任务铭记于心，始终如履如临，始终不敢稍有懈怠。国家赋予示范校出经验、出人才的重任，他也始终萦于脑际担于双肩。

什么是经验？经验是指由实践得来的知识或技能。在哲学上指人们在同客观事物直接接触的过程中，通过感觉器官获得的，关于客观事物的现象和外部联系的认识。经验必须经过实践检验并被证明行之有效，才能被社会和人们接受并形成共识。

二十年来，张佩纶带领沈阳二中师生，向社会交出了一张又一张令人满意的答卷，沈阳二中的办学经验，传遍了全国。

其身正，不令则行，打铁还需自身硬，校长首先要成为师生的楷模。1996 年 1 月 15 日，《人民日报》登载了沈阳二中这方面的经验。

《光明日报》1995 年 9 月 1 日，登载了沈阳二中昂扬向上、追求卓越、有标必夺方面的做法和经验。

1997 年第三期《中华英才》杂志，介绍了沈阳二中树立面向新世纪的教育观方面的做法和经验。

沈阳二中全面贯彻教育方针，创建全国名校的经验，刊登在 1995 年 8 月 23 日的《辽宁经济日报》上。

沈阳二中培养德才兼备、知能双全，既有专长又有特色的面向新世纪人才的经验，登载在 1995 年 7 月 13 日的《辽宁日报》头版。

沈阳二中创造条件，改善学校软硬件建设，关心学生全面成长，将未来希望的种子播种在学生心田的经验，登载在 1995 年 6 月 27 日《辽宁职工报》

的报端。

沈阳二中加强校园文化建设，丰富校园文化生活，从物质文化、制度文化、行为文化和精神文化四个层次去融合而非割裂教育与文化，全面推进素质教育，培养学生非智力因素方面的经验，刊登在1994年1月《辽宁教育学院院报》上面。

20世纪80年代，不少地方中小学乱收费问题甚嚣尘上，辽宁省一些学校也步其后尘。然而，在乱收费的泛滥声中，沈阳二中却保持着一方净土，把乱收费问题提高到与全面贯彻教育方针背道而驰的高度来认识，针锋相对地提出“减轻学生课业负担”和“减轻学生收费负担”的口号，赢得了学生、家长和社会的一致赞誉。这方面的做法和经验，刊登在1995年9月25日的《消费新报》上。

在中共中央《关于教育体制改革的决定》提出并明确指出多渠道筹集教育经费，是解决当时教育经费严重不足的唯一正确途径的前一年，张佩纶就在沈阳二中提出并实现了通过校企联合，解决教育经费严重不足的做法，成为辽宁省第一个吃螃蟹的人，该经验和做法，载于1992年10月30日《沈阳日报》。

沈阳二中的学生，绝大多数都是独生子女，这是那个时代的特点。他们习惯了父母亲无微不至的照顾、呵护，习惯了饭来张口、衣来伸手的生活，长成了土豆或豆芽菜似的体型。张佩纶看在眼里急在心上，搜肠刮肚寻找解决的办法。他想到了中国人民解放军，想到了中国人民解放军那雄壮的军威、崇高的军魂，也亲眼看到了自己的哥哥姐姐在中国人民解放军这个大学校里的迅速成长。他要使沈阳二中每一个学生，都要体会到军营的生活，都要按照中国人民解放军军人的形象，铸造自己的灵魂。他的足迹出现在沈阳军区39军、64军、坦克三师、沈阳军区坦克成员训练基地……在沈阳军分区协助下，筹建了沈阳二中的军训基地——64军191师573团和沈阳军区坦克乘员训练基地。当时，沈阳军区司令部军训部部长尚全孝，64军军长葛振锋，191师师长王挺进、政委张大有，573团团长曲学礼，坦克乘员训练基地司令宋天玉都亲切接见了沈阳二中的师生代表。沈阳二中被批准为辽宁省首批军训试点校，张佩纶被沈阳军区授予上校军衔。沈阳二中学生实行军训制度以后，军训才被逐渐引入其他学校。这方面的做法和经验，被中央电视台拍成专题电视片《上校校长张佩纶》，在1992年10月30日向全国进行了播放和宣传。

在当时乃至现在的中国，片面追求升学率，忽视体育教育，压缩学校体育经费，剥夺学生每天1小时的体育活动时间，不保证住校生8小时睡眠，学生在校时间大大超过8小时等现象，在一些学校长期存在。张佩纶上任伊始，就明确提出，一所体育教育不完善的学校不是一所完整的学校，不重视体育的教师，不是一个合格的教师。他把上级提出的体育经费占学校经费1.4%的标准，提升到12%，这可是真金白银的硬指标。在他任期内，沈阳二中修建了标准的塑胶田径场地、塑胶篮球场地、塑胶排球场地，修建了体育馆，修建了可以承办全国比赛的、符合国家标准的游泳馆，购买了200多双冰鞋，自浇冰场开展了冰上活动。那可是20世纪80年代啊！别说那时，就是现在，有哪一所学校能做到使全体学生会游泳，可以在大江大河中自由击水？哪一所学校能做到使全体学生都上冰，开展校园冰雪运动？沈阳二中做到了，这就是追求卓越，这就是有标必夺！这方面的经验，载于1995年6月23日《沈阳日报》。

经过多年消耗，许多学校体育器材所剩无几，上体育课就是单调的球类和跳绳活动。但经过投资建设、精心养护，修旧翻新，沈阳二中的体育器材如单杠、双杠、跳箱、鞍马、山羊、平衡木、铅球、手榴弹、标枪、哑铃、杠铃、篮排足绳琳琅满目，比比皆是，充分满足了开展学校体育活动的需要。体育课堂内容丰富多彩、器材充足供应，大大吸引了学生的学习兴趣，收到了增强体质的良好效果。这方面的经验和做法，载于1989年4月27日《中国体育报》。

张佩纶担任沈阳二中校长20年，始终坚持学生7点30分以后入校，17点放学，节假日、寒暑假不占用、不补课，每天保证1小时体育活动时间。最近，中原某省推出的教育改革措施，就是沈阳二中在40年前就提出并坚持实施了20年的做法。张佩纶说，我热爱体育，我认为体育使人更健壮、更聪明。他组建了沈阳二中艺术体操队，改革了间操，推广了青年韵律操，辽宁省体委和辽宁省教委在沈阳二中召开了全省的现场会，给学生们单调、紧张的学习生活带来了富有时代气息的、清新活泼的氛围，学生的体质和意志品质得到了极大的提高，这方面的经验，载于1995年6月23日《沈阳日报》。

英国人伯奈特借助体育比赛，把人分为三种：竞赛者、观众、借助竞赛发财的人。如果这种分类能够成立或者有某种合理性的话，沈阳二中校长张佩纶无疑是竞赛者，而且是经常获得奖牌的竞赛者。担任沈阳二中校长以来，他所领导的沈阳二中获国家省市褒奖一百多次，如“全国五讲四美为人师表先进单位”“全国德育先进学校”“全国贯彻体育工作条例先进学校”“全国档案管理先进单位”“辽宁省文明单位”“沈阳市标兵单位”“沈阳市全面贯彻教育方针管理先进单位”，琳琅满目的奖旗、奖杯、奖状、奖牌，使偌大的校史馆陈列厅也显得有些拥挤。沈阳二中实实在在地办成了省内一流、全国闻名的先进学校，这方面的经验载于1997年第2期《中国教工》杂志。

张佩纶认为爱国主义教育在德育中占有特殊重要的地位，它与一个人的政治态度、理想信念、道德情操密切相关，是中国传统文化的主流。二十年来，张佩纶领导沈阳二中，始终把爱国主义教育作为提高学生素质的一项基本工程，引导学生树立正确的理想、信念、人生观、价值观。以热爱党的教育作为爱国主义教育的核心，以党建引领，在学生中组建了学生党校，系统地对学生进行党的基本知识教育，先后培训900多名学员，发展了15名德才兼备、达到党员标准的学生加入了中国共产党；适时进行形势教育，定期举行“党在我心中”主题演讲；以贯彻《国旗法》为契机，每周进行国旗下的演讲；利用假期，组织学生进行社会调查，书写调查报告，进行国情教育。引导学生用辩证的、历史的观点和方法，去认识社会主义社会的优越性，培养学生成为一个爱国、上进、明理、求新、聪慧、善思的多彩群体。学生们内敬师长、外树校风，在三年美好的校园时光中，在校史上写下了光荣的一笔。这方面的做法和经验，载于 1995 年 11 月 30 日《中国教育报》。

张佩纶认为，世上万物都是有其内在规律的，庄子提出，后为董仲舒发展的天人合一理念，就是主张人的生长要符合自然规律。张佩纶治校的基本原则，就是按照教育规律和人才成长规律办学。他在全市校长会议上犀利地指出，一些学校存在的应试教育、揠苗助长、层层选拔、挤占德育体育时间、延长学生在校时间、不按教学大纲和教学进度教学等乱象，都是不符合教育规律的，是摧残学生身心的做法，是以牺牲学生身体健康为代价来换取暂时的高分。这些做法，最终是要得到惩罚的。沈阳二中遵循规律办教育的经验和做法，载于 1996 年第 2 期《招生考试通讯》。

“高分低能”，这是很长一段时间里，人们对中国学生的惯常评价。但是张佩纶认为，这种提法本身就不科学。考试成绩好，动手能力差的学生虽然存在，但是，高分与低能之间并无必然的联系。这种现象的产生，是教育者为了适应考试，而采取的急功近利的做法造成的后果。有的学校只开设考试科目，不开或少开非考试科目；有的学校把德智体美劳等综合素质的训练抛开、舍弃，把学生绑在书桌上。他们开展的是不完整的教育，从而导致部分学生在某些方面存在残缺，呈现出低能的一面。张佩纶在沈阳二中坚持社会主义的办学方向，坚持按教育规律和人才成长规律办学，通过教育教学改革，减轻学生课业负担，提高教育质量。全方位开展校园文化建设，使学生利用深厚的文化功底，进行综合素质训练，形成良好的个性心理素质，形成自知、自爱、自控、自尊、自强、自如的社会交往能力和运用所学知识解决生活中实际问题的能力。其结果必然兼收并蓄，既获得了高分，又具备了高能。沈阳二中这方面的做法和经验，载于 1995 年 6 月 6 日《沈阳日报》。

沈阳二中建设一流教师队伍、创建一流校园环境，培养一流学生的做法和经验，刊登于 2002 年 8 月 27 日《辽宁日报》头版。

中央电视台科学教育频道（即 10 频道），于 2001 年 8 月 13 日正式开播，这是中国教育史上的一件大事。为全面贯彻教育方针、推进素质教育，科教频道开办伊始，就推出一个栏目叫《校长访谈录》，邀请全国知名校长到此做客，用他们自己的切身经历和体验侃谈。据不完全统计，当时全国有初中、高中近77268所，能在此栏目露面的校长，可谓凤毛麟角。沈阳二中校长张佩纶，以其深厚的教育功底和在全国的知名度，经权威部门推荐，被中央电视台科教频道编导选中，并报请国家有关部门批准，成为辽宁省教育界第一个登上此栏目的教育专家。2001年8月8日，中央电视台科教频道演播室里，几十台聚光灯和5台摄像机一起对准了主持人王婷和沈阳二中校长张佩纶。年轻的主持人王婷，紧紧围绕张佩纶用近40年的时间，苦心研发并获得国家专利、被省市教育部门肯定和推广的“三卡”教育法和全面贯彻教育方针，全面实施素质教育，大面积提高教育质量，不使一个学生掉队的办学经验，进行了有板有眼的刨根问底。张佩纶有问必答、思路敏捷地将办学指导思想、具体做法和取得的经验，介绍得头头是道。一问一答，一来一往，不时博得编导和制片人的阵阵赞许。近两个小时的录制过程，一气呵成，在不知不觉中过去了。一个对我国教育事业十分有益的经验，被真实地记录下来，并很快向全国进行了播放，受到了全国教育界的广泛关注与赞誉。

……

沈阳二中培养出来的毕业生，德才兼备、素质全面、高分高能、后劲绵长，深受高校的欢迎。参加工作后都有能力成为各行各业的精英骨干和学术带头人，这已经成为不争的事实，成为全社会的共识，就不再赘述了。

张佩纶校长身体力行，通过“出主意，用干部”，带领沈阳二中全体师生，圆满完成了国家交给的“出经验，出人才”的任务，一步一个脚印，真正把沈阳二中办成了全面贯彻教育方针，全面实施素质教育的一面旗帜，得到了学生、家长、社会的一致赞许。

尾　声

如今，当年英俊健硕的张佩纶已届耄耋之年。但他依然天天游泳、不辍锻炼；依然出门开车、在家上网；依然购书读书、洗手入厨；依然精神矍铄、气质优雅。

张佩纶说，人必须与时俱进，一方面要活到老学到老，跟上时代的步伐；一方面要遵循人生规律、看开、放下、积极养生，这样才能养足精气神，才能活出晚年的精彩。

在感恩节那天，二中培养出的莘莘学子，很多人给他发来了微信、短信。每句话都有自豪和温暖，每个人都有美好的感恩与祝愿。

我的梦想都与您和沈阳二中有关。我在美国的休斯顿给您寄去一束鲜花，它代表我和家人对您的思念！

波澜壮阔的沈阳二中，如长江后浪推前浪。美丽的学校培育了无数的英才……您是我们心中的偶像。

彼此祝福，共同等待辽宁腾飞的喜讯！饮水思源桃李知根，祝老校长……

我们的青春之花在二中绽放，我们在广阔天地茁壮成长，您和我们在一起，这世界才有春华秋实……

……

笔者写到这里，内心也充满了温暖。一个人，许多年后还会被许许多多的人在牵挂、在祝福……

这是什么？这就是人生价值，这就是幸福啊！

尾声后的设想

古人云：为政一任，当造福一方。一个人，改造不了大环境，难道不可以制造小气候吗？一个人变不了高山大河，难道不可以建设一方净土吗？一个人，做不到“挟泰山以超北海”，难道还做不到“为长者折枝”吗？

只要抛却一个“私”字，有什么人间奇迹创造不出来？！

每念及此，我感慨万千。

设想，如果沈阳市所有中学的校长都能像张佩纶那样，昂扬向上，追求卓越，把自己管理的学校变成一方净土；大气磅礴，有标必夺，方方面面都成为可供学习借鉴的典范。

都能像张佩纶那样，在自己任上，能为国家培养出 6 位两院院士、数位发展中国家工程技术院院士；能培养出像祝学军将军那样，研发出护国重器——东风 17 弹道导弹、完成钱学森弹道方程，让美国反动派及其走狗谈之色变的中国的“女版钱学森”、中国的“导弹之母”（张佩纶是她高二高三的班主任和物理老师）这样的精英。

都能像张佩纶那样，培养出若干打破世界纪录的运动员（包括在 2008 年北京奥运会游泳项目比赛中唯一一个打破世界纪录的刘子歌的教练金伟）；能培养出才艺高超，在第一次“沈阳玫瑰小姐”大赛中勇夺冠、亚军的袁曼丝和朱彤；在第一次“沈阳先生”大赛中拔得头筹的王明武这样能代表沈阳形象的人才。

都能像张佩纶那样，把学校升学率一直保持百分之百，保送和考入重点大学的学生占毕业生总数的百分之八十五以上。

都能像张佩纶那样，注重对学生进行爱党爱国教育、培养学生德才兼备的素质、深植读书报国的理念，在高中就建立学生党校，以党建引领学生的思想政治教育工作，每年都及时把经过培养、考核，符合党员标准的多名学生发展入党，并建立学生党支部，开展党的基本知识教育；建立党的积极分子档案，随着学生档案一起送入高校。

都能像张佩纶那样，深谙“以史为鉴，可以知兴替；以史正人，可以明得失；以史化风，可以浊清扬”的道理。能在任期内，从零开始，创建全国中小学唯一的学校档案管理体制，开全国中小学档案管理之先河，使沈阳二中的好传统、好作风，用档案形式保存下来，永远活在代代二中人的心中。沈阳二中被评为全国中小学唯一的国家一级档案管理先进单位，国家、省、市档案局的“一把手”都曾亲临沈阳二中视察指导工作。

都能向张佩纶那样，一生如履如临、不触底线；两袖清风、一尘不染；时刻不敢忘记慈父生前“忘我”的嘱咐，栉风沐雨、砥砺前行。谨记“孔明一生唯谨慎，吕端大事不糊涂”的史训。在他任期届满离任审计时，20份年度审计报告，整整齐齐地摆在上级审计小组面前。原来张佩纶每年年末，都要请第三方、正规的会计师事务所到校，对学校的财务工作进行全面审计，做出结论。所以沈阳二中连年被评为沈阳市财会管理先进单位、沈阳市纠正行业不正之风先进单位、沈阳市财会信得过单位。上级审计小组的结论是：张佩纶的离任审计，是这些年来我们看到的最好的。

都能像张佩纶那样，公而忘私、率先垂范。陈毅元帅诗云：“手莫伸，伸手必被捉”的教诲，他时刻牢记在心。他是沈阳二中教职工分房领导小组组长，经他的手分给教职工的房子近200套。分的公平、公正、透明，教职工人人心情舒畅，个个安居乐业，没有一个人闹房，没有一个人上访。可是，张佩纶却从来没有伸手要过房。他向上级表态：我领导分房，绝不自己参与分房。如果申请，当然可以获得高分，首批分到住房。但是，我不能与教职工去争福利。他有住房吗？没有，就是当了二中校长十五年，也没有。他没要，所以也没有人想到他。40年来，他始终蜗居在父母亲64平方米宿舍西北角的一个整年不见阳光的、废弃的日式洗澡间内，面积不到6平方米。张佩纶说，我父亲是国家表彰的、党和国家领导人多次接见的知名科学家、全国劳动模范，是沈阳化工研究院的总工程师兼技术委员会主任，是化工部表彰的全国学铁人标兵。我父亲都能40年如一日，安居于60多平方米的小平房内，乐此不疲地为国做贡献。高大的榜样就生活在我身边，时时用身教给我做出无言的教诲。张佩纶还说，我一生视父亲如巍峨的高山，我只是高山脚下仰望着父亲的一粒尘埃。与父亲相比，我多么渺小，我有什么资格来伸手向国家要待遇？张佩纶在小屋内，把床板搭在暖气上面，睡觉时，把脚伸到窗台上，否则不够长。寒冬时，北墙上全是冷凝的水珠，墙皮全部脱落，他就用废纸板隔上了一层。屋里再放一张小桌备课，就只剩1平方米多的回旋余地了。张榕明副省长到家慰问，看到这个情景时也感慨万千。

都能像张佩纶那样，在任期内，使沈阳二中受国家、省、市一百多次表彰。

都能像张佩纶那样，在任期内，在市以上报纸、杂志、媒体上，登载数十篇记者报道文章，推广沈阳二中的办学经验。

都能像张佩纶那样，在任期内，个人能获得多项国家发明专利。

都能像张佩纶那样，在任期内，撰写和主编600多万字的著作。

都能像张佩纶那样，在任期内，在国家省市报刊上，发表几十篇亲笔撰写的经验和论文并获国家省市褒奖。

都能像张佩纶那样，能成为沈阳市首批教育专家、沈阳市优秀专家、两届辽宁省优秀专家、辽宁省优秀共产党员、全国优秀教育工作者、全国优秀体育工作者、全国优秀档案工作者、全国五一劳动奖章获得者、全国劳动模范荣获者、国务院特殊津贴获得者……

……

那沈阳市该是一种多么绚烂多彩的局面?

实现沈阳市“振兴新突破”，实现辽宁省“六地”目标，不是指日可待吗?

一位教育改革家和他卓越的科学家父亲。

他们事迹的片段，被我记录下来，留传下那个时代的记忆……

我同样在分享幸福。

第二章

桃李不言，下自成蹊

这里有匠心育人的奉献者。他们是点燃微火、铺路未来，学高为师、德高为范的教师；是春风化雨、润物无声，守护梦想、雕塑心灵的班主任。他们平凡又伟大，他们执着也淡泊。他们将热爱深植于数年如一日的默默付出，助力每一名沈阳二中学子奔赴理想！

◎纪念沈阳二中第一任校长栗玉

文 / 田泽长

栗玉（1909.2—1998.5）离开我们已经有一段时间了。

我和她相识于沈阳解放不久市政府主办的中学教师研究班上。她是延安来的老干部、北京协和医学院的研究生，时任东北大学教务长。当时她在教师研究班一个队中任队长，我在另一个队中任组长。我们常在汇报会上共同讨论和研究工作。研究班结束之后，她到沈阳二中任校长，我任教导主任，那时她已经 40 岁了，我只是一个二十几岁的青年。论工作关系她是我的领导，可我内心却视她为一位忠厚长者。我感到她对同志很宽厚，对下级也是很信任的，这样就使我在工作中充满信心。

二中成立伊始，校舍破烂不堪，偌大一个学校，完整的玻璃只剩两三块。1949 年的 3 月，天气很冷，我们当时只好用报纸糊一糊窗子就进驻了。随后开始修理门窗、镶玻璃、修锅炉、装暖气片，这一系列的工作真是繁重而紧迫，但她不辞辛苦，终于给这个破烂校舍创造了开学的条件，教师得以报到，学生得以入学。开学后，基于师生对革命知识了解较少，阻碍着革命觉悟的提高，她便每周利用两个下午，组织了以社会发展史、中国近代史、中国革命和中国共产党等内容的专题报告，带领师生联系思想实际学习讨论，因而提高了师生的政治思想水平，并在此基础上建立了党团组织。这样，仅用半年时间，就把一个旧学校改造成一个革命气氛很浓的高级中学。

由于她对人对事的公平正直，并且密切联系群众，所以教师都很尊重她，在她的领导下都愿意认认真真地工作，从不敷衍塞责。她带头尊师。有一位老教师，常常因为学生做工作，惹他生气提出辞呈，不再上班。栗校长就让我到这位老教师家中讲了许多安慰的话，请他上班。直到这位老教师回来为止。

学生对栗玉校长特别亲切，有些学生把她当作妈妈。无论是男生还是女生都敢于把自己的心里话乃至自己的隐私向她说，甚至有很多学生毕业几十年后还常去看望她。

她对教学抓得很紧，从不许借故停课，特别是对理科更不放松。她曾说：“我们不能让某些国家垄断科学技术，他们有的，我们也要有。”当时国家尚没有“科技兴国”这样的口号，但在她的观念中却是非常清楚的。就在她的影响下，二中形成了文理并举、注重理科的传统，后来确实出现了一批对国家有贡献的科技人才。

栗玉校长学识渊博、功底深厚，我和她一起工作受益匪浅。比如有一次研究生物实验室的设备问题，我说：“每二人一组，每组设置一台 80 倍的显微镜总还可以吧？”她却告诉我说，如果想看清人体细胞至少要 100 倍到 150 倍的显微镜。还有一次谈话中涉及大脑的构造问题，她耐心而详尽地告诉我大脑共分多少个区、什么区起什么作用，如某区起记忆作用、某区管语言等。又有一次我读杜甫的《秋兴八首》，其中有一句“匡衡抗疏功名薄，刘向传经心事违”。我大致体会是他二人因为好提意见，得罪了朝廷，所以失掉功名，而后者便转搞研究经学去了。但对这两个人的具体经历不太了解。当我问到栗玉校长的时候，她马上就告诉我说：“汉书中匡衡有传，但刘向没单独立传，而是附在楚元王刘交传的后面。刘交是汉高祖的幼弟，刘向是楚元王刘交的后代，你可回去查一查。”后来我去查汉书，果然了解到这两个人的经历，他们都不避风险，敢于进谏，和杜甫的遭遇类似，所以杜甫才把他们放到自己的诗中借喻。这使我感到栗玉校长真是一位博闻强识很有才华的长者。后来听说她年轻的时候很喜欢看书，常在煤油灯下读到半夜。她勤奋好学，真不愧是一位读过几个大学专业和研究生的学者。

1952 年 5 月，她奉调市文教局任副局长，后来又调到沈阳市委文教部工作，对沈阳市的教育工作多有建树。在她的一生中，无论是革命战争年代还是社会主义建设时期，她始终坚持共产主义理想和信念。她的精神已经体现在她的工作成果中了。

我们永远怀念她。

◎幸福的种子

文 / 于洁

这篇文章是我在校时一篇课堂作文《幸福的种子》的改写，谨以此文献给母校华诞，献给我们敬爱的栗玉老校长、难忘的恩师、同窗共勉的老学友。

1950 年，我是从一个小城市慕名考入沈阳二中的，这颗先天不足的种子就这样幸运地落在了这块文化底蕴丰厚、人文关怀深广的沃土上，成为一颗幸福的种子。

栗玉校长为我们组建了一支品德高尚、学识渊博、严谨敬业的园丁队伍，我们就在他们辛勤的培育下幸福地成长着。

我的数学老师是王凤超，当时，王老师发现我对三角函数理解得不好，我告诉他我念初中二年级时因病休学一年落下了课程，数学学习比较困难。于是，之后每次下课他都给我一张字条，上面是几道简单作业题及提示，要我认真完成。再次上课，我惊异地发现“小字条”与老师授课的内容神奇地紧密连接，从而顺利地接受了新课的内容。我们会意相望，看着老师那欣慰的目光，我内心充满感激之情！如此，一堂堂课，一张张字条，直到我很好地完成三角函数的学习为止。我没有统计王老师给我留了多少张字条，更无法计算他花费了多少心血，我享受的是一种特殊的无偿的补课。他像慈父对一个先天不足的孩子那样不离不弃，充满爱怜并细心教导。这是我偏得的一种厚爱与幸福！

我的语文老师，李宜先老师。同学们最爱听他的作文讲评课。李老师的作文讲评课，既有范文的讲评，也有对每个同学作文中精彩部分的点评。他苦心地挖掘我们作文中的点滴亮点，把它们引申到修辞学和文学上来讲，给我们讲授了更多的文学知识。如讲谁的排比句用得气势强烈，谁的比喻手法用得恰当，谁的设问句问得铿锵有力，谁的文章具有激情的浪漫主义色彩……有时是李老师讲，有时他让学生自己读。这讲评课，简直成了一场隆重的颁奖盛典。老师脸上洋溢着热忱的鼓励、殷切的期盼；我们心中充满激动与欢快和对美好未来的憧憬。每堂课都是我们永记心头的幸福时刻！但我却愧对老师的期望，老师常常关爱又无奈地批评我——对语文学习“一点都不使劲”。那时我总是把时间让位给理科，至今，每当我写什么东西很吃力却还写不好时，都会想起老师对我的批评。这是我经常怀着愧疚回味的一段往事。

化学老师总是把一块闹表装在粉笔盒里，摆在讲桌上，我坐在第一排，闹表的嘀嗒声听得最清楚。我们那时候没有实验室，老师却能把化学课反应讲得有声有色。如：讲锌＋稀硫酸生成硫酸锌＋氢时，把一只手高高扬起好像氢气漂走了；还有硫酸锌，“雪白雪白”的……下课铃响，课程内容准时讲完，而老师根本就没看过表。

按校籍分科，二中属理科学校。栗玉校长本着全面发展的教育理念，也为我们开设了虽然课时不多却十分丰富的文科课程。老师用他们的智慧，把教学内容高度浓缩。地理老师张殿富穿得干净整齐，一副和蔼可亲的样子。讲课时，不管是自然地理还是人文地理部分，张老师都是边讲边随手画图，从星云大气到海洋大陆，从环境物产到文化古迹，一句句注入学生的脑海。历史老师从古希腊、古巴比伦文明讲到秦始皇再到辛亥革命……中外古今的知识，老师都只用了不多的课时，而且像讲故事一般，带领我们跨越时空去遨游，如同看大师们的戏剧，总是余兴未尽就被下课铃声打断了。

二中很多老师上课还有一个共同特点——无论文科还是理科，老师画图都不用尺，但他们的板书简直就是一幅幅美丽的图画、一帧帧精美的书法佳作。听他们的每节课，既有丰厚学识的收获，又有艺术的享受和美的熏陶。以上种种都是他们至诚至善育人之心血的凝结！润物无声，诲人不倦！二中老师视辛勤耕耘为天职，以身践行中华美德——厚德载物，春风化雨，亦师亦范！我们无法表达对恩师的感激之情，那个年代我们不懂也没有什么礼物送给老师，只有把他们传授给我们的知识深深地刻印在脑海里，将他们高尚的美德融入我们的血液中，使他们高尚的人格成为我们日后做人做事的典范。

二中的校园生活生气蓬勃、丰富多彩。我们的学习也有自己的特点，一是差不多每个人都有一个可以揣在兜里的小本子，里面记有外语单词、数理化的定理公式、各科作业题、自己的记事等等。课间，都可以拿出来看，或背或思考，特别是去大礼堂开会前排队时，几乎每个人手里都捧着一个小本子，有人喃喃自语，有人手指笔画，没有说笑、没有打闹，只有大脑在无声地运转。进入礼堂按班级就座后，各班开始“拉歌”，歌声嘹亮、群情激昂，直到开会了或校长的身影在礼堂门口出现，热烈的掌声才替代了歌声。开会时全神贯注静静地聆听校长的教诲。另一个是晚上熄灯后“过电影”，就是把这一天的课程在脑海里从头到尾过一遍、记一遍。“过电影”是我们住校同学公开的秘密。晚饭后的自由活动时间，是我们切磋作业、交流学习心得、谈心的时间，也有追逐嬉戏或排练节目的，无不自由自在、爽朗欢快。歌声、笑声、争论声……汇成了我们独特的“无伴奏即兴大合唱”。我们也真的有乐队和合唱团，乐器虽然不多，但有定期或不定期的演出。合唱团是最活跃的，平时排练，节庆日在校演出，有政治活动时去校外演出。有时坐上大卡车去电台录节目，这是我们紧张学习生活中一首首幸福的小插曲。还有，学校大门洞两边墙壁上，有我们自己编写定期出版的墙报、壁报，内容极丰富，有优秀作文、诗歌选登、学校或班级活动动态、各科作业难题详解等。我们的校园生活朝气勃勃，充满了浓浓的爱、深深的情，这就是我们无悔的青春，是我们生命中最幸福最快乐的一程。和我们一起组织这些活动的辅导员多是留校的学长，他们是老师、是校友，是老大哥、老大姐。在活动中他们手把手地教我们，在生活上像带弟弟妹妹一样照顾我们。同学们朝夕相处，并肩携手在紧张欢乐的校园生活中结成了亲密无间清纯坦诚的友情，这友情是生命长青的泉水，地久天长。

二中校园的土肥沃，水纯净，天湛蓝。美好的环境给予植根在这里的种子以“负大舟也有力”“负大翼也有力”的期许，打下坚实的文化基础，为植根在这里的种子传播廉洁、正直、仁爱的中华民族优秀传统美德打下良好的精神基础，同时也训练了我们扎实做事的能力。背负国家兴亡责任的二中，把这些种子一批批播撒在祖国的江南塞北，放飞到世界各地，带着二中精神去发展探索，为祖国和人类的幸福去创造！愿母校幸福的种子代代相传、与时俱进，为祖国，为世界的和平幸福永创辉煌！

后记：在二中的学习让我本人终身受益；我的儿子姚红坚、女儿姚红宇也毕业于二中。铭记母校恩情！

◎我的二中生涯

文 / 陈雪筠

陈雪筠，吉林长春人，1938 年生，中共党员。辽宁省特级教师，1958 年 7 月沈阳二中高中毕业留校任数学教师。曾获“省优秀教师”“市学科带头人”“市优秀指导教师”等荣誉称号。1997 年 12 月退休。

今年是沈阳二中的喜庆时候，我既是二中毕业生，又在二中度过了 40 年教学生涯，因此，对母校的华诞感到格外喜悦与兴奋。

70 年前，当我第一次走进美丽的二中校园，看到风格独特的教学楼、实验室，住进宽敞的学生宿舍时，内心感到非常自豪与满足。然而，当我坐在明亮的教室座位上，聆听全市一流教师精彩的授课时，才真正体会到二中人的强大魅力所在。在二中读书的那几年是我人生最重要的经历。我不但有幸得到名师教诲，而且在这个优秀学生聚集的群体中，养成了刻苦钻研、勇于探索、严谨治学的良好学习习惯，这些都为日后成为一名教师奠定了坚实基础。不仅如此，二中丰富多彩的课余生活也令人难以忘怀：难忘在“航模小组”放飞自己动手制作的飞机模型；难忘在音乐教室欣赏优美的音乐；难忘大型话剧《卓娅和舒拉的故事》中同学们精彩的表演；难忘周末在大厅举办的高雅舞会；难忘假日徒步去东陵“远足”；难忘在月光下去浑河南岸除“四害”……这些有益的活动提高了学生的全面素养，也为我日后能具备教师的各种素质做好了准备。

1958 年我因病没能参加高考，留校做了一名数学教师。高中毕业教高中已经很困难，教二中学生就更难上加难，但我却闯过了这些难关，从一个只有高中学历的青年教师成长为受学生爱戴、受同事敬佩的特级教师，其中的奥妙就是因为我是二中人。二中培育了我、塑造了我，我的觉悟、勇气、力量、知识、能力和智慧都是二中给予的，二中还教会了我成为一名不追名逐利、默默奉献的正直而平凡的共产党员。

感谢我的老师，是他们辛勤的劳动使我的高中学业有了很强的功底，这是我教课的资本。老师们高超的教学艺术更是我效仿的典范，他们各具风格的教学令我终生难忘：崔德昌老师深入浅出、形象生动的教学使那么深奥的物理知识变得易懂易学；杨成祥老师灵活的教法、与学生亲切的交流使我们对化学充满兴趣；陈业炎老师用抑扬顿挫的语调引导我们去探索和解决一个个抽象的代数问题，大家学得津津有味；史林芳老师极其准确、逻辑性极强的几何语言令人折服；王凤超老师幽默风趣的教学，将单位圆称作“救命圈”的音容笑貌至今还记忆犹新。这些名师丰富的教学经验是我日后教学的宝贵财富，使我的教学有了学习的楷模。

更令我终生难忘的是我的恩师张运钧，他已不在人世，但我心中对他的怀念是永远的。在我初为人师，对教学一窍不通的最困难时期，他作为我的指导教师，耐心细致地帮助我备好每一节课，为我作示范课，听我的课并进行指导，让我经风雨、见世面，作公开课，接待市内外兄弟学校听课，促使我对教学精益求精。他坚持要求我业余进修，使我读完东北师大数学系函授本科，有了更坚实的专业知识，这一切都让我受益终生。他是我教学的启蒙老师，我的点滴进步与成绩都与他的帮助指导分不开。后来当我作为二中数学组的中老年骨干教师去指导青年教师时，心中总是想起当初张老师给予我的无私帮助和亲切教导，这种精神激励我视培养青年教师为己任，继承了二中以老带新的好传统，为此我还得到了“市优秀指导教师标兵”的荣誉。我还要感谢我的学生们，我虽然是他们的师长，但二中学生的高素质、高水平促使我不断进取，不断充实和完善自己，使我领悟了“教学相长”的真谛。二中学生以自己的聪明才智和创造才能不断给我的教学提出新课题、新要求，使我真正理解了“教师的劳动是一种创造性实践”的深刻道理。在长期教学实践中，我越来越热爱教师工作，热爱我的学生，即使自己身处逆境、心情不好时，只要走进课堂，站到讲台前面对学生，一切烦恼都会烟消云散。学生的期望是我不断改进教学的动力。多年来我一直遵照“探究是数学教学的生命线”的宗旨，在课堂教学中能最大限度激发学生学习兴趣和调动学生参与意识，使学生开动脑筋。在探究知识发生、发展、深化、应用的过程中，使学生越学越聪明、越学越主动，越学越会学、越学越爱学，从而使学生的创造潜力得到开发、聪明才智得到发展。在这一教学过程中，我自己的教学方法也不断创新，教学技巧更加纯熟。现在我的学生遍布全国各地及国外，有的是领导干部、专家、学者、教授，有的是和我一样的普通劳动者，他们都让我感到欣慰与自豪。我当了一辈子中学教师，虽然一生清贫，但有了这些学生，觉得内心十分富有，觉得自己一生从事的教育事业非常有意义。

我对二中始终怀有发自内心的深厚感情，1993 年当我年满 55 岁应当退休时，对离开母校感到恋恋不舍，校长张佩纶非常理解我的想法，他明确表示：“只要政策允许，你在二中干多久都可以。”我非常感谢母校给我机会，让我得以实现“二中教学生涯 40 年”的心愿，并给了我“省优秀教师”和“特级教师”的最高荣誉和嘉奖，对我从事教育工作几十年给予了充分肯定。

1998 年夏天，当我在 98（2）班上完在二中的最后一堂课时，我向我的最后一届学生道了再见，心中默默向执教 40 年的神圣讲坛敬了礼，依然怀着对母校眷恋的心情；在我年满 60 岁时退休离开了二中，并写下“当年十六花季少女入二中，而今六十鬓白老妪别二中，四十春秋尽心培育二中人，喜看万千二中学子成栋梁”的感言。

现在母校二中正在向更高的目标前进，全校师生员工在校长的带领下，为把二中办成全国名校，为培养更优秀的跨世纪人才而努力奋斗。我预祝母校二中明天更美、更好。

◎从外语教学看二中的素质教育

文 / 杜琳

杜琳，沈阳二中校长助理兼教导处主任，1944 年生，中共党员，辽宁省特级教师，有多年的英语教学实践经验，曾荣获“市教改积极分子”“市劳动模范”“市外语学科带头人”等荣誉称号。

二中，伴随着共和国的诞生和发展在不断成长。70 年来，她为国家培养了一批批栋梁之材，同时逐渐积淀形成了自己的独有的治学风格——坚持高质量、轻负担，培养高素质的未来人才。

我来二中近 30 年，身处校园，目睹了她在改革开放后的发展变化，并有幸为之振臂出力，我深切地感受到她的独特，她的卓尔不群的特色。

1996 年夏，我送走了我的最后一届学生，结束了教书生涯，转做行政事务。回忆起我教他们的最初日子里，他们见我每堂课总领着他们听啊、说呀、读哇，不禁满脸困惑地问：“凭这，我们能考上大学吗？”为了消除他们的疑虑，我说：“我向你们作出三个承诺：一、我保证你们的英语学得轻松、愉快；二、我保证你们学到的英语有强于他人的能力；三、我保证你们的高考英语成绩不吃亏。”1996 年高考发榜后，他们为我拿回了高考平均 119.8 分的优异成绩，不仅是全校第一，也是全省最好的。更令人欣慰的是，他们与我历届学生一样，在各自的大学里英语都学得很出众，学得轻松、自如，能力超群。我不但完全兑现了最初的诺言，也给自己教书的经历画上了一个圆满的句号。

在二中外语组里，何止我一人有过这样的记录。当人们发现，二中的外语高考成绩竟连续 10 余年在省、市保持领先优势，赞美之余都认定这样的事实：他们所取得的成绩既非昙花一现，亦非少数人的成功，成绩来自全外语组教师共同的努力耕耘，耕耘的收获离不开二中这块育人的沃土。

二中外语组的教学何以成绩斐然?

人们常把收获归于辛勤和汗水,但要搞好教学工作仅靠这是远远不够的。外语组长期坚持的工作作风,可用12个字来概括——“团结勤奋,严谨求实,开拓创新”。这12个字正是每位二中人的执着追求。

1986年沈阳市政府授予二中外语组先进集体的光荣称号,接着不久,一批老同志相继退离岗位,一大批青年教师陆续补充到组内。这些青年教师在大学学习优秀,具备良好的专业素质。来二中工作后爱岗敬业、勤奋钻研、勇于探索,他们受到学校的精心培养,得到老教师的热忱指导和帮助,成长迅速,一些同志很快成为组内教学骨干,成为本地区越来越有影响力的人物。如今,外语组已是青年教师挑大梁的教研组,外语组不但继承了原有的好传统,更增添了追求新颖、高效、创新的激情与活力,在遵循教育教学基本规律的原则下,努力营造展示个性化、多元化风格的教学氛围。

十几年来外语组从学校的教学目标和学生的实际出发,运用先进的外语教学思想,坚持改革课堂教学,千方百计地提高教学质量,在这方面他们积累了许多成功的经验。

情景教学法,这种20世纪90年代流行的外语教学法早在80年代初便进入了二中的外语课堂。

侧重培举学生的阅读理解能力是高中阶段外语教学的主要任务。1983年阅读教学与课外阅读训练已列入外语组的教改实验项目,通过几年的探索与实践,成果显著,极大地推动了外语组的教学工作。1986年国家开始对高考英语试题做彻底改革,改革后的简称为MET的英语标准化考试,以65%的比重全面考查学生的阅读能力,外语组这种前瞻性的教学观念和改革意识使本组的教学与学生的学习成绩从一开始就成功地经受住了标准化考试的检验。

自1986年起,外语组开始尝试并逐步实施英语课文整体教学,这是外语课堂教学改革的又一重大举措。传统的块块教学囿于零散的字词讲解、句子分析,阻碍了对课文的整体理解,不利于对学生进行听、说、读、写的综合训练。课文整体教学不仅符合课文教学的自身规律，而且符合语言教学的基本规律，它有利于外语课堂教学贯彻实践性、交际性原则，有利于对学生进行语言的综合能力训练，有利于学生发挥他们的主体作用。

省、市教研部门十分重视二中外语组的教学经验，外语组先后有多位教师在各级教研活动中作经验介绍、上示范课。20 世纪 90 年代初，辽宁中学外语教研室在全省范围内全面推广英语课文整体教学法，有力地推动了全省英语教学水平的发展。

二中外语组还多次在辽宁省高中英语总复习研讨会上介绍他们的复习工作经验。1998 年 12 月，仅有两年教龄的李俊杰老师代表二中外语组在会上向来自省内各地的 300 余名教师代表和教研员介绍二中的总复习工作经验，并上了一堂高水平的观摩课，他扎实的教学基本功、独特的教学艺术与构思引起了与会代表的极大兴趣，博得了与会者的一致好评，大家称道她的课给人以耳目一新之感。

1996 年，人教社与英国朗文出版集团合作编写的高中英语新教材（简称 SEFC）开始投入使用，这标志着高中阶段的英语教学开始步入新的发展时期。以话题、结构和交际功能相结合为特点的新教材较好地体现了现代外语教学的新思想、新理论。新教材更符合教学实际和学生学习外语的认知规律。新教材为二中的外语教学的持续发展提供了更有利的外部条件，为二中外语教师施展其教学才华提供了更广阔的舞台。外语组的同志抓住发展契机，再接再厉，努力使二中外语教学改革步伐迈得更快。仅在 1996 年到 1999 年的 3 年期间，组内先后有张健、沙丽颖、王淑 3 位青年教师在辽宁省高中英语教学比赛中获得一等奖，王淑老师还在 1999 年初举行的全国高中英语优质课竞赛辽宁赛区比赛中一举夺冠，获辽宁赛区复赛第一名，取得了代表辽宁省参加全国决赛的资格。

十几年来，二中外语组能够取得如此丰厚的教学成果和喜人的高考成绩还在于他们始终坚持学科素质教育，通过课堂教学和课外活动培养学生的语言素质、智能素质、文化素质和思想品德素质。具有较高综合素质的学生是不会在以考查能力为主的高考中败阵的，更不会在自主学习的大学学习阶段落伍的，他们一定会在未来社会的挑战中战胜自我、超越自我。这正是二中办学的目标追求。十几年来学校始终把培养具有高素质的未来人才当作总体工作目标，为此排除各方面的干扰和困难，坚持全面贯彻教育方针，坚持面向全体学生，坚持走自己的特色之路——既要高质量，又要轻负担；既要高素质，又要高升学率。作为二中人，我们为此而倾注心血，并为此而倍感自豪，愿二中明日更辉煌。

◎轻轻的痕迹

文 / 陈红峰

沈阳二中，走过的人都在他的人生中留下了色彩。我于 1968—1971 年间就是沈阳二中的学生，于 1971—1985 年留校成为沈阳二中的一名教师。在这段时间里，我经历了“文化大革命”，经历了改革开放，经历了沈阳二中最激荡的变革年代。

那段难忘的岁月，就把我学习和工作的简历作为作文的提纲吧。我进入二中，当了红卫兵，做了指导员，拾过粪，打过土坯，砌过墙，也挖过战壕，修过沈抚公路，建设过 6801 工程。年年下乡刨地、拔草、种粮食。当过拘留所的看守战士，到过烈士陵园做了批改战士，当过玻璃厂的生产工人，到过东菜行做过售货员，在环路公交车当过售票员，生产过校办工厂的洗衣泥，到过盘锦垦荒种水稻，出过小报，编过小剧，组织过赛歌会。每一段都是历史，每一段都刻骨铭心。

留校后，我同时当了化学实验室实验员，物理实验室实验员，学校教工团支部书记，学校电影宣传员，学校教工群管财成员，学校教工互助组组长，学校校办工厂纯水车间主任，可控硅车间、钥匙链车间、标牌车间负责人。做了争夺青少年小组负责人，做了学校科普活动负责人，后来又到了农村分校做了农村分校负责人。我给自己立下规矩，每天工作 8 小时，每天学习 8 小时，3 年内完成高中所有学科的自学，大学化学学科的基本内容的学习，有笔记，有作业，有老师的检查，我如饥似渴地学习，经常到沈阳教育学院、药学院旁听教学和讲座。到新城子化工厂住厂学习一个月，到铁西的冶炼厂、啤酒厂、味精厂、东北制药厂、蓄电池厂，抚顺的炼铝厂、龙凤煤矿井下、西露天煤矿等各种厂矿参观学习，我提前完成了我的计划。这一切也许都是当时的军宣队、工宣队的老师们感觉我比较好学，给了我许多的机会，这也引起当时教育部部长温巨敏率工作组来二中进行考察。

在沈阳二中，我最难忘的恩师就是化学老师孟繁武、李钟祥、体育老师吉宗一、数学老师史林芳、马子云校长、物理老师刘家桂，还有数学老师王玉民、政治老师刘文浩，他们教给我扎实的基础知识，教给我做人的根本信念，他们的思想影响了我的一生。当然，在二中传授给我真知的老师还有很多很多，我都铭记在心、感恩在心。

在沈阳二中的学习和教育教学实践中，我系统地学习了凯诺夫的教育理论、苏霍姆林斯基的教育思想和赞可夫的教育思想和方法，大胆地用于教育教学的实践中，得到了马子云校长的教诲和指导。从 1972 年开始，在孟繁武、李钟祥老师的具体指导下开始了中学教学，记得那时我还一人做 4 个班的班主任，每周 24 节课（那时允许教学的老师很少）。我在沈阳二中期间都是满负荷工作，同时参加校办工厂的生产，我自己生产的去离子水（电阻达 20 兆欧）一直是专供科学院林土所科研的专业用水。1979—1980 年参加了首次东北三省重点名校的巡回交流讲学，接着所教的班级无论是集体的荣誉还是成绩都名列沈阳二中前茅。1983 年我因此获得沈阳二中唯一的全省千分之二教师晋级的奖励。我还为军区总医院的工农兵大学生重新参加考试进行了三期的大学有机化学及无机化学的辅导培训。我为沈河区进修学院化学辅导教材编写了全套的教材实验绘图，我为沈阳市 600 多名化学老师做了 3 天全部高中化学教材中的所有实验和实验改革的实验演示，震动了沈阳中学化学学科，为沈阳二中争得了荣誉。这阶段在当时称作“广播里有声，报纸里有名，电视里有影”的人物。也就是在这个阶段形成了我的教育观：

教师要有政治家的素养，要有科学家的严谨，要有评书演员的口才，要有相声演员的幽默，要有指挥家的艺术，要有军人的果敢，要有慈父的爱心，要有领袖的胸怀。

教育工作者，必须有教育的思想，必须有教育的思维，必须有教育的表达，必须有教育的感染，必须有教育的特色，必须有教育的耐心，必须有教育的智慧，必须有教育的先见。

身教重于言教，心教重于身教。

学生是我师，我是学生友。

教师的职业是一个神圣的职业。

人人为我，我懂得感恩。

我为人人，我乐于奉献。

这只是在沈阳的20年，从1985年到现在，我在福建泉州35年，我的一生没走过后门，没依靠过父母，不走歪门邪道，就是坚持，已经几次差点就去天堂了。但是，我是快乐的，因为一生所做唯有他人快乐！

忙碌是一种幸福，让我们没有时间体会痛苦；

奔波是一种快乐，让我们真实地感受生活；

疲惫是一种享受，让我们无暇于渺茫空虚；

坎坷是一种经历，让我们真切地理解人生。

老师们，同学们，朋友们，大家时间宝贵，我不能占用大家过多的时间，只能提一提曾经的历史痕迹。谢谢！

我的太太也是沈阳二中老师，她是1982年恢复高考后第一届大学毕业生，毕业于东北师大物理系，她是李敏老师。

◎怀旧的感悟——且行且珍惜

文/李姣

5月，入夏前夕，正是一年中最迷人的时节，也正值此时，二中的极致魅力也在全情绽放！

二中南校区的深厚、高贵！初升高中的高一的孩子们需要她给予的洗礼和装扮！高三学子们更需要她赋予的底气和激励！

二中北校区的恢宏、妖娆！使得处于高中承上启下阶段的高二的孩子们有了尽情展示青春活力的大舞台！

这一切的一切令人向往、令人陶醉！而对于我一个身处其中的老教师来说，体会二中的极致魅力，更有着外人所不能及的情结，那就是怀旧！

一日，在家闲来无事，电视在照样开着说着，好像在播报新闻，我也在有意无意中听着看着，突然眼前一亮：是她，那个随同国家主席胡锦涛出访的代表团里认真记录的她——何琳，我的学生！顿时心底产生了莫大的满足及自豪，伴随而来的便是停不下来的回忆……

何琳，个头儿高挑，文静、漂亮，看上去颇有点女孩子的柔弱，但深藏其中的坚韧、勤奋给予了她优秀的学习成绩，而考取北京大学的梦想也由此悄然萌生，虽然它还朦胧、模糊。而发生在高二暑假里的一件事彻底使得这个伟大的理想清晰开来……何琳随同妈妈参加了北京高校游活动，亲身实地进入了心仪的高校——北京大学，这个古老的世界闻名的高校给她带来了怎样的心灵冲击我不得而知，但当她把一张照片摆在我面前的时候，眼神里充满坚定并告诉我说："老师，这就是我一年后的状态！"照片呈现的是一个女孩子坐在湖边的石头上看"书"的情景，这个湖是北京大学校园里的未名湖！这本"书"是北京地图。我哑然但更多的是赞赏。赞赏她的心智，赞赏她的聪明，更赞赏她的自信！

在我班，对北京大学情有独钟的还有一个人，他叫彭鹏。说起这个人，心底也由衷产生轻松和暖意。他进入文科班的初期，每天早晨，他从来都是背着沉重的大书包，急匆匆地满头大汗地赶来，可总是被班长拦在门外，他迟到了！现在想来还是挺有意思的一个场景。接下来一系列的“独特”言行清晰地展现了他的品格！先从他的一句名言说起吧。那是一次考试之后，用他的话说，一不小心考了年级第一，那自然得到了同学们的仰慕、老师们的赞许！他的感觉很好！一句名言就此诞生了——为了虚荣而学习！从此一发不可收，全班同学以与他同桌为荣，甚至能坐在他前后也好！用同学们的话说看不到彭鹏休息，除了吃饭睡觉。而他却有着自己独特的休息方式，那便是学科之间的交叉学习：文理科之间的互换学习就是休息，正因此，考试成绩总是居高不下，考取北京大学也自然成为他的理想。而他激励自己的方式也比较独特。也是在高二暑假，他的邻居考取了北京大学，收到通知书的当天，彭鹏借来通知书径直跑向复印社，贴上自己的名字，放大、复印，张贴在自己的房间里，每天伴随着北京大学的召唤学习着、拼搏着……

身处同一个班级，两个学生有着清晰的北大梦。我这个班主任应该使他们的能量放大且达到最大化，“何彭协定”就此产生了。这是史上唯一的由两个高中生发起的、由全班学生参与见证的、由我这个班主任签字起效的协定！这份协定内容严肃而不失诙谐，庄重而不失轻松，如任何一方遇到不解的问题，另一方均不得以任何借口不给对方解答；如任何一方携带好吃的，均要分给另一方；等等。面对这一纸协定，我的心温暖且欣慰。欣慰的是作为他们的班主任我从中感受到更多的是他们的良好心态，这在高考前夕显得多么珍贵和难得，欣慰的是他们彼此之间的关系在高考激烈的竞争面前显得多么单纯和高尚，而更让我欣慰的是……大家一定想到了，两个学生双双考取了他们心仪的高校，中国的最高学府——北京大学！

何琳，北京大学国际关系专业；彭鹏，北京大学法律专业！同时彭鹏还光荣地成了当年的沈阳市文科状元！作为当时的我，他们的班主任，面对我的学生们的成长进步，我的心里感受是怎样的，至今想起来很模糊，但一定是替他们高兴，也许同时心里也有些许自我满足吧！

这样的满足还有很多很多……

记得我们自编自导的班歌吗？在二中的班歌比赛中荣获第一（虽然这只是诸多第一中的一个）！

记得那个在全校引起轰动的《前门情思大碗茶》的演唱吗？完全可以媲美原唱李谷一老师！

记得我们班特有的人手一份的成长记录本吗？那里有你的欢笑和泪水，有你那个阶段特有的情怀，当然也有我这个班主任与你的交流，毕业前夕我郑重地送还给你们，一定要好好保存哪！

记得班级的他喜欢上同桌的她，我们 3 个人同时坐下来坦诚交流的情景吗？

记得我们班的男女生的分别会议吗？探讨着那么高大上的话题：男生应有的品格，女生应有的气质！

记得我们为在黄河中下游植树而叫卖报纸筹钱的壮举吗？打着二中校旗，穿着二中校服，我们在众人瞩目下一路挺进中街！众人围观、抢购、签字！现场的火爆让我们始料不及，我们的报纸被抢购一空，有人就要买我们的宣传单！供大家签字留念的红布的正反面已经没有了空间，旁边的商店免费送了我们一块（现存放学校校史馆）！虽然在我们后来的班会总结中，大家历数了其中的艰辛和泪水，但当我们一角一分地数着我们的辛苦钱，然后郑重地邮寄给某权威部门时，我们得到的是莫大的满足，只因为我们了却了一个大心愿——植树造林，为环保出力！

太多太多值得纪念的东西了……此时，心底突然萌生了极其幼稚的想法，如果时间能倒流，如果能让我回到当初，回到我天天惦记着的学生们的身边，看他们学习，看他们扫除，看他们打球，看他们淘气，甚至体会他们朦胧的感情……可惜这只是如果，随着时间的推移，这一切居然在不知不觉中逐渐远去，而只能在回忆中片段记起，真的可惜又无奈！

但值得祝贺的是，正是这些曾经的过往，这些优秀的学生们，共同铸就了二中今天的辉煌，二中因你们而骄傲，你们因二中而自豪！我，作为一名老教师，因能见证这一切而深感满足！这是多么唯美的画面。

怀旧有魅力，那只是对已经逝去的过往的一种无奈的选择！虽然我喜欢，但心里很苦涩！

而活在当下才是现实、才是实际！走进二中，就注定了你与二中的情结，你中有我，我中有你，欢乐着她的欢乐，幸福着她的幸福！让我们携手，且行且珍惜！

◎你是风儿我是沙

文 / 宋敏求

我爱沈阳二中，爱她大气稳重的学风，爱她悠久厚重的历史，爱她精致美丽的校园……因为她是我职业生涯的全部，甚至承载了我父辈的付出。

在沈阳二中从教近 30 年，用历史人的思维与百千学子的求索擦出过许多智慧的火花，这火花或照亮过你的人生，或指引了他的方向，重要的是它充实了我的心灵。

在近 30 年的教师生涯中有 13 年的班主任经历，这 13 年我累并快乐，与学生一起成长！从没有想过的荣誉纷至沓来——优秀班主任、师德先进个人、优秀辅导员等，此刻我深刻地认识到：学生是我的老师，有他们才有我的进步！

我是很爱学生的，视他们如己出。我关心他们学业上的进展，理解他们成长中的烦恼，尊重他们的个性差异。走出校门前带他们学知识、长能力；进入大学里我帮助他们设计人生、规划未来；走上工作岗位后我和他们做朋友、做事业的伙伴……我希望我和我的学生之间的关系是一种美丽、别样的关系。去银行我可以和他进行窗口内外的业务对话，在学校我可以和她比肩而坐谈论我们共同的学生，在某所大学我可以将我的新学生托付给他们照顾，在大洋的彼岸我可以将我的儿子交给你们帮助……这一切充满和谐、透着亲切，我爱这一切，爱二中给我的这份神圣的事业！

00 届 3 班是我的班主任工作“处女作”，一群优秀得让我自惭形秽的学生组成了一个优秀的班集体，学习上是“不待扬鞭自奋蹄”，活动上是“不拘一格降人才”，高考中是“强中更有强中手”，我这个班主任似乎就是一个虚位。我也就是这样在学生们的激励下成长为一个优秀班主任的！班长贾雷上了复旦大学，姜孟夏上了北京大学，生活委员杨硕考取厦门大学，赵娜考取南开大学，体育委员姚迪被清华大学录取，胡鑫上了北京师范大学，肖湘宁上了同济大学，薛玲上了复旦大学，还有张璐考上北京外国语大学、那丽丽考上南开大学、王宁宁考上对外经贸大学、间芳考上人民大学、穆光考上武汉大学、关鑫考上吉林大学……数不胜数的优秀的二中学子是我的骄傲，更是二中的名片！

03 届 7 班是一个特色鲜明的班集体，48 个人团结得紧密无缝，学习中痛并快乐着，活动中快乐并成长着……和他们三年的朝夕相处，结下了深厚的师生情，时常想起不禁感慨万千。总记得和他们一起为环保寻访辽河、为拯救家园去沙漠植树、为做合格的沈阳人去了解沈阳的古迹、为纪念先烈到烈士陵园扫墓……尤其让人印象深刻的是大家冒着“非典”的威胁挑灯苦读，我陪伴着他们，他们进步着。

06 届 7 班班主任经历应该是最有特点的，因为所任科目的特殊性。进入高二文理分科阶段，为了不拆散这个有成长性的班级，我宁愿做他们的专职班主任。离开所任课程的压力，远观他们，忽然发现在这个班级里女生好强大，男生好儒雅，脏活、累活似乎成了男生的专利。是啊，一个班级就是一个社会、一个家庭，男人女人的相处之道就该在这里学习。记得我常常要求：女生要温文尔雅，男生要落落大方；女生要自尊自强，男生要勇敢有担当……那天在朋友圈里看到尹凝和赵星亮的结婚照，看到了她和他所体现的 067 人的风采。我写给他们的结婚赠言是这样说的：通常意义讲郎才女貌成佳偶，今天来自沈阳二中 067 班的两个才貌双全的小伙伴的结合就是绝配！作为你们的班主任，既为你们自豪也为你们高兴，祝福你们！希望在未来的日子里发扬同学加夫妻的精神，彼此尊重、关爱、支持，且爱且珍惜，永远幸福！今天学生们成家立业或事业有成都是我的喜事，我与学生同命运哪！

1003 班和 1309 班是两个宏志班，一群积极向上、追求卓越的学生走到一起，只有发奋读书、努力更好！ 1003 人伏案深耕、挑灯夜读的情景历历在目，如今他们大多已经有了自己明确的发展方向，或读研或出国深造或走上工作岗位，仍然那么意气风发、乐观进取，看到他们我由衷地高兴。1309 班是我带的班级中唯一经历过寄宿制高三的班级，留下许多美好的记忆，以至于今天我再一次身居北校区时经常产生错觉：早上想到教室看你们自习，帮你们解决心理上的困惑；中午愿意到食堂看你们吃饭，担心你们因为路远买不到可口的饭菜；晚上又经常与你们研究学习上的问题……一年的集体生活让我们心心相印！

我爱二中，爱我的每一个学生，他们一定都记得我写给每一个人的毕业箴言，也都会珍藏我送给他们的信物吧？他们也许都会记得我为他们准备的生日蛋糕和 18 岁成人礼吧？记得也好，忘了也罢，我都是爱你们的高中班主任。

二中让我留恋，你呢？

◎做一名教师，真好

文 / 张亚丽

一、教师——令我神往的选择

幼年的我耳濡目染父亲作为一名农村教师的辛劳，忙碌着农活，忙碌着备课，还要忙碌着一次次家访，动员那些要退学的学生家长……但父亲从没有怨言，更没有一丝懈怠，30 多年一直在辛勤耕耘着，每当和我讲起一些特殊学生的进步，父亲高兴的眼神我觉得在发光。少年的我对教师职业多了向往，便立下目标，长大后要像父亲一样也当一名光荣的人民教师。

1988 年我高中毕业，虽然我的成绩位于学校的前列，可我还是坚定地参加了辽宁省提前招生的高师考试，并以优异的成绩考入了东北师范大学数学系。大学期间我更加坚定了成为一名教师的信念，我继续努力，潜心基础数学的学习。1992 年 7 月我幸运地来到沈阳市第二中学，实现了我当教师的梦想。同时暗下决心，决不玷污三尺讲台，从此开始了我人民教师这一崇高之旅。

二、真诚——沟通心灵的桥梁

我真诚地了解学生，个别施教。俗话说，知人才能善教，善教须先知人。我全面深入地了解学生的思想、学习生活以及家庭状况，采用“资料分析法”“询问调查法”“观察实践法”等途径，建立完善的档案资料，根据学生的不同情况，开展个别教育。比如对家庭出现变异的同学多做思想工作；对表现好、学习成绩优良的同学多讲“百尺竿头，更进一步”的道理；对表现差、学习成绩不好的同学帮助查找原因，并积极发现闪光点，肯定其微小进步。

我真诚地分担学生遇到的困难。学生下雨天没带雨具无法回家，我献出自己的雨具为他们遮风雨；学生因运动会的成功而雀跃，我为他们买回了奖品；班费不够了，我向生活委员交上了特殊的一份，并让生活委员做好保密；

在大型考试成绩中取得最大进步的学生，我自费设立了最大进步奖，还设置了数学满分奖，给获奖的学生发大红包，鼓舞学生干劲；学生生病了，我自备了几种常见药，随时为学生应急。

曾经的班级有学生家里困难，我多次在生活上关心她，一次次帮她交上生活费；住校的学生生病了，我陪她去医院；学生身体弱，父母不在身边，我就常常送来水果和成箱的牛奶。我爱学生，像爱自己的孩子一样。

高三下学期一名学生因病在医大二院住院两周，我带着全班同学的关爱去探望她，跟她说落下的课别着急，老师会帮助你。于是我就每周去两次给她补习拉下的数学课，同病房的人都夸这位同学坚强，是个爱学习的好孩子，同时也大大表扬了学校，真不愧是二中，才能有这么负责的好老师。

我真诚与学生交心，与学生家长交流。

面对高三繁重的学习任务与升学压力，家长与老师们所担忧的男女生情感问题（也就是人们常说的早恋现象）时有发生。我真诚地站在学生的立场，多次与家长交流，更多关注孩子的情绪，减轻孩子的压力，我能做的就是引导学生走出情感的困境，集中注意力投入学习中。面对每一次考试后因成绩起伏而情绪波动的学生，我力争第一时间和学生交流，分析考试成绩不理想可能的原因，鼓励学生，指出不足，提出建议，并做到跟进与督促学生。我的很多学生一考完试就主动来找我，说是向我忏悔，我呢，就假装当个神父，静静地耐心地听他们一个个的忏悔，于是他们心情好了，又能安心学习到下一次考试。高三的家长说愁哇，熬人哪。我说就当渡劫吧，考一次渡一次，多渡几次就成神了，今后就无所畏惧了。

三、创造——追求平凡的卓越

纵然三尺讲台上燃烧不出奇迹，但三尺台下却遍是火种，我就想让这火种燃烧得兴旺、永恒。为此，我寻找合适的教育契机，让每个学生的潜力得到发挥，让他们自身价值得到体现。

我把班级管理分成四线走，形成网络化，使得班级人人有事做、事事有人管。第一线是主线，即“学习线”，班内成立各科学习小组，组长由各科代表担任，开展“每日一题”活动，选题来自全体学生，质量由学委监督，并及时与任课老师沟通。第二线是思想纪律线，班内特设清洁检查小组和纪律检查小组。第三线是班级文体线，为了提高班级学生的思想及身体素质，激发学生的积极性，我班明确文体分工，每次参加校班活动，由团支部及美术科代表搞筹划、作宣传，文委负责组建啦啦队及准备文艺节目，体委负责体育赛事。比如校运会，班长及体委落实同学合理报项，生活委员及值日组长负责全班同学的饮用水及卫生保洁工作。正由于各项工作准备充分、分工得当，每次校运会，班级无论体育成绩还是精神文明评比均位于年级前列。第四线是参加社会实践线。每学期学生都走出校园按社会实践小组定期去我班的社会实践基地轮流，班级多次受到大南街道怡静园社区的表扬。还多次参加了《辽沈晚报》的宣传和义卖活动，每次活动既培养了学生的吃苦耐劳、我为人人的良好品德，同时也增强了同学之间的凝聚力。

此外还开展了多种班级特色活动，例如班内评选各种“希望之星”“班级之最”，比如最勤奋的人、最热爱劳动的人、学习进步幅度最大的人……并且每学期末都要隆重地召开颁奖班会。

在我的数学教学中，改革传统授课模式“教你学”，而引导学生“我要学”。多年来我一直尝试“自学辅导”的教学思想，让学生带着问题走进课堂，引起学生自主学习的欲望。教会学生会学习、会思考，使学生获得终身学习的本领，是素质教育的必然要求，也是我教学工作的重要目标。实践证明，学生不仅成绩优秀，还培养了数学思维能力和知识的迁移能力。我承担的“高中数学自学辅导”的实验课题，获辽宁省“九五”中小学教育教学改革实验优秀成果一等奖。

四、奉献——无怨无悔的承诺

我爱教育事业，发自心底。从毕业的那一天起，我没有享受花前月下，没有享受婚假，始终与学生相伴、与书本相随。经过刻苦钻研，与学生教学相长，从毫无经验的小老师成长到有宝贵经验的高三毕业班老师，但我并不松懈。

1995 年 12 月，已有 8 个月身孕的我仍不迟到、不早退地坚持在教学第一线。当时高三一位数学老师因病住院，在这关键时刻，我跨年级到高三代课，没有感到疲倦、劳累，因为我爱学生、爱教育事业。

1996 年 8 月，我的儿子仅 4 个半月，我接任 99 届新生高一（9）班班主任工作。开学后的军训，我谢绝领导的关爱，义无反顾地把孩子留在家中，托付给了父母，并给孩子断了母乳，与学生一起来到军营。初为人母的爱，全都给了我们这个刚刚成立的家—— 99（9）班。我和学生一起生活、训练到军训结束，回到学校目送学生与久违的父母高兴而去，才急忙奔向家中，那时儿子已病了好几天了，心疼的泪水夺眶而出。我知道，教师是学生的一面镜子，只有做到为人师表，教育才有力量、才有说服力。正如“喊破嗓子，不如作出样子”。我一天也没享用到学校对孩子妈妈的照顾时间，早晨与傍晚这两头时间正是我观察学生、了解学生、与个别学生交流的大好时间，我必须早来晚走。

在儿子两岁半时，我正教高三，为了全身心投入高三紧张的教学与班级管理，为了督促和帮助班上的学困生，我放弃了对儿子的照顾，把儿子送到了远在外地的奶奶家。我经常在晚上与学生一起放学离校。功夫不负有心人，99 届 9 班和我任教的 10 班共有 4 人考入清华、北大，一本率 100%，还有多人被保送到国家名牌大学。所带 99（9）班获沈阳市先进班级。

我所做的这一切只缘于我爱学生，爱教师这一神圣事业，只做了自己力所能及之事。可张佩纶校长和其他领导、老师却给了我肯定，多次评我为校优秀班主任、先进工作者、优秀共产党员。这没有让我沾沾自喜，我一如既往地带领着02届5班，做好他们的引路人，兢兢业业地在教坛上耕耘着。2002年02（5）班也光荣地被评为沈阳市先进班级，我所教授班级的数学成绩始终名列前茅。这些就是对我的工作最好的回报。之后所带班级05（5）班、08（2）班、11（10）班、14（10）班一直承担班主任工作，都被评为沈阳市优秀班级。当然成绩的取得更多得益于班级的所有科任老师的辛苦付出和团结协作。

五、感恩——传承二中一代一代的爱

我的教师生涯是在二中成长起来的，我特别感恩我的师傅张秀媛老师，当时我们备课组一共5位老师，4位老教师，只有我是不成熟的小老师。他们包容我、关心我、帮助我，我非常感谢同组的老教师带领我一起教完95届的毕业生。师傅和我在欢声笑语中度过了3年，也教了我3年，之后她退休了，交给了二中一个能够独立胜任教师工作的我。

我也特别感恩陈雪筠前辈，虽然和我不在一个年级组，却给了我太多教学的指导与帮助，每一次的公开课，都有陈老师的精彩的点评，上高度的点拨使我成长得很快。还有老一辈数学组组长詹运达，经典几何大师翟景春（外号翟几何），中青年的数学组优秀人物陶华慧副书记、刘宇副校长，黄睿老师、许世州老师等都给我们很多的帮助和深远的影响。真的非常感谢二中一代代的老师，他们传承着二中的精神，热情、无私、钻研、精湛、低调、务实、包容、大气……

时光飞逝，过着过着我也到了当年我师傅的年龄了，但我比师傅更幸运，我们备课组中新生代的年轻人多，他们富有才华，而且踏实刻苦；他们踏着时代的潮流，紧跟教学改革的方向，团结合作，钻研高考，这是曾经的11届、14届、17届、20届、23届备课组群体，他们中的每一位都能为备课组献计献策，为年级学生尽职尽责，提升学生的数学成绩，为学校的发展作出了巨大的贡献。

如今这个群体已成为26届备课组，我深深感谢组内的年轻人，我享受着他们的智慧，组内经常上演着“小季，这可咋整啊”“晓冬，你给出个新创意呀”“李丹，这个你会了之后教我们哪”“小花，这回就得指你啦”“柱子，你定下夺吧”“石莹，说下你更简单的方法”等等对话。

而我能做什么呢？我只能努力争做合格的二中老教师，不能给老一辈的数学人扯后腿，更不能给新一代的二中数学人丢份，我仍要坚守本心，继续努力，跟上年轻一代的步伐，与他们一起为二中的更加美好而奋斗！

能成为一名教师，成为26届数学组的一名教师，真的太好啦！

◎观于海者难为水

文 / 白云峰

观于海者难为水，游于圣人之门者难为言。对于沈阳二中，生于斯、长于斯的人，这种感受不一定很强烈。不走进二中不知二中的深远，不走出二中不知二中的厚重。二中风采彰于外，内蕴存乎里。生命之河融于这片海已近10年，对于二中的感受与日俱增。瞻之在前，忽焉在后。引用李白的话：高山安可仰，徒此揖清芬。

战国时期，稷下学宫是百家荟萃的中心，百家百学若水之归海，人皆心向往之。沈阳二中——就是我的稷下，就是我的学宫。如秋水问河，河向大海。于是放弃了原有安顺舒适的生活，带着无尽的未知和悬念，怀揣着青春的余温跨进二中的殿堂。

走进二中的校门，身后还铺染着郭沫若淋漓的墨意，眼前又陶醉于“大气成就大器”的灵光。校园静雅，四径流香，仿佛文人大家的书房。沉稳端庄的青松茂杨是书房的紫竹，丛丛茁壮的丁香刺玫是房中的剑兰，树荫下的报厅展板是房中的挂画真草，园中的雕塑石刻是房中的文房四宝。室雅何须大，花香不在多。这样一个书香四溢、雅意萦怀的校园，足以让浮躁者沉寂、清高者降尊、浅薄者压抑、厚重者舒怀。

就这样开始了我新的生活。3个教学班，又做班主任。宣父犹能畏后生，丈夫岂可轻年少。其实我已不年少了，只能把自己打扮成年少的样子，无畏地轻狂向上，又要还原真实的自己，在年轻人面前做得沉稳踏实。

这期间，就像一见钟情的恋人，由高度的欣赏慢慢进入生活细节的体验。二中优良的教研风气，以老带新的团队精神深深触动着我。每周二铁打的教研，统一本周授课的内容，精确到角落，落实到细节。年轻教师虚心问道，老教师倾囊相授。每逢年轻人的公开课，组里就像办喜事似的，忙得不可开交。

讲课的教师痛并快乐着。每个人的成长都是大家在成长。

学校实施以老带新制，又把全市最优秀的退休专家请来，实行专家走课制。常常是上一节课你做专家，听徒弟的课；下一节课你再做小媳妇，专家听你的课。角色随时在转变，沟通无时不进行。每节课力争精彩，每天争取大收获。难怪二中能培养出许多专家式的名师，难怪二中的教学团队水平那么走高，也难怪二中能培育出那么多优秀的人才。当你把一种精彩看作一种习惯，你的生活就在精彩中变成常态了。

孔子弟子三千，因七十二贤而彰名。二中学子秉承传统，君子不器，不偏颇不狭隘，武则疆场兵戈，文则安邦定国。全校有 40 多个社团，活动丰富多彩，教学带活动，活动促学习。教学相长，师生携手进步，共同提高。我经历过二中学子的一场辩论赛，雄兵对垒，气势恢宏，胸中锦绣，口吐莲花，运筹帷幄，决胜千里，气定神闲，指挥若定。确是二中的开山之辩。二中有一支全国一流的学生交响乐队，代代相承，音音相续，传唱着二中人傲然的情怀。二中还有一支全国闻名的学生篮球队，趋欧访美，全国的冠军奖杯囊中无数，耀眼得让我们无法直视。正是二中这些优秀的学子又恰遇二中大人文的环境，才会俊采星驰，如唐宗六逸。骄傲中常让我们记起：王兴治——中国工程院院士；郭爱克——中国科学院院士；高金吉——中国工程院院士；陈创天——中国科学院院士；王泉——加拿大工程院院士。昆山藏玉，凤鸟栖梧，人伴贤良，鸟随鸾凤。二中因你们更精彩。

秦穆公西得由余，东得百里奚，宋迎蹇叔，晋招丕豹，最后称霸西戎。沈阳二中由原来的 24 个教学班发展到现在的 72 个教学班，并组建中加班，向世界一流学府输送人才。这是一种胸怀、一种大气。海纳百川，吞吐天地，大气磅礴。几年间学校扩大规模，增强实力。为壮大学校的师资，学校招揽四方英才，新鲜的血液更让二中焕发青春。新老教师荣辱与共，为二中的发展群力群策，无私奉献。

青春不会永驻，于我已成过往。无论我生活在哪里，美好的时光都献给了教育事业。我因低的起点而上进，因高的落脚而虚怀。二中绝不是点滴的二中，而是以其博大的胸怀招徕四方学子，辉煌已沉淀在心，留给人们的是珍贵的记忆，开创美好的未来是我们二中人不悔的使命，长风破浪，云帆直挂。二中不是我的私有，但她是我骄傲的情怀。

◎永念师恩

文 / 张孟华

独坐窗前，凝望窗外，清风响处，有三三两两的黄叶离开沉默的树干，又经冷风一吹，在地上打着转儿。昨天的那场秋雨，今晨的几行脚印，已使得那原有的落叶被深深地踩入了泥土中。

就是这落叶，在孟春点缀着美丽的花季，在仲夏为行人搭起一道道浓荫，而在这深秋时节，却独自飘零……再次望向窗外，泪水模糊了视线，脑海中越发清晰浮现出王老师那亲切、慈祥的面庞……

王老师是我的师傅，我来二中工作时手把手带我的人。年轻的同事可能不知道他老人家，但你一定见过他的作品。校园内日晷的制作者就是他，那是他老人家退休时留给二中的纪念。从选石材到刻晷盘，历经一年半，完全手工打磨的。

我的师傅叫王正衡，是沈阳市地理学科带头人，1995 年，我来二中工作时他 55 岁，带了我 5 年。他是一位德高望重的老人。有师傅的年轻人真幸福，每天跟着师傅去听课，不仅可以有样学样，遇到疑难问题还可以随问随答。我师傅徒手画圆、用几何知识演绎地理名词，讲课幽默又风趣，让初为人师的我对“教师”的称谓有一个高标准的认知。从师傅那我也学到了宽容、仁爱、踏实、努力、钻研等诸多好品格，努力地做事，成就最好的自己。如果说从教 28 年来我算小有成绩的话，首先是二中给我一个高平台，而师傅的人格示范、学术引领无疑为我专业成长之路奠定了基石，“名师出高徒”在江涛和我身上得到了一些印证。

师傅对我们的好从不挂在嘴上。刚来二中的时候，我心中是有小骄傲的。历经 8 年的师范教育，头顶省优秀师范生、省优秀毕业生光环的我，还有市教研员来听课时的肯定，我确信自己是能胜任工作的年轻人。但头两年地理教研，师傅不提派我参赛的事，当时我心里很是费解，明明我算优秀，明明他跟市教研员那么熟，为啥不让我去锻炼锻炼或见识见识？如今，我能理解他老人家的用意了，师傅是希望我沉下心务实上好课，让好苗子先深深扎根，先向下生长，再向阳而生。工作的第三个年头，我开始在省、市地理教研会上崭露头角，从此成为教研活动的突出选手，省、市教研员都见证了沈阳二中一个青年教师的成长经历。一位外市教研员曾评价沈阳二中的小姑娘（年轻时的我）是“地理比赛中最耀眼的光”。我觉得，这是挺客观的评价，真不是客套话。

师傅律己严格、胸怀博大。期末发成绩后，我看到前几名分别是我和江涛的班级，师傅和张老师的班级垫底。我们沾沾自喜，师傅则坐在那儿不吱声，后来听他喃喃自语：“我不最后谁最后？我最后没事，他们俩成绩不好就会挨批评……”师傅是极其要强的，凡事都追求完美，但在徒儿面前，他倾力托举，不惜牺牲自己的功绩。试想，两个初出茅庐的徒弟，哪有什么功底，无外乎亲和力强，赢得了学生的喜欢，混了点感情分。现在想来，那时的我真是太幼稚、太不懂事了。师傅的包容、师傅的大度我铭记于心，后来我们组里一直承传这个大气精神。

师傅与我们的共处，永远定格在 2010 年 8 月 25 日。他老人家生前，我和江涛每逢节日定会相约去拜见。他总是笑眯眯地看着我们，倾听我们杂七杂八的“汇报”，宛若慈爱的老父亲面对儿女长大的那种幸福且知足的感觉。而今，每每回想起我们师徒相聚的温馨画面，不免心中怅惘失落，我的师傅，您一定是秋后落叶归根，化作了春泥，滋养着一方教育沃土，悄悄给予徒儿们力量，对吗？

师恩永存，永爱吾师！！！

◎以篮球之名　守赤诚之心

文 / 张勇

室外 35℃的高温，炙烤得体育馆里像个蒸笼，4 台空调马力全开也无法对抗炽热的空气，快走两步就会汗流浃背……二中北校区，队员和教练员正在为下午的训练做准备，我站在球场边，看着学生奔跑投篮，不禁感慨万分，篮球队从建队至今的一幕幕，浮现于眼前……

1998 年，为了丰富学生的课余生活、增强身体素质，刚当了两年体育老师的我有了组建篮球队的想法。当时，学校所有的资源都要向高考倾斜，篮球队未来能有什么出路，谁也说不准，因此这个想法没能得到校领导的支持。

于是，我私下动员各个班级里爱打篮球的学生，以兴趣小组的名义秘密组建了一支篮球队。没有室内场地，也没有固定的训练时间，我带着这些学生利用午休、周末时间在学校附近的篮球场“打游击”；没有训练器材，自己买来杠铃，又找来角铁托人焊了铁架子……条件艰苦，但学生们训练却十分努力，在建队的第二年，篮球队就取得了全市第二名的好成绩。

学习好的孩子，领悟能力强，自律性也好，学生应该德智体美劳全面发展，文明其精神，野蛮其体魄。

2000 年，学校有了第一批属于自己的特招队员，这对我的执教能力提出了更高的要求。每天上午，我在电视机前一遍一遍观看比赛录像，做比赛分析和训练计划；下午，我对照着笔记带队员训练。去沈阳体育学院请教，去辽宁队“偷师”，去各个培训班学习，随身带着笔记本，时不时就拿出来又写又画，几年攒下的笔记本摞起来足有一人来高。我又找来国内知名的篮球教练到球队指导训练，蒋兴权、柳继增、崔万军等都是球队的常客。

2004 年，在全国高中篮球联赛中，沈阳二中以黑马身份杀出，击败了所有对手，第一次站到了全省冠军的领奖台上。这一次夺冠，也让沈阳二中步入了篮球名校的行列。2006 年，球队首次获得全国中学生 CSBA 锦标赛冠军，从此二中篮球队正式跻身全国冠军球队行列。从 2004 年至今，二中篮球队成为校园篮球的一股强劲新势力，包揽了省内所有比赛的冠军，多次站上全国冠军的领奖台。

从白手起家到享誉全国，多年来，二中篮球队的建设和发展，都基于体教结合的原则。坚持政治引领，夯实思想根基，以体育人，便是我的初心和方向。

不同于竞技篮球“掐尖”的选材和培养方式，我认为，校园篮球应该更加注重教育的全面性，让每一名球员都能在学业和篮球技能上得到均衡发展，依托文化底蕴的体育教育才是好的教育。我一直激励队员：“我们是学生运动员，作为学生，我们要具备学生的素质，要虚心好学，要强身健体，要立志高远。”为了避免球员产生“特殊化”的心理，我把球员拆分到普通的班级里上文化课，让他们与同龄人共享相同的学习和生活环境，即便球队外出比赛，学校也会派出各科老师随队，在比赛之余给球员补习文化课。

多年来，已有 200 余名优秀篮球队员毕业生相继考入国内知名高校，其中 17 名队员先后被清华大学、北京大学录取；队员张峻豪、付远旭先后入选国家队；李虎翼、刘雁宁、张峻豪、郭嘉毅、蒋祺禹等走向 CBA 赛场。二中篮球队已成为辽宁体育耀眼的新名片，更是全国高校和职业球队瞩目的人才摇篮。

我深知，球队的成绩只是对学生努力的一种认可，我作为老师，更重要的是要充分结合学生特点，扬长不避短，让每名球员都发挥出最大的潜力。

每次比赛前，我都会为每名球员单独手写一封信，让他们在赛场上打开，这是帮助球员调整状态的“锦囊”，更是鼓励他们勇于拼搏、超越自我的小小仪式。这些信件中，包含着我对球员的鼓励、建议或者一些特别的指导，让球员们在关键时刻能够保持冷静、坚定，发挥出自己的最佳水平。

自信可以激发个人的内驱力和潜能，我希望每名球员都能发挥出自己的特点和想象力，在比赛中敢于尝试、敢于突破，不要过早被条条框框束缚。而教练的作用就是把每个有特点的球员捏合在一起，产生良好的化学反应，通过团队的整体协作来保证比赛的下限，同时依靠球员们的个人能力和创造力去争取更高的上限。这种策略让每个球员都能清晰地认识到自己在球队中的作用和价值，从而更加积极地投入比赛中，因此，球队往往会在比赛中超水平发挥，上演以下克上、以弱胜强的戏码。

读万卷书，也要行万里路。一场场的训练和比赛，传授的不仅是篮球技能，更重要的是让队员们懂得了付出就有回报的道理，深刻体验到了失败或胜利的人生悲喜，让他们领略了世界的广阔，更早地帮助他们明确了人生的意义，树立了奋斗的目标。

深耕一线近 30 年，我坚信，篮球不是某一场比赛，不是某一次胜利，它是一种精神，是规则与眼界的诠释，是团结与信任的体现，是超越与突破的注解，是坚持与希望的因果！篮球，承载着我人生的缩影，我想要告诉我的队员们：打好篮球，不仅仅是要夺冠，更是要把握好自己的人生！永远不要消极，要阳光地面对未来所经历的一切，做文礼兼备、身心健康、情智双修的栋梁之材！这是我终身所盼，亦是我以球育人的初衷。

大气成就大器，在二中校训的指引下，让我们更用心地热爱，更努力地生活，更尽情地创造，以篮球之名，守赤诚之心，共赴下一场澎湃！

◎是芳草　也是园丁

文 / 周际虹

37 年前，怀揣着求学、成才梦想的我考入了沈阳二中，成为一名光荣的二中人。如今，我站在我曾经仰望的三尺讲台上，下方的面孔亲切又似曾相识。在如白驹过隙又刻骨铭心的时间里，我想起我与二中的许多曾经。

一、故事的开始——自由的校园、飞扬的青春

我入学时，二中校园与她如今的庄严大气略有不同。彼时的她保留着些许与时代同步的质朴：教室里铺的不是瓷砖而是地板，走进教室上课前学生都要换上拖鞋；教学楼前后没有喷泉一类的置景，有的是一片葡萄园、一片小花田，我们夏天赏玫瑰、秋天吃葡萄。这样的校园带给年少的我一种全然的亲切，我被这里的一草一木爱护着，我也爱这里的一草一木。

如今的塑胶跑道在那时自然也是还没出现的，不过那片供学生自由活动的土地十分宽敞。我和同学们在操场上跑步、打球、学习跳舞……那是我们活泼、积极、健康的青春气息。“个性发展、全面发展”是身为二中人一以贯之的命题，在体育课上老师教我们跳交谊舞，在排球场上与队友一起追逐每一次得分，在艺术节上一曲《跟着感觉走》震惊全校，一个个自由而美好的瞬间织就了如今的回忆。

除却课余生活的轻快，在课堂内外与志同道合的同窗齐头并进、埋头苦读，更是现在回想起尤为珍贵的曾经——课上，老师用或严谨或幽默的教育方式带领我们接触全新的知识；课下，同学们用毫无保留的求是态度对待知识，无私分享、共同进步。那时市场上并没有质量得到广泛认可的练习册，每个学生用的练习册都不相同，大家发现了什么好题就拿出来共同研讨、自主学习，于是课间的校园中总是满溢着学生们的讨论。

在校时，二中虽然临着热闹的五爱街，可我总觉得校园中十分宁静，想着是一排排高高的树保护着我们，为我们隔绝了喧嚣。可后来我才明白，那是我们真的足够心无旁骛，才真的听不到“二中以外的声音”。

高中生活绚烂多彩又一晃而过。带着二中赋予我的自强、专注、笃实、自信，我满怀眷恋地离开了这里，前往我的大学。

二、故事的延续——温暖的家庭、全新的责任

虽然离开了二中校园，但我对二中的爱不曾有一刻停止。带着这份眷恋，我在大学选择了师范专业，又在毕业后幸运而顺利地得偿所愿，以教师的身份重新回到这里。这是旧故事的延续，也是新故事的开始，曾经被二中培育的我，终于也能成为一名园丁来呵护她、为她奉献我的能量。

刚刚参加工作不久，有一次教研员来听课，我还记得那堂课的内容是牛顿第二定律。课上做实验获取的部分数据其实并不如意，但片刻犹豫后，我仍坚持采用实验获取的数据来组织学生进行分析处理。课后，教研员肯定了我的做法，并给我留下了令我永难忘怀的一课——物理人就是要严谨、务实。

参加工作第五年时，学校推荐我参加市优秀课大赛，我通过勤奋和努力荣获第一名，得以继续参与省赛，也顺利地拿到了一等奖，就这样开启了我成为一名优秀教师的人生旅程。从备课组长到教研组长，从省骨干教师、省学科带头人到省特级教师，我一步一步在成为一名合格园丁的路上前进着。

在这样前进的道路上，与我相伴的始终是二中这个家庭带给我的温暖：我的师傅吴万用老师，有着始终走在所有人前面的对教学方式的思考，在他的带领与帮助下，我的教学水平也迅速成长；在评市骨干教师的时候，我的伯乐邵李宁老师不顾自己生病也要帮我扮演说课评委，帮我查缺补漏；从省培、国培到去上海进修，学校也一直在源源不断地为我们提供着提升自我的学习机会。在这样的环境下，我在一线教师这个岗位上坚持到今天，为学生付出着我的努力与真心，无怨无悔；也收到一届又一届学生对我“最认真、最负责、最

严谨”的评价，问心无愧。

时至今日，我仍然认为，我生命中最好的时间，就是与二中共度的这些年。我有幸作为参与者，也作为见证者，目睹纵向的时光奔流而过，二中始终是她最好的模样。如今，我与二中的故事仍在继续，无数崭新的二中人与二中的故事又将开启，从五爱街 6 号走出的每一位二中学子都对这里有着共同的眷恋，这里永远是我们共同的、温暖的家。愿我热爱的二中青春永远，愿我们共同热爱的二中越来越好！

◎刚好遇见你——沈阳二中

文 / 王爽旻

我与沈阳二中的故事，缘落于20世纪末的一个雨天，那是1997年我大学毕业前的5月，至今已27年有余。

一、初相遇　缘匪浅

现在回想起来，我能与二中相遇，得益于当时沈阳市对大学生的招聘政策还没有今天这种“门第”的限制，更受益于沈阳二中不拘一格的选聘办法，才使得1997年毕业于沈阳师范学院教育系的我，成了二中的一名德育干事。

初到二中那天的所有情景，至今仍历历在目。5月的某天，小雨，我骑着那辆大一时在皇姑区沙河二手车市场买的26自行车从黄河大街95号的沈师出发，一路向警察打听，用了1个小时的时间骑行到了沈河区五爱街6号，拿着手写的个人简历敲开了副校长室的大门。负责大学生招聘的副校长郭广大看过我简历后，开门见山地说：“你这简历不错！是党员，还是学院的学生会副主席，综合成绩排名第二。不过，上周我们去沈师招聘了6个毕业生都是高考科目的，你这教育学专业与高中不太匹配呀！”听到这话，我就觉得没戏了。“不过，你想来二中做德育干事不？”我脱口而出“行啊，行啊，我可以来。”话说完，郭校长点着一根烟，若无其事地走了出去（后来我才知道，郭校长是出去向张佩纶校长汇报情况去了），过了一小会儿又夹着烟回到了办公室，然后笑呵呵地说：“你被录用了。”

至此，我从沈师出发，到二中毛遂自荐，再到签订就业协议，仅用了半天的时间，却如此清爽、明快地锁定了我和二中的一生的缘分。

二、经流年　常相伴

2024 年，恰逢二中建校 75 年。而幸运的我，也与二中同行了 28 个春夏，我也从最初的德育干事，做到团委书记，到人事干事，到办公室副主任，再到年部主任，2013 年 1 月起被任命为学校党委副书记兼纪委书记，2024 年 1 月转任副校长。现在看来，我除了总务处以外，几乎做全了学校管理与教学的全部行政工作岗位。与二中 28 年的陪伴与成长，在我心里占有最重要的分量。

做德育干事时间不到两年，却有记忆很深的几件事：每周带领值周生用锯末子清擦走廊地面；每周五大扫除各班生活委员带领同学给教室的红松木地板打蜡；冬天“雪停就是命令”，组织全校学生自带铁锹清扫校内以及校外五爱街上的积雪；还有当时只有二中坚持的学生停课一周去全面参与学校管理的“值周”工作。这些记忆，现在也是很多经历过的二中毕业生津津乐道的话题。做德育干事期间与班长和生活委员的交往甚多，以至于在 2019 年学校 70 年校庆成立校友会前夕，我还联系到了在上海发展的 00 届的王奇与韩智博，他俩牵头成功组建了沈阳二中上海校友会，为今天的二中发展继续发挥作用。

做团委书记的两年多时光里，我进一步见证了二中学生的优秀——与其说是我带领团委学生会的学生工作，倒不如说是他们用自己的优秀与能力引领着我成长。他们几乎包揽每周班团会的主题设定与实施、每月班团会的成果评比与展示、每学期的大型活动的策划与组织。他们的优秀更有力地说明，在完成了大量的学生工作的同时，每个学生的学习成绩都名列前茅。记得 02 届的团委副书记金鑫当年被保送至北大，同届的学生会主席韩天相以裸分考入北大，同届文科宫金玉也以裸分考入北大，还有后来几届的韩冰、张秋爽等等优秀的学生干部，他们现如今也都纷纷成长为业界的精英，并与母校保持着密切联系。因为有这样优秀的学生团队，我在 3 年的团委书记工作期间被评为沈阳市优秀团干部。

做办公室人事干事和副主任的 7 年时间里，是我成长最快的阶段。因为办公室工作内容的原因，我近距离地接触到了张佩纶校长的工作日常。他坚持素质教育的果敢，躬耕教育管理一线的态度，锚定目标的弘道追求，无一不在当年教育领域独树一帜。在张校长言传身教的影响下，我也在工作质量、效率等多维度里实现了质的飞跃，锻造了我精准、干练、务实、眼里有活、心中有事、少说多做的工作习惯。这些特质滋养着我成长，让我能在后续的管理岗位工作中不断受益，我常把这份受益归功于“二中精神”。跟随张校长工作的时光，在我的职业生涯中留下了不可磨灭的印记。

2007 年 7 月我转任为 09 届年部主任，开启了连续 6 年的教育教学管理岗位的锤炼历程。现在回想起来，时任校长刘辉的这个决定对我来说实在是很有挑战性。这个全新的岗位调动了我大学所学的教育管理学、心理学、统计学等所有技能，我从“不在课堂就在走廊”做起，并配合上深耕细研、日积月累等必要的“古法药方”，躬身入局。两年后高考中，我带领的 09 届教师团队创下了 3 人裸分考入清北、600 分人数 277 人（占比全省 5.2%）的新纪录，那一年教师们的高考奖励金额也刷新了二中历史。如果说 09 届的两年管理经历是实习的话，我在 12 届完整的 3 年管理工作中更加自信、更加稳健、更加游刃有余。2012 年的高考，不仅再次实现了清北 3 人、600 分人数 362 人的整体好成绩，还出现了语文单科省状元、数学 2 人满分的纪录。时任 1202 宏志班班主任的刘锐老师，多年后经过专业的数据分析，很郑重地告诉我：我们 12 届的高考成绩是一个新高峰。

心理健康教师，是我 28 年来在二中工作的主线。从 1998 年开始的进班授课，到组建两个人的心理教研组，到面向高三的团体辅导和个体咨询，到 2014 年建成二中学生心理成长中心，到分管学校的生涯规划指导工作，再到 2023 年获评为“沈阳市心理健康名师工作室主持人”，这一路的专业成长让我乐在其中，同时也带领团队为学校获评心理健康教育特色校、省级首个生涯规划指导示范校作出了应有的贡献。

2013 年 1 月，带完 15 届高一上学期后，我被任命为学校党委副书记兼纪委书记。我想这是组织和同事们对我多年来取得的各项工作成绩的最好褒奖。

三、高平台　再历练

成为学校管理层的一员，站在更高的平台上服务于二中的教育教学与师生，12 年以来我又得到了更多的收获与历练。

做副书记兼纪委书记的 11 年间，历练了我更高的执行力与全局观，在更多工作中践行着“不忘初心、牢记使命”的红心向党。

协助党委书记完成基层党建工作中，我以二中特有的“党建 + 红色教育基地 + 思政课程 + 校史文化”工作模式持续推进基层党建工作向纵深发展，培养了具有教育家精神的二中品牌教师团队，大批党员教师成长为师德标兵、教学骨干，引领着学校教学工作不断攀升。

我还分管过 2017 届与 2024 届的年部工作，有幸与 2007 年成立年部时一起奋战过的王英姿、刘敏两位主任再度会合，这两段时间让我们在完成纷繁复杂的工作之余也有机会追忆起当年 3 个年部、6 位同事挤在老楼二楼一个办公室的苦乐年华。

主管纪委工作的过程中，我坚持在“监督在前”上做足功夫，始终将立德树人作为学校师德师风建设的质量关。教师中涌现出一批默默用爱心与真情感化每一个“叛逆的小花朵”的感人故事，2020 年度“沈阳市最美教师”王晔老师的巡讲报告让每个听众热泪盈眶，她是二中教师集体的缩影。

我与二中学生交响乐团的交集，是我意想不到的工作收获。2013 年 6 月，刘辉校长给了我一个新工作——接管学校的学生交响乐团。二中学生交响乐团从 2005 年开始组建，2007 年正式成团，之前的最好成绩是全国二等奖。我分管两年后，乐团在 2016 年教育部举办的第五届中学生艺术展演上首次摘得全国一等奖，继而又在 2019 年第六届、2023 年第七届的展演上蝉联国家一等奖，这个连续三届全国一等奖的成绩开创了辽宁省艺术教育的新纪元，目前也已经成为二中的办学特色之一。这些成绩的背后有太多故事。接管学生交响乐团11年间，我从一个纯纯的交响乐门外汉，进化成了现在一段时间不听一场音乐会都浑身难受的“假音乐人”，甚至在中间一段还萌生过想学一种乐器的想法。环境真的可以改变人，这在我的工作成长中再次得以验证：我从最初的认识大提琴与低音贝斯开始，到能分清单簧管和双簧管，再到能听辨出曲目中的那段“SOLO”是哪个乐件，这大概用了两年多时间，这个时间比想象中的短，我想大概与我在中师时弹过脚踏风琴还有点关系吧。而管理乐团3个年级近百名艺术特长生的进程，我是在一边欣赏着他们合奏曲目带来的艺术盛宴，一边接受着来自学校各个层面的“你的艺优生”的不同声音中，且行且珍惜着。而每年一次的新年音乐会是属于这些乐团孩子的特殊节日，每场长达90分钟的演奏，是他们全年寒来暑往辛苦排练的成果，是他们一展才艺证明自己如此优秀的作品，更是他们演出以后穿着校服行走在校园里的自信。截止到2021年，高校还有高水平艺术团招生的政策，所以截至2021届的乐团毕业生中70%—80%的学生依靠自身的专业成绩和高考政策而考入心仪的“985”“211”高校，并继续活跃在大学的学生乐团中，有些还被保研继续深造。因为国家高考政策的调整，二中也从2024年开始停止招收艺术特长生，这个改变对于二中和与乐团共成长的我和徐家晨老师（学生爱称他为老徐）来说，内心有些许无奈，也有诸多不舍。因而2024年1月18日在盛京大剧院音乐厅，二中交响乐团举办了两场“流金二十载　初心谱华章”的新年音乐会，我们都知道，这是乐团的“告别演出”。应邀从全国各地专业乐团、各高校回来助演的65名往届乐团毕业生与目前在校的35名艺术特长生组成了百人二中交响乐团，共同演奏了15首中外曲目，他们指尖流动的是音乐，而心中暗涌的是对二中以及乐团的浓浓深情与依依不舍，在最后一场的演出中，此次音乐会的指挥徐家晨老师泪洒舞台，我坐在场下也几度拭泪。这两场音乐会都全程做了线上直播，总浏览量8.5万，点赞量60余万次，线上留言评价不仅是对这些作品的共鸣，更多的是对沈阳二中这样的名校还能坚持这样的素质教育的高度赞誉。分别莅临这两场音乐会的省、市教育系统的领导和同人也高度评价了二中的美育教育成果。

作为二中70年校庆筹备组的主要力量之一，我有幸全程参与了筹建新校史馆、出版《国旗下的青春》《慧耕》《二中校友录》《学校记忆》，联络并组建7个世界各地的“二中校友会”，特别是在拜访二中优秀校友马蔼乃教授、王兴致院士、高金吉院士、郭爱克院士、李洪院士、祝学军院士的校庆系列活动中，时刻都在点燃我内心对沈阳二中的敬重。今天，再去翻看二中微信号上发布的《母校催你交作文》的系列文章，再次驻足校史馆12个主题展板，再与捐建校史馆的粤港澳校友会会长回忆起那次重要意义的会面，无不让我心生涟漪，这份感觉似生命不可分割的血与水一样，浸润在每寸肌肤。

二十八载，淳厚的“二中文化”和“二中情怀”滋养着我一路成长。如今，我的人生已过半，虽没取得过多么傲人的成绩，但与沈阳二中的相遇与相伴，我始终觉得，一切都如此美好。

谢谢你，我深爱的五爱街6号。

◎怀念中加班老校长罗恩·诺德

文 / 张健

罗恩·诺德于2009年来到沈阳二中中加班任职加方校长，作为中加班创立17载以来的第二任外籍掌门人，他不仅以深远的视野和卓越的领导力在任期内为中加班留下了浓墨重彩的一笔，更是二中中加班发展历程中无可争议的推动者与变革者。2009年的二中中加班，正值初创期的蹒跚，课程体系与教学模式尚显青涩，正是罗恩校长以其在多所国际学校的丰富管理经验，如同春风化雨，帮助学校步入快速发展的轨道。

面对建校初期的重重困难，特别是中西文化碰撞下的师资队伍不和谐，罗恩校长以高超的智慧与公正无私的态度，重塑了一支团结且充满活力的国际化师资队伍。他不仅调整了教师的责任架构，巧妙地平衡了中外教师的职责分配，更通过让外籍教师深入参与到学生的日常与家长沟通中，实现了中方教师与外籍教师真正意义上的融合与平等。

罗恩校长的管理哲学中，尤为动人之处在于他对每位教师个体的深切关怀。他亲自制作详尽的教师信息表，表上不仅记录着每位教师的生日、特长与兴趣爱好，还记录着他们渴望什么样的帮助、需要什么样的支持。他经常说："我希望听到每个老师的声音，并且让更多的人有机会展示自己。"在每学期初的教学工作会议上，他将中方和外方教师按学科和年级进行分组，然后让中外方教师一起沟通制定会议议程，确保每一位员工的意见和心声都能被听到。这样的做法，无疑赢得了全体教师的尊敬，而且有助于构建和谐互助的工作氛围。

除了教育管理上的睿智，罗恩校长还是一位体育精神的传道士，每当谈及冰球与橄榄球，他的眼神中总是燃烧着难以遏止的热爱。他尝试通过建立多样化的体育社团，将这份激情传递给了更多的学生。在汗水与欢笑中，学生学会了合作、尊重与坚韧，体育精神成为他们成长路上最宝贵的财富。

岁月见证着罗恩校长的辛勤耕耘，二中中加班在他的引领下经历了质的飞跃，从初创时的微小规模发展至今日的繁荣景象，中加班的学生一批批跨出国门，走向世界名校。2014 年，为表彰其对沈阳市教育事业作出的突出贡献，罗恩 · 诺德校长被沈阳市政府授予“沈阳玫瑰奖”。尽管因健康缘故，他在 2017 年不舍地卸下了校长的重任，但他的名字已深深烙印在二中中加班的历史之中，成为中加班辉煌篇章的奠基者。

◎居诸不息七五载，造炬成阳万里期

文 / 张文斌

时光知味，岁月沉香，任教的小舟已远渡年轮的水波。凝望昨日的芳华，一寸一寸时间变迁，一寸一寸万物更新，炽热的思绪充盈脑海。屏息凝神，却抑制不住内心涌动、温澜潮生。我们看不见时间，但可以看见时间的力量，在时间的长河里，遇见二中，成为它 75 载的一部分，我庆幸，能实现年少时投身教育的青衿之志；我骄傲，能见证学校筚路蓝缕的底蕴精粹；我欣喜，能助力学子们奔赴热爱、造炬成阳。

幸运，乐兮相遇，庆兮相伴。

缘分如梦，初遇之美，倾心留痕。26 年前来到这里，校园青松落色、星海横流，悠久的历史成就一方育人筑梦的厚土。不期而行，有青松落墨遮蔽一片清凉，有兰花馥郁绽放一场清芬。每一寸角落，都凝聚着古朴优雅的历史底蕴，搭建起学子起航远方的港湾。青春时节的我，庆幸与此遇见，载着梦想在这里适得其所、尽情徜徉。

星燧贸迁，岁序流转，繁花千树。如今二中校园迸发着现代的活力光彩。端庄素雅的教学楼凝结着科技信息和人文情怀；智能化、数字化的创新基地聚焦学生发展和强国之需；巨彩显示屏打造信息建设和智慧服务；现代简约的校史馆展现着学校的沧桑巨变和精神传承。这里春有玉兰雅致，秋有银杏金黄，绿瓦青砖、蓝天白云记录着少年的鲜衣怒马，诉说着盛世风华。不惑之年的我，感恩与此相伴，枕着书香在时间的光影里邂逅成长。

这是一场向美而行的遇见，遇见倾囊相授的良师，遇见善思通达的学生，遇见并肩奋斗的同事，遇见日臻成熟的自己。人心向暖，岁月情长。在这里，总有一种精神鼓舞着我，总有一种温暖包围着我，总有一束光指引着我。一路上，每一个前行的脚步都镌刻着春风化雨的力量，每一滴奋斗的汗水都映照着秋月扬辉的真挚。成长虽磕磕绊绊，但路程并不崎岖，手中的粉笔在盈盈舞动中一点点缩短；生命的尺度，在轻轻呵护里一点点拉长。

成长，志之所趋，行且将至。

躬耕教坛，手揽星光。二中人耕耘求索，育人作本，精进自我，追求卓越。跻身其中，是我人生中永恒的骄傲和荣光。从“小班化教学形式”的探索、“两先两后教学模式”的尝试，到“大单元教学整合”的开展以及“都市圈校际协同育人”推进，二中人胸有丘壑试锋芒，一路向阳梦摘星。从教研组的凝心聚智把握方向，到备课组研思共进深入课堂，一次次研讨，一轮轮整合，一节节展示课，一张张考试卷……二中人一路跋涉，寻找思想碰撞的诗意和远方；一路生花，收获教学的精彩和成长。在这里老教师温润儒雅、示范引领，新生代的活力四射、锐意进取，三尺讲台凝结着二中人笔耕不辍、笃行不怠的教育情怀。

“北大博雅人才共育基地”不断升级，科技创新活动精彩纷呈、捷报频传，“大师之道”与高校“大先生”面对面交流；篮球队问鼎全国总冠军，交响乐团唱响海内外……每一次全力以赴，每一次勇往直前都绽放着二中人特有的大气、智慧和担当。

那些年，书记、校长经常鼓励年轻人要多啃“硬骨头”，多接“烫手山芋”，多当几次“热锅上的蚂蚁”。于是每一次实践都能让我得到淬炼，每一段经历都能让我收获馈赠。在梦想起跑时，在实践探索前，在艰难比赛中，在创新挑战时，在人生舞台上，二中见证着我为热爱奔赴的每一个瞬间，也见证了梦想之花绽放时我的喜悦和收获。

坚守，靡不有初，鲜克有终。

岁月缱绻，葳蕤生香。75 载晨钟暮鼓，75 载春华秋实。二中始终屹立于沈城，是因为有无数个二中人数十年如一日，坚守在这片教育的沃土上。坚守为国育才的信念，坚守立德树人的目标，坚守对教育本质的追求。这一切也感染着我、滋养着我，丰盈着岁月，敞亮着心灵。

在二中校门口每个清晨都有迎接，即便是细雨蒙蒙，书记也会如时守候，笑容可掬传送温暖；每个夜晚都有守望，即便寒风瑟瑟，校长依旧傲然挺拔，目光如炬面带期许。

课堂上，成风化人，老师们以师者本心潜心育人；下课后，润物无声，老师们以日夜陪伴浸润心灵。为解决学生家远困境，把学生接到家中住上一年；为激发学生内动力，与他们共订一场彗星之约；冒着烈日，骑着单车只为学生生日定制一份“时光清浅，生活明朗”的蛋糕；精心设计，几经周折只为学生成人礼刻制一枚“十八而至，大任始承”的印章……细数过往，二中人不问付出，无畏辛劳，爱我所爱、行我所行，顺从己心、无问西东。一代代二中员工以强国之志的赤子之情培育了国之英才，千千万万二中学子在各行各业用卓越贡献成就了二中的辉煌。二中已不仅是很多人青春梦想启航的地方，更是无数人沉淀下来的时空印记形成的精神家园。其精神内涵穿越时间，跨过山海薪火相传，无论何时何地始终热辣滚烫。沈阳二中北美校友会，沈阳二中大洋洲校友会，沈阳二中北京校友会，沈阳二中粤港澳校友会……他们汇聚校友力量，助力校友成长，赓续二中精神，情系母校发展。“一脉”讲坛上优秀的二中校友回归母校传承智慧、感召学子。CBA 夺冠后，辽篮队员二中学子饱含深情为高三学子助威饯行。三载二中，一生情缘。一届届学子是二中的一张张名片，二中则是无数学子人生路上的精神故乡，走得越远，故乡变得越清晰，心中更加眷恋。

75 载弦歌不辍，75 载岁月华章。暮云卷流年，我自豪身为二中人之荣耀，扬帆望未来，我深感肩担二中人之使命，唯愿执校之手，与校偕长，积历史之厚蕴，谱时代之华章。

◎培养科学精神，承担强国重任

文 / 龚鹏

2022 年 8 月，我从东北育才学校调到沈阳二中任副校长，分管教学、信息化、创新教育等工作。在 9 月份开学伊始，本来在想慢慢了解和适应学校情况后再徐徐推进的科技创新工作迎来了一项新的考验：因为 2022 年 3 月，学校申报了辽宁省科技特色高中，同年 10 月将要迎来省级专家团队的入校考察和评估。能否顺利通过科技特色高中的评估，对我和学校来说，面临的既是挑战更是机遇，这个挑战和机遇在时间空间上是多维度的：当然包括特色高中的申报是对学校创新教育的发展契机；也包括领导们对我到二中后，要发挥特长把原有创新教育的课程梳理和重新规划谋求新的发展；还有个原因是学校南侧两层楼房的基建即将改造完成，目标也是做综合实践教室，如果以原有学校科技教室等为依托做特色高中迎检，无疑是最稳妥的方案，如果以两层楼房重新设计规划学校课程教室，一个月的时间紧任务重，但却能够展示二中的科技特色高中建设新方向、新规划。经过班子开会合议，确定了以后者、4400 余平方米的新空间作为创新人才培养课程实践基地，迎接 10 月份的科技特色高中检查的方向。

确定下方向，我感到肩头承接了重担，也觉得是个发挥自身特长的机会，不但要有用武之地，还要真真正正地规划出二中科技特色。工作开始后，我和教务处同人一起，一方面梳理原有学校科技教育资源，另一方面在不断了解学校的科技报国教育文化传承。1949 年建校伊始，学校第一任校长是时任东北大学教务长的栗玉同志，栗玉校长立志与国家民族同甘苦、共命运，要为新中国培养优秀的科学家、学者、工程师，以期与欧美发达国家抗衡。这一点的提出，尤其从 21 世纪现阶段中国的国际关系和科技发展态势来看，特别具有前瞻性。建校以来，学校共培育了 4.4 万余名国之骄子，他们的杰出代表有中国晶体之父陈创天院士，红箭-8、红箭-9总设计师王兴治院士，脑与认知科学专家郭爱克院士，机械装备健康监控专家高金吉院士，被誉为“女版钱学森”的导弹技术专家祝学军院士等8位院士。因此，经过梳理，“培养科学精神，承担强国重任”，就成为学校创新人才培养准则。为此，2022年9月班子会议决定，学校每年高一选拔爱好科技、立志于科技报国的学生组成以“学军”和“兴治”两名院士命名的班级，班级人数共80人左右。

在学校的科技创新教育宏观规划中，结合学校学生特点和国家、国际科学教育发展态势，也结合我以往20余年科技特长学生的培养经验，我们确定了学校创新教育的发展规划方向为“创新教育+生涯规划”，即以大型创新人才培养课程实践基地为依托的普惠制科学课程，服务于全校高中生生涯规划指导，以学生未来生涯规划发展需求为蓝图设计创新教育课程，以理科实验探究为依托支持教师校本课程规划设计，课程开发中注重多学科跨界融合，把学生创新思维与实践能力纳入综合评价体系。

在近年来教育部相关政策调整大环境下，一方面新高考改革已经走过7年时间，学生在高一就要选科选课和做生涯规划确定高考方向；另一方面党和国家领导人关于拔尖创新人才的培养也有了新的指示方向。综合因素下我们认为，小学和初中阶段的科学教育是科学启蒙和普及科学知识，高校是专业性培养与职业能力的固化。高中科学教育的重点主要体现在对中学生的科技兴趣引领和职业导向，不仅仅包括生活中理科知识与科技的结合、教学活动中科学知识的课堂渗透，还有学生对科技和人文知识的宏观融合与科学观、价值观的建立，更体现在迫在眉睫的高一学生生涯规划指导和高三年级的高考志愿报名和择业。可以说，现在高中生的人生方向是在高一选科选课和高考的时候决定的。因此，高中科学教育在方向性引领的重要性上强于高校。

我们确定下来的创新人才培养课程基地的其他社会意义与应用价值还包括：解决新高考改革背景下高一学生选科选课的时间紧迫感和家长焦虑。由于高考竞争愈加激烈，大多数学校都会在高一下学期进行选科组班，有的甚至在高一上学期就进行。刚刚初中毕业的高一学生对自己的兴趣、禀赋、能力等并不十分了解，在时间的紧迫感下会产生焦虑、迷茫等问题。通过科学教育实践型课程的体验与引领，有利于学生快速定位职业发展规划方向。

符合创新人才成长规律的国家战略需求。诸多针对拔尖创新人才的成长规律研究表明，创新人才更要早发现、早选拔、早培养，这样才能更早地完成从兴趣到志趣的确立，从学科爱好到专业研究方向的逐步形成，有利于中学大学有效的衔接化培养策略，这样也符合国家战略层面急需攻坚学科领域的人才需求。

早发现、早培养也符合拔尖创新人才个性化成长需求，与普通课程的分层次教学类似，与其把他们留在普通班级学习相同的内容，可能导致因内容缺乏挑战度而丧失学术兴趣，不如将资优少年尽早选拔出来，为其搭建专业的成长环境，让他们接受符合自身能力发展需求的教育教学内容和实践课程，促进其天赋潜能的发挥与发扬。

这是一种新形式的生涯规划指导方法。大多数高中学生甚至家长由于经历和眼界的局限，并没有明确的职业生涯规划，很多学校的生涯规划指导方法是利用心理活动测评与指导等辅助学生发现兴趣方向等，学校的创新人才培养课程实践基地可以让学生通过具体课程的学习、感受、实践真正了解前沿的现代科学技术，从而更早更好地选择自己的发展侧重方向，把个人的成长融入中华民族伟大复兴的历史进程。

这也是教育部的“双减”政策的良好落地策略。2021 年 7 月 24 日，中共中央办公厅、国务院办公厅颁布了“双减”政策，提出提升学校课后服务水平、大力提升教育教学质量等要求。但“双减”工作的实施需要具体的实践课程的支撑，需要学校具有相对应的活动场地提供必要的课外活动资源。

能够提供优质化课后服务课程。课程实践基地为学生提供优质、丰富、多样的课程与活动，满足学生多样化发展需求。

能够提供高品质的劳动教育。劳动教育不仅仅是局限于常规的家务劳动，也要紧跟科技发展和产业变革，准确把握新时代劳动工具、劳动技术、劳动形态的新变化，创新高品质劳动教育内容、途径、方式，从低阶劳动教育到高阶劳动技能的培养，增强劳动教育的时代性和科学性，创新人才培养课程实践基地的综合课程实施恰逢其时。

在明确学校科学教育发展方向后，我们以新的生涯规划特色创新教育方向为依托，对创新基地课程做了全面规划和实施，整合部署了各个功能教室设备和师资力量。同时，结合南面两层楼房的室内布局优缺点，做了空间上的创新设计，走廊两侧墙面做了活动展板，便于展示生涯规划等内容。

2022 年 10 月 18 日，我们迎来了辽宁省特色高中专家考察团，在参观考察后，我代表学校领导班子作了学校科技教育工作汇报，展示了二中创新教育的特点和独到教育理念，高分通过了评估考察。11 月，经过省教育厅文件公示，二中获评辽宁省科技特色高中。

迎检是一方面，另一方面是真正落地的、学生受益的科技课程实施。20 余年的创新教育工作中，我的认知是，科技课程的师资是最重要和最难的，经过专题讲座与宣传，发现二中老师对科技教育有着前所未有的热情和创意，尤其是物理等理科教师。在近一年的酝酿过程中，不断有教师加入课程开发队伍，这中间也包括历史等文科教师，通过跨学科融合等理念引导，都找到了与科技教育课程的契合点。2023 年 9 月高一新生入学后，学校开设起 20 余门科技创新类选修课程，每周三下午固定的两课时时间。科技选修课得到了学生的普遍欢迎，在完全的自由选择下，400 余名学生进行了选修课选择，这为二中历史上第一次科技选修课的开设迎来了良好的开端。

目前在创新课程基地开设的选修课程有：陈昕若名师工作室（物理经典实验拓展教室，南方科技大学技术合作）、先进技术加工实验室、模拟飞行教室、影音工作室、科幻影视欣赏教室、无人机 FPV 航拍教室、数字化平面设计教室、网络技术数据融合实验室、机器人技术实验室、工业设计实验室、芯片设计实验室、张睿升名师工作室（数学与算法思维工作室）、陈阳名师工作室（CYPT 未来科学家发展计划）、周际虹名师工作室（数理综合探究教室）、张巍巍名师工作室（空间结构设计教室，东北大学理学院技术合作）、刘博名师工作室（木工、玉石雕刻工作室）、张孟华名师工作室（星空探秘天文观测实验室）、左明秀名师工作室（气象技术研究实验室）、梁中焕名师工作室（生物与数字化软陶技术实验室）、李铁军名师工作室（现代农业技术与栽培实验室）、陶艺设计教室、科技人文讲堂、模拟法庭、数字化书法教室。

2023 年，我们利用学校专项经费近百万元，继续支持创新课程基地的发展，为每个教室配备了 100 英寸智慧黑板，也为陈昕若工作室配备了必要的先进的木工金工加工设备，为科幻影视欣赏工作室配备了 LED 高清显示屏等，这些都为科技创新课程的支撑和良性发展进一步打好了基础。

2023 年底，学校顺利完成了团中央的“小平科技创新实验室”的复检，并参与申报了教育部主导的“全国首批科学教育实验校”的申报并顺利通过。这些进一步验证了学校创新教育和科技创新人才培养方向的正确性，另一方面也为二中科技创新教育未来的发展打下了良好的基础。我们还以“市直普高联盟”和全国“英才计划”前置培养课程基地为基础，进一步承接了学生实践课程落实和专题报告等任务，我们的科学课程实践和师资培训活动辐射服务于全省高中生和科学教师队伍。

以普惠制特色化科技创新教育为引领，我校必将坚定为国育才的立场，主动担当，努力培养担当民族复兴大任的时代新人，培养德智体美劳五育并举、全面发展的社会主义建设者和接班人。

回顾两年学校创新教育工作，词以颂之：

水调歌头·二中科创

盛京二中府，科创展宏樱。奇思妙想泉涌，智慧竞奔流。基地楼中探索，课堂之外研习，梦想未曾休。创新激情燃，朝气满心头。

育桃李，启明智，领潮头。科技征途志赳赳，担强国重任。八位院士领航，勇攀创新高峰，佳绩逐年升。明日璀璨行，风采耀神州。

◎感恩这个暖暖的冬季

文 / 杨梅

我在沈阳二中做教师的第 24 个年头，在这个暖暖的冬季领悟：点燃自己和学生生命中积极的生命状态，培育生命的自觉，完成师生的共同成长，享受做教师的幸福，是教育中多么美妙的事情。

一位教育同行在面临工作倦怠时，有着这样的的思考：如果占据着我们大量时间和精力的工作是倦怠的，那我们的整个生活就是倦怠的。她通过阅读、运动、旅行来丰富视野转变态度，成功走出工作倦怠期，完成教师的二次成长。

我自问："倦怠过吗？""嗯。"

我知道当年自己多么热爱这份教师工作、班主任工作。2012 年，学校德育处发出申请班主任工作的通知，我挣扎了好久没报名。大商校长和丁主任找我谈话，谈话中引导我自己得出一个结论：我非常适合干班主任，如果不干，工作和生活都会失去方向，我自己会受不了，思量后我选择继续做班主任。2015 年德育处再次发出申请召唤，我热情地给丁主任回了微信：我愿意。

什么促成转变呢？原来不懂，现在懂了一些。一位教育专家说，阅读、运动、旅行是德育的三个主要抓手。我思考：阅读、运动、旅行也是人生自我修炼的三个途径。

我阅读：我拓展。

感谢胡书记通过德育处给班主任的赠书。每天琐事缠身没读完，但每次翻读都有新的收获。本书讨论的是怎样使教学效能更加显著。教与学是两个截然不同的过程，认清这个事实很重要。之前我们常常困惑："这题或这类型我上课教了，讲了，怎么考试就不会不对呢？"教与学之间，其中有一条很重要的差异，即教的过程是由一个人来执行，学的过程是发生在另一个人的思维中。这个道理显而易见，值得我们思考。因为若想要教与学的过程都有效，教师与学生之间必须要有一种独特的良好关系——某种连接、链环或可以相互跨越的桥梁。师生关系的质量是决定性的因素，实际上，这要比教师教什么怎么教以及教给谁都更具决定性。学科教师的教学是这样，班主任更是这样。

我运动：我流汗。

从二中乒坛转移到羽毛球运动的原因很简单：羽毛球运动容易出汗，20分钟见效。加入二中羽坛梦之队，ABC 队之外的，D 队。没有固定场地，伙伴们戏称“梦之队”！梦想是一种让你感到坚持就是幸福的东西，二中羽坛梦之队，我坚持，我健康。

有时候没有场地，我就跑圈。同事们开玩笑：“你这也不是来打球的呀！”

实在跑累还没混上场就练习投篮。事实证明，技多不压身，学啥也不白学。下午自习作为班主任去班级转自习。发现一个酷爱篮球，甚至翘课打篮球的学生不在教室，我便轻盈地跑去操场搜寻，果然他正跟别的班男生上体育课，3 人投篮呢，我出其不意拿到篮球，别的班男生起哄:“杨老师来一个……”看我个儿小，想看我笑话，我当时老从容了，不知哪来的勇气，脱了外套，边投篮边给自己啦啦队，大喊:“进了！”神不？！进啦。学生再起哄:“杨老师，再来一个！”我老潇洒了，手一挥，走了。我那逃课学生乖乖跟我回教室了。我终于参透每天中午陈老师一个人默默苦练投篮，那是在修炼哪!

我旅行：我歌唱。

集体旅行，2012 年在海南，2013 年在山东……二中寒暑假民间旅行团体具有包容性、广泛性的特征，跨越物理、英语、化学、历史等学科，跨越年级，跨越年龄，老少共享家庭联合自由行。最初就是为了孩子，后来发现我们已经与孩子一起享受假期。结伴走有结伴走的温暖，自己走有自己走的情趣。难忘一家三口人淡季自驾穷游。寒假 10 天，4000 公里，河北冉庄地道—山西平遥古城—山陕壶口瀑布—河南嵩山少林—山东曲阜泰山—天津南开大学，然后返回辽宁。这是一次圆梦之旅，女儿想看泰山日出，老公想看儿时的电影

《地道战》里的老槐树，我想看看黄河。冬季淡季旅游，我们收获了格外的宁静，平遥古城墙上就我们仨，那城墙的古朴与厚重在那一刻就属于我们仨。冬季的壶口瀑布，冰瀑格外壮美，我们仨第一次看到黄河。在瀑底感受黄河之水天上来，热情合唱“风在吼，马在叫，黄河在咆哮，黄河在咆哮……”体会抗日战争时期诗人光未然、作曲家冼星海凝结力量的作品。在途中，在车里狭小的空间，我们轮番分享旅行一地的感受，学唱一首歌，分角色朗诵一首诗，最后一天女儿在后座上摆弄每一处的旅行纪念品，如数家珍，每一样东西都有它的故事。后来我把旅行的视野分享在课堂上，《北魏孝文帝改革》一课，讲解山西到洛阳的迁都原因之一，山西常年少雨干旱的客观环境体现在晋商“倾盆大雨毛毛细雨”书信密语之中的绝妙。想起 2015 年全国研究生考试英语作文试题为旅行的目的，包括看风景 30%、缓解压力 30%、交友 20%、其他 20%。旅行真是一件值得享受的事情。其实更怀念跟着学校大集体不用等待高考三年，每年都有一次的全校大旅行，那一年我们浩浩荡荡坐着最古朴的绿皮老火车熬了一宿全校进山西……

知不足。走出职业倦怠，走出倦怠的生活，走向积极的生命状态。向往 30 年班主任经历的李镇西积极的生命状态：“我和每一届学生相处的三年时光，都是我生命中阳光灿烂的日子。神秘的命运之神把一批又一批学生送到我的生活中，让我永远都和童心为伴，与青春同行，因此，我要对我所有的学生说——你们是我永远的青春礼物！”“我要让我教的每一位学生都有一种幸运感。让他们感到，在李老师班上的日子，是自己生命中最值得骄傲，也最值得怀念的一段时光。”做班主任十几年学习很多、实践很多、用心很多，但如今再读书再学习再总结再反思，发现很有差距。另外，二中之所以为二中，也是领导和同事们倾情付出，自己也只是近百名尽心尽力的班主任团队成员之一。谨以此激励自己。

修炼自己的感恩之心。对感恩的逐步认识：一种美德——高尚情操、好行为；一种积极的生活态度；一种健康的心理状态；更应该是一种日常生活中的习惯。心怀欣赏与感恩。愉悦，可以激发潜能。感恩时身体分泌多巴胺，这种良好的感觉容易上瘾。还会让你淡漠某种无形的压力，更多的时候，有一些幸福的感觉也往往来自于此。每年、每学期、每个月、每一周，甚至每天找出3分钟“感恩时间”。心怀感恩，减轻压力，心很舒服哇。

2015年1月15日周四（工作反思）

心怀抱怨：我们的一天：早上6：30出门，出殡的车，课，班级，要赖请假的学生，18：00—19：30晚课，19：40—21：30晚值班，沮丧的一天。

翻转！

心怀感恩：出门早顺畅不堵车，多好的早上啊！学生不舒服请假要上午10点离校，谈一会儿，说中午12点离校，再谈一会儿，说17：20周练结束后离校，再谈一会儿，最后决定19：30晚课结束后离校，谈舒服了，多好的学生啊！请假的学生说，多好的班主任哪！值班时年部干事大田说：“杨姐，我帮你调四楼了，方便你照顾自己班级。”多好的同事呀！晚班时王主任帮我感冒的女儿开的小药方“通宣理肺丸最好用姜汤服用”，多好的领导哇！这一天早6：30到晚21：30工作15个小时，如果占据了我们大量时间和精力的工作是倦怠的，那我们的生活得多绝望啊！心怀感恩，做自己喜欢做的事不累！感恩之前的年部主任王书记，那一年高级职称申报述职，谈完班级的事情后她说：“杨梅我知道你工作做了很多，把你下午的述职报告拿过来我帮你看看。”我清楚地记得她认真帮我做了两处修改，看着稿子点头说：“今年这个稿心态也比之前平和，你长大了成熟了。”感恩年部王主任，女儿生病我请假，弱弱地说：“如果学生有事就打电话给我。”她爽朗地说：“放心照顾孩子吧，如果有事我帮你处理。”

感恩历史组，始终给我帮助支持。2002年历史组宋老师、王老师两个人一起带我上高三，那一年我第一次上高三，第一次当班主任，多年来他们一直在教学和班主任工作中成为引领我的那个灯塔。感恩高一历史备课组，荣荣准备学案，玉凤姐多次命题，减轻冰冰和我带班的压力。感恩科任老师团队，数学李庚柱的耐心，语文刘灏的爽朗，地理杨德举的幽默，化学姜凯的尽心尽力。这次出差，政治戴丽华帮我带班，每天从早上一直辛苦陪伴学生到晚上。如果当班主任她一定是个好手。英语周国臣孩子小，每周二、五两天早读 7：10 必到班级，只有搭过班才了解他的好。最对不起物理王雁，她说最不喜欢被我选中做科任老师，因为很绝望，一开始就知道不会“白头偕老”，分班拆班，她依然对这个半年后就会拆掉的班很投入。她后来说，我们文科班主任很伟大，明知不会天长地久，依然热情投入曾经拥有。感恩文综合，小屋里挤满 12 人，互相关爱。年岁最长的杨德举老师每周一拿起拖布拖地，弄得我们都不好意思说我来我来吧。感恩二中食堂，每天早晨我带着女儿到食堂用早餐，刷卡时食堂阿姨都会笑说这小孩又长高了。早上出门老公去看望婆婆，吃过饭，女儿到校门口与老公相遇携手上学，我奔向教室陪学生早自习。因为送女儿走路上学，他少开了车，原来送完女儿回家取车上班，后来索性步行 1 个小时直接上班，上学路上两个人前后扯一件外套的两个袖子玩耍。我说，老公你辛苦了！他说，是女儿治疗了他的家族遗传高血压，也更珍惜作为爸爸能够这样近距离和女儿玩耍的日子，等女儿大了，就不能了，他很享受这个辛苦的过程。朱主任说，冬天冷让你老公别站在校门口等孩子了，可以在体育馆雨搭下避风。一股暖流涌上心头，多温暖的冬季呀！

这种温暖可以传递，可以升华为使命感。借助党委重阳节活动，响应教务处号召，高一历史备课组学科特色活动：重阳问道——组织学生口述历史之重阳节退休教师访谈。辅导 24 个班学生记者时我讲了王书记党员大会上讲过的一个二中退休教师的故事。当他老了走丢了，派出所问话，他不记得自己的名字，不记得年龄，不记得家庭住址，不记得孩子的电话号码，……嘴里能含含糊糊说出的是“沈阳二中”。警察把他送到了二中。二中今天的厚重是这些人奠基的。我们这次活动的任务就是零距离接触访谈退休教师，用口述历史的途径记录他们。这是我们的荣耀。学生被使命感感染了，感觉做一件神圣的事。成功完成了口述历史活动，13 篇口述历史稿件已经登载在二中校园网站。

耳边响起爱尔兰诗人叶芝浪漫、唯美、神秘、象征意义的诗歌《当你老了》被清华才子李健演绎，把我感动了："当你老了，头发白了，睡意昏沉；当你老了，走不动了，炉火旁打盹，回忆青春……"

沈阳二中，这里对于我是什么？是青春，是奋斗，是骄傲，是安身立命之所，是一切。当有一天我老了，我都记得自己的名字，记得年龄，记得家庭住址，记得孩子的电话号码……嘴里更能清楚地说出"沈阳二中"。对，我的挚爱——二中。

在生命中人和人之间的相遇是一种怎样的缘分呢！仓央嘉措的一首诗《那一天》可能是更好的诠释了。

那一天，我闭目在经殿香雾中，蓦然听见，你诵经中的真言。

那一月，我摇动所有的经筒，不为超度，只为触摸你的指尖。

那一年，磕长头匍匐在山路，不为觐见，只为贴着你的温暖。

那一世，转山转水转佛塔，不为修来生，只为途中与你相见。

……

对于家人、朋友、同事、领导，对于工作、生活，对于二中，细细想来都是这样的缘分哪！

这些年与二中同行，感恩这个暖暖的冬季。祝福二中更美好！

◎三年和三十年

文 / 赵阳

如果你曾是二中人，你的记忆中是否像我一样有一个诗意的春天？走过校园里开了又谢的桃花，也走过自己繁忙又充实的那段锦瑟年华。

如果你曾是二中人，你的记忆中是否像我一样有一个骄傲的夏天？骑着后座上挂着“沈阳二中”牌子的单车，在路边买瓶汽水的时候也会得到老板的称赞。

如果你曾是二中人，你的记忆中是否像我一样有一个高朗的秋夜？下了自习和伙伴们从图书馆一起走回宿舍，凉爽的夜风吹得我们既兴奋又愉快，一抬头还没有错过许愿的流星。

如果你曾是二中人，你的记忆中是否像我一样有一个沸腾的冬天？扛锹挥帚在银装素裹中大汗淋漓，将皑皑白雪堆成长凳上的美人鱼。

二中的三年是什么？是我们最美的一段人生。幸会了一群了不起的人，他们或见识不凡、博闻强识，或铮铮傲骨、卓然特立。他们是我当时的伙伴，也是后来各自领域里的传奇。

二中的三年是什么？是我们最真的一段历程。结识了许多益友良师，他们业务精湛、思想开放，他们言传身教、为人师表。他们是我当时的老师，也是后来始终关心我的朋友。

回忆中自然有美丽的校园。大气的教学楼，冬暖夏凉；运动场的看台，喧腾也寂寞；还有一辆坦克，特别奇怪却特别和谐。

回忆中最美的还是课堂。李志东老师的创意板书和生动甚至激动的讲课风格；王英姿老师每天精致优雅的套装和严谨又灵活的课堂设计；孙欣老师很严厉可也很暖心；李皎老师很温柔可也很严格。美到让男生溜号的物理老师王雁，你知道吗？她的孔雀舞那叫一个惊艳！我们的化学老师郎伟岸，始终不知道每天都有络绎不绝的学生去问问题的真正原因是他实在太帅啦！与其说是去问问题，不如说是去膜拜。

还有哇，教过我们一年几何就退休了的老翟，怎么看都像包工头吧，尤其是叼着烟卷检查工人是否把墨线弹直了的时候，据说他台球打得准极了。他画图从来不用规尺。还有哇，我们的校长张佩纶，竟然还是研究三国的高手，艺术节上一曲《小河淌水》又暴露了高亢嘹亮的嗓音。这里的老师都是全才！

俗世之中哪见这些奇人？这样的学校给人的不是机械灌输、压抑和无奈……而是活泼生动、快乐求索，是积极、热忱、希望……

大学毕业之后，兜兜转转我又回到母校。她实在太有魅力，我舍不得离开。我又做回了二中人，而且这一次不是 3 年，是 30 年。

我的老师成了我的领导，郎校长还是那么帅气逼人，王主任依旧英姿飒爽，李老师竟然越来越年轻了。二中人不老，是因为总是和青春同行，是因为心始终年轻。

这里仍然有卓尔不群、乐观向上的少年；这里又新添了学高身正、热情敬业的青年。我把我的 3 年收藏在这里，也把我的 30 年交付给这里。我看到我的学生就像看到当年的自己，那个也曾迷惘却始终坚持，也曾低落但终于振作，也曾偏激但终于成熟的我。我也要像当年我的老师一样，一直关注、一直赞赏、一直期待我的每一个学生。

◎遇见皆是美好

文 / 范冬月

“世间一切，都是遇见。就像冷遇见暖，就有了雨；春遇到冬，有了岁月”，而我遇见了你——沈阳二中，是向美而行，有了生命的如诗如画、珍贵永恒。

七秩芳华，这里的每一块砖瓦都在述说着你的岁月流转。光阴荏苒，这里的每一株新芽，都见证了你的不忘初心。感恩遇见，倾听你的历史，你的大气舒展；感受你的丰盈，你的一片又一片春意盎然。

一、我在听——有“声”有色的二中校园

声之魅力，撩人心弦，动人心魄。漫步美丽的沈阳二中校园，声音与我们为伴，鸟声笑声读书声声声入耳入心。

10 分贝的指尖翻动：安静的教室，书页与时光交错，翻开厚重的沉淀，铅字在文亩上散发生机，沙沙作响让一切慢慢来，听见书写的声音，听见内心的声音，宁静播撒二中学子心田。

20 分贝的燕语莺啼：晨光熹微，窗棂上映着斑驳树影，绿树成荫，繁花似锦，井然有序。快乐的鸟儿和声宛转，歌声入云，壮观美妙的和声，享受着二中校园独有的幸福。

35 分贝的娓娓道来：笔墨生花，轻入室门便浸染一身书香。幽默而不失严肃的课堂，温暖如春，娓娓动听，听见美好，遇见美好，享受美好。静谧的课堂内，唯有思维敏捷活动，舞下二中人青春奋进的印记。

60 分贝的欢声笑语：午后日斜，凉风阵阵，于操场上挥汗如雨，在球场上痴狂呐喊，活泼跳动的身影似茁壮的春苗，微露的笑容正如绽开的鲜花，彰显二中人朝气蓬勃、健康风发的精神风貌，跳动着青春该有的分贝，这就是青春该有的样子，为青春加油。

……

二、我有感——风“度”翩翩的二中校园

二中“大气成就大器”的教育是春风化雨、润物无声的过程，是用一个灵魂唤醒另一个灵魂的过程。每一位二中人都在用一双发现美的眼睛去感知藏在校园里的温度魅力。

3℃的清晨生机：万籁未霁，晨光初露。教职工忙碌身影迎光而去；学生们手持书卷逆风而行，是二中校园的第一缕生机。

10℃的晚霞风光：夕阳落脚枝头，霞光遍染。浓郁叶隙间，圆日隐现，晚归学子放慢脚步，二中人用深深浅浅的足迹，走出二中人的底气，陆续站在祖国的大舞台上，也在朝着实现科技报国的理想一步步迈进。

20℃的食堂烟火：飘香四溢的菜肴，极其亲切的招呼，热气模糊了视线，只觉亲切。佳肴入口即暖心，这是二中的智慧食堂，也是共同的家园，更是我们温暖的港湾。

40℃的活动热情：鲜衣怒马少年时，不负热血意气发。从军训时的英姿飒爽，到体育赛场上挥洒汗水、披荆斩棘，从幕后的默默付出，到舞台上的肆意热烈、大放异彩。一个个声影，一种种模样，无一不显示出二中人自强不息的坚韧、风雨兼程的专注，以及敢教日月换新天的勇气，对未来充满信心的勇气，这是青春的温度。

100℃的勇敢追梦：寰宇一白雄鸡唱，拿云系日少年心。怀揣梦想的二中人，敢于追梦，勇于追梦，志合越山海，聚力共前行，用100℃的热爱点燃实现梦想的绚烂之花，奔赴，向着光亮那方……创造属于二中人的脉搏沸腾。

……

教育，是一场遇见，遇见惠及终身的领导，遇见迥然不同的学生，遇见并肩奋斗的同事，遇见日臻成熟的自己。行走在教育的路上，没有期限没有终点，只要用心，就会遇见美好、遇见幸福、遇见绽放的你们和自己。

◎最美的日子

文 / 哈艳

秋日的二中，金风中透着温暖，这种温暖深厚质朴、低沉有力，润物无声地沁入心田。从我进入二中校园的那一天开始，我就享受着这温暖，这温暖成为一种坚强的力量，伴随着我不断地成长成熟，这温暖让我在二中的日子成为我生命中最美的日子。

记得刚来二中的时候还是一个刚毕业初出茅庐的小姑娘，从一个校园走出来到另一个校园，角色身份的转变让我突然一下觉得未来的教师职业是既神秘又期待，对三尺讲台是既渴望又胆怯，渴望着在这讲台上挥斥方遒、指点江山，但也担心自己面对那么多学生会不会临阵退缩。那个时候为了能够上好一堂课，白天听组里老师课，晚上写总结反思。历史组的老师真的教学水平一流，每一堂课都精彩纷呈。直到现在我还记得王磊的潇洒机智、景芳的睿智敏锐、文斌姐的优雅从容、杨梅姐的激情自信、我师傅吴冬梅的亲切干练……我很享受听他们的课，记得我参加全国比赛的时候，省教研员就和我说其实当初决定让你去，就是你的身上凝聚了二中历史组的精华。现在回想起来，这种精华就是二中历史人一直传承的严谨认真、求实进取、追求卓越精神品质。而我能得到这种精华，要感谢刚来二中时那段大量听课的日子，让我摸索一条属于自己的教学风格。如果说今天的我能够自如地驾驭课堂，离不开那时候组里老师的帮助，他们对年轻教师的关心和照顾温暖着我，他们对教育的坚守和奉献感染着我，我学到的不仅仅是工作经验，还有作为二中教师独有的精神品质：一言一行彰显人格魅力，一举一动体现师者风采，一字一句包含谆谆教诲，一分一秒无私奉献。每一个二中人都在践行着这样的精神品质，这是精神的传承，二中人的印记。踏实践行，最美的日子里有最美的传承。

每次看完晚自习后，我特别喜欢伴着皎洁的月光走在校园里，我觉得那时候的校园特别美，喧闹之后的静谧，静待新的一天开始，就像我对明天充满着希望。记得工作的第二年有一次晚自习后，遇上了也在陪学生的爽旻书记，当时她还是高三 09 届的年部主任。她就像姐姐般嘘寒问暖，直到现在我还记得她对我说的一句话：“好好干，你一定能够成为学生喜欢的好老师……”当时一股暖流从我心中涌起，这种肯定和鼓励一直成为我以后工作的精神动力。后来，我有幸到了她的 12 届年部，那时候一个刚一年教龄的年轻教师能够到高三任教是不敢想的事情，但是她却给了我这个机会，当时我真的受宠若惊，唯一的回报就是把工作做好，不能辜负这份信任。那年 1218 班也特别争气，高考成绩优异。有的时候我经常想，其实我并不是天资聪颖的人，甚至还有点愚钝，但是我是一个特别幸运的人，从我走进二中起，身边的领导、同事一直爱护我，给我机会，给我自信，指引我方向，帮助我成长。我还记得第一次做班主任时年部刘敏主任的扶持，那时候的我经常因为班级管理焦头烂额，也经常跑到刘主任那儿哭鼻子，一度想过退缩，这时候刘敏主任总是拉着我的手说，别担心，我是你坚强的后盾，有事找我。从班级的管理到问题学生的教育，她手把手地带着我，当我有一点成绩的时候就毫不吝啬地夸奖。现在的我被评为学校的优秀班主任，可我知道这优秀的背后有她双手的鼎力支撑。鼓励信任，最美的日子有最美的相伴。

来到二中工作转眼已经 15 年，看着自己在教学上获得一个又一个殊荣，全国教学比赛一等奖，省市比赛屡次获奖……我的成绩是站在巨人的肩膀上取得的。我们有大气成就大器的教学理念，有关注学生全面发展的教学课程，有高效课堂提分赋能的教学方法，有深耕教学引领教改的师资力量……我们始终站在教育教研改革的前沿，每一次的集体备课都是集思广益、精益求精。为推动高中历史课堂教学面临向“以素养为本课堂教学”的深度变革，2023 年 5 月，25 届历史备课组以现场观摩和同步线上直播的形式开展了大单元教学集体备课活动。如何进行大单元历史教学，省市的历史教学处于尝试阶段，向全市、全省甚至全国进行展示，我们背着压力往前冲。直播那天，线上有 5000

多名观众进行了观摩，我们展示了二中历史人深厚的功底和先进的教学理念方法，获得了一致好评。当展示活动结束后，我们一起欢呼庆祝，胜利的笑容背后有多少次通宵研讨的辛苦，从整体构思到每一个文字细节都是全组智慧的结晶。备课组长张文斌勇挑重担，迎难而上，组织大家一次次深耕细研。徐永昌、张玉凤、王艳老师经验丰富，把控细节。李景芳、赵金融、高荣茹、哈艳老师中坚力量，巧妙构思，深度挖掘，课例示范。23 届、24 届历史组的伙伴们也帮忙查找资料，陪着我们一遍遍演练。这就是团队的力量，小到一个备课组，大到我们学校，都齐心协力，共育桃李。这里有我们无私的分享交流互帮互助，这里有我们为了学生殚精竭虑奉献的青春，这里有我们共育英才的勠力同心……所有的付出积聚成一种沉淀、一种力量。凝心聚力，最美的日子有最美的团队。

我现在依然感受着在二中最美的日子，我已经习惯在这片土壤中生长，习惯每天早出晚归的生活，习惯每天听见上课的铃声，习惯陪伴学生自习，习惯和学生促膝长谈……这种习惯看似平淡，其实只有自己知道内心的充实和满足。看到学生写满祝福和感恩的贺卡，看到学生高考后的笑脸，看到他们在大学优异的成绩……我觉得我在二中的日子真的很富有，它无关金钱、地位，是精神上的富足，是自我价值的实现。这样的日子真的很美好，美好的日子还在延续，我的内心阳光灿烂！

◎“爱”在我们心中

文 / 程蕊

大学毕业投入二中的怀抱，至今已经快 20 年了。这些年来，我生活在温暖的地理组大家庭里，不仅学到了严谨求实的治学精神，更感受到了锐意创新的探索精神、互帮互助的协作精神。

二中地理人，不仅在教室内呈现一堂堂精彩的好课，在校园外的那些实践课更是给我和学生们留下了难忘的回忆。那是在“研学”这个词还不是很流行的十几年前，老师每次讲到农业时，学生们总觉得摸不着抓不住。是啊，对于城里的孩子来说，哪里见过种地呀！老师和学生都觉得应该到真实的田间地头里去看一看。于是，当时的教研组长张孟华老师联系了沈阳农业大学，带领我们几名教师到农业大学踩点了。我们在试验田里、果园里观察并记录讲解点和疑问，向农大教授请教，回学校后大家讨论并制作了实践课学习单。

记得是一个初秋，微风吹拂校旗，阳光照耀笑脸，学生们兴奋地来到了他们期待已久的实践课堂。试验田中，学生们观察着作物的特点，这两垄地小麦高矮不同，那两垄地水稻胖瘦差异，为什么呢？哦，受土壤、施肥和农业技术等多方面因素影响啊。苹果园中，套袋、反光膜、防冻风扇，这些在考试中常出现的难懂问题，在看到真实情景的一瞬间迎刃而解了。一下午的实践课，老师引导启发，学生边观察边思考，边探讨边记录，我们都收获颇丰！

正是有了最初的尝试，才有了后来再次到沈阳农业大学的实践课，到辽宁工业博物馆以及到沈阳科学宫等一系列的研学；正是对学生实践课的探索和重视，才有了二中地理人在今天面对指向核心素养的高考时从容不迫的底气！老师准备一节实践课的时间会很长，也会付出很多的辛苦，但对于学生来说，收获和体会是与在教室里学习完全不同的。每每实践课结束，老师们都是累并快乐着，内心满满的充实感！我想这可能就是所有的教育故事都只有一个主题——爱！

我只讲了二中地理人身上发生的一个小故事，更多爱的故事在平凡的教育时光中自然流淌出来，凝结成教师和学生的美好回忆，这些故事透露着二中地理人的创新与智慧，在他们身上我看到了凝聚与奋进的教育力量！

◎时光的轮回

文 / 许琰

2000 年 8 月末，二中老教学楼前，分到 2 班的新生站成一排，等待班主任带领进入教室。一位挽着头发、身着黑裙、姿容婉约的女老师轻轻地站在了排前，淡淡地笑着，现在我仍然觉得那一幕是那样鲜明，开启了我人生中最精彩、最难忘的三年。

班主任陈老师优雅、美丽，对待我们如同朋友，说话柔声细语，但处理我们的错误和调皮绝不手软。她精明中偶尔流露出小迷糊。清楚地记得物理课上，师生问好之后，陈老师经常说的那句“哎呀，肖天，去办公室把 ×× 实验仪器拿来”。有一次问好后肖天就直接走到教室门口等候指令了，而她平静地说：“今天不用做实验。”若干年过去，这些回忆仍然是每次同学聚会不变的谈资，也使当时班主任的严肃形象变得生动可爱起来。

03 届赶上第一届大综合，还记得当时一直到高二都没有明确的文件指示，好多其他高中都已经分了文理班，只有二中一直坚持所有科目都上课，不分班，我们一直都感叹领导们的远见卓识。学习 9 科课程虽然比较繁重，但庆幸的是我们能够接触更多的有鲜明特点的老师。数学蔡老师绝对是大智若愚的典型代表，讲课时特别注重教材，主张独立思考，学生有问题时只是点拨并不直接告诉解法。还记得有一次学生问他计算器怎么用，他思考了一会儿，答“怎么用，不是有说明书吗”。语文何老师温柔大方，还记得她讲课时那美丽的嗓音。英语的 3 位老师都很幽默，英语课也是我最喜欢上的。物理王老师温文尔雅，虽然我物理无能，但看他笔直地站在讲台上就是一种享受。化学郑老师的课如在上午最后一节，往往结束语都是：“我讲明白了吗？讲明白了？真明白了？……吃饭！！！”生物赵老师绝对是二中史上最帅的，我可以说“没有之一”吗，不知多少青春少女因为老师燃起了对生物的热情。历史杨老师可爱温柔，后来高三时成了我们班主任，对我们诸多“溺爱”。地理江涛大哥的大头里面全是智慧呀，还记得高一第一个国庆长假回来，检查《优化设计》，临时狂补的全退回来了，因为大哥检查的是练习册底部黑不黑。还有每次讲到地中海，大哥都要低下他那高昂的头颅，就为了让我们更形象地了解地中海的地貌。政治高老师的微笑很迷人，3 年来我们一直称她为“蒙娜丽莎”。

饱受初中老师摧残的我到了高中，如同掉进了这些老师的温柔陷阱，对老师这个职业产生无限的敬仰，甚至认为世界上最好的工作莫过于此了——每年两个月的假期，每一天不仅在传递知识，还与学生如朋友般快乐地相处着，校园里多姿多彩的活动使身心永葆青春。我在填报志愿时义无反顾地报了师范院校，正是因为心中的这份眷恋。大学的生活自由、平静，但是却少了高中时代的全班在一块儿的冲劲与归属感，二中的同窗、老师、校园经常令我魂牵梦绕，那些发生在旧时光里的事回味起来嘴角都是不经意上扬的。总是希望再有一次机会能够重新回到高中时光，去重温当时那份怀揣着理想、带着对未来的憧憬的岁月。

上天对我是优待的，在高中同学的羡慕的目光中，我回到了母校任教，从一名学生变成了一名英语教师。我如鱼得水地在校园里与当年我的老师们交流着大学生活，汲取着他们的经验和智慧，在老师们的关心爱护下，我迅速适应了崭新的角色。时光总是带有某种神秘的力量，它会给你最好的安排。2003 年 6 月 7 日经历着高考的我一定不会想到，4 年后我会重新回到带给我 3 年最美时光的地方。不经意间，我已经工作 7 年了，当了两届班主任，送走了两批高三毕业生。大二中每个年级由 8 个班增加到 24 个班，并且多了中加班，而我的学生早已遍布加拿大、美国、英国、澳大利亚，真的是做到了“桃李满天下”。时光荏苒，情怀如初，每当我站在讲台上，看到下面一双双单纯清澈的眼睛，那一张张闪动着年轻光泽的脸庞，总是不由得想起曾经 16 岁的我们，想起那一个个挺拔的身影，那段年少轻狂的岁月，那间仿佛永远有阳光照进来的教室，那一个个昏昏欲睡的午后，老师们那灵动的讲课声，和偶尔传来的窗外的鸟鸣。

◎二三旧忆　今生情牵

文 / 姜畅

你的眼眸装满了时间，你的身后拥故事成篇，此生如梦愿细数流年，与你同写沧海桑田，转眼已十年。

阳光流转在眼波，温暖如昨，那些二中人流淌的血脉与基因，深深印刻的记忆的段落；那些我与二中的故事，化作日月与星河，熠熠闪烁。

一、腾蛟起凤　古韵斯文

2019 年大寒，我随校领导班子走访了退休老教师，带着深切的关怀与浓厚的情谊。他们中年纪最大的已有 97 岁，年纪最轻的也已 88 岁。年逾耄耋，鬓染霜华，但无不精神矍铄、容光焕发。

88 岁的于洁老师是老二中的工会主席，高中时曾就读于二中，后来又调回母校任教，对二中深厚的文化感悟极深，常念着“工作没干够，要感恩回报母校”。退休后办学育人，迎难而上；晚年时照顾爱人，不离病榻。80 岁生日时创作《感悟爱的升腾》一文，尽显乐观坚毅的生命状态，感念二中的栽培之恩，永远将奉献与责任刻在心间。

数学老师韩玉吉已是 96 岁高龄，但回忆起二中往事如数家珍，总能说出事件发生的精准时间。韩老师认为培养学生是事业，关爱学生是本能。她生活在一个淳朴、亲善、祥和的书香世家，房屋里挂满着自己的书法作品。走过古稀，走过耄耋，岁月不曾带走什么，几经沉淀，留下更多的谦和厚重。

何秀英老师身着粉红色的羊毛衫，搭配精致的珍珠项链，丝毫看不出她已有 92 岁。当得知学校领导要来看望的消息时，她“兴奋得睡不着觉”。虽然退休已经 30 年了，但是无时无刻不在挂念二中与二中人。她能清楚地记得于洁老师是她的入党介绍人，能与不同届的学生用微信保持联系，能将学生的照片集好放在床头，能把二中的纪念品奉若珍宝。据她的儿子介绍，何老师用欣赏的眼光看待每一个人，纵使时光流逝，也抹不去她对教育事业的殷殷深情。

关崇彦老师即将迎来自己的第九十个生日，她在二中工作了36年，是老二中的“教学明星”，年轻时就有很多外市、县的老师慕名听课，她从不畏惧；后来荣誉等身，也从不骄矜。关老师幽默可爱、敏锐严谨、出口成章，反复念着“学校的举措太英明了”“看见你们太高兴了”。她分享老照片，每张都有精致的造型、考究的服饰、优雅的气质，特别注重为人师表。那份风骨与魅力，正在于尝尽人生百味，却始终明媚从容。

吉宗彝老师是离退休教师队伍中年纪最大的一位，70多岁时才从校图书馆的工作岗位上退休。他时时回忆起二中的老领导、老同事，记挂着图书馆的工作。据他的两个女儿讲，每到9月开学季，已经退休的吉老师仍惦记着要去上班；听闻学校领导要来，近百岁的老人回忆翻涌，接连几天跟家人分享以往的教学经验。对二中的执着与热爱，沧桑了面孔，但初心不改。

在走访交流中，他们用各自的追求诠释着什么是二中精神，那是于洁老师追求价值挑战压力的勇气，是韩玉吉老师书香世家子孙绕膝的和气，是何秀英老师德高望重鼓励后学的正气，是关崇彦老师知性精致幽默从容的雅气，是吉宗彝老师牵挂岗位渴求奉献的义气……这些汇集成二中的精气，值得每一个二中人用一生去回味与承继。他们是二中的财富，是二中人的榜样，是二中精神的写照。

二、志诚陪伴　沾溉青春

岁月流转，七五华诞的沈阳二中又以崭新的姿态站在了新的历史起点上；工作10年，那些流淌在记忆深处的烂漫时光，即刻闪烁着耀眼的光芒。10年来，我的教学成果丰厚——16届的理科第一名宇萱已保送浙江大学竺可桢院；孙晨宇考取香港中文大学并获得宋庆龄基金会奖学金；19届的户昭昭、刘思宇、徐浩维都已分别保送到北京大学、中国社会科学院；21届的王恩勃同学已在清华大学崭露头角；22届的高鸿飞考取了全校语文最高分。还有那些把资金从无到有、把校刊做优做精的清泉文学社的学生们，他们成就了我的“最佳社团导师”。10年光景，我已从一个初入职场、青涩稚嫩的教师获得足够的阅历和成长的勇气。

我有幸参与到学校70周年校庆的相关工作中，承蒙学校厚爱，在微信平台推送署名文章12篇，校史馆文字材料10份，整理编校校友征文52篇（初稿三校，清样三校），教师征文18篇，代序3篇，其他各类稿件8篇。撰写编校文章共计百余篇。毫不夸张地说，每一篇稿件、每一段文字都需反复推敲、精雕细琢，在整理校庆材料时，我竟沉醉于翻阅、感动于过往。

一个人只有充分了解组织的历史，才能更好地热爱自己的工作；只有知道困难所在，仍不遗余力地战胜它，才有资格说我为事业奋斗过。校庆职责带给我厚重感与使命感，将往日的顾虑化为乌有。我感谢领导们的信任与包容，又深深怀念起那段共同奋斗过的日子。

回望来时路，时有疲惫，也时有迷茫。但正如汪国真所言：你若有一个不屈的灵魂 / 脚下就会有一片坚实的土地 / 无论走向何方 / 都会有无数双眼睛跟随你 / 从别人那里 / 我们认识了自己。

师者如光，微以致远；提灯引路，潜心育人。祝愿二中走过山河岁月，历尽人间烟火，永葆风华正茂！

◎薪火相传　共育桃李

文 / 温慧耕

三尺讲台，滔滔不绝，妙语解颐；芳草小径，娓娓道来，交流谈心。没错，我是一名教师，一名二中教师。今天想跟大家分享几个小故事。

9 月初，我们学校来了很多实习生，他们让我想起我初入职场时的青涩时光。2016 年，那时涉世未深的我，还并没有感受到“沈阳二中”这几个字的分量，但是领导们对我的关爱与呵护、同事们对我的提携与帮助、学生们对我的信任与尊敬，让我倍感温暖，渐入佳境的我在日复一日的与同事的切磋学习中，与学生的教学相长中，在被领导们不断委以重任的鼓励中快速成长，也渐渐体会到了二中人所意味着的沉甸甸的责任与担当，感受到了二中人为育桃李勤勤恳恳，为扶栋梁兢兢业业。我在二中，我是幸运的！

9 月底，临近国庆长假，许多毕业生返回母校看望老师，从他们口中听到最多的一句话是“太想二中了”。想二中的什么呢？想入校门时有保安大叔保护着过马路，还能绽放笑容跟领导老师比个耶；想早自习铃声响起之前的极速冲刺 30 秒，没准还要把书包藏在洗手间，再若无其事地进班落座；想每堂课上不忍错过一秒的奋笔疾书，虽然偶尔也会悄悄地在纸条上讨论一会儿午饭吃什么；想篮球场上挥汗如雨的中午，阳光穿过树叶，每个少年的脸上都被映照出青春的底色，远处隐约传来悠扬的钢琴声；想金黄的银杏、想斑驳的球门、想吵闹的课间操，甚至想念曾被嫌弃的校服……说起这些，甚至眼泪都要涌出来了。相信二中将永远是学生生命中最珍贵的青春记忆，而我将在这里替他们珍惜每一个瞬间，年复一年。我在二中，我是幸运的！

10 月初，国庆假期里恰逢一次家庭聚会，大家聊聊近况谈谈生活。一个月之前，我的表妹也成了一名高中老师。四下环顾大家发现，这个家里有小学老师，有初中老师，有高中老师，当然也有大学老师，难怪家庭聚会的氛围都像学术论坛一样。我滔滔不绝地向妹妹介绍我的学校，从“大气成就大器”的校训，分享到紧凑合理的课程安排，从学术教研的浓厚氛围，分享到跟家长和学生的沟通技巧，我的发言自带骄傲，也收到了妹妹未曾间断的羡慕眼光。当然，我告诉她，除了这些为人称道之处，我们的日常里更多的是批不完的作业、写不完的教案、研究不完的课题、处理不完的学生琐事，但是二中人从未有过怨言，始终如一地默默坚持默默奉献，因为我们秉承着一个信念：为党育人，为国育才！那一刻，作为二中人，我在自豪地传播着二中的精神与风骨。我在二中，我是幸运的！

这三件小事都发生在这个秋天，这里有我最初的梦想，有我步履不停的奋进，也有我对未来的守望。我曾在这个收获的季节思考：如何成为一名桃李满天下的好老师？后来我找到了答案——原来自 1949 年建校以来，74 年的栉风沐雨、踔厉奋发，早就铸就了追求卓越、耕耘不辍的二中精神，74 年的同舟共济、赓续前行，早就打造了一只勇于开拓、求真务实的教师队伍！二中人早已用纤巧粉笔书写出壮志宏图，沈阳二中早已薪火相传，桃李满天下！而此刻，我在二中，我是幸运的！

◎一路繁花　乐动青春

文 / 徐家晨

前段时间工会组织了一次校园摄影作品征集，我提交了一张展示主教学楼身侧小路绿意郁然的照片。照片中小路向前延伸，两侧花、树恣意舒展新枝，阳光灿美，只展露半个身子的教学楼有些窗子半开，里面读书声仿佛也摇曳在光影之中，我为这张照片取名“一路繁花”。这“一路繁花”是过去，是现在，也是未来；是我，是学生，更是二中。

我于 2013 年毕业后来到二中担任音乐教师，并接手沈阳二中学生交响乐团。10 余年，从“徐老师”到“老徐”，从工作内容到生活的一部分，从青涩到成熟，“一路繁花”不仅是在说我，更是在说我们。

一、土壤与种子：花要开成它本来的样子

做学生健康优渥的土壤，把生长的权利还给种子，环抱学生扎下的每一条根须。记得 18 届的一个艺优生，在本就青春恣意的年纪遇到了一个人生大方向的选择题——将来走专业，还是走艺术特长生？顽皮与叛逆的年纪，学生的选择会被我们戴上“不管不顾”的滤镜。尊重还是说服，成为那个时候老师与家长面对的一大难题。

有一天，学生满面愁容地来找我，跟我说决定要走专业，但是家长却极力反对，导致他和父母的关系闹得很僵。当时我与该生将走专业所要付出的辛苦、将来的发展以及高中阶段剩下时间的分配和利用逐一分析，让学生结合客观情况再想想。学生聊完聊家长，把家长约到学校来，和学生一起坐下来，我把学生当时的学习状态、专业情况等等一点一点进行分析，把所有的利弊关系也都摆出来一一讨论，最终家长与学生达成共识——尊重种子的选择。

二、园丁与新芽：让花开成最美的样子

当时，我天真地以为学生会在剩下的时间全力以赴练习专业技能，汗水与付出的青春姿态将会上演在教室、琴房的每个角落。但青春的路上总有些幻彩迷离让人忘记应向何处。高二时是在北校区，学生要住校，晚上自习时间艺优生会回到寝室楼下的自习室练琴。我照例抽查学生的练琴情况，没想到这个“下定决心一往无前的勇士”并没有练琴，而是在聊闲天。几次三番如此这般后，我抑制住心中的“怒火”，告诉他：“你自己好好想想，等上完自习再跟我好好解释。”那会儿寝室的晚自习时间是 9：30—11：30，自习结束后，我俩进行了一次长达两个小时的长谈。那一次我也是把自己走专业这条路以来的所有经历都和他分享了一下，让他也知道这条路到底该怎么走，聊完已经是凌晨。此后，这位“勇士”纵然还会偶尔开小差，但是大方向上再无犹豫与偏移。上了高三也一直在走上坡路，现在上了大学，假期回来看我时，我还会调侃地说上一句：“咱俩聊聊？”

回头看看这几年的工作，其实这样的“聊聊”发生在很多学生身上，因为我知道在他们这个年纪，正是逆反、叛逆期，和父母的沟通不会太顺畅，我能做的除了教给他们专业知识以外，就是做好他们和父母之间的“纽带”，做好土壤，环抱他们伸展扎下的每条根须，配合家长一起“束枝打顶”，让花成花！

三、草人与壮枝：陪伴是最长情的告白

每周乐团都会进行最少两次的常规合奏训练，为了不耽误学生更多的学习时间，所以排练都是安排在周五晚上和周末课余时间进行的，一旦遇到比赛、演出，节假日加排也是常有的事。虽然每次的合奏训练都由外聘的专业指挥来进行指导，但只要有排练，我都会到场，从头到尾。带团 10 年有余，两只手可算完我自己排练请假的次数，其实有很多人劝我说：“排练你也没必要每次都跟哪，有指挥在呢，你去了也啥用没有，而且也没有费用，完全是义务劳动，你

去干吗？”每每面对这样的“劝说”，我都会微笑地点点头。但在这微笑的背后可能只有我自己清楚，我并不是没有用处，因为通过每一次的跟排，我能够及时了解和掌握每个学生的动态，他们在专业上有了一点小小的进步，我都会肯定地点点头或者微笑着竖起一个大拇指，抑或是某一个学生在排练时精神状态不对，我都会在排练后把他拉过来聊两句，看看是不是遇到了什么问题，我知道，在他们这个年纪需要的其实就是发自内心的陪伴。

四、花农与花园：彼此是对方的作品

2017 年 1 月 5 日，学校在盛京大剧院举行新年音乐会，演出当天正好赶上我的生日，但前前后后一直在忙演出的事情，忙到连生日都已经忘了。在整场演出结束后，最后在台上合影留念时，就听到学生在我身后窸窸窣窣地商量着什么，直到 70 多个孩子一起大声地喊出“1、2、3，老徐，生日快乐”的时候，那一刻心里真的是说不出来的一种激动，之后他们合力把我高高抛起，当时心中除了激动还有着深深的担心，因为我这“大重量级”的身材掉下来再把某个学生砸伤了就太过意不去了。“平稳着陆”后，回头看着这些学生每个人脸上灿烂的笑容，虽然没有鲜花、没有蛋糕、没有礼物，但我觉得这个生日是最有意义的，觉得之前所有的付出都是值得的，我收到了学生的真心，他们把“老徐”当成了真正的朋友。

我也经常跟学生说，咱们是一个团队，是一个整体，大家心往一处想，劲儿往一处使，才能让乐团这艘大船越走越远。花农与花园一起构建了一个园艺作品。有时候总觉得自己是在和乐团谈了一场恋爱，是那种不求回报、一心只想为她好的那种恋爱，也真的希望这场恋爱将永不分手！

五、二中与乐团：一路繁花

建校以来，二中这片沃土中滋养了无数的种子，开出过无数的鲜花。在校史一角，乐团也用鲜花与微笑回馈着母校，装点着二中的时间。

2014 年至 2022 年，乐团 8 次参加沈阳市中小学生艺术展演，获得一等奖 7 次、二等奖 1 次。

2015 年 12 月，乐团获评沈阳市大中学生优秀社团。

2015 年，在辽宁省举办的第五届中小学生艺术展演活动中，乐团荣获一等奖，并且代表辽宁省参加了由教育部主办的全国第五届中小学生艺术展演活动并斩获当届展演活动器乐类一等奖，成为东三省进入器乐决赛的 3 支队伍中的唯一的一等奖，进而开创了辽宁省乃至东三省器乐类国家级比赛的新纪元！

2016 年 1 月，乐团第一次走进盛京大剧院，举办了“十载情之韵”沈阳二中 2016 新年音乐会，得到广泛赞誉。并在此后 2017 年至 2019 年连续 3 年的年初在盛京大剧院举办交响乐团专场新年音乐会。

2019 年年初，乐团受邀赴欧洲参加 2019 国际青少年艺术节活动，在德国柏林洪堡音乐厅进行的比赛中，一举获得最高奖项“A 等”，并在奥地利维也纳金色大厅举行的艺术节闭幕式上，以一首精湛、娴熟的《茉莉花》赢得了现场 1700 余名国内外观众的热烈掌声。

2018 年在辽宁省第六届中小学生艺术展演活动中再次荣获一等奖，并再一次代表辽宁省参加 2019 年 4 月在苏州举办的全国第六届中小学生艺术展演活动。3 年前的“五艺展”我们靠着一股拼劲拼下了一等奖，3 年后身上背着曾经的荣誉光环再次踏上征途，获此次艺术展演器乐类一等奖，这也是我校乐团继 2016 年获得全国第五届艺术展演一等奖后，再一次斩获此项殊荣，成为辽宁省唯一蝉联一等奖的参演团队。

2023 年 2 月，由于疫情原因，全国第七届中小学生艺术展演进行线上评选，乐团再次荣获器乐类一等奖；至此我校连续 3 年霸榜辽宁，战绩辉煌！

2024 年 1 月，在盛京大剧院成功举办“流金二十载　初心谱华章”新年音乐会。

为土壤，为园丁，为花农，甘于奉献；为种子，为新芽，为壮枝，定会一路繁花！

“一路繁花”是过去，是现在，也是未来；是我，是学生，更是二中。

第三章

皎皎明月，在彼空谷

他们是堪当重任的奋斗者。他们牢记“不负祖国，不负青春”的铮铮誓言，传递堪当民族复兴重任的社会担当。用一份份耀眼的成绩证明，二中学子把理想与抱负熔铸于脚踏实地的奋斗，在实现自己人生价值的同时，也为这个时代不断注入积极能量！

◎二中，一段美好的记忆

——记 1955 届校友陈创天

"党和国家需要真正严肃的科学家和科学成就，党的科学事业是一个十分艰巨的事业，我不能没有信心，不能不负责任，更不允许自己有一丝一毫偷懒和投机取巧的思想，要不惜心血地严肃对待。"

1985 年，一位科研人员在入党志愿书中写下这样一段话，成为他一生为之奋斗的铿锵誓言。这位科学家，就是沈阳二中 1955 届毕业生、中国科学院院士、"中国牌"晶体开拓者、人工晶体泰斗——陈创天。

我常常想起沈阳二中阳光灿烂的校园。

入学那年恰逢学校迁入沈阳南湖区。新校舍按照苏联的高中模式建设，甚至比马路对面的中科院沈阳金属研究所还要像样，这对我们这些追求新鲜感的青年来说，喜悦之情溢于言表。

我是 1953 年入沈阳二中的，1955 年高中毕业后就读于北京大学物理系。新中国成立之初，东北地区过去由于受日本人的统治，教育（特别是基础教育）相对较为薄弱，只有少数成绩特别优秀的高中毕业生才有可能考入"关内"的优秀大学，例如北京大学和清华大学，我是其中的一个幸运儿。究其原因，关键是我在沈阳二中所受到的良好教育。这也是我终生难忘的一段美好记忆。

我从小就对数学有着特殊的爱好。进入二中后，最感兴趣的也是数学、物理两门课。记得当时物理老师崔德昌（上海交大毕业）在课上讲到以太论，说引力场也是一种物质，称为以太。通过这种物质，在物体之间才会产生引力。这种理论在当时受到批判，认为引力场是处于真空的，不能认为是通过物质相互作用才得以实现，但这种新奇的观点恰在我年轻的头脑中根深蒂固。当时我怎么也想不通两个物体之间的相互作用怎么能不通过中间介质来实现呢？正是这种好奇心，促使我这辈子和物理打上了交道，并促使我差一点报考当时远在南方的南京大学天文学系（当时国内唯一有天文学系的大学）。由于后来物理老师告诉我，要解决引力场的机理问题，一定要学物理，特别是理论物理，才能解决这一问题。于是我下定决心报考北大物理系，希望将来能破解久久萦绕于心的疑问。

20世纪50年代中期的物质生活还很困难，同学们住在十几人一间的宿舍，吃的是高粱米小豆饭，我们却很乐观。那时二中的教育提倡德、智、体全面发展，我印象最深的是同学们一起跳集体舞。主教学楼是苏联式建筑，进门就是大舞厅，有两层楼高，二楼有环廊。同学们晚饭后一起学习跳苏联式集体舞，还经常学唱苏联歌曲。不但陶冶了情操，而且促进了同学间的健康交流。

那时的学习氛围轻松愉悦，成长环境充满人文气息。现在回忆我这一生始终能保持乐观向上的态度，养成遇困难不低头，遇权威不屈服的良好性格，即使是在最困难时期，我也坚信在共产党的领导下，中华民族必有立于世界民族之林的能力，是和沈阳二中德、智、体全面发展的正确教育观念分不开的。也正因沈阳二中的良好教育，北大物理系学习期间，我已有了勤于思考、独立解决疑难问题的良好学习习惯。那时，我们压根儿没有应试教育这一概念。大家都认真学习课程的基本内容。我偏好代数和几何，虽然也喜欢解难题，但总体是从基本概念出发，着力了解这道题解不出是因为哪个概念理解错了或者哪一种解题的技巧没有掌握。老师还提倡我们看课外参考书，以便加深对本门功课的理解。大学期间，我很自豪，从来没有因为中学数学理解不深而给大学学习造成困扰。现在回想起来，沈阳二中的教育理念极为严谨。印象中，我们的授课老师，总是教导我们学好功课，将来成为国家的栋梁之材，报效祖国，而不会用“不好好学习就考不上大学”之类的话吓唬我们。因此我们的基础训练、基本概念掌握得都很牢固。

这使我想起最近几年的博士生招生的口试情况。每年报考我博士生的很多，他们的量子力学考试成绩一般能够在80分以上，都很优秀。但每次口试他们对量子力学基本概念的了解时，大多数不能作出正确的回答。有时我问他们，为什么笔试成绩优秀，而口试成绩不及格呢？他们苦笑回答我，大学学习期间，就是为了考研，专做难题、背难题，反而把量子力学的基本概念忘记了。这就已十分可惜地背离了应有的科学学习态度。其实科学首先是一门老老实实的学问，只有为了科学而献身的人才会打开大门。而对一门心思只想升级而考研的人来说，无论如何是进不去的。

母校带给我的欢笑和回忆永远是我生命中浓墨重彩的一笔。沈阳二中这些年为国家培养了很多的优秀人才，希望二中能始终保持教育的纯洁性，注重学生德智体美劳全面发展，不为功利所动，继续为国家培养出道德高尚、学问精湛、为国奋斗的优秀人才。

●图为2008年10月14日陈创天院士回母校沈阳二中，在自己当年座位上留念

◎珍惜信任　履行责任

——记 1968 届校友王锡瑞

2010 年 1 月 25 日，在清华大学综合体育馆里举行了 2010 年春季研究生毕业典礼暨学位授予仪式。这次的毕业典礼格外隆重，我国首批航天员队伍中的翟志刚、景海鹏等 13 名航天员经过近 3 年的学位攻读，被正式授予工程硕士学位。而他们的班主任就是清华大学航天航空学院教授，沈阳二中 1968 届 1 班毕业生——王锡瑞。

从 1976 年毕业后到清华工作开始，王锡瑞老师就一直工作在与学生接触最为紧密的工作岗位上，特别是 1985 年 1 月，她开始承担工程力学系的研究生管理工作，直至 2004 年成立航天航空学院后担任教学办公室主任和本科生学生工作助理，她一直都在负责学生思想教育、就业引导、奖助贷勤补这些烦琐而细致的工作。40 多年时间，一届又一届学生把她当作贴心的“王妈妈”，很愿意向她倾诉自己在学业、生活、感情上的快乐和烦恼。在她的引导下，很多优秀的毕业生走向我国航天、航空、航海的关键单位，登上了祖国国防与科技建设的“大舞台”。王老师深深地为自己送走的众多出色学子感到自豪。“我做的是学生工作，面向的就是学生。学生的事不能说这个归我管，那个不该我管。我说不出这种话。”王老师说，“这就意味着你要比别人花更多的时间，但我认为这值得。”“学校是‘铁打的营盘流水的兵’，我就要作那块‘营盘’，让育人阵地坚实稳定，让学子们根深苗壮，成长成才。作‘营盘’很辛苦，但是我很快乐，很幸福！”

桃李不言，下自成蹊。二中培养的像王锡瑞这样默默无闻地孵化着“干惊天动地事，做隐姓埋名人”的科技工作者还有很多，他们都在用数十年如一日的踏实、认真、务实的工作诠释着什么是“二中人”的身怀大气成大器、拓展求索竞创新、振兴祖国做奉献的情怀。

●图为王锡瑞老师在清华第十三届党代会小组讨论现场

◎做踏实、有担当的学者

——记 1955 届校友马蔼乃

一个学科的创始人，两次拒绝评选院士，这是怎样的一个人？他就是著名地理学领军人物，地理科学、遥感技术与应用领域的奠基人，北京大学“终身成就奖”获得者，沈阳二中 55 届丙班毕业生——马蔼乃。

一、从地理学到地理科学

马蔼乃老师 1936 年出生在上海的书香门第，马老的爷爷是上海商务印书馆英文编辑，爱好研究数学。舅舅曾任清华大学物理系主任。自幼便饱受家中浓厚的学术氛围的熏陶，她从小就展露出对理科研究浓厚的兴趣和卓越的能力。1952 年沈阳二中迁入新址的同时，也迎来了成绩优异的她。整个高中阶段，她一直是全 5 分学生。1955 年高考报志愿前，老师、家长都十分关注她的选择。“我班主任说你应该学哲学，你这样的不学哲学，谁去学哲学？我爷爷说我数学特别好，应该学数学。我母亲要我学物理。我爸爸很喜欢无线电……出主意的人很多。但是我不听他们的，我自己很有主意。”于是，喜爱挑战的她出人意料地选择了北京大学地理学。

马老回忆起往事的时候眼带笑意，仿佛回到了 60 多年前的那个夏天，将她对地理学科的美好愿景娓娓道来，她说：“物理和数学都是发展了很多年的成熟的科学，而在那时地理学才刚刚起步。成熟的科学需要的是锦上添花的研究者，而刚起步的科学需要的是雪中送炭的研究者，无论是过去还是现在，我都想去做那个雪中送炭的人。”

从此马老踏上了在地理学科的征途，她将自己的毕生精力奉献于地理学科科学化之路的探索。马老认为，只要地理学能通过定量化成为地理科学，它就永远不会消失。地理学是一门实践的学科，不是坐在书桌前拿着笔依靠想象就能实现定量化的学科。为了勾画地貌现象的精确数学模型，马老亲自前往每一个地貌野外观测点进行亲自观测。求索三十寒暑，马老终于完成了对各种地貌的精准的数学模型构建，在马老编写的《动力地貌学概论》一书中，对几乎全部的地貌现象给出了相应的数学模型，构建了当今地理科学观测、预测模型的基础，为我国之后地理科学的发展奠定了坚实基础。

地理学是一门综合的学科，马老认为，“地理学是介于自然与人文科学之间的科学，只是在之前，很多人都喜欢用文科的方式去研究地理。但其实对于这样的跨学科专业，需要运用类比逻辑建立一套属于这个学科的话语体系和研究逻辑，如果没有内在的研究逻辑，那么这门学科也就很难被称为科学了”。

马老深知类比逻辑的魅力，也正因如此，她在诸多跨学科课题上都取得了卓越成果——包括水文地貌、遥感信息、人地信息等，每一个课题都横跨了数学、物理、地理、社会科学等多个领域。马老运用类比逻辑，结合自身扎实的数理基础，成功地完成了一个又一个跨学科研究的数学模型构建。

从地理学到地理科学并非易事，甚至提出这个想法都并非易事。但是马老这样想了，也这样做了。有些重任或许并非时代赋予，而是时代的创造者和引领者主动探索，带领着整个时代向前走去。

二、博学广知，不仅在单一学科

未名湖畔，季羡林老先生故居旁，一个优雅的小院，便是马老的家。一踏入大门，二中一行所有人都惊叹于马老的书柜，遍布客厅、书房、走廊，领域涉及经济学、金融学、地理科学、物理学、数学、历史、心理学、文学、生命科学等等各个方面。据马老家里的学生说：虽然马老师现在已经 80 多岁了，她依旧坚持每天阅读至少 6 个小时。

时间对于马老来说是一笔巨大的财富，她的知识通过不断的学习和广博的阅读在漫长的岁月中变得愈加丰富和深刻，在马老的身上可以看到一个岁月沉淀而成的包容、坚韧而强大的灵魂。

得益于马老丰富的知识，马老在退休之后进行了大量的其他领域的探索。马老认为除了科研，教育和健康对于人类社会也同样重要，马老进行了大量教育和健康方面的探索，在《中医学报》等各个非地理学领域的刊物上也发表了许多有意义的文章。马老说到兴起时，骄傲地向我们介绍她曾应邀对我国中医科学中的“气”进行了数学模型的构建。在马老通过类比逻辑寻找科学研究中的研究逻辑的科学精神之下，她甚至能将大众看起来玄之又玄的人体的“气”通过数理的方式形象地表现出来，这无疑是令人震撼的！

人生会因为阅读而变得丰富而圆满，这种圆满是一种内在的圆满，一种逻辑自洽的圆满，在马霭乃老师的身上，这种圆满使得马老看起来温和、平静而强大。

●图为马蔼乃参加沈阳二中 70 周年校庆活动照片

三、是学者，也是老师

马老曾两次拒绝评选院士，外人对此津津乐道，至于原因，从马老的口中说出显得十分朴实：“该来的自然会来的，无论我是不是院士，都是一样的做学问，做学问要的是身心清净，我不想用太多的时间去参加评审会，我需要有安静的时间去写作。事实上，我在退休前后，共完成了10部专著，我想这是不当院士换来的，我认为自己的决定是正确的。”

对马老来说，当不当教授，当不当院士，都是一样工作，学无止境，马老将这些谋求身外之名的时间都用于学习和研究，在社会没有需求的时候就努力完善自身，在社会有需求的时候就深入到人民中去，深入到国家和社会的需求中去。

马老数次谈及自己的身份认同，认为一个像她这样的科研工作者，成就不应该仅限于个人研究上，也应该于教育成果上有所体现。她想起当年自己做导师的时候，教育宗旨在于充分激发学生的兴趣，引导并支持学生去做自己感兴趣的事。

马老还强调：在愉悦中产生的灵感往往都是一念之间，要用逻辑思维去抓住它，用自己全部的精力去钻研它，不要因为懒惰或者其他事物的干扰而错过灵感，如果最后真的能有成果，即使花上好几年时间也是值得的。

马老希望每一个学生，都能找到自己真正感兴趣的方向，并深入到学问中去安静、踏实地做实实在在的研究。

坐在同学中间，马老觉得自己从未因为年龄的增长而变得逐渐远离这个世界，她站成了一棵大树，来自五湖四海的学生聚集到树荫下，度过青涩的求知岁月，然后又奔向五湖四海。

◎国家需要就是我的使命

——记 1956 届校友王兴治

作为我国反坦克导弹领域的主要开拓者和领军者，如今已是 80 多岁高龄的中国工程院院士、沈阳二中 56 届丙班毕业生——王兴治，仍然奋战在兵器科技事业一线。他精神矍铄、思维敏捷、雷厉风行，让年轻人佩服。是什么让耄耋之年的王兴治有这么大的干劲呢？

一、刻苦读书，强军报国

1935 年 9 月 20 日，王兴治出生于辽宁省辽阳县一个农民家庭。童年时代的王兴治生活在日本占领下的东北，目睹了日本侵略者在中国大地狂轰滥炸，深感“落后就要挨打”，立志为中国军队制造先进武器。1948 年底，家乡解放，村里有了小学校，王兴治直接跟读小学三年级，仅用一年多的时间就完成了小学学业。1950 年，王兴治从乡下以优异成绩考取了初中——沈阳市第九中学，3 年后又考入新中国第一批省立重点高中——沈阳市第二中学。也正是在二中的 56 届丙班，他结识了当时的优秀学生、后来的同事及一生的伴侣——崔晓蕊。1956 年，王兴治高中毕业时，如愿考取了中国人民解放军军事工程学院（以下简称“哈军工”），实现了他儿时强军报国的志向，在大学里过上了严格的军事生活。

二、祖国的需要，就是我的专业

20 世纪 50 年代，在严峻的国际形势下，为抵制帝国主义的武力威胁和核讹诈，以毛泽东同志为核心的党的第一代中央领导集体，果断地作出了独立自主研制“两弹一星”的战略决策。1957年9月10日，中央军委批准哈军工在空军工程系建立导弹专业。为加快人才培养的速度，学院决定从空军工程系、炮兵工程系、海军工程系和装甲兵工程系相近专业的55级、56级、57级本科生中，选调部分优秀学员到空军工程系新成立的导弹专业学习。1958年8月，王兴治正在沈阳炮校实习，一天，队长突然宣布集合，要求被点到名的学员当晚立即返校，王兴治位列其中。第二天，学校宣布他们调到新成立的导弹工程系。王兴治在导弹系学习期间，周恩来总理曾两次来院视察，观看教练队对苏制1059型号导弹的操作表演，并鼓励学员好好学习文化知识，早日自力更生，把我们的导弹事业搞上去。带着总理的殷切期望，肩负开创我国导弹事业的使命，王兴治笃志不倦。1963年8月，王兴治以优异成绩从哈军工毕业，被正式分配到沈阳炮兵科学技术研究院一所（现中国兵器工业集团第二〇三研究所前身），从此，王兴治怀着科技报国的理想，投身我国反坦克导弹研制事业，这一干就是60年。

三、国家需要就是我的使命

20世纪70年代初，国家下达了研制“红箭-8”反坦克导弹的重要任务。这一重任落到了王兴治和他的战友们身上。当时研制条件十分艰苦，担任总设计师的王兴治几乎每天都工作、学习十一二个小时，全身心地扑在科研工作中。

没有试验手段就自己动手，土法上马；没有经验就从实践中学，注意总结；没有可借鉴的成功案例，就设计十几个方案，逐一进行验证……在艰苦的条件下，王兴治带领大家克服重重困难，勇往直前。

1984年，在国庆35周年阅兵式上，我国自主研发、具有国际装备水平的“红箭-8”反坦克导弹武器系统以第一方阵通过了天安门广场，接受了党和人民的检阅，并于1987年获得国家科学技术进步奖特等奖。此后，“红箭-8”反坦克导弹武器系统以其良好的性能打入国际市场，至今已出口多个国家和地区，享誉全球，创汇数十亿美元。“红箭-8”的研制成功，不仅使我国在反坦克导弹领域赶上了世界先进水平，还为我国反坦克导弹的发展奠定了根基。从此，我国较为系统地建立了反坦克导弹理论，并形成了独立自主的兵器工业体系。

20 世纪 80 年代末，王兴治又承担了研制射程更远、威力更大的“红箭 –9”反坦克导弹武器系统的任务。王兴治作为总设计师，明确了自主研制的思想，坚持走自主创新之路。他处处身先士卒，深入科研、试验一线，和大家一起夜以继日地工作，攻克一个个技术难关。在渺无人烟的大漠戈壁，在大雪封山的高寒高海拔地区，在蚊虫肆虐的酷热地区……到处都留下了他的足迹。事后谈及这些经历，王兴治感慨地说：“当时只能前进，没有退路。我们是搞装备的，关键时刻拿不出新东西，愧对祖国和军队的将士！”

在王兴治的带领下，科技工作者的努力结出了硕果。2001 年，我国自主创新的具有世界先进水平的“红箭 –9”反坦克导弹武器系统定型，获得国家科学技术进步奖二等奖，并作为主战装备列装我国陆军。

2004 年，根据世界军事斗争特点和我国反坦克导弹发展的需要，69 岁的王兴治为我国兵器科技事业殚精竭虑，提出了研制新型多用途武器系统的建议，并于 2008 年主持研制工作。

2012 年，该武器系统设计定型，实现了飞行百分之百可靠、命中率百分之百的两个历史性突破。使武器系统达到战技指标不是王兴治的最终目的，“让国家放心、让部队满意、让战士好用”是王兴治对科技人员强调最多的设计理念。

王兴治曾用一段很形象的语言表明心志：“自从干上这一行，我就意识到了，我是被判了‘无期徒刑’，注定我这一生要永远为科学服役，舍此别无选择！”

古韵长安，灞上风轻，嘉树氤氲。2019 年 6 月，沈阳二中关凤艳校长一行三人和西安当地校友代表，共同前往西安市中国兵器工业第二〇三研究所拜访了我校 56 届毕业生——中国工程院院士王兴治及其夫人崔晓蕊。关校长向他们致以崇高的敬意，感谢他们为国家作出贡献、为母校带来荣耀，同时也介绍了学校近年来的发展和建设情况。关校长代表学校向王兴治院士赠送了 3D

打印的“沈阳二中教学楼（1952—2012）”模型，王兴治院士将他珍藏的反坦克导弹“红箭 -9”模型回赠给了学校。交流中，在王院士八十寿辰的纪念画册中，我们惊喜地发现了他在二中时候大量的照片，这勾起了王院士夫妇美好的高中回忆。他们都对沈阳二中的求学时光历历在目，并感谢母校的悉心培养，二中承载了太多的青春与回忆。

●图为 2024 年 10 月王兴治院士回母校探访“兴治班”与书记、校长合影留念

盛京宏址，鸿雁邀约，血脉赓续。为了响应国家培养科技拔尖创新人才的号召，2022 年 9 月，关凤艳校长、胡玉倩书记和二中学生再次发出邀请，聘请王兴治院士担任学生导师，王院士欣然应允——新学期伊始，沈阳二中一个名为“兴治班”的班级应运而生。“兴治班”学生将有机会和王院士面对面交流，会得到他的口传心授。学校也会引导更多学生树立对高深学问的志趣，开拓战略视野，让学生在感知前沿科技中提高解决问题的本领和能力。学校也将探索出一条理想信念坚定、数理基础过硬、学科交叉融合、创新能力突出、综合素质全面的拔尖创新人才培养路径，摸索高水平的科教协同和融合之路，二中也将为培养堪当民族复兴重任的时代新人作出应有的社会担当。

◎曲折科研路，科技报国心

——记 1959 届校友郭爱克

目前为止，中国大陆以第一作者身份发过两篇以上 CNS 论文的，总共 26 人，这 26 人无疑是中国大陆科技界最顶尖人物。其中，在 CNS 三大顶级杂志都以第一作者身份发过论文的有 10 人，全部滞留在美国；在 CNS 中两个杂志以第一作者身份发过论文的共有 16 人，5 人在国内。代表中国最高学术水平的中国两院院士只有一人进入这前 16 人名单，他就是神经科学和生物物理学家、新中国第一位留德博士、沈阳市第二中学 1959 届毕业生——郭爱克院士。

这是上海夏天一个普通的清晨，郭爱克院士和沈阳二中校长约好，上午 9 点时在他实验室见面。8 点 45 分，当我们到达中国科学院上海生命科学研究院大门时，郭爱克先生已经早早地等在那儿，整洁的米色西装搭配红色领带和在朝阳下闪着的丝丝白发，那一个瞬间，那一幅画面，儒雅和严谨永远定格在我们的脑海之中。在和郭爱克院士的交谈中，他向我们讲述了他的故事。

一、波澜的青春岁月

1940 年，我出生在辽宁沈阳。1956 年考入沈阳市第二中学，1959 年高中毕业。首先最要感谢的是沈阳二中对我的培养，因为我的高中声誉很好，那一年我们中学获得了 4 个选派留苏的名额。学校当时推荐了我和另外 3 名同学。

但这个推荐只是第一步，还必须要通过考试以及各方面的审查。学习成绩、品德表现、家庭出身等都要通过审查才能被最后选中。我通过了全国大学统考，也通过了各项审查，被录取了。

1959 年 9 月高中毕业后就到了北京，在现在的魏公村北京外国语学院留苏预备部强化学习了 10 个月的俄语。现在的年轻人可能不了解我们那个年代的事情。那时候中国每年都派遣留学生到苏联去。留学有研究生、进修教师和大学生这三个不同的概念。研究生在那时候是攻读副博士。比如说我们所的杨福愉院士，当年在苏联获得了副博士学位。这个副博士等价于中国和西方的博士学位。苏联的博士级别很高，差不多相当于我们的教授了。进修教师一般是在苏联的实验室中进修两年，没有拿博士学位的任务。大学生就是从中学生中选拔去读大学。我属于最后这一类。当时中国的教育制度与现在不一样，出国留学不是说联系到国外的导师了、拿到奖学金就可以出国，那时候都是国家选派。

我们到北京外国语学院入学的时候还考了一次试，就是看俄语基础，然后按水平分班。我记得分了好多班，我被分到大学生第二班，做学习班长。经过 10 个月的学习以后，就到了 1960 年夏天。在准备派遣的时候，中苏两党发生了论战。这段历史也很有趣。那时候我们批判苏联是现代修正主义，他们批判我们是教条主义。于是我们正在念俄文的这些预备生当中，大部分就没能被派遣出国。我们那拨走的大约 90 多个人。没能被派遣的就分配到中国当时最好的各个大学了。比如科大、清华、北大，还有到总参，国家都给他们分配了非常好的去向。

我被录取留苏，学习哪个专业也是国家选定的。首先，国内各单位的专家们根据当时学科的发展方向和未来我国要培养哪些方面的人才，提出一些专业。我最初被派遣学习生物能力学。但是进了大学不一定能完全对口。所以到了莫斯科大学生物和土壤系后，就进入了生物物理专业。当时我也不知道啥叫生物物理，还去问老同学，啥叫生物物理呀？高中生嘛。莫斯科大学的生物物理专业当时被看作是新兴的前沿交叉科学，要求必须是数理基础都比较好的同学，所以全班只有 13 个人包括苏联同学在内。这个班就是淘汰班。什么叫淘汰班？就是你跟不上课程，就被转到其他专业。因为中国学生一般数理基础都比较好，也很用功，我们一起被分到这个班的中国同学有 5 名，其中有两个女同学。这就是我的留学经历，国家统一派遣、统一选拔，到了莫斯科大学学生物物理。

大学学了 5 年，1965 年 6 月我圆满毕业从苏联回来后，就分配到了生物物理所。到人事处报到以后，也没有上班，就立刻打起背包，到山西运城搞“四清”了，跟贫下中农同吃同住同劳动。1966 年回到所里，我被分到了第一研究室（放射生物学研究室）。

那时一场“触及灵魂的大革命”开始了，“运动”夺去了郭爱克整整 10 年的青春年华。

郭老在叙述那段人生历程时，竟然如此平静，并无喜悲，他觉得那只是历史长河的一段曲折。

在那样一个嘈杂喧嚣的年代里，郭爱克开始自学德语，因为他对德国的科学文化有太多的偏好。他有一本特殊的自学教材——德语版的《毛主席语录》。在食堂吃饭，排队的时间他也在背单词。在北京黄庄菜市场排队的大半天里，郭爱克也闷着头在看德文。

1971 年，郭爱克和同事们一起被下放到中国科学院在湖北潜江农村的“五七干校”。1972 年，由于长期劳作，郭爱克患上了非常严重的黄疸型肝炎，黄疸指数达到惊人的 80，整个人像蜡一样发黄。幸亏主治大夫中药西药双管齐下，郭爱克严重的肝病居然奇迹般康复。

“五七干校”留给郭爱克的精神财富是什么？拼搏，磨炼！

二、新中国第一位留德博士

1976 年，中国着手准备向国外派遣留学生。郭爱克有幸被选派到北京语言学院德语 76 班，并成为“德 76 班”的班长。1977 年，郭爱克成为中国留德 8 个科研生之一。在德国科学技术交流中心（DAAD）奖学金的支持下，郭爱克只身前往慕尼黑大学。

他的第一志愿报的是德国马普学会生物控制论研究所的著名教授赖夏特，但由于十年特殊时期，郭爱克的科学实践几乎完全空白，这位德国教授当时拒绝了他的申请。郭爱克还记得这位德国教授当时对德方工作人员讲的话：“我不能接受这样的没有一点学术训练的学生，不管他是从哪里来的，中国大陆的，或是台湾的，他的学术都应该是优秀的。”这句话，在郭爱克心里生了根。他在心中对自己说：“在德国的两年，一定要当成二十年来用。”

郭爱克的导师斯穆拉建议他攻读博士学位，其时中国尚无博士制度。他对郭爱克说：“也许现在的中国还不需要博士，但是将来肯定需要。在西方，如果你是一位科学家，但没有博士学位，人们是不太理解的。”导师斯穆拉不厌其烦，为郭爱克办理了大学毕业证书公证等手续，确认郭爱克在莫斯科大学的学历与德国学历等价。这些给了郭爱克最大的支持，他下定决心：“我的目标不是拿博士学位，但一定要在两年中作出博士水平的工作来。”

1979 年 9 月 20 日，郭爱克用了两年时间，以“特优”的总成绩获得了慕尼黑大学博士学位。德国科学技术交流中心负责与中国学术交流事务的伯兰特·多恩女士，在郭爱克博士论文答辩前夕，给他的一封祝贺函中写道：“这将是二战以后，来自中华人民共和国的科学工作者在联邦德国获得的第一个博士学位。”

1978 年，德国马普学会生物控制论研究所所长赖夏特教授郑重向郭爱克作了解释：“上次我没有接受你，这只是一个推迟，为此我需要特别向你说明。我希望你能够来我这里工作。”

1982 年 11 月至 1984 年 6 月，郭爱克作为访问学者，来到了德国马普学会生物控制论研究所，从事家蝇视觉系统“图形与背景”分辨的生物控制论研究。

三、天命年开始迷上果蝇

1992 年，回国 10 年之后，成为郭爱克科研人生坐标系上的又一个重要转折——北京召开了第19届世界昆虫学大会。分组会上，德国乌尔茨堡大学海森堡教授的同事蓝哈特博士作了果蝇视觉学习、记忆的研究报告，这项研究工作在飞行模拟器上完成。听了这个报告，郭爱克兴奋极了，立刻提出向海森堡教授学习和合作的请求，并得到了海森堡教授的积极回应。

1993年末，郭爱克第三次赴德国，先后去了乌尔茨堡大学以及马普学会生物控制论研究所。这时郭爱克已经53岁，许多人不理解，已经这么大年纪了，还去做一个全新的领域，能有多大突破呢？郭爱克看得很明白："第一我有基础，'果蝇'与我之前做的东西有关联。第二我觉得很有趣，为什么这么小的虫子能有学习的能力？"

基础+兴趣+执着，成为53岁的郭爱克敢于另起炉灶、开创新天地的不竭动力。

在海森堡实验室3个月的实验结果，郭爱克发现，果蝇学习记忆和营养条件及果蝇的日龄都有关系，"这是一个有趣的发现"。此后，郭爱克分别与海森堡教授、盖茨教授合作，在国际著名杂志《学习与记忆》上发表了两篇研究论文。

在德国，郭爱克收获的不仅仅是学术上的成功，更令他感动的是德国科学家的友情。在对郭爱克绝对保密的情况下，马普学会生物控制论研究所由盖茨教授指导，为郭爱克加工了他最需要的实验系统的主要部件。在郭爱克即将离开回国之际，盖茨教授和车间的那些工人师傅给了他一个巨大的惊喜，这让他感动得流泪。是啊，仪器设备对科学家多么重要，而这又是有钱也买不到的实验系统啊！

1993年，乌尔茨堡大学的蓝哈特来到北京，将这套仪器改装成研究果蝇视觉学习、记忆的系统。正是有了这套实验系统，郭爱克才能够在中国科学院生物物理研究所建立了自己的"果蝇学习记忆实验室"，这也是中国第一个以果蝇视觉操作条件化为评价范式的实验室。

自此，郭爱克开始走进果蝇的微妙的"认知世界"。

2001年郭爱克作为通讯作者，在《科学》上发表的第一篇论文，也是中国神经科学界在《科学》上发表的第一篇论文。

2003年郭爱克当选中国科学院院士。

2005年，《科学》杂志第二次发表论文——这是郭爱克和博士后郭建增合作、关于记忆跨模态协同共赢的研究成果。

2007年，郭爱克实验室更加深入的研究成果，第三次发表在了《科学》杂志，第一作者张柯是郭爱克的博士研究生。该成果不仅被评为2007年“中国基础研究十大新闻”，在国际上也很被同行重视。

全部研究工作皆在中国本土完成，且6年内连续3次登上《科学》杂志，当时在中国，郭爱克还是唯一的一位。当记者问到他的科研体会时，郭爱克的答案是，要“敏锐思考，正确提问，潜心工作”。

四、耄耋之年的感悟

郭爱克院士如今80多岁，这位本该在家中儿女承欢、颐养天年的长者，知天命之年走进了果蝇的世界，又在其花甲之年选择只身在北京和上海两地飞行，重新开启他新的科研征程，生命不息，求索不止。

1999年11月，中国科学院在上海成立了神经科学研究所，在研究所所长、美国科学院院士蒲慕明教授的力邀下，郭爱克来到研究所，建立了果蝇学习与记忆实验室。

自此，20多年来，在上海拥挤的地铁1号线，莘庄和衡山路区间中多了一位长者。为了避开地铁高峰，郭爱克早出晚归，在上海生命科学研究院的食堂里，每天中饭、晚饭和周末都在这里出现的老教授，仅他而无别人。

郭爱克心中最为感念的，是与他一起度过各种困难和坎坷的妻子丰美福。他充满深情地说：“我能够走到今天，人生路上的每个重要抉择，都有她坚定的支持。当年我在德国慕尼黑时，她曾写信鼓励我说：‘你一定要拿学位。’后来我独自来到上海工作，她虽然是复旦大学毕业的上海人，但因为她在北京也有自己的科研事业，不能伴随我同来，她对我说：‘不要忧虑，你尽管去做自己的事吧。’”

郭爱克接着诠释：“世间万物中，生命是最可宝贵的；在人生旅程中，健康是最可宝贵的；在科学探索中，创新是最可宝贵的；在做人准则中，真善美是最可宝贵的，核心是真，是真实的真，真诚的真，真情的真，追求真理的真。”如此言简意赅的“四个最”，就是郭爱克这位“果蝇院士”的生命礼赞。

在访谈最后郭老还说：2018 年 5 月召开了中国科学院第十九次院士大会，我听了习近平总书记、李克强总理、刘鹤副总理报告，很受教育。应该说，我们现在已经取得了很多成就，培养了很多人才。但是距离国家的要求还有差距。生物物理所的优势是学科交叉，这源于贝时璋所长科学战略的眼光。现在我们都知道没有学科交叉不大可能有原创性成果，所以我们应该沿着这个思路，实现学科的交叉融合汇聚。踏踏实实、兢兢业业把科研工作做好，为科技强国作出实际贡献。

●图为 2009 年 9 月 19 日郭爱克院士回母校为学生作报告

说到对年轻人的寄语时，他说：我记得当年贝老有个题词，也是他自己的座右铭，是唐朝大思想家韩愈的一句话："业精于勤而荒于嬉，行成于思而毁于随。"另外，我以前作报告时还经常会引用毛主席的一段话。1955 年毛主席到莫斯科，在莫斯科大学对当时的中国留学生讲过一段话。毛主席说："世界是你们的，也是我们的。但是归根结底是你们的。你们青年人朝气蓬勃，正在兴旺时期，好像早晨八九点钟的太阳。希望寄托在你们身上。"早晨八九点钟的太阳是多么灿烂！太深刻，太有哲学意义了。我特别喜欢毛主席这段话。我希望青年人应该理解、记住这段话，牢记自己的历史使命和时代担当，将个人的理想、事业、前途和命运融入到振兴中华的千秋伟业中。

◎从治愈走向自愈

——记 1961 届校友高金吉

高金吉，辽宁本溪人，中国工程院院士，设备诊断工程专家。沈阳二中 1961 届丁班毕业生，1966 年毕业于北京化工学院，1993 年获清华大学工程力学博士学位。现任北京化工大学教授、化工安全教育部工程研究中心和国家故障预防与监控基础研究实验室主任。兼任国家安全生产专家石油和化工组组长，中国设备管理协会副会长，中国振动工程学会副理事长。2003 年在国际设备工程学术界首次提出“装备故障自愈工程”的学术理念，受到国际同行的关注。2005 年被世界工程资产管理（WCEAM）大会聘为国际筹划指导委员会委员，并担任第三届世界工程资产管理与智能维修大会主席。

一、升学就业一波三折，报效祖国矢志不渝

我出生在长春，是在沈阳长大的。东北曾被日本人血腥统治十四年。我刚刚懂事时，老人常对我讲，日伪时期，中国人吃一顿大米饭就是经济犯，要受到严惩！在我幼小的心灵中就刻上了烙印，国家不强盛，老百姓就得受欺侮！五星红旗升起那年，我上小学，当时“学好数理化，走遍天下都不怕”在社会上很盛行，对我影响很深。我高中毕业的沈阳二中是有名的省重点学校。我念书的时候，成绩拔尖，特别爱学物理，所以高考时填报的头几个志愿都是全国名牌大学的物理专业。后来由于历史原因，未能如愿。1961 年，我来到了北京化工学院学化工机械专业。那时候刚建校，还没有毕业生，教授也很

少，各方面确实不是那么令人满意。虽说心里很不高兴，但我还是一直在努力。大学五年，只有一科成绩是良，其余全部是优。我做过班长、系学生会副主席、校学生会副主席兼学习宣传部部长，而且在学校期间还入了党，是学校三好学生和毛主席著作学习积极分子。当时学校的条件还是有限的，比如说外语，我们学的是俄语，我特别想学英语，可是学校没有开设第二外语。没有办法，到四年级的时候我就开始自学英语，从清华买了本二外英语书，自己看语法书，看发音书，从头慢慢学，打下了点基础。

到大学以后，原来想学物理的想法我就逐步放弃了。后来我就觉得自己应该做个合格的工程师，最好做个一流的工程师。这时我的志向开始变化。因为我在沈阳长大，沈阳是一个大工业城市。我非常清楚咱们国家工业产品和德国、日本、美国之间有很大的差距。在我非常小的时候就看到这种差距。比如像自行车，德国造的比我们那些又沉又笨的白山、东方红牌车好多了。所以我觉得学工科，应该有这种志向，让我们中国的东西也能够赶上外国，当然那时并没有想得那么深刻。大学毕业分配的时候，学校让我留校，我 45 天不报到，坚决要求到生产第一线去！当时我就决定下工厂，毕竟工厂里真的能学到许多书本上没有的东西。就像毛主席在《实践论》中讲的："你要知道梨子的滋味，你就得变革梨子，亲口吃一吃。"就这样，1968 年 7 月，我到了辽宁一个新建的氟化工厂。

到了工厂，一切都从头开始，住农民的小矮房，从平地开始干，建工厂。当时我们国家还没有对外开放，学校里没有机会去学习新的技术，但到了工厂里，50 多名大学生中，我这个唯一学化工机械的成了"权威"，因为全厂没有学化工机械的老技术人员。当时的条件非常艰苦，一切都得靠自己去闯去摸索！在工厂干了七八年，到 1974 年，我当上了机修车间主任兼党支部书记。

1975 年，辽化（辽阳石油化纤公司简称"辽化"）会战向全省各市调人，要我们厂选派党员、学化机的，我刚好够条件，可是领导坚决不放。我写信向市委和辽化建设指挥部申请，几经周折和多次努力，才有机会借调去参加辽化建设大会战。辽化的建设是我们国家向世界敞开大门的开始。我觉得这对我来讲，是一生的重大的转折！我体会人生的道路不会是一帆风顺的，但任何时候都不能放弃自己的努力！

二、工程一线勤学实践，务实求真协力创新

1975 年 12 月 26 日，接到通知的第二天我就跑到辽化工地。在临行送别的家宴上我对众亲友讲，将军是战场上打出来的，我去辽化是和平时期的新长征，决心在辽化建设中经受锻炼和考验，实现自己成为一流的工程技术专家的愿望。后来放弃了在原厂出任副厂长的机会先借后调到辽化当了一名技术员。到辽化后，有幸与外国专家和老一辈技术人员在一起。这样我就有机会向外国专家和有经验的技术人员学习。我先是负责一个装置的技术和外事谈判，后来，我这个连技术员职称都没有的白丁作为中方的总机械工程师与法方总机械工程师对口工作，共同处理辽化建设和试车过程中重大装备技术问题。这对我来说是一个全新的挑战，因为当时所有的资料都是英文法文的，而且标准、技术，都是国外引进的。辽化建设工地，对我来讲是一个很好的大课堂，那时就感觉到自己的知识不够用了，特别是外语，于是就抓紧一切时间学习。现在的英语和日语都是在那时候被逼着学出来的。

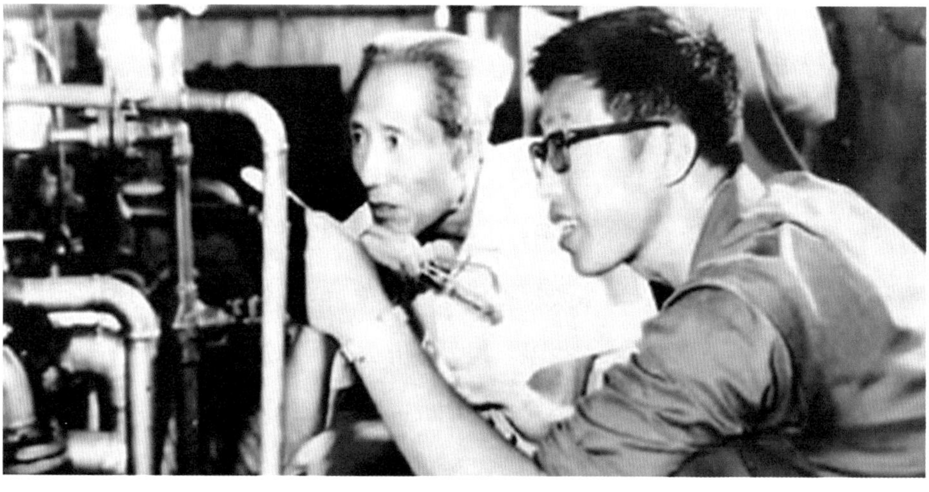

●图为 1979 年辽阳石油化纤公司试运行期间，高金吉（右）工作时照片

在辽化建设、试车及生产发展中，我做了一些工作，仅仅是大海之一滴水，党和人民给了我很高的荣誉，1988年被评为国家级有突出贡献的中青年科技专家，1992年获国务院政府特贴，1999年被选为工程院院士。

回顾30多年的工厂实践，我领悟到：走科技成才道路，是一条不平坦、艰险的路。成才之路的大门上有这样一副对联：

上联：博闻广见善益智

下联：源盛根深方常茂

横批：急流勇进

急流就是投身于祖国社会主义建设的洪流，勇进就是凡事要力争之，要自强不息。也就是要在为人民服务中，努力提高自己为人民服务的本领。这是我在大学时入党志愿书上向党表的决心，是少奇同志《论共产党员的修养》中的一句话，是我一生的座右铭。用我自己的话归纳为：立志向，勤学习，苦钻研，干实事，担风险，做贡献，长才干。

三、重返大学母校从零起步，团队建设任重道远

我大学毕业没有服从分配留校任教，离开母校时曾郑重表示，我是学工的，我不愿从书本来到书本去“买空卖空”，希望到工程一线求真知，如果10年后学校希望我回母校，我可以考虑。32年后的2000年，学校领导专程到辽化，希望我回母校支持机电学科的发展建设。当时热情聘我的学校很多，我还是实现了自己的诺言，应聘重返母校。许多人问我从工厂到学校的体会。我认为，概括起来讲是“责任小了，压力大了”。在企业，要及时处理工程上一些突发事情，立即做决定，出事要负责任，有时晚上连觉都睡不好。现在则比较轻松，晚上睡觉不用担心有人找了。但另一方面，压力逐渐增大了，总觉得时间不够用，想做的事情总是做不完！长期在高校工作的院士，有团队，有健全的实验室，基础比机械与运载工程学部较好，而我要一切从零开始。要组建一支高水平的学术团队，要考虑研究方向的创新、拿项目、争取经费、出论文、

出成果和产业化。要搞好实验室建设及队伍的稳定和人才培养，还要考虑过些年我干不动了，年轻同志能顶上去，学术团队能有所巩固和发展。

5 年过去了，值得欣慰的是，在教育部“211 工程”和学校的大力支持下，在国家自然科学基金和工程院咨询等项目的资助下，我们的“诊断与自愈工程研究中心”学术团队和实验室已初具规模，中心开发的“安全与维修保障信息化智能化”科研成果已产业化并在中国石油和中国石化等大企业推广应用。中心与中国安全科学研究院、合肥通用机械研究院、中国特种设备检验研究中心等科研单位建立了紧密的合作关系；中心与一些世界著名的高校和研究机构建立了协助关系，与美国 RTD 公司建立了“嵌入式系统联合实验室”，与美国 PAC 公司建立了“声发射无损检测联合实验室”。中心与信息学院、理学院、材料学院和管理学院的学术团队密切合作，被批准为化工安全教育部工程中心。

学科建设，任重道远。30 多年的工程实践，是我在工程上努力创新的源泉，但光有工程经验是远远不够的。到学校之后我开始攻读哲学、系统科学、控制论、耗散结构理论和医学特别是传统的中医等理论著作。在这些理论的指导下再总结多年的工程实践和参加国内外学术交流，使我大开眼界，对工程科学有了更深层次的认识。2003 年在国际学术会议上，我首次提出的“故障自愈原理”研究方向已开始受到国内外学术界的关注。

千里之行始于足下，善终如始，则无败事。我要在有生之年加倍努力。院士称号的荣誉只属于过去，不能靠荣誉的光环，而要靠真才实学，活到老学到老，勇于探索创新，为祖国科学技术的发展奉献余生。我给新入学的本科生上第一课时讲过这样两句话：“机遇往往属于勤奋学习、善于超前准备的人；成功总是归于自强不息、勇于探索创新的人。”人生的目标不能太理想化，但一定要有奋斗目标，要矢志不渝。任何时候，不能只顾眼前，年轻人不要贪图大城市安逸的生活。我们需要一批有为的青年到基层去，到工程实践中去。在经济建设的主战场的机遇很多，技术会变成生产力，为科教兴国干实事，这样

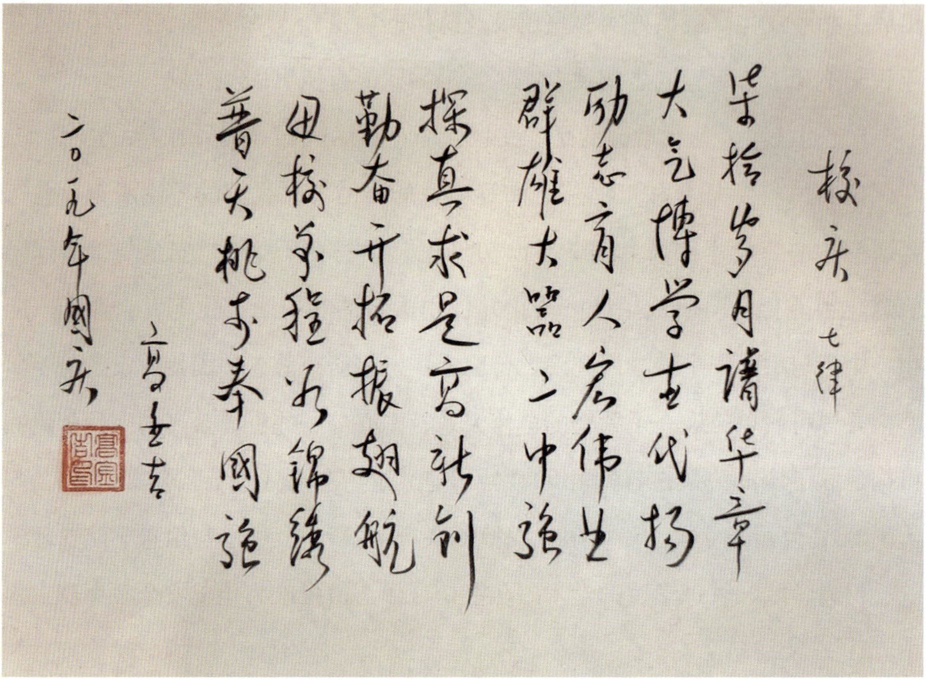

●图为 2019 年沈阳二中 70 周年校庆之际高金吉院士现场题字

也就会得到社会的承认，只有报效祖国才有个人的前途。这就是我回顾大半生走过的路的切身体会。

最后，我以《尚书》《礼记》的经典古训作为座右铭，愿与科技界同人共勉。

功崇惟志，业广惟勤。博学不穷，笃行不倦。

◎中国“长征”闯世界

——记 1956 届校友黄作义

中国航天史，从传奇中诞生，在传奇中成长，数十年来有着无数传奇故事，这次的故事尤为特殊，甚至比电影大片还要跌宕起伏。故事的主角就是中国导弹、运载火箭总体设计专家，中美商业发射服务的领军人物，中国长城工业总公司总经理，沈阳二中 1956 届丙班毕业生——黄作义。

一、几张草图　拿下美国大单

1986 年，担任“中国对外发射服务办事处”负责人的火箭专家黄作义发现，自己被美国联邦调查局秘密监控了！办事处电话也被监听！所谓“中国对外发射服务办事处”是中国长城工业公司宇航部成立后，由中国航天部在美国洛杉矶设立的对外承揽国际商业发射服务的专门机构。该机构听起来高大上，实际上有些名不副实，因为整个办事处只有黄作义一个人。而成立这个办事处的时间正是被称作世界航天史上黑色灾难年的 1986 年。这一年的 1 月 28 日，震惊世界的美国挑战者号航天飞机失事。紧接着，美国大力神火箭爆炸，德尔塔火箭出现自毁。5 月，欧空局的阿里安火箭发射失败。

挑战者号航天飞机失事时，火箭专家黄作义正在荷兰阿姆斯特丹的一个宾馆里。他从电视上看到了这震惊世界的一幕，也再次勾起了他一直在思考的中国火箭商业发射的问题：中国长征系列火箭已有了 12 次成功发射卫星的纪录，应像“四大发明”一样走向世界！曾领导过航天飞机预研小组的他，看到美国政府计划靠航天飞机独打天下，而停止了一次性火箭的研制和商业发射时，便萌生了一个想法：能不能研制一种低轨道火箭，作为航天飞机的“备份”挤进国际市场？凭借20多年从事火箭总体设计工作的经验，黄作义大胆地画出了第一个“长二捆”火箭的草图：将长征二号的芯级加长，捆绑上4个液体助推器，从而将长征火箭近地球轨道的运载能力提高近3倍，以适应国际通信卫星的市场之需。软件专家余梦伦为此方案作了性能和轨道分析，院领导王永志同意进行宣传，以试探国际市场的反应。

1985年10月，中国政府宣布，长征火箭投入国际市场，承揽对外发射服务。1986年3月，被派到中国对外“窗口”去抵挡国际发射市场风风雨雨的黄作义，与“十人小组”部分成员一起，带着长二捆火箭设想的草图，漂洋过海，开始了“周游列国”的宣讲。这项工作无疑是非常困难的——没有产品和火箭发射成功先例，仅凭构想草图去四处游说，参与国际竞争，这在国际上还没有先例。

而且，在美国工作的黄作义还受到了美国联邦调查局的秘密监视。一天，两个美国联邦调查局的人来到“中国对外发射服务办事处”，亮出了搜查证，对办事处四处进行检查，还对黄作义进行了事无巨细的盘问。美国联邦调查局怀疑他是“技术间谍”，直到美国休斯公司作证说黄作义确实是中国火箭专家才不再调查，但黄作义的电话仍然受到了美国联邦调查局的监听。

困难和干扰丝毫没有影响中国航天人进军世界商业发射市场的决心和勇气。

黄作义在进行技术推销时，逐渐摸清了商用火箭的特点——用户发射卫星的目标是赚钱，关心的是火箭性能可靠，价格合理，而不是有多少新技术。所以他特别注重用通俗易懂的语言讲解“长二捆”不是从石头缝里蹦出来的，而是对高可靠性的长二丙火箭的继承，风险并不大。他们向美国的卫星制造公司、卫星通信公司、保险公司和卫星顾问公司共宣讲了24场，面对无数苛刻的提问，竟一一轻松化解。休斯公司副总裁、美国双自旋卫星技术的发明人路森博士听了黄作义的演讲后，当即表态：“如果我做主，就会选用‘长二捆’，我要向休斯公司推荐！”

1988 年，休斯公司选用中国“长二捆”火箭发射两颗“澳星”的方案中标，当时争风吃醋的未中标公司讽刺说：“并不是中国的火箭好，而是有人把长征火箭的故事讲得好。”这个故事还演绎出了中国商业发射独特的成功之路：拿着火箭图纸签合同，拿着合同找贷款，拿着贷款搞研制；在市场的牵引下，“长二捆”“长三乙”等火箭应运而生。

二、关键谈判 谁与争锋

在国际市场上卖火箭，绝非易事。根据长城公司与休斯公司的澳星发射定做协议规定：在 1988 年 10 月 31 日前，如果双方没有正式签订发射合同，将失去合作的可能。

10 月初，中国代表团领命出征美国。由于“长二捆”没有飞行的记录，因此国际保险界没有承保许诺，致使休斯公司迟迟不敢一锤定音。

时间只剩下最后一天了。10 月 31 日，中方主谈黄作义一行 3 人，连早饭也没来得及吃，便匆匆赶往休斯公司总部大楼。然而，从上午 9 点到下午 7 点，谈判陷入了僵局，离最后的期限只有 5 个小时了，休斯公司的代表提出中止谈判。这时，端坐于谈判席上的黄作义反而出奇地镇定，只听他平静地说：“如果我们不能在今天签订这个合同，我明天将面临困难的选择。”“什么困难选择？”休斯公司的代表问。“我难以决定向另一个潜在客户提供哪一种服务价格。”黄作义话音刚落，美方代表席上便是一阵骚动，他们已听出了黄作义话中进攻的意味——如果今天不签，休斯公司便得不到“长二捆”的优惠价格。而价格问题，正是他们除了火箭性能，选择“长二捆”的一个主要原因。

“请允许我们离席 30 分钟。”美方表了态，3 人进了隔壁的另一间办公室。不到 30 分钟，美方代表重返谈判间继续谈判。晚上 9 点 30 分，由黄作义代表中方，草签了用“长二捆”火箭发射两颗“澳星”的合同。

1988年1月，澳大利亚通信卫星公司正式对外宣布，美国休斯公司中标。同时，澳大利亚政府空间部门向世界宣布：澳大利亚购买的美国休斯公司制造的通信卫星，将由中国的“长二捆”运载火箭发射。

1988年11月，中国长城工业公司与美国休斯公司正式签订了澳星发射服务合同。这份合同规定繁复，也不免苛刻。其中规定：“在任何时候，只要他们认为中方无法发射或没有充分论据证明自己能够按时发射，用户有权终止合同并罚款100万美元。”

中国航天面临着一次非常残酷的挑战。

1988年12月14日，中国航天人开始正式研制“长二捆”运载火箭。此时，离合同规定的首次发射试验时间仅18个月。

中国航天人没有退缩，在国家大力支持下，对涉及国内20多个省74个市300多家企事业单位进行物资采购，仅1天半就落实了90%的订货合同。7个月里，全国各地的有关企业就把7000多项物资、2000多吨金属材料、1000多项机电产品和近60万只电子元器件发运至中国运载火箭技术研究院。

18个月后，曾碎石遍地的山沟中耸立起了高达97米的发射塔架，曾只是一张草图的“长二捆”火箭比合同规定提前一天屹立在西昌卫星发射中心。

1990年7月16日，“长二捆”首飞试验成功。并于1992年8月14日成功将“澳星”送入预定轨道。

一张草图里，诞生了一个传奇。没有火箭，没有发射场，没有与之配套的许许多多的工程设施，甚至连发射塔的设计图纸都还没有！更为严峻的是，从签订合同之日起到火箭发射，只有20个月！其实背后还是中国航天人脚踏实地、埋头苦干的结晶，是中国航天专家胸有成竹的胆魄和实力。正是因为这些实力，才可以把握机遇，创造航天发射的这些传奇。

三、临危受命 “孵化”铱星

世界宇航史上没有不败的神话。1992年3月22日，就在“长二捆”发射第一颗“澳星”时，一个该死的多余物却将“长二捆”置于点火不动的尴尬境地。

几天后，摩托罗拉公司制造的铱星系统开始进行发射服务的招标。大洋彼岸的助手田国栋立即将这个消息传到了国内。当时长征二号火箭的技术队伍正忙于澳星失败的故障调查，没有精力编写铱星投标的技术文件，刘纪原副部长和“长二捆”总设计师王德臣就把编写铱星发射技术建议书的任务交给了黄作义。

虽已不在科研正式战线上的他临危受命，却也“客串”得分外认真。为了争取这个项目的发射服务，黄作义提出对长征二号火箭进行改进和一箭双星发射的初步设想，还绘制了卫星分配器的结构图。经过两轮投标，终于中标，第二年便签署了正式合同。22 颗卫星，11 次发射，这是长城公司所有合同中总金额最大的一个。

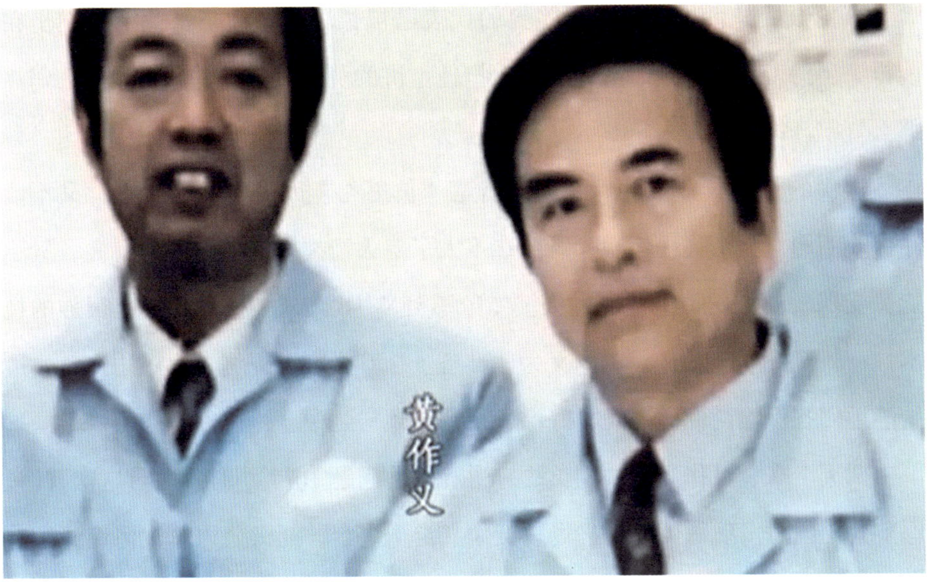

●当年在中国运载火箭技术研究院一院总体部工作的黄作义（右）

对于铱星，黄作义也有一大遗憾，因为他没有一次能目睹自己参与“孵化”的卫星升空，总以为后面还有机会，殊不料 2000 年铱星公司因背不动债务而破产了。但是当年发射韩国卫星还将使用这种火箭，这对黄作义多少是一种慰藉。

四、保险宣讲　东方不败

在国际商业卫星发射市场栉风沐雨10多年，最让黄作义感受深切的是国际保险的宣讲。刚入此道的他，真有点赶鸭子上架的感觉，不过，他很快就利用自己的技术特长，摸索出一套用形象的图形语言说话的秘诀，对想卖保险、又不敢轻易卖保险的保险商们屡试不爽。

1996年2月，“长三乙”火箭发射国际通信卫星708失败，无疑给接下来即将发射的亚太一号卫星的保险出了难题，因为保单规定在发射之前火箭不能有“实质性变化”。在故障原因调查清楚之前，银行不给亚太公司贷款，发射将遥遥无期。

京伦饭店，世界上航天保险界的代表已被长城公司邀请至此，他们坐在前排，手持麦克风，随时准备提问。担任主讲的黄作义走上讲台，看上去仍然那么气宇轩昂。

这次的任务异常艰巨。既要讲清楚“长三乙”火箭失败的原因，又不能让保险商们对火箭失去信心；既要让不太了解火箭技术的保险商们听懂，又不能让受保险商们聘请来提问的火箭专家感到“不解渴”。宣讲必须有很强的技术性、科普性和艺术性，黄作义为此准备了240页宣讲提纲。他一边讲，一边平静地回答保险商们的提问，好像一切都在预料之中。

两天下来，黄作义一共用英语宣讲和回答问题10个小时。通过这次宣讲，保险公司同意发射队可以先进场。黄作义走下讲台，亚太公司总裁何克让指着自己的胸口对他说:“怎么样，打成蜂窝煤了吧。”黄作义疲惫地笑了笑说:“还好，穿着防弹背心呢。”

数次披荆斩棘之后，一些保险商“大鳄”一见黄作义出面，便说道:“您能来，问题本身就已说清楚了。”

如今已 80 多岁的黄作义没有驻足，而是在前沿阵地里敏锐地洞悉着国际航天风云的变幻，提出各种应对措施。他认为，美俄新一代商业运载火箭的工业化和大生产化，使一周内进靶场发射一颗卫星已不再是神话。要想在这种市场格局中占有一定份额，无论是中国航天的型号研制还是商业发射服务都必须在机制和体制上作出相应的调整。黄作义从苏联著名飞机设计师雅克福列夫那里学到一句人生格言："我总是憧憬着一种新的事物，尽量去实现它，以此我的生活总是很丰满。"他相信总有一天，中国航天能再绘外星发射的艳阳天。

◎女版“钱学森”

——记 1980 届校友祝学军

要说到我们国家的导弹研究，钱学森教授是其中之一，而另一位更是为我们国家的导弹研究作出了巨大贡献，她是钱学森爱徒，让“东风 -17”打水漂成现实，美国至今搞不懂！她到底是什么人？她就是中国导弹技术领域专家、中国科学院院士、中国运载火箭技术研究院系列总设计师、型号总设计师、研究员，沈阳二中 1980 届 5 班毕业生——祝学军。

一、踽踽独行，为圆梦矢志不渝

祝学军这个引人注目的女人，出生于 1962 年 12 月，是辽宁沈阳人。谁都没想到她竟能在几十年后研究导弹。因为祝学军的家人，不过就是普普通通的工人，那时候大家都感受过战争的残酷。在 20 世纪 60 年代，“学工、学农、学军”的口号广为流传，当她父母看到女儿出生后，毫不犹豫就给她起了一个“学军”的名字，她的父母对她满含期待，希望她可以学习军人的风范，能够报效祖国，成为优秀的人，而祝学军也没有愧对她的名字和父母的期待。

她的童年时期，别的小女孩都喜欢跳皮筋、丢沙包，可祝学军就跟小男孩一样，对各种机器零件感兴趣，因为小时候没人抱，索性父母就把她带到工厂里面，她那双清澈稚嫩的眼睛，紧紧地盯着师傅们在敲敲打打地工作，她的心中不禁生出无数个问题来，好奇地学着大人的模样，摆弄起扳手、改锥和铁锤这些工具来，她竟然能安安静静地在那一直玩。等稍微大了一点，只要她手里有零件，就能自己在那玩一下午。

本来应该是喜欢抱着玩具娃娃的小女孩，显露出自己独特的兴趣来。这样的她踏上一条与众不同的道路，似乎是理所当然的。

出于对自己名字的好奇，祝学军经常问父母，军队到底是什么样子？为了能让她有一个系统的了解，父母还专门带她看了军营，当看见那些训练有素的战士时，祝学军也开心地说我以后也要和他们一样。为了实现自己的梦想，祝学军也在一步步地朝这一方面努力。

上中学后的祝学军，在上物理课的时候，她就表现出非常浓厚的兴趣。动手能力上，也总是强人一筹。遇到实验课时，她更是大放异彩，总能完成一些难度比较大的小实验。

大家都知道，物理、数学对女孩子来讲，总是最难攻克的一门学科，但是对祝学军来讲，她在这方面却有非常好的天赋，看到老师做实验，她能举一反三，甚至联想到非常多与其相关的问题。在天赋和努力的双重加持下，祝学军在高考的时候直接成为辽宁省的理科状元。因为心中充满了理想，她毫不犹豫就选择了国防科技大学，为的就是有一天能为我国的军事发展尽力。

成绩优秀又勤奋刻苦的祝学军在老师心中留下很深的印象。高考前，很多老师都说，以祝学军的学习成绩，考入清华北大完全没有问题，但是祝学军却选择了国防科技大学。

这并不是一个轻率的选择。从小祝学军就受到父母的影响，对军人格外崇拜，希望能够报效祖国，作出一番成绩来。

回顾往昔，祝学军说，她的名字刻着时代的烙印，有着军人的痕迹，而她的一生，也与军队结下了深厚的缘分。

进入国防科技大学后，祝学军开始对导弹、火箭产生了浓厚的兴趣，祝学军在大学一年级时，就被分配到中国航天工程技术研究所，在那里她和钱学森等人一起工作。那时，钱学森正在大力培育我国的飞弹和航天专业人才，祝学军就是其中的佼佼者。钱学森是那时飞弹领域的领军人物，他的才智与阅历，对祝学军来说，也是一笔不可多得的财富。

在此期间，祝学军主要研究了钱学森教授的弹道技术和反潜技术。这种类型的飞弹，比起一般的飞弹要复杂得多，也要困难得多。在不被敌人截获的情况下，它必须在最短时间内将目标击毁，并摆脱敌人的截获，就像是飞弹世界里的“老顽童”。

大学中，祝学军凭着优异的成绩，慢慢接触到导弹、火箭的研究，那时候我国正在发展中，所有人都在为了能在各专业取得突破而不断努力，祝学军也幻想着有一天也能设计导弹。梦想之所以不仅仅是梦想，全靠祝学军的努力。

为了实现这个梦想，祝学军大学毕业之后，进入了航天部第一研究院，后来又在总体设计部攻读硕士研究生，而钱学森就是研究院的第一任院长。祝学军在此所学，主要是火箭发射、轨道跟踪等前沿科技，为她未来的事业打下了扎实的根基。

对于很多人来说，此时的祝学军已经十分厉害了。她的成功似乎水到渠成、唾手可得，仿佛下一刻就会变成中国运载火箭技术研究院系列总设计师。

可是 1987 年她刚刚从总体设计部毕业时，不过是个 25 岁的小姑娘。祝学军距离自己的梦想看似已经无限接近，但是其中还有漫长的道路需要她一步一步地走完。

那时，正逢中国经济高速发展的阶段，经商潮和出国热席卷大江南北。

同时期，由于国家战略调整，航天系统任务较少。有人调侃“搞导弹的不如卖茶叶蛋的”。

面对这样的情况，一些在航天工作多年的老同志都选择了离开，更不要说年轻人了。

倘若祝学军有一丝犹豫，选择了另外一条道路，今天怕是看不到这位英姿飒爽的“导弹之母”了。曾有人问她，为什么会在那样的环境下选择航天？

祝学军坦白道：“这本就是我的梦想，留在航天，就意味着我有了实现梦想的舞台，而且国家培养了我那么多年，该回报祖国，为国家做点事情了。”

祝学军的名字中，不曾透露出一丝女性的气质。她的兴趣爱好、专业选择，甚至她的梦想，都与大众眼中的女性的选择相差甚远。

可是就是这条连男人也未必会坚持下去的道路，她一路坚定地走下去，最后完成了自己的梦想。

二、百折不挠，终成“导弹女神”

“妇女能顶半边天”这句话无数次被那些伟大的身影证明，这并不是一句虚话。

木兰从军，屠呦呦获得诺贝尔奖……祝学军成为“导弹之母”，每一个女性柔弱的身躯，都闪耀出夺目的光芒，成为万众瞩目的“明星”。

刚刚走上工作岗位的祝学军，幸运地赶上了中国第一代地对地战术导弹的研制工作。

那时为了更好地锻炼年轻人、培养年轻人，上级都积极地推进“老带新”“传帮带”的形式帮助青年一代成长。

而祝学军，则是被安排承担该型号电气系统的总体协调工作和设计工作。

虽然祝学军有很高的学历，可是面对这份工作，仍然感到十分吃力。这项工作进度紧、任务重，既要读懂程序，又要吃透程序。

她最后拿出的方案是代表总体的，要能够经得起专家的质疑和实践的检验。可以说，这是一份枯燥又压力极大的工作。

面对这样的难题，祝学军没有轻易被打倒。

她凭着一股不肯服输的劲，耐下心来啃难懂的汇编语言，不厌其烦地进行复杂的计算，每天几乎都“钉”在计算机程序前，忙得昏天暗地……

每每回忆起那段时光，祝学军都觉得十分艰难。

虽然她瘦了一大圈，却尝到了成功的滋味，更不要说她的研究成功帮助其他同事学习和掌握飞行控制软件，得到了大家的认可。

第二年，祝学军在戈壁滩上看到任务首飞成功，圆满完成，只感到满心的激动。同事们围在她的身边，脸上挂着激动的笑容，全都印在她的眼中。

她看到过往忙碌的岁月，看到曾经大家焦头烂额的样子，如今都化作成功的喜悦，洋溢着幸福的笑容。

“我知道选择坚守航天是值得的，献身航天、为国铸剑的决心也更加不可动摇。”祝学军立下决心，要在航天上作出属于自己，属于祖国的成绩来。

谁说女子不如男，祝学军和许多同事一起扛下航天的半边天。

任何工作都有辛苦的地方，而祝学军从事的航天工作，也有许多不为外人所知的辛苦。

在 2000 年的时候，她就记得，某型号首次飞行试验出现了异常。得到消息后，她立即就带着团队返回，连晚饭都无法顾及。

一大帮人挤在一个房间里，紧急进行故障分析和定位。整整一个多月，祝学军和她的团队没日没夜地查找故障原因。皇天不负有心人，祝学军和她的团队的努力得到了回报，第二次飞行试验圆满成功。

祝学军的成功，并不是个例。在中国航天领域，女性员工占比三分之一左右。她们积极地活跃在科研生产、经营开发、行政管理、后勤保障等各个领域，积极贡献自己的力量，报效祖国。

说起这些十分可敬的同事们，祝学军说："谁说女子不如男。发射塔架通常几十米高，但为了试验和飞行的成功，无论男女，无论岁数大小，毫不含糊地就往上爬。"

她还说，九十月的戈壁滩上，风特别大，人常常会被吹得歪歪扭扭。可是这种情况，可敬的女航天员照样穿着大棉衣，站在高高的塔架上面，一干就是一整天。

面对不可避免的生理问题，不管男女，都带着两个塑料盆继续工作，女的用红色，男的用绿色……

对于女性来说，家庭的羁绊在此刻成了软肋。

但是面对国家的需要，她们奋不顾身，舍"小家"为"大家"，离开双亲，抛下孩子，告别爱人，一切只是为了用女人的肩膀，撑起这航天事业的半边天。

1995 年，祝学军参加第四届世界妇女大会非政府组织论坛。会议上有来自世界各国的妇女同胞，有的是黑皮肤，有的是金头发……

面对她们，祝学军自豪地介绍自己，说她从事的是航天方面的工作。在场的妇女纷纷露出惊诧的神情，大呼"了不起，真了不起"。还有不少参加论坛的嘉宾对着祝学军竖起大拇指，称赞道："中国美丽，中国的妇女更美丽。"

谁说女子不如男。祝学军用她的实际行动，切实地告诉所有人。而同她一样献身于航天事业，或者社会中各个领域的女性，也是一样优秀的女性。

祝学军一直负责的"地对地战术弹道导弹"的技术研究，更是让她成为我国导弹技术领域的专家。许多熟知祝学军的人，都亲切地称呼她为"导弹女神"。

三、潜心研究，让不可能变成现实

我国在 20 世纪 60 年代才展开对导弹事业的研究，与其他国家相比，我国起步晚、技术差，想要攻克这个难关，对我国来说难于登天。但好的一点是在20世纪40年代的时候，我国的科学家钱学森就提出了导弹的相关问题。

那时候一个国家拥有导弹，绝对是军事实力的象征，特别是当年广岛原子弹爆炸带来的巨大威力，我国意识到这项工作的推进刻不容缓，但由于掌握核心技术的国家不断设立技术屏障，我们这项事业的研究却陷入举步维艰的地步。好在美国留学的钱学森不顾反对毅然回国，为我国导弹事业的发展打开了大门。

他认为想要设计出一款能具有打击力度的导弹，就必须将弹道导弹和飞行导弹结合起来，这样做可以大幅度提升导弹的射击力度和灵活度。在此基础上，"钱学森弹道"的理论应运而出，其实通俗来讲就是让普通的弹道，转变成"助推—滑翔"的弹道，当其他国家听到钱学森的这个设想之后，全都觉得他在痴心妄想，毕竟这种新型弹道理论格外不切实际，尤其还是在我国根本没掌握导弹技术的时候提出。

这个理论的提出，无疑是给所有人打开了一个新的思路，当时拥有强大实力的美国和苏联，都付出了巨大精力，想要在这个理论上获得新的突破，但是经过数十年的付出，大家才意识到这根本就是一个不可能实现的事情。为了能实现这个概念，我国无数的科研人员，也在为了这个目标努力，而年纪轻轻的祝学军就是其中一员。

1999年，祝学军为了在这个问题上打破瓶颈，毅然决然地全身心投入专门的研究中，不少人看着祝学军是一介女流，对她所付出的努力根本不看在眼中，毕竟世界上那么多先进国家投入了那么多人力物力，最后还是一无所获，就靠祝学军的一腔孤勇，想要解决这个难题根本就是不可能的。

然而祝学军却不把别人的想法放在眼里，因为她此时已经全身心都投入"钱学森弹道"中，在没有任何强有力的数据支撑中，祝学军想要得到各种实验数据必须自己进行不断的演算，那时候的科技远远没有现在这么先进，整个国家也找不出来几台计算机，因此祝学军只能依靠人工和算盘不停地计算。

为了能得到准确的数据，祝学军的桌子上铺满了各种演算纸，每一个步骤她都必须清晰地列出，以防一个数据出错，造成整体做无用功。她经常一坐就是一天，往往想到需要站起来活动一下的时候，她的双脚早已经麻木。看到祝学军孜孜不倦的样子，钱学森都被感动了，所以只要钱老有时间，就会亲自给祝学军提供帮助，之所以会这么做，就是因为他们有一个共同的希望，让我国的导弹事业取得质的飞跃。

不幸的是，钱老在离世之前，也没能亲自见到这个问题得到解决。而祝学军并未放弃，因为她明白，自己万万不能在关键的时候撒手不管，只有把这个理论变成现实，才是对钱老最好的回报。于是祝学军在这种情况下，依然用行动证明着自己的决心，终于在 2011 年，“钱学森弹道”理论成功变为现实，而这个突破直接震惊了世界，所有人都没想到，竟是一个中国女人创造了奇迹。

在 2019 年的国庆阅兵式上，一枚带着滑翔机的“东风 –17”以 5 马赫的速度在空中划过一道弧线，直接穿透了宙斯盾防御体系，对敌人进行了一次致命的攻击，“东风 –17”成了“天敌”，就连美国的反坦克导弹都无法与之抗衡。大家都被它霸气的一面震惊到了，尤其是“东风 –17”在国际社会中引起的轰动，直接让不少国家都惊叹，中国的导弹事业怎么几年不见，就已经发展到其他国家难以比肩的地步。

要知道，这个导弹与一般导弹不同，高超音速蛇形弹道，可以利用特殊的运动轨迹，避免对方提前预判从容拦截。

这种放射方式首先会在高超音速助推滑翔飞行器上搭载波体弹头，然后借助火箭发射至近地空间，接着在重力的作用下返回大气层。

导弹在大气层中实现“打水漂”动作，弹头凭借自身的速度和惯性，在大气层中快速飞行。

这种技术最为困难的，就是如何处理横向加速在高速的情况下极难掌控的问题。

而且除去这些，天气也会极大地影响到发射的情况。

完美解决这些问题的“东风 –17”，无疑可以说是世界上最先进的技术之一，可以一举击溃他国的反导系统。

要知道，光是这项技术，就可以说一下让中国的导弹地位“力压群雄”，直接超过了美国至少 30 年时间。而且“东风 –17”还有着“航母杀手”的称号，这让美俄等国家对中国生出既羡慕又忌妒的心理。

其实他们之所以会表现出这个样子，就是因为“东风 –17”所带来的巨大威力，“东风 –17”其实是一款高超音速的武器，而它的最高时速高达 6000 公里，全世界那么多的国家中，中国是唯一一个能熟练掌握这门技术的国家，同时也意味着，我国已经有能力给其他国家设置技术壁垒。

另外“东风 –17”运用的就是“钱学森弹道”，它作为一个高超音速导弹，每方面都可以达到国际承认的条件，最主要的就是导弹的最快时速高于 5 马赫，其次便是可以在大气层内实现飞行，接着是能针对目标进行移动，最后便是在飞行中弹道的不确定性，让反导系统无法进行拦截。

与世界上军事实力超强的美国、俄罗斯相比，虽然他们的导弹事业发展早，但高超音速导弹的条件却根本满足不了，所以在看到“东风 –17”的时候，一方面感叹着中国怎么会发展得这么快，另一方面有对导弹背后的设计者感到钦佩，尤其在知道设计者竟然是一个女性的时候，他们更是由衷感慨，祝学军是“比核弹还可怕的女人”。

而祝学军也因此被许多人称作“导弹之母”。

中国航天事业的蓬勃发展，离不开先辈的无私奉献。他们有的人因为工作原因而落下疾病，有的人因为保密要求与至亲分开多年……

那些先辈也同样感动着祝学军，并在她的身上赓续着同样可贵的精神。

“世界是我们的，也是你们的，但归根结底是你们的。”已经不再年轻的祝学军的心中充满感慨，年轻时经历的一切似乎都历历在目，那些憧憬、兴奋、心酸全都融化在她的胸中，祝学军也经常鼓励年轻人：“相信手握中国航天接力棒的你们，我们要和你们在一起，在航天精神的指引下，秉承‘严、慎、细、实’的工作作风，能跑得更远，跑得更快，早日建成航天强国，实现自己的人生梦想，实现中华民族的航天梦、强军梦、强国梦！”

●图为 2019 年祝学军接受母校沈阳二中捐赠的老教学楼 3D 打印模型

◎智者乐水，敢为人先

——记1957届校友于尔铿

2012年7月24日晚，第三届顾毓琇电机工程奖颁奖典礼在美国圣迭戈隆重举行。我国知名电力系统专家、中国电力科学研究院教授、沈阳二中1957届乙班毕业生于尔铿先生荣膺大奖，国际组委会以此表彰其在中国电力系统作出的开创性贡献。

"仁者乐山，智者乐水。"水具有高贵的品质和力量，自古以来，人们总以滴水穿石、上善若水、勇往直前、海纳百川等水的精神来赞誉人的品格。我国知名电力系统专家于尔铿正是穷其大半生的精力诠释了涓涓细流汇聚成江河的道理。

于尔铿长期从事电力系统自动化专业研究工作，对包括经济调度、状态估计、能量管理系统，以及电力市场在内的国内众多技术领域发展作出了巨大贡献。他的大部分研究成果已在中国电力系统中得到实际应用。其中，由他负责开发的CC-2000EMS高级应用软件系统让中国第一次在大型电力调度自动化系统方面与国际先进水平站在了同一高度，实现了历史性的跨越。2012年7月24日晚，于尔铿在美国圣迭戈举行的第三届顾毓琇电机工程奖颁奖典礼上发表了获奖感言。他说："今天能登上这一领奖台，是我一生最高兴的时刻，幸运的是没错过近几十年计算技术在电力系统发展应用的历史机遇。"然而，历史机遇固然重要，但能够做到敢为人先、适时而为、执着不渝、目标明确才是幸运之神眷顾他的理由。于尔铿做到了，他是一位如水般灵动的智者，沉静而不失活跃，内敛而富有激情，单纯而又丰厚，顺应而不乏坚韧。

一、情系“丰满”，梦开始的地方

在吉林省松花江上，屹立着这样一座饱经风霜的水电厂，它就是被誉为“中国水电之母”的丰满水电厂。虽然这座电厂已经服务了近70个年头，但它至今仍然担负着东北电网骨干电厂之一的重任。可能很少有人了解，这座中国最早建成的大型水电厂，竟是在日本人的指令下修建的。

九一八事变后，日本侵略者对发源于我国长白山天池的松花江水力资源垂涎三尺。1936年日本关东军司令部指令当地伪政府5年内在松花江上建成当时亚洲最大水电厂。1937年4月，工程破土动工。虽然形式上是为日本人服务，但这座当时亚洲最大的电站毕竟即将出现在中国的土地上，为了让中国的百姓早点用上电，包括电厂设计者、原东三省电力调度总司令孙继超在内的一批中国优秀水利专家还是怀着满腔热忱投身于大坝的建设中。这其中就有于尔铿的父亲于开泉。

于尔铿是在大坝开工一年之后诞生的，可能谁也不会想到，幼小的他会对这座水电厂产生独特的情怀，也于无形中塑造了他如水一般的品格。在于尔铿的童年记忆中，最深的痕迹便是父亲为之倾注了无数心血的丰满水电厂。1945年日本战败撤退时，大坝尚未竣工，已浇筑混凝土质量很差，处于危险状态。随后，苏联军队进驻丰满，以缴获战利品的名义，将大部分机组的主体部件强行运回自己的国家，只剩两台厂用机组和1号、4号机组维持最低发电需要。

1948年东北解放后，由于经历了多年战乱，百废待兴，为了经济建设的需要，国家决定重新恢复和建设丰满水电厂。于尔铿的父亲随即被从中长铁路局电务处调回丰满水电厂的建设工程处，担任恢复和建设的总工程师。由于父亲工作调动，1950年，12岁的于尔铿转学来到丰满水电员工子弟小学。当时的学校就建在半山腰，山上有防空洞，山下蜿蜒着一条清澈的小河。夏天，于尔铿和伙伴们一起上山采浆果、蘑菇，下河抓鱼、嬉戏，在松花湖畔钓鱼、野炊，这种无忧无虑的日子一直持续到1952年他小学毕业，随后到沈阳读中学。在丰满度过的两年，是于尔铿人生中最重要的幸福时光。之所以说最重要，是因为在当时的时代背景下，“共产主义 = 苏维埃政权 + 全国电气化”的著名公式指导着无数少年树立自己的理想。当时，正建设得热火朝天的丰满水电厂理所当然地成为宣传的焦点。每当新闻报道社会主义成果的时候，工业界总是将丰满水电站列在其中。这座雄伟的纪念碑式的大坝给社会带来了光明和动力，给10多岁的于尔铿带来了极大的鼓舞。身为水利工程师的儿子，他感到非常骄傲。他视自己的父亲为偶像，更是在自己的心中悄悄种下了梦想的种子——长大以后成为一名水电工程师，像父亲那样为人民的光明和工业的发展造福。

在理想的牵引下，1957年，于尔铿从沈阳二中毕业后，直接考取了父亲的母校哈尔滨工业大学电机系。入学一年后，系里开始分专业。于尔铿怀着激动的心情准备选择水电专业，正式投身国家的水电事业，实现自己的梦想，不料却遭到了父亲的反对。当时正值“大跃进”，身为水电专家的于开泉对我国水电事业的发展前景感到担忧。他劝于尔铿选择“高压输电专业”，这样更符合国家建设的需要。于尔铿接受了父亲的建议，忍痛与自己的水电之梦告别。虽然没能将自己的梦想变成一生的事业，但他在为我国的电力发展辛勤耕耘的同时，也仍然密切关注着我国的水电事业。

1961年，哈尔滨工业大学转为军工院校，由于于尔铿所学的专业属于非军工类而被调整到1958年成立的北京电力学院（现在的华北电力大学），并由原来的专业划归到电力工程系发电厂电力网及电力系统专业，师从杨以涵教授。杨教授是我国电力系统及自动化学科的奠基人之一，20世纪50年代，他在哈尔滨工业大学创办了我国第一个发电专业。在大学期间，于尔铿很少参与文娱活动，他把大部分时间都用在了读书和学习上。1962年，于尔铿迈出了大学校门，作为北京电力学院首届毕业生中的一员，跻身全国电气化建设一线。

二、一线实习，入地而思喷涌

于尔铿毕业时恰好赶上计算机在电力系统尝试应用阶段，他被分配到原水电部技术改进局电力系统室，从事这一新科技的应用研究。刚一到岗，当时的毛钧焘主任就安排他开展一项新的课题——电力系统经济调度，并让他直接前往东北电网实习。该课题小组由东北电管局总工程师、当时的学部委员蔡昌年负责指导，分为两个阶段：一是36Powerand人物 Electrical Engineers直接到各发电厂编制发电耗煤微增率曲线；二是计算东北电网的网损修正系数。前半年，于尔铿先到抚顺、阜新、吉林（热电）、大连、辽宁和丰满（水电）等东北主要电厂，了解生产过程，按试验结果编制耗煤微增率曲线，并编制了厂内等微增率调度计划。后半年，又来到东北技术改进局，在马念祖工程师的指导下计算东北电网的网损修正B系数。

当时，东北电网网损模型是14个节点、7个电厂，计算一个运行方式的B系数需要3—4个小时。那时用的是手摇计算机，与现在的电脑相比非常落后，通常要花一上午的时间才能算出一套系数，而且每一步都要校核，否则到最后一步才发现错误，半个工作日就白费了，只好再重来。虽然当时的条件非常艰苦，但却充分磨炼了于尔铿的研究能力和实践能力。开展电网网损修正课题的过程，使于尔铿认识到了自己在学校学习时的不足。由于受到大学阶段勤工俭学和“大跃进”的影响，他的电子学课程几乎荒废，仅集中学过几个小时，而矩阵、变分学、概率论、外语等基础课水平也都难以满足以后的研究。他意识到，要想完成好工作，必须补课。实习的经历让于尔铿有机会与各个电厂的工作人员建立了联系，了解到基层的实际水平和真实需要，这使他在日后选题时能够立足于电力系统的实际需求，而且凡是他想做的科研项目，都知道去哪里寻找合作对象。这段经历让刚走出校园的于尔铿第一时间走进了基层，在电网这片科研沃土上，他如暗流涌动，为日后的喷薄而出积蓄着力量。于尔铿坦言，在东北电网这段实习与合作的经历让他受益终生。

从东北回来后，于尔铿查阅了经济调度的技术发展历史，以确定研究路线，全面认识经济调度课题。1965年，他接受了极具实用前景的京津唐电力系统经济调度程序项目，该项目主要解决水火电经济调度问题。当时的测试题目是由留苏回国的柴玉和工程师针对调度和极端情况出的200个运行方式。从实用角度来讲，如果算出的结果不收敛或算得不对，应用时就会引起大麻烦。后来，于尔铿终于通过了这200个运行方式的严格考试，这个过程足足花了他半年时间。到1965年10月，于尔铿共完成了3篇研究报告：协调方程式法（发电与输电）、火电分配梯度法和微增动态规划法（水火电分配），解决了实际运用的不收敛问题，探索出了在迭代中自动计算雅可比矩阵的方法，加快了计算速度。由于受到“文化大革命”的影响，京津唐电力系统经济调度程序项目自1966年被迫中断了两年，直到1968年才作了试算经验小结。这一项目真正得到应用则推迟到了20世纪80年代初，当时微型计算机的可靠性和方便性已达到实用条件，开发了负荷预测、机组组合（优先级法）和经济负荷分配3个程序。京津唐经济调度负责人吴永新将其应用到了实际的计划中，为此，该项目荣获1985年国家科技进步三等奖。谁也没想到，这个项目由开题到实用竟然花了近20年！

三、历经波折，不舍昼夜奔腾向前

至高思远，及低有容。当水在流淌的过程中遇到石头、泥沙阻挡的时候，它便及时提升自己的高度来逾越障碍。在“文化大革命”那段动荡的日子里，虽然无法继续进行研究和试验，但于尔铿绝不盲从，始终保持着冷静的头脑。他不参与政治活动，而是潜心“充电”，一心只专注于技术的进步和自身能力的提高。由于大学期间学的是俄语，而在工作中需要阅读很多英语材料，这使于尔铿吃了不少苦头。他暗下决心，一定要攻克这个难关。“文化大革命”开始后，几乎所有人都卷入了那场运动，而于尔铿则来到异常冷清的北京图书馆，“两耳不闻窗外事”，自学起了英语和数学。在没有老师指导的情况下，零基础的他硬是通过俄语自学了英语，这为他后来阅读国外文献资料，以及赴美学习打下了基础。

1969 年 6 月，于尔铿和其他科技人员一起被下放到河南平舆干校劳动，他虽然人在干校，心却从未离开自己钟爱的事业。他不怕苦和累，唯一担心的就是再也没有机会回去搞专业了。1971 年年底，于尔铿终于接到了从干校返回北京的通知。回到北京后，他的第一感觉就是:“干校方三日，世上已千年”，自己已经落伍了，但他并没有灰心。

回到工作岗位之后接到的第一个课题就是与原 37 水电部水文局、水科院、华东水利学院合作研发国内第一套水文预报程序。于尔铿此前从未学过水利学，更没学过水文预报，专业知识的欠缺是摆在面前的一个难题。为此，他边做计算，边向华东水利学院的刘光文教授请教学习。刘光文教授的专业水平给于尔铿留下了深刻的印象。他从来不用带教学资料，每次上课时只带两根粉笔，仅用短短几堂课的时间就将洪水预报的数学模型讲得一清二楚。一次，于尔铿在编程序时需要用到自然常数 e 的 9 位有效数字，刚要查阅资料，刘教授就将 9 位数字脱口而出。于尔铿惊讶地问道：“您一共能记住多少位？”刘教授说：“如果你需要的话，我能背 50 位。”这并不是一句玩笑话，而是老师的真实水平。在刘教授的帮助下，于尔铿很快就编写出了降雨汇流（单位线法）、河道传播（马斯京报法）和水库调洪程序。

由于当时还没有做到对实用数据进行采集，这套水文预报程序编好后，只得由人工值班了两年，最后因为没有洪水而停止。不巧的是，在停止监测的第二年（1975 年）就赶上河南发洪水，却没能捕捉到相关数据。该应用程序后来由水文专业的人员继续进行研发。在做水文预报项目的同时，于尔铿一直关注着电力系统分析和控制的发展。原本他在经济调度方面已接近国外的水平，却因为“文化大革命”的影响落后了一大截。编写水文预报程序项目结束后，于尔铿有机会可以避重就轻继续搞水文计算，但他却不舍得放弃自己多年来在电力事业上的努力，开始思考后面的选题。那时候，国外计算机应用已到了成熟期。在“文化大革命”之前，潮流还难以解决的收敛性问题，此时已通过牛顿法和稀疏矩阵技术得到了解决；经济调度在解决水电调度、机组组合及最优潮流方面也有了新的模型和算法；特别在实时分析和控制方面提出了状态估计。在阅读大量资料的过程中，他读到了一篇关于预测20世纪后25年电力发展情况的文章。文章提出，状态估计到时候能派上用场，“稳定”仍然会一步一步地进行计算，而“直接法”等将难以实用。于是，于尔铿在浏览了一系列课题后，以其敏锐的视角首选了潮流作为研究对象，而他真正的目标则是研究状态估计。原因是潮流已定型，引入就可以见到实效，它是所有分析程序的基础，也是状态估计的试验工具。

那时候，试验量非常大。由于在干校时耽误了很长时间，于尔铿觉得能够再回来，机会难得，时间宝贵，所以一边学一边干，白天上班做分内工作，夜里看文献总要到一两点钟。于尔铿回忆说：“也不知道那时候哪来的那么大劲头，就觉得自己应该能干好，也有这个信心，真的想把失去的时间找回来。”为了早日赶上国外水平，于尔铿坚持长期夜读和高强度的工作量，导致他连续三年春天都因胃出血入院。幸运的是，每次急诊都赶上中医科的大夫值班，均通过保守治疗保住了他的胃没有被切除。

尽管如此，于尔铿并没有放松自己的工作和学习。在此期间，他凭借自己的数学造诣和仅学了一个月的日语翻译了日文书《电力系统潮流计算》；编制了快速分解法潮流计算程序，引入稀疏矩阵技术和会话技术，将计算机潮流计算推向了实用化。电力系统状态潮流计算是n个方程（已知）解n个未知量，而状态估计是用m个方程（量测）解n个状态量（m>n），量测余度（m-n）可用于纠正量测错误，还可以提高估计精度。从理论上讲，潮流计算是状态估计的特例，或者说状态估计是广义的潮流计算。这一应用软件是在线/实时网络分析的前提，没有良好的状态估计就不可能实现在线/实时网络分析和控制。1978年，于尔铿设计开发出了用于电力系统状态估计的模拟实验系统，并从国外已有1980年中国电力科学研究院38Powerand人物Electrical

Engineers 的 4 种状态估计算法中，试验选择出最适合的模型和算法；1979 年，与清华大学的相年德和王世缨老师合作，提出多个不良数据的估计辨识法，同时还提出了零残差辨识法；1980 年，在京津唐地区完成了局部电网实时状态估计试验；1985 年，在湖北引进的 CLASIC 计算机上安装了状态估计软件，并进行了试运行。7 年的研发，于尔铿从模型、算法等方面已赶上了国外先进水平，在不良数据辨识方面还有所提高，并出版了《电力系统状态估计》一书。该书被业内誉为学习状态估计的经典著作，是中文类电力系统状态估计著作中的代表之作。

20 世纪 80 年代，于尔铿与来自中国电力科学院、哈尔滨工业大学、清华大学等高校的大批研究生全面开展了计算机在线应用软件的研究，完成了在线潮流计算、电厂间经济负荷分配、负荷预测、机组组合、互联系统经济调度、网损修正、安全故障分析、安全约束调度、最优潮流、检修计划等多项研究任务。全面试验了国外的模型和算法，其中多项研究均在 20 世纪 80 年代中期湖北引进的 SCADA 系统上做了试验。电力系统在线 / 实时应用软件荣获 1987 年科技进步三等奖，同时还撰写了《现代电力系统经济调度》一书。这一阶段，于尔铿通过对模型、算法的研究和试验，培养了大批研究生，给他们开设了“电力系统状态估计”和“电力系统经济调度”两门课程，这为他后来进一步开展能量系统的研发打下了理论和人才基础。

四、十年磨一剑，CC-2000 系统诞生之路

电网是一个国家具有战略意义的基础设施，其运行是否安全稳定、电能质量的好坏，直接影响着社会经济的安定和发展。电力调试自动化系统作为保障电网经济可靠运行的三大手段之一，无疑具有重要作用。20 世纪 90 年代以前，中国共有 27 套省级以上电力调度自动化系统运行，其中引进系统为 19 套，主要是数据采集、监控和自动发电控制系统（SCADA/AGC）。这些系统基本上体现了当时集中式系统的设计思想，但在运行中日益暴露出其 CPU 负载

高、增加 EMS（电力自动化系统的管理系统）应用软件困难、系统兼容性差等弊端。

1986 年，华北、华东、华中、东北四大电网确定，向美国电力系统计算机应用公司（ESCA）购买 EMS 支持系统（HABITAT）和 SCADA/AGC，其他如发电计划、网络分析等应用软件则由国内开发。为了配合该项目，1986 年 9 月，于尔铿与杨秋恒、刘佩娟等 6 人被派到 ESCA 参加了培训。在美国，于尔铿发现，在湖北电网引进的项目中，国内开发的许多应用软件如负荷预测、发电计划、机组组合、状态估计和最优潮流等，都是按国外应用软件菜单分给不同的人独立开发的，而 ESCA 则是“自上而下”设计的系统 EMS。他们在分析了所有应用软件的数据、功能模块、信息、画面和保存方式的基础上，再通过“自上而下”的方式系统分配开发任务，削减了大量的重复工作量，应用风格一致，更加方便、可靠，同时降低了维护量。这相当于城市建设有了规划，即上下水、煤气、电等进行统一设计和施工。这是电力系统自动化技术进展和使用中的一次飞跃，而当时国内在这方面整整落后了一个时代。

1987 年 4 月，在全面学习了美国的 EMS 和 Habitat 技术平台后，于尔铿结束了在 ESCA 的 32 周 1986 年美国电力系统计算机技术研究所（ESCA）39 培训。回国后，于尔铿立即组织人员按照“自上而下”的设计思想和原则，分工协作开发应用软件，在 Habitat 上实现了与 ESCA 一致的应用软件，并且将其应用于华中、华东、华北几大电网。在 5 年的时间里，于尔铿几乎不参加会议、不出差，他把所有的精力都用在了提高软件队伍的能力水平上，培养出了一批研究生。1994 年，于尔铿主办了国内第一次 EMS 技术研讨班，给中国电力科学院的研究生开设了 EMS 课程，在杂志上发表了国内第一批 EMS 论文，并在 1998 年出版了《能量管理系统》一书。十年磨一剑，在于尔铿 10 年的不懈努力下，EMS 高级应用软件基本实现了自主研发，该软件荣获 1997 年国家科技进步二等奖。

在学习 ESCA 的 EMS 平台 Habitat 的基础上，20 世纪 90 年代中期，中国电力科学院与东北电网合作成功开发出具有自主知识产权的 EMS 平台 CC-2000，其后国家电网公司组织了中国电科院、东北电网公司、南自院和清华大学等国内顶尖的队伍，研发中国的 EMS 高级应用软件。于尔铿担任该项目的第一执行人。CC-2000 项目于 1996 年 10 月通过了国家鉴定。CC-2000 系统和基于 CC-2000 支撑平台的 EMS 高级应用软件分别于 2000 年和 2003 年荣获国家科技进步奖的一、二等奖。此后，以 CC-2000 为代表的具有自主知识产权的国产调度系统产品基本占领了国内市场，CC-2000 系统成功运行在国家电力调度中心、南方电网调度中心、华北电网和东北电网调度中心以及辽宁、贵州、天津等大型电力调度中心和大量地市级电力调度中心。

五、认准目标，期待电力市场早日形成

在获得两次国家科技进步奖以后，于尔铿并没有停住探索与创新的脚步。20 世纪 90 年代初期，他在北京图书馆看到《现货电价》一书，深受启发。书的作者是麻省理工学院的 Schwepp。此前，于尔铿最早读到的 3 篇电力系统状态估计的文章，均是出自他之手。文章规定了状态估计的模型、功能、数学原理等等。事实证明，他对状态估计的远见均得以实现。而后，Schwepp 一直研究电力市场的电价问题，直到 1987 年写出《现货电价》一书。然而 Schwepp 没有等到该书出版就去世了。于尔铿则被他的智慧所折服，决定研究电力市场。

那时候，在 IEEEPES 上电网自动化的论文也由经济调度上升到电力市场研究，而且国内改革已提出电力商业化运营问题。于尔铿通过分析这些信息意识到，电力市场是技术发展的必然方向。电力市场实际上是更高级的经济运行和更高级的自动化，这是一次理论和技术上的巨大飞跃。以前，自动化都是从发、输、调度角度出发，负荷是被动的接受方，但市场是从供、用双方考虑，用方针对电价变化自发参加电力平衡的调控，这符合《孙子兵法》中“不战而屈人之兵”的用兵之道。而且，双方均为自己的利益而努力，客观上使社会效益提高，这是靠原来的自动化做不到的。于尔铿认为：“电力市场的根本是

机制的改革，关键是公平竞争。没有公平便没有市场，不能进一步提高社会效益。”认识到了电力市场的重要性之后，于尔铿立即与华北电力大学合作展开这一研究课题，并在1995年10月组织了第一个电力市场技术研讨班，开始了电力市场研究。此后的十几年中，他到处讲课宣传电力市场，并把1995年的讲义整理出版成为我国第一本关于电力市场的专著。

由于受到体制的制约，该课题一直无法取得实质性进展。这是于尔铿在退休之前做的最后一个课题，也是一个没有完成的遗憾。但于尔铿始终坚信，电力市场是中国电力改革的必由之路，而且一定会走向零售市场，这样才能实现智能电网，才能接纳21世纪新出现的新的发电/蓄电的新能源。

水善利万物而不争。于尔铿对金钱和仕途无私无欲。在职业生涯中，他不是院长、所长、主任，却是教授、导师和科研领军人物。他抱着真诚交流、决不保守、共同进步的态度，带出了大批研究生，如雨露般润物于无声之中。退休后他在许继电气股份有限公司担任监事一职时，因为没有具体工作，而要求主动退出，不接受报酬。于尔铿并非数学天才，也并不以计算为乐，但由于当时电力系统自动化的需要，而主动担负起了40 Power and 人物 Electrical Engineers 推动电力系统发展的重任。

●图为2012年于尔铿在美国接受颁奖

于尔铿并不惧怕第一个吃螃蟹的危险，开拓创新，敢为人先。他从不急功近利，更不贸然出击，而是站在技术发展与实用的角度，不停地求索与奋进，发现自动化发展的动向和需求。即便是在荣获一项项科技大奖后，当周围的人还在为此庆祝时，于尔铿却早已奔向下一个目标。

◎中国核潜艇伉俪

——记 1959 届校友王秀清

王秀清，河北省乐亭县人。沈阳二中1959届丁班毕业生，1965年毕业于清华大学核反应堆工程专业，1965—1986年在中国核动力研究设计院二所工作。1992—1993年美国阿贡国家实验室（ANL）高级访问学者。国家环保总局核安全中心副总工程师，国家环保部核与辐射安全中心研究员，国家注册核安全工程师，中国核能动力学会反应堆热工流体专业委员会委员。从事核反应堆热工流体力学、核电站运行安全，以及世界核能现状与未来等方面的研究。研究成果先后获得国家科学大会奖（两项）、国家科学技术进步三等奖、国防科工委科学技术进步奖和教育部科学技术进步奖等奖项。享受国务院政府特殊津贴。2008年，出版书籍《世界核电复兴的里程碑——中国核电发展前沿报告》。与夫人（也是高中同班同学）周桂春，同为中国第一代核潜艇人。

一、沈阳二中——人生理想之路的起点

1959年夏末，我从沈阳二中传达室，收到清华大学工程物理系录取通知书，欣喜异常，飞奔进城告诉住在姐姐家的母亲，清华大学为我的人生理想打开了大门！由于家庭变故的原因，高中三年我全部住校，寒暑假也不例外，高考以后我只能住在学校等待录取通知书，所以沈阳二中成为我人生理想之路的

起点，奔向清华大学人生理想之门！为什么选择工程物理系？这是二中给我三年教育的必然。

首先，这种选择与高考前申请院校专业填表时，学校召开有百余名高三毕业学生参加的院校、专业选择指导大会有关。甘思源校长亲自向与会的学生交底，学校给与会学生的品德鉴定、家庭背景介绍，保证会通过录取院校的政治审查，要与会学生放心大胆报考国家重点大学或军工院校。随后，教导主任崔万镒作了指导院校与专业选择讲话，他说：实事求是，量力而行，如果我们学校毕业生一窝蜂都报名热门学校与专业，如清华大学工程物理系，必然会纷纷落榜！为什么？因为该系全国招生不会超过 100 名，全国 30 个省市，在辽宁省录取不会超过 3 名，所以要三思而行，我们学校毕业生不能都争报清华大学工程物理系！会后，我立刻去班主任何秀英办公室，表明我有了报考清华大学工程物理系的想法，因为从崔主任介绍得知该系是培养国家原子能人才，对高考中的物理、数学分数要求高，物理、数学恰好是我的爱好，原子能事业也深深吸引我！何老师听完我的想法，微笑和善地鼓励我说：大胆地报，按自己的兴趣、专长选取专业，你有竞争能力，老师相信你！万万没有想到，何老师与崔主任对选择专业的想法完全不同。于是，我从何老师处取回报名申请表，把表中以前填写的北京航空学院火箭发动机系，改为清华大学工程物理系。以前填表报考北京航空学院火箭发动机系，因为我哥哥是 1957 年北京航空学院发动机系毕业的第一批毕业生，自认为报考该校与相关专业，有被录取的把握！然而，我听从了何老师的意见，改报清华大学工程物理系，我相信在二中三年学习，没有比班主任何老师更了解我的人了，所以决定在高考中去冒险拼搏！万幸，竟然被录取了，也许崔主任讲话，使得二中同学纷纷退出清华大学工程物理系报名，给了我录取机会。另外，崔主任也判断错了，当年清华工程物理系按国家指令要多培养国家原子能人才，扩大招生，从往年 100 来名扩大到 200 余名。清华工程物理系从二中录取 4 名同学：张健（辛班）、刘以思（庚班）、王秀清（丁班）、李瑞春（己班），清华大学从二中共录取 9 人，录取人数在辽宁省中学中排名第一，丁班被录取4人：陈家一、王爱莉、佟明铎、王秀清，也是全校排名第一，何老师由衷地高兴，因为录取的人数证明了她指导、教育、鼓励学生方法属于高超的教育艺术！何老师令我钦佩，至今虽然我们相隔遥远，我有困难与不解的难题，首先发信请教何老师，上天保佑她过了90岁高龄，精力充沛还在不停地指导我，趁此机会向沈阳二中与何秀英老师表示衷心感谢，让我从二中出发敲开了清华大学理想之门！

我对物理、数学的爱好与二中谢一帆、陈业炎老师教学密切相关。陈业炎、谢一帆老师分别给我班讲授高中数学、物理课程。陈业炎老师个头儿不高，经常穿一身棕色毛料西装，佩有一条整洁的领带，一双黑色皮鞋擦得锃亮，精神抖擞地站在讲台上，用一口纯正的上海普通话，给我们上代数课。虽然同学们喜欢陈业炎老师的代数课，因为他讲课精练、透彻，同学们从他的讲解中容易明白讲授的内容，很快掌握课程内的数学要点，但是同学们畏惧陈业炎老师的课堂提问和考试，因为他的提问和考试，总会有超出教科书内容，必须超常发挥才能回答的问题。久而久之，在我班代数课能够回答陈业炎老师的问题或考试能够得满分的同学，只有1号的我和为数不多的几名同学。记得一次期中考试，代数试卷中有一道指数对数与排列组合的综合试题，考试下来只有两名同学做对这道题得了满分，其中有我。通过高中物理课力学内容讲解，我开始认识物理现象的内在规律，这得益于谢一帆老师教授思考物理现象的教育。谢一帆老师是东北人，他和代数课陈业炎老师上海人的光亮外观形象成了鲜明对比，瘦瘦身材戴一副深度近视眼镜，不修边幅，他穿的衣服总是皱皱巴巴好像没有洗干净似的，穿的鞋也是沾满油污和尘土。他讲课慢条斯理一句句地讲着，随着他的讲解，同学们有充分时间思考他每一句话的含义，一堂课下来同学们从容地理解了他叙述的物理概念。我的有关引力、质量、加速度的力学物理概念，来自在课堂上谢一帆老师慢节奏的讲授，以及他由浅入深引导学生对物理现象进行思考的方法。谢一帆老师的物理课逐渐培养起同学们探讨物理现象的兴趣。一次物理课他讲授了宇宙中“万有引力概念”，对于第一次接触抽象物理规律的中学生，引力概念所独有的一种神秘感诱发了同学们思考。下课以后，我找到谢一帆老师提出我的疑惑，我说万有引力是两个有质量物体的相互吸引力，为什么从地球上向宇宙抛出的物体总是被地球吸引回来而不是地球被抛出的物体吸引过去，仅仅看到地球单方面引力而不是相互吸引力？谢一帆老师听后先是一愣，看了我一眼，然后不紧不慢地回答说，因为地球质量远远大于抛出物体的质量，所以你只能看到抛出物体被地球吸引的运动速度，而地球不动。他继续鼓励我说，你的思维和万有引力发现者大科学家牛顿的思维一样，牛顿在苹果树下休息，看到苹果落在地上不是飞向天空从而发现了万有引力定律。他忽然神秘地笑着说，因为你忽略了质量的大小因素才会提出这样的问题，如果你能够进一步思考物体质量影响就好啦，你也能发现万有引力定律了，可惜你的思维和牛顿的思维只差一点点，所以发现万有引力定律是牛顿而不是你！虽然，我很早就知道牛顿在苹果树下发现万有引力定律的故事，但是这次谢一帆老师回答我问题时用牛顿的例子善意开我的玩笑，才使我意识到科学伟人的思维和普通人思维不同之处，在于思维的深入与全面性。只要多问为什么，物理定律并不抽象，不断进行深入思考，物理现象的内在规律是可以理解和掌握的。谢一帆老师帮助我揭开了物理学习的神秘面纱，从而激发了我探讨物理现象的兴趣。

我要感谢俄语老师郭洪儒对我的鞭策、批评、教育，他使我猛然醒悟迅速脱离社会政治旋涡，回归了正常学习轨道，几十年人生经历，使我深刻认识到他作为教师，敬业精神的伟大！ 1958 年秋全国开展“大跃进”运动，学校也掀起勤工俭学风暴，二中也不例外。课余时间、下午、晚上，丁班同学先是借来胶轮大车（大车店晚上马休息，大车可借），同学们拉着车为居民送劈柴、煤块，后来自办化工厂生产硫酸镁，也必须晚上用手推车拉原料、送货，所以，同学白天上课打瞌睡，作业也不做，同学们充满政治热情早把学习抛在脑后了。一天俄语课，郭洪儒老师有备而来，登上讲台就提问，1 号的我首当其冲，我站起来无言以对，不知所以。郭洪儒老师怒气冲冲地问我为什么不复习，他不仅严厉批评，还伴有激烈的言辞，我委屈地趴在课桌上呜呜大哭起来，但是郭洪儒老师也没有停歇批评的声调。显然他是杀鸡儆猴，在全班同学面前，针对社会激烈的政治运动拖累孩子学习的现状发泄不满，郭洪儒老师是有良心、正义感强烈的好人，我至今心存感激，情景历历在目，他批评得对，郭洪儒老师让我在政治风暴中冷静下来，恢复了正常的学习生活。

二中三年学习生活，老师不仅传授知识，培养了同学对科学的认知能力，更可贵的是慈母般的关爱、鼓励，提高了学生进入社会的自信心、进取心、拼搏能力；像严父般对学生的出格行为给以不留情面的批评、鞭策，提高学生自我认知、约束能力，在社会动荡中不会失足。也许这就是我回顾人生之路感知的沈阳二中的校风、传统！人生进入老年，回顾走过的路，夫人谆谆告诫我：我们是幸运的，顺风、顺水，没有大灾难、挫折，不要抱怨，要感恩！感谢沈阳二中给我们人生之路铸就了一个高起点，我们全家才有今天！

人生路如何来走？答案，路的起点是沈阳二中！

2009 年 4 月清华大学校庆日前夕，在清华大礼堂举办《半个世纪清华情——清华大学 1965 届校友（1959 年入学）入学 50 周年纪念文集》首发式，校领导讲话，传达时任党的国家最高领导人胡锦涛（该届校友）的祝贺电话，随后请一位在校校友电机系博士谈该书的读后感，他说："在学校安排下，我用一周时间加班加点通读了全集文章，该文集选择 70 余篇稿件编辑成书，令我感动、敬佩的文章有两篇，王秀清老师的《清华大学——人生理想之门》和赵业福老师的《航天测控——无悔的选择》。"该首发式邀请作者与校友数百人参加，在台下众多的与会人员中，在座位上听到我名字的人不免大吃一惊！心中纳闷我的文章为什么能感动他。65 届毕业生 2000 余人，出类拔萃者众多，有的已经是国内外的知名人物，我只是该届校友中的普通一兵，为何读者特别关注我的文章呢？我满腹疑问。首发式结束，走出礼堂门，几位不相识的工程物理系（我毕业于该系）在校同学拦住我要求采访，说是系里布置的任务。没有思想准备，无奈，我随他们走向礼堂旁小山上的闻亭，坐下来回答同学们的发问。过后，他们发来一篇访谈录，经我认可在校内发表了。时间短促，只是回答了同学感兴趣的校内学习与专业工作关系的一些问题，不是我人生的全部。看到校友转发的二中70年校庆筹备组稿约，回顾整理一下我的过去，写了此文作为前面清华校友访谈录的续篇吧，以兹纪念沈阳二中75年校庆。人生路如何来走？答案，路的起点是沈阳二中！愿此文能对在校的二中青年校友有所启发！

二、祖国没有忘记第一代中国核潜艇人

中央电视台新闻频道专题新闻《祖国没有忘记》首篇联播：央视新春走三线核潜艇研制基地寻访；一句国家需要他们就在青衣江畔献了青春；中国核潜艇研制不为人知的故事：400万人远离故乡！唤起了我对人生理想之路的回顾，《为中国核动力拼搏》是我一生的写照，该文收录在《核动力之光》纪念文集（中国核动力研究设计院成立50周年出版的文集）。我的人生路是与夫人周桂春从沈阳二中携手出发，她是我二中同班同学，1971年秋因为我，她抱着4岁的儿子由沈阳奔赴四川青衣江，也成了中国核潜艇第一代人。她1964年毕业于辽宁大学中文系，毕业后留在沈阳工作，恋爱初期频繁通信中憧憬我们的人生，她写道“你与我，将驾驭一架木排在激流中，不惧惊涛骇浪、险滩暗礁、勇往直前……”，命运的安排，她和我就这样远离故乡开始拼搏人生，就像长江源头蓬勃汹涌的金沙江从四川峡谷奔向大海！我们单位对外名称为“中国核动力研究设计院”，“文化大革命”期间实行军事管制，全力执行核潜艇研制任务，不介入“文化大革命”，内称为“成都137部队”。实验室、厂房在小山沟里，办公室、家属宿舍在一条小河的平坝上，山丘布满竹林、小树，几座农民茅屋点缀其间，山坡梯田自流灌溉，绿色秧苗、黄色菜花，交织成美丽图案，俨然一片世外桃源！单位社区有自己的医院、商店、派出所、子弟中学、子弟小学、幼儿园，生活服务设施一应俱全。圈内同事与家属来自全国各地，相互之间都讲普通话，不说四川方言，除在路边或附近小镇采购蔬菜外，

一般与当地农民没有交往。桂春脱离了喧闹城市、躲开惊天动地的“文化大革命”风暴，和家人一起平平静静地生活，很满足。1972 年春，女儿在四川的单位医院出生，她全身心放在子女的教育上，幼儿园、学校就在近旁，眼睛时刻盯着孩子。

来四川是因为我的专业，1965 年从清华大学工程物理系毕业，毕业时我获得清华大学校长签名的优秀毕业生奖状。我来到北京第十五研究所（1969 年迁往四川，改名为中国核动力研究设计院）第一研究室报到。领导我的专业组长初次见面，他热情地告诉我说：“研究所的人事部门同志今年到清华大学录用毕业生，专门到工程物理系点名要你来研究所工作，你的专业工作都安排好了。”当时，国内高等院校根据国家需要和安排，进行大学生毕业分配，首先由国防科研单位和国家重要机关入校选择毕业生，然后由学校分配余下毕业生给其他用人单位。虽然毕业分配的用人单位不会也不需要征求毕业生本人的意见，但是令我惊讶的是研究所怎么会知道我一个普通毕业生的名字。原来，在清华大学 200# 的核反应堆工程现场，我的论文公开答辩会上，国内核工业界不少专家参加，包括北京第十五研究所的同志。该同志参加完我的论文答辩会回到研究所，立刻写报告要求研究所去清华大学把我调来，直接参加研究所的研究项目。北京第十五研究所承担开发研制国家核潜艇的任务，研究所科研攻关实验项目中，有的实验方法尚未解决。因为得知我毕业论文所论述的方法，在清华大学反应堆成功应用后，研究所相关人员建议采用我论文使用的方法，完成该项目的实验任务，建议获得研究所领导同意，指派人事

● 1980 年，四川 909 基地 2 号点 14 号 4 实验室全室同事合影，后排右 5 为王秀清

部门在高等院校毕业生分配前去清华大学，争取清华大学分配我去研究所工作。

走上工作岗位后，与从其他院校来到工作岗位报到的同人们相比，我很荣幸不需要工作岗位的适应时间，有能力直接承担科研任务，我就直接迈入工作岗位、立刻进入了工作状态。由于核潜艇研制是毛主席特批的国家重大任务，包括我在内的为该任务工作的第一线人员，幸运地避开了“文化大革命”的干扰。因此，我的人生历程，少了一些政治运动的干扰，多了一些工程实践的收获。否则，由于1966年年初，中国开始了惊天动地的十年“文化大革命”，这期间，作为初入社会的1965届大学毕业生，很难有机会避开这场国内政治风波，就更别说在工程技术岗位上作出成绩来。我一生没有离开国家重大工程的实践环境，1975年我已经成为中国核动力研究设计院核反应堆相关实验室的技术负责人，1978年第一届全国科学大会召开，中国核动力研究设计院完成的×××厂全厂断电实验和军用核动力装置相关实验，同时分别获得全国科学大会奖。随后的科研工作，又获得1985年国家科学技术进步三等奖，我是第一获奖人，次年中国核工业总公司授予我“有突出贡献青年专家”称号。1992年获得国务院政府特殊津贴。

爱人桂春也没有脱离专业工作，被安排在单位子弟中学任语文教研组组长，她的工作能力、中文实力、文章风采，得到领导与同人的认可。我的中文写作水平，在她的帮助下也明显提高，记得1981年年初，我的第一篇专业论文在《力学学报》发表，收到编辑部寄来的该期学报，10份论文的印刷单行本和相当我月工资的稿费（那时工资每月只有几十元钱），她非常高兴！晚上，鼓励已经上初中的儿子好好写作业，她特意拿出刊物与论文单行本，在孩子眼前晃着说：“你看，应该向你爸爸学习，将来能在全国公开刊物上发表文章！”孩子望着妈妈，一脸迷惑，不知所以。我赶紧解围，说：“文章是你妈妈修改、润色，能发表是你妈妈的功劳！”以后，我所有专业工作成绩，孩子们知道后，马上会说：那是妈妈帮助下完成的，妈妈的功劳！我心里明白，桂春所以高兴是突然平白增加了一个月工资，买菜的钱多了。以后，人生历练告诉我，没有桂春把家庭撑起来，支持我的工作，在事业上我将一事无成，感谢二中给我机会，使我们走到一起，成为人生奋斗的伴侣！

时光荏苒，瞬间一晃，桂春来四川十几个年头过去，1986 年因工作调动全家来到北京。桂春和我驾驭的人生拼搏木排，驶入了宏伟港湾。北京，中国首都，给人们提供了巨大发展空间，全家人登上了国家改革开放，驶向远方大海的中国梦巨轮！我有机会参加教育部 EPT 考试，通过后出国留学继续提升专业能力，回国后有机会加入中国核电的产业发展大潮；女儿、儿子先后通过清华大学经济管理学院的入学考试，入读该院的 MBA 硕士班，毕业后分别转岗到经贸、金融领域工作，在岗位上正在全力拼搏。女儿出生在四川青衣江畔，儿子在研究院子弟中学毕业从四川升入外地大学，他们工作后与儿时伙伴对外都自称“核二代”，以曾在核潜艇基地生活自豪，我们全家成为第一代中国核潜艇家庭，其中深藏了沈阳二中为我与桂春铸就的成长基础！

◎掀起"巨浪"的导弹人生

——记 1957 届校友侯世明

他倾其一生研制国之利器，成功设计出我国第一枚潜地导弹"巨浪一号"。他无私奉献，默默耕耘、不求回报，只为祖国的航天事业贡献力量。如今他虽年事已高，但仍坚守在前线，用智慧和经验继续为航天事业发光发热。他就是我国第一枚潜地导弹副总设计师、沈阳二中 1957 届乙班毕业生——侯世明。

一、志存高远，意守平常

20 世纪 40 年代，侯世明的父亲在战乱中用自己宽广的肩膀庇护着他们兄妹的同时，也一点一滴塑造了侯世明面对困境乐观积极的品格。

1947 年，侯世明 10 岁了。转眼间，昔日懵懂的顽童已经成长为懂事的少年，伴随着体格的增长，他对知识的渴望更是日益增强。

父亲虽然没喝过多少墨水，但依然认为，要立足于社会必须要有知识、有技能。尽管家境贫寒，但是他的父亲仍然决定节衣缩食供孩子读书求学。

父亲语重心长的教导成为侯世明不断前行的动力。他没有让父亲失望。由于成绩拔尖，他在小学和初中各跳了一级。1954 年，他以优异的成绩考入了沈阳二中。

3 年后，侯世明站在了人生的第一个十字路口。多年来，在侯世明心里一直梦想着能到国内首屈一指的清华大学深造，然而就在他为自己多年的理想奋斗的过程中，1956 年冬天，学校老师郑重地提出，希望他能到军工专业院校学习，学成后能为祖国的国防事业贡献力量。侯世明经过慎重考虑，放弃了个人选择，毅然响应学校号召，服从学校安排，踌躇满志地报考了北京航空学院（现北京航空航天大学）。这是他人生中作出的第一次选择，同时也是他人生中最为关键的一次选择，从此，他的人生翻开了新的一页。

二、心系航天，献身国防

机遇总是偏爱有准备的人。1957 年，侯世明顺利考入北京航空学院，他如愿地抓住了人生中的第一个机遇。

大学期间，侯世明如鱼得水，汲取着母校传授的丰厚的科学文化知识。最初，他主修航空发动机专业，一年后，转入火箭发动机专业。那个时候，他对专业没有明确的概念，只是觉得非常奇妙。

侯世明大学毕业后，正值我国第一个固体火箭发动机研究所初建之时，国家急需航天专业人才，尽管自然条件非常恶劣，但是在“国家利益高于一切”理念的引导下，他还是毅然奔赴祖国西南，投身于我国固体火箭推进技术的创业队伍中。

一个只有 15 人的火箭发动机班，毕业后就有一半人和侯世明一道打起背包，登上了南下的火车。那是一个意气风发的时代，同样也是一个创造奇迹的时代。

当时，我国的国防工业基础薄弱，科技水平比较落后，在技术匮乏的背景下，侯世明所在的团队兢兢业业、勇于创新，在国家“动力先行”的方针鼓舞下，奋力攻破了固体发动机的一项项技术难关。

20 世纪 60 年代后期，在我国固体战略导弹发展规划的制定和起步型号的选择上，侯世明大胆提出了暂停当时发展潜力不大的型号研制，以中程潜地导弹为突破口的创新想法；70 年代中期，他两次向张爱萍、钱学森等领导汇报了适应当时国情的固体化、机动化的发展思路；80 年代中期，他撰写了关于改进某型号的建议，得到张爱萍将军的重视。在某型号研制工作总结会上，张爱萍还满怀深情地讲道："早在1975年，就有一位年轻的技术人员向我们提出了走固体化的建议，今天已经实现了，我们不能忘记他。"

荣誉纷至沓来，侯世明却始终保持淡泊的情怀。他总是说，是他的团队创造出了一个个奇迹，是他们为我国第一代固体战略导弹形成基本型、系列化发展的格局作出了重大贡献。

三、临危受命，不负众望

人类的科技征程每向前迈进一步，都伴随着艰辛。对于中国航天事业而言，成功的背后更是饱含着无尽的汗水。

20世纪80年代，某型号水下发射试验失败后不久，侯世明所在的四部面临着空前的压力。当时，侯世明被任命为四部副主任，主管技术工作，随后又被国防科工委任命为该型号副总设计师。压力之下，毫无退路。经过周密的分析，他迅速组织开展了一系列大型试验研究，为后续试验的成功奠定了坚实的技术基础。

在后续的水下发射试验中，他作为试验任务总师组成员、最年轻的副总设计师，亲自下艇，全权负责水下发射技术问题的处理和决策。他凭着对技术的透彻了解，正确处理了发射前的异常情况。该型号研制的成功，填补了我国运载火箭水下发射技术的空白。1989年，他被国家人事部授予"1988年度国家级有突出贡献的中青年专家"称号。

20世纪90年代，某型号连续两发飞行试验失利，这使整个型号研制面临空前困境。在这种形势下，侯世明凭着对四部的深厚感情和对全体职工负责的精神以及不搞好四部决不罢休的决心，接受了院领导的委托，于1993年8月挑起了四部主任的重担，那一年，他已经56岁了。

在出任主任后的第一次中层以上干部会上，侯世明没有讲更多的大道理，而是一针见血地分析了四部当时面临的严峻形势，指出四部存在的主要问题，以此来激发大家的危机感和责任感。

在侯世明的带领下，新的领导班子针对四部存在的问题提出了“团结、务实、自强、进取”的四部精神。他深知，对于一个新型总体设计部而言，“管理”和“技术”是立部之本，不能有任何偏废。白天，他是四部主任，为发展深谋远虑，处理繁杂的行政事务；晚上，他是老总，心系型号的每一个技术细节。

曾任四部工会主席的吴文娟至今依然对侯世明办公室里的“长明灯”记忆犹新。二人办公室相邻，吴文娟离开时，经常都看到侯世明办公室的灯是亮着的。看着侯世明如此辛苦，吴文娟有一次实在忍不住了，上前敲敲侯世明办公室的门，友好地提醒道：“侯主任，您该下班了。”侯世明回答，还有一会儿就走。

很多打算离职的年轻人留了下来，人浮于事的状态逐渐改观。大家都说，跟着侯主任干，有奔头！

凭借深厚的技术功底，敏捷的思维能力，出色的组织管理才能和勇于开拓创新的精神，在短短 4 年时间里，侯世明带领四部职工走出低谷，实现转变，在研型号取得飞行试验成功并顺利定型，预研型号及时立项，外贸工作获得新突破，经济总量年年攀升。

四、业务过硬，力挽狂澜

侯世明在工作中对重大问题的决策能力和力挽狂澜的大将风度给青年一代留下了极为深刻的印象。

某型号在连续两发飞行试验取得圆满成功，第三发遥测弹飞行试验意外失利后，这支从未尝到过失败滋味的年轻的研制队伍，犹如遇到晴空霹雳，气氛异常沉闷。危急时刻，侯世明召集全体试验队员，一方面鼓励大家，树立信心，放下思想包袱；另一方面积极对排除故障工作进行部署，提出具体要求。在试验场短短 9 天时间里，他组织留在试验场的 20 余名技术人员编写了试验总结和故障初步分析报告19份，对故障进行了初步定位。

返京后，侯世明顾不上连日在试验场的劳累和旅途的辛苦，又立即组织有关技术人员，为摸清问题开展大量试验，为故障最终准确定位奠定了基础。

20世纪90年代，在某重点型号的先期启动动员会上，作为总设计师，他对研制工作进行了全面部署。明确了型号的研制目标和指导思想，提出了技术关键点，规划了研制程序，明确了每个阶段的具体研制内容，对研制工作提出了基本要求。

在型号研制初期，侯世明注重技术基础工作，倡导以质量、可靠性、标准化作为研制的基础，型号研制要基础先行，体现出质量保证的核心是“预防为主”和“抓质量要从源头抓起”的思想。

当两个型号研制同步进行时，侯世明创造性地提出了两个型号最大限度兼容设计的思路。在周期短、经费少的情况下，他提出“打破常规做法，打破单位界线，统筹规划试验项目、试验内容和试验方法，每项试验由一家牵头、几家参加、一次试验、多方收效”的原则，并亲自组织规划了全型号的大型试验项目和重大试验的大纲评审。

在2006年10月国家某重点型号总结表彰大会上，侯世明从技术层面系统地总结了型号研制的全过程，得到了有关领导的高度评价。时任航天科工集团公司副总经理承文批示：“侯世明总师的讲话很好，体现了重点型号技术领军人物的高超水平和坦荡风范，值得我们各级领导和型号两总系统学习。”

五、求才若渴，精心培育

侯世明在狠抓型号研制的同时，更注重后备人才的培养。本着循序渐进、用人所长的原则，他不断给青年人施以重任，同时将自己多年的宝贵经验毫无保留地传授给年轻一代。对新来的年轻人，他都要指定有经验的老同志传、帮、带。1962年他刚参加工作时，我国对固体火箭与导弹的研制几乎没有经验和基础，他们除了看些情报资料，就只能依靠有经验的老同志的指导和帮助了。他将这种老带新、师带徒的传统在四部延续下来，多年来培养了一批批青年技术骨干，这些人员现已成为型号研制的带头人、技术骨干和管理人才。

1996 年，四部正处于恢复发展期，工资、福利待遇并不很吸引人，当时人事部门反映有个北航的研究生坚决要来四部，专业很对口，但由于某种原因，学校要收“违约金”，这个学生家境不是很好，他本人就和四部商定违约金先由四部代交，再从每个月的工资里扣。侯世明了解到这个情况后，亲自给学校领导打了电话，说明情况与原因，希望学校给予支持。学校被他这种求才若渴、珍惜人才的精神所感动，决定免除违约金。当问及这个学生后来是否知道为他所做的一切时，侯世明笑笑说，他自己可能至今还不知道，但只要他是四部需要的人才，对四部有贡献就行了。现在这个学生已经成长为四部某型号的技术带头人。

六、回味一生，充实晚年

作为总师，侯世明忙碌的一天是常人难以想象的，有时上午还在炎热的南方主持会议，晚上就已在凉爽的塞外参加与设计师的技术讨论，大到总体部、设计所、总装厂、试验站，小到一个元器件的生产厂家，都会有侯主任的身影。

年过七旬的侯世明现在依然是国家两个重点型号的总设计师，工作难度很大。为了确保成功，他付出了常人难以想象的辛劳。在他身边工作的同志都担心，年事已高的侯世明对这种超负荷的工作会吃不消。然而，他却一直以饱满的精神状态出现在大家面前，带领科研人员攻克型号研制中的一项又一项关键技术，解决一个又一个技术难题，完成一项又一项科研试验。

在侯世明的工作日程表上，几乎没有节假日，他深深感到，最对不起的就是家人，是与他相濡以沫 30 多年的妻子，和他最疼爱的独生女儿。多少次妻子生病的时候，他不是在外开会就是远在飞行试验现场；当女儿初为人母，需要父亲送去关怀时，他却又要踏上前往晋西北的路程。经过试验场几十天高度紧张的工作和超负荷的压力，每次归来，女儿都会心疼地说："爸爸，您又显老了。"面对女儿的关心，他总是微微一笑，在他心里，对事业的追求已经高于一切。

侯世明喜欢听音乐，特别是民族音乐，只是由于工作繁忙几乎没有空闲时间好好欣赏。在航天一线奋斗了整整45个年头，侯世明把整个人生、全部智慧都奉献给了航天事业。

"等我空闲下来，要重新回顾一下自己经历的研制工作，当时没来得及探讨清楚的问题，需要学习些新知识，再做些深入的思考，把四五十本笔记整理一下，对自己是一个提高，如果后来人感兴趣，也可供他们参考。"侯世明经常意味深长地对工作在他身边的同志说。

这就是我们的优秀校友侯世明，他拥有着为祖国航天事业奋斗、奉献的精彩人生。

●图为时任"巨浪一号"副总设计师侯世明作为代表领奖

◎在哲学中“流浪”六十年

——记 1957 届校友高宣扬

国务院外国专家局特聘“海外名师”、上海交通大学欧洲文化高等研究院院长、沈阳二中 1957 届丁班毕业生——高宣扬，从 1957 年进入北大哲学系聆听熊伟、冯友兰、张岱年等诸多哲学大师的课程，到 1979 年远渡重洋来到法国第一大学攻读博士学位，与德里达、福柯、布迪厄、斯特劳斯等 20 世纪著名法国思想家深入交往，再到 2010 年成为上海交通大学讲席教授，他已经在哲学的世界里流浪了 60 年。对于他来说，哲学不意味着一个学术课题，哲学就是他个人的整个生命历程。

一、哲学：渗透着我的生命历程

我的哲学生涯，就是我个人的整个生命历程。生活使我喜欢哲学，哲学使我懂得了生活；浪迹天涯的生活历练以及惊涛骇浪的“文化大革命”的洗礼，又加深了我对哲学的理解，并时时推进我的思想情感，穿越人文社会科学及文学艺术的各个领域，通过在各种文本中的循环迂回反思，试图探索生命的奥秘。从 15 岁到今天，在国内外颠沛流离的游牧生活命运，使我始终同哲学打交道，并在同哲学的交往中，不断地改变对哲学的看法，而我的命运本身，也渗透着哲学的神秘力量，使我品尝了生命过程的酸甜苦辣滋味。哲学作为生存的一种实践智慧，以其对生命本身的关照和澄明，见证了它无愧是生命的灵魂。

正如海德格尔所说，哲学无非就是一种无止境的感恩和怀念。当尼采在晚年，穿透历史而发出“重估一切价值”的豪迈口号时，他仍然以感恩的心情，由衷地称叔本华为他的最早的“教育者”，从而一览无遗地展现出尼采的“永恒回归”的广阔理论视野。

在我的哲学生涯中，时时伴随我思想脉动的内在力量，来自我生命历程中的各种遭遇。而在我所遭遇的关键人物当中，与我的生命融为一体的，就是五个人：我的母亲、毛泽东、马克思、康德和尼采。他们分别地出现在我生命转折的不同时期，使我在亲身经历的不同生活时空中，从出生入死、苦乐交替的动荡不定生活和深沉反思中，懂得了哲学与生存之间的血肉交融关系，体会到哲学的开放性及其在人生历程、人文社会科学以及文学艺术领域中进行流连忘返的极端重要性。

二、母亲：赋予我精神生命和哲学灵魂

1939 年年初，在阴历虎年岁末，在第二次世界大战的炮火隆隆声中，我出生在一个漂泊海外多年的华侨教师家庭。我的父母，靠他们所获得的暨南大学和杭州女子师范学校的文凭，四十多年如一日，始终任教于华侨教育界。他们从来没有属于自己的不动产，永远都以任教的学校为家。如同萨特从小就在其外祖父的带领下看书一样，我也从懂事的时候起，就在身为华侨学校教师的父母的教导下，培养出以看书写字为乐的生活习惯。在这个意义上说，父母不但给了我肉体生命，尤其还赋予我精神生命和哲学灵魂。

打从童年时代，每当夜幕降临，我就偎依在母亲身边，陪同她批改学生作业，殷切期盼她在夜深人静、改完学生作业之后，字字句句带我习读动人的神话。妈妈耐心地指导我看书，并在阅读中，启发我敞开想象的大门，训练我最初的超越现实的能力，还教我学会查王云五《四角号码字典》和看地图。爸爸则几乎天天在晚饭后的散步中，向我讲述一个又一个动人的历史故事，并严

厉地要求我熟背欧阳修的《醉翁亭记》，试图让我从人类经验中，体验人生的艺术。

从此，查字典和看地图，成了童年时代最吸引我的游戏活动；学校图书馆和挂在教室墙上的各种大地图，也成了我的玩伴和游戏场所。每当我在字典里亲自发现一个新词汇，认出一个新国家、河流、山脉或港口，就喜出望外地向妈妈报告，于是，妈妈就把我紧紧地抱在怀里。由此，我慢慢地懂得了一个具有哲学意义的生活道理：以寻求智慧的好奇，扩大自己的人生视野，是真正回报母爱的最好途径，也是享尽令人陶醉的人生飨宴的珍贵机遇。

7 岁那年，妈妈教我从头到尾系统地看书的最初读本，是当时学校图书馆藏的《苦儿努力记》和《岳传》。前一本是法国作家马洛所写，为中国作家夏丏尊所译；后一本是属于商务印书馆万有文库的历史普及丛书。这两本书所散发出来的精神魔力，对我的思想和生命成长的影响是如此深远，它们不仅一直伴随着我的心灵成长过程，而且在某种程度上简直可以说，它们不折不扣地成为我一生命运的镜子和缩影：我本人所经受的大跨度时空变迁、大起大落，以及一切令人刻骨铭心的生活煎熬和情感震荡，都活生生地重演了两本书的情节。

当我第一次阅读《苦儿努力记》时，首先使我佩服的，是译者夏丏尊先生：他竟把原来法文的著作流畅地译成中文！我当时就暗自立志，长大后要像他那样，成为懂得多国语言的作家。时隔 31 年之后，1978 年，我移居法国巴黎，竟然在巴黎地铁网上，找到了《苦儿努力记》所提到过的巴黎东南郊城镇 Boissy-SaintLéger。我兴奋地多次访问这座城镇，东张西望试图发现小说主人公雷米（Rémy）随同抚养他的民间杂艺表演老艺人的历史踪迹。以后，我又特地两次到《苦儿努力记》所讲述的法国东南弗朗斯孔泰（Franche-Comté）地区度假，来往于瑞士和法国边界，抱着缅怀、同情和鉴赏的态度，反复沉思流浪儿雷米当时徒步穿越这一地区山川大地的哲学意义，因为我已经从我个人亲身经历的哲学炼狱与人生沧桑沉浮的过程中，体会到我同雷米一样，不由自主地在不同舞台上，演出了类似的充满戏剧性的游牧生活遭遇。

同样地，《岳传》给予我的爱国主义精神，后来一直成为我的不可磨灭的情结之一，每当世界上发生重大事件，不管我身在国外何处，也不管我在地球的哪个角落，这一情结如同一股神秘不可测的力量，影响着我的思路和情绪的起伏；而岳飞晚年遭受陷害的悲剧，也在“文化大革命”对我的隔离审查和一再的批斗中，活灵活现地重演着：人们当时竟然对我的华侨爱国之心，抱着怀疑、鄙视，甚至嘲弄否弃的态度！

这一切，就是我的哲学思想的基础和起点。随后，即使哲学把我带到古希腊、古罗马或古典时期的德国以及当代法国，都脱离不开少年时期母爱和母文化对我的熏陶；同样也无法抚平被残酷无情的现实生活所刻烙留下的沉痛创伤，它们时时申饬着我的心灵，根深蒂固，挥之不去，并以顽强的精神，渗透到我所吸收的一切文化之中；反过来，我的喜怒哀乐情感越是起伏不平，面临的新鲜文化越是层出不穷，我对生活和哲学的“流浪”“迂回”“永恒轮回”的性质，就感受得越深。

1952 年，13 岁，是《岳传》所传授的爱国主义精神，使我决定离开在印尼的温暖家庭，只身归国求学，并选择享有“老革命根据地”荣誉的东北，作为我在祖国的落脚点。从热带零上 20 多摄氏度的印尼到北温带寒冬零下 20 摄氏度，从天天吃大米到顿顿吃高粱和窝窝头，不但没有使我对自己的选择有所悔恨，反而更加深了参与轰轰烈烈的革命事业的决心。

正是在东北，我在母文化的基础上，如饥似渴地阅读了中国古典名著《水浒传》《三国演义》《西游记》《红楼梦》《儒林外史》等，同时又大量地阅读了奥斯特洛夫斯基的《钢铁是怎样炼成的》等苏联和外国文学作品，使我从 13 岁到 15 岁的少年青春期，被丰富的人类文化遗产所充实。

三、毛泽东、马克思：指导我的人生观和哲学立场

15 岁那年，高中一年级，第一次阅读了毛泽东的《实践论》和《矛盾论》，成了我的哲学处女读物。

毛泽东教给了我第一个哲学概念：哲学是自然科学和社会科学的最高理论总结。这个哲学定义长久地指导我的人生观和哲学立场，促使我在 18 岁高中毕业时，报考了北京大学哲学系，把研究哲学当成我的终生第一志愿。为此，我要永远感恩和怀念毛泽东。

在北京大学哲学系，马克思和康德先后激发和加深我对哲学的理解。确切地说，在大学本科和研究生时期，我首先是以毛泽东的哲学定义解读马克思和康德。但接着，马克思的哲学让我进一步学会将人的激情与哲学的反思结合起来，使辩证法的精神与生活的逻辑扭结合一，以大无畏的探索实践，寻求自然、社会和生活的真理。到了研究生阶段，在我的导师郑昕教授的亲自指导下，我用了三年半的时间，阅读康德的《纯粹理性批判》《实践理性批判》及《判断力批判》三大著作，给了我关于人的认识、道德和审美三大基本能力的教育，让我领悟到“人作为目的自身”的最高尊严；同时也明白了人的理性及其界限，启发我要善于在生活中，依据具体情况，独立自主地、但又恰如其分地使用自己的理性。

1966 年春天，我手持北京大学哲学系研究生毕业文凭，到中国社会科学院报到工作，但迎接我的，是腥风血雨的“文化大革命”浩劫。这时，也只有这时，我对毛泽东、马克思和康德的哲学理解，才真正地受到了检验，我也受到了终生难忘的哲学教育。

马克思在《路易·波拿巴特政变记》中指出：人类创造自己的历史，但他们并不是随心所欲地创造历史。个人的和亿万人的历史实践，像火焰翻滚的熔炉，融化掉一切虚幻的理念和天真的情怀。我的个人命运同无情的权力争斗、亿万人的生离死别铰链在一起。这是我一生中最悲惨但又最丰富、最珍贵、独一无二的经历。具有讽刺意味的是，在“文化大革命”以前，我虽然身在号称马克思主义理论基地的北大哲学系，但我始终得不到机会认真地系统研读马克思的《资本论》。“文化大革命”对我的长达 8 年的隔离审查，在门窗紧闭、暗无天日的戒备森严的环境中，我反倒获得了机会，让我反复阅读了《毛泽东选集》四大卷及《资本论》三大卷。

我有生以来第一次，在反复穿越毛泽东和马克思本人的文本的字里行间中，感受到思想、语言论述、历史、生活逻辑、生命情感和现实世界之间的神秘交错结构；同时，人类社会也以最典型的形态，暴露出它的正反两面性；历史的悲剧与喜剧，特别是迄今为止人们试图千方百计加以掩盖的那些最丑陋、最肮脏、最虚伪的正式情节，正如马克思所说的那样，都赤裸裸地同时生动地上演出来了。在这个意义上说，这场历史浩劫，又是人性和兽性联合同场演出的历史狂欢节。我在“文化大革命”中所获得的生存实践智慧，比我在任何时候所累积的经验都更深地扎根于灵魂的核心之中，时时牵动着我的哲学思路。后来，即使到巴黎或台北，“文化大革命”的生存经验，经常从无意识的底层冒现出来，影响着我对世界和哲学的看法。

从 1978 年离开中国大陆以来，我先后在中国香港、法国和中国台湾居住，也多次横渡过大西洋和太平洋，足迹遍布欧、亚、美。同我的生活经历一样，我的哲学研究领域，涉及存在主义、实证主义、实用主义、结构主义、新马克思主义、弗洛伊德主义、后结构主义及后现代主义等。其实，我的学术领域的转移，同以往亲身经历的生活历程一样，一方面并非单向性和一次性的，而是循环的和重复的；另一方面也是“人在江湖，身不由己”，因为它是由三方面的因素共同决定的：首先，是我的哲学研究本身，由于我对哲学持有开放的态度，促使我不由自主地从一个领域走到另一个领域；其次，思考本身的无形力量，特别是其中来自生命活动本身的非理性的情感和意志力量，超出我的主体意识，推动我不断越出学科的界限，不仅在不同哲学派别的文本中间穿梭，也深入到语言学、人类学、社会学、心理学、文学艺术理论等方面，试图在多向和多维的时空中，寻求新的自由可能性；最后，当代哲学人文社会科学的理论和方法论的变革和不断转向过程，也引导我不断突破原有的范围。

在法国的 25 年，当代法国哲学家不断逾越传统哲学的边界并与多学科的人文社会科学及文学艺术进行无拘无束的对话式的创新过程，使我心花怒放，带领我跨入无限自由的哲学新天地。

四、康德、尼采：加深了我对哲学的深刻认知

从 1978 年起，历经颠连漂泊而进入“不惑之年”的我，终于领会到尼采为什么要以“超人”的激情，宣告人的生存的“权力意志”的本质。“文化大革命”所刻印的伤痕，早已见证了尼采的论断。其实，要真正实现康德所说的“作为目的自身”的人的最高尊严，不是单靠理性和仁慈善心，而是还要凭借超人的权力意志及灵活机动的生存艺术策略，以鉴赏人生艺术的豪迈态度，敢于面对和逾越一切障碍和界限，大无畏地迎接人生的暴风骤雨，向一切“不可能”挑战，时时超越实际生活的范围，开辟新的生命境界。不能只是从“权力”和“意志”的字面意义来理解尼采的哲学。

权力意志是一种永不满足、永远自我更新、自我充实、自我扩大的逾越欲望，是彻底摆脱自然状态的真正的人的永不枯竭的生活动力，又是具有最高尊严的人，历练人生的纵横驰骋，泰然自若地出生入死，精通生死艺术，确信自己将“同这太阳、同这地球、同这雄鹰、同这条蛇一样”，“永恒地回归到同一个自身的生命”的崇高情操。人是在不断创造中实现自由超越的特殊生命体。哲学家只有达到这种境界，才真正地将自身的思想同生活情感、同人类历史、同他人的各种文本连成一片。

实际上，没有一种真正的哲学思维是可以脱离实际的生命情感的。思维并不是只发生在某个孤立的主体意识之中；没有生活激情的思想是死板的，不同他人的文本进行来回交往的思索是贫乏的。在真正的哲学思考中，如同生活本身，理性、意识、情感、意志、欲望以及无意识等复杂因素，甚至包含一些无法说出、难于确定、无可预测的神秘力量，永远都混合在一起，而且也紧密地同思考者本身的生命律动及其生活世界相交错。哲学只有在同非哲学的比较、交往和对话中才能存在。哲学所追求的思想自由，使它本身永无止境地进行自我超越和超越一切。

然而，超越本身也是一种生活的艺术。“超越”并不简单地意味着永不平静，更不归结为胡作非为。超越过程，包含了生活中必要的平静和节制，集中了生活和思维的艺术性。在我最近所研究的福柯的生存美学中，我再次感受到超越过程的审美意义。

在出国流浪的四分之一世纪中，我通过穿越哲学、人文社会科学以及文学艺术各个领域的文本的迂回，在陆续总结生活经验和哲学思考心得的过程中，撰写出《存在主义》《结构主义》《实用主义和语用论》《罗素哲学概论》《弗洛伊德主义》《新马克思主义》《哈伯马斯论》《解释学简论》《德国哲学的发展》《罗素传》《毕加索传》《萨特传》《利科的反思诠释学》《布尔迪厄》《鲁曼社会系统理论与现代性》《流行文化社会学》《当代社会理论》《论后现代艺术的不确定性》《后现代论》《当代法国思想五十年》《当代法国哲学导论》及《福柯的生存美学》等25本专书。由500万字所交织而成的文本，并不全是我本人所要说出的话语，因为生活和哲学思考所经受的体验和其中的情感，是无论如何都不能如实地通过语言文字表达出来的。重要的是它们毕竟以折射镜的方式，表现了我的生命律动和情感。但是，问题还不仅仅是这些书同我个人之间的关系。

更具有本质意义的，在于它们是“他人”的文本的交响乐似的回音，隐含着现实与历史、过去与未来、生与死、可能与不可能之间的永恒回归历程的和声。它们还不只是在形式上，更在内容方面，体现了生活和哲学生涯的流浪特质。

今后，只要我一息尚存，我决不会放下笔，要不停顿地继续在广阔的哲学人文社会科学和文学艺术文本间进行游泳穿梭。

哲学没有界限，也不应该有终点；它同生命之间的永恒回归，正是哲学本身的无可逃脱的命运及其生命力的源泉。

五、学哲学不但要看懂原文，还要学会原文语言的思考方式

高宣扬受聘于同济时，除了法语外，还通晓英语、德语等语言。对于高宣扬来说，掌握外语对于学习哲学非常重要，而这样的重要性是他当年在北大哲学系读书时老师们教育他的。

“当时我去郑昕（已故著名哲学家、北京大学哲学系教授）老师家敲门，他第一句话，你会德语吗？我说不会，他说那不行，马上去学德语，到德语专业去上课，不要担心，我马上打电话给冯至，让他教你德语，马上去上。就这样我上了两年冯至先生的德语课。”

高宣扬也提到在北大时，老教授们非常注重看原著。对于一个德语刚入门的人来说，看德文原版《纯粹理性批判》无疑相当困难。“教授跟我说，你要学这个东西必须一句一句来学，很困难怎么办？他叫我每个礼拜用 3 天的时间，3 个下午到他的家去，在他书房里，一句一句地先读先翻译，然后纠正。那段时间，另外有个先生过来了。他们直接讲德语沟通，强迫我听德语。所以踏踏实实地读原著，这是打下基本功必需的，不能逃避的，所以我后来也是这样的。”

为什么学会原文语言对于学习哲学如此重要？高宣扬说：“学哲学不但要看懂它的原文，理解它的意义，你要学会用它原汁原味的思考方式，它的语言方式来进行思考和把握它的精神。翻译成中文以后再回过头去研究它的意思的话，因为中文的语言结构和模式不一样，这个模式本身反映了思想精神本身的特点和差异性，所以要尽可能地——我说的是尽可能，不可能百分之百地——尽可能地去学会就它原文、原著反复地读，一次不行，就两次，反复地对它的基本语句研究，这样才能真正理解。”

六、列维·斯特劳斯每个礼拜花 5 个小时请教数学家数学问题

张生问高宣扬在法国学习的时候，那些老师是怎么培养研究生，怎么和

学生交流的。

高宣扬回忆，他感受到有两个差异。“第一个，法国的教授对研究生是高度开放和自由的，也就是说他把你带进来就让你自由地思考，自己准备论文，自己看书，鼓励你在他们举办的研讨会上去发言，去讨论问题。他们通过你的读书笔记看你对著作的理解达到什么程度。”

第二点是法国老师鼓励学生走出自己的专业框架，进行文学、人类学、语言学、政治学、社会学等各领域的来往。他特别提到著名人类学家列维－斯特劳斯的例子。“他在 1930 年代，没有正式进入到人类学领域之前，一个礼拜用 5 个小时的时间去请教当时最著名的数学家，学数学家怎么思考数学，思考高等数学各个方面的成果，来理解人类思考模式的差异性。”

高宣扬也提到“长程迂回”式的学哲学的方法。“后来我接触的另外一个老师，他批评海德格尔在短程迂回。他说我要打破这个短程迂回，从哲学到社会学到人文学到各个领域，再回来到哲学，再从哲学出去，这是一个长程的迂回。他特别强调学哲学的某个专业固然需要专业的研究，但是专业研究不能够离开这些长程的迂回。这给我一个很大的教育，使我后来也学会除了哲学以外还研究别的东西，这个使我受益很大。”

七、20 世纪法国哲学的发达并非突然，19 世纪下半叶就已播种

20 世纪是法国哲学的世纪，尤其是 1960 年代之后，法国突然间涌现了德里达、福柯、列维纳斯、斯特劳斯、利奥塔、鲍德里亚等一大批世界级的思想家、哲学家。

张生援引当代法国哲学家巴丢的说法，提到西方哲学的三个重要时刻。第一个高峰是古希腊，到了 19 世纪，德国古典哲学是第二个高峰，第三个高峰就是法国哲学。为什么 20 世纪的法国哲学如此发达？

高宣扬澄清了一个误解，许多人以为 20 世纪的法国哲学是突然爆发的，但其实早在 19 世纪末 20 世纪初，法国哲学已经开始开出它的奇葩，早就已经

打破了19世纪末以前，德国哲学有着重要影响的局面。

“法国人之所以能够成功地在20世纪以后不断创新，主要是因为这些思想家的创造精神比较活跃。他们不甘心于停留在原来的西方传统的框架之内，甚至要打破自己的法国传统。19世纪下半叶开始，法国哲学就开始打破笛卡儿的意识哲学。笛卡儿过分强调理性，过分强调历史的作用。从19世纪开始，法国哲学开始向非理性部分——感性部分、感情部分有了新的发展，在这方面法国人应该说比德国人更早一步，因为德国有过这个尝试，在19世纪中叶，先是叔本华，然后是尼采，这两个人都想打破理性主义，但是他们很快被德国的理性主义压下来了。但是在法国，这个东西就一直发展下来。”

因此，高宣扬提醒我们，理解法国哲学在20世纪重要的影响，不要忘记或者说不要脱离整个历史发展的背景。

八、存在主义还没有过去，精神依然延续

20世纪80年代，国门再度打开，西方世界各种思潮涌入中国大陆。在这些思潮中，最有影响力的无疑是存在主义，手捧一本萨特的《存在与虚无》是那个年代文艺青年的“腔调”。

1978年在香港，高宣扬用3个月时间写出《存在主义概说》，这是汉语学界第一本全面研究存在主义的权威著作，这也是高宣扬第一本引起重大关注的著作。

为什么当时存在主义对1980年代的中国知识分子产生如此大的影响力？

在回答记者这个问题时，高宣扬首先简单勾勒了西方存在主义产生的背景：它直接与资本主义本身的命运连在一起。19世纪末开始到20世纪上半叶，资本主义有两次危机，特别是第二次世界大战，对资本主义打击特别严重，那种情况下，西方人开始忧虑、悲观，找不到出路，在这样的背景下出现了存在主义。

同时，存在主义对于自我行动、自我承担的强调也深深影响了当时的国人。“存在主义特别强调个人走出危机的阴影，靠自己去创造，这是存在主义的基本原则，我先活出来我才有本质，也就是说是我决定我的存在才能造出这个世界。所以萨特在 1948 年写的一本书里它说什么是存在。存在就是以它自身的显现造就这个世界的存在。什么意思，就是我一出来，我到这个世界上，我要靠我的努力，我的存在造就我喜欢的世界。就是这样一句话。这句话就是强调，个人的命运靠自己去决定，自己来创造。萨特讲这句话还特别强调，我强调个人存在，决定自己存在的同时，我特别强调责任的重要性，他说这就意味着当你意识到自己用行动来造就自己的世界的时候，你必须意识到正是因为这样，你的责任是重大的。所以他把责任的关联和这个存在，创造世界，连在一起。”

这些年，存在主义作为一种社会思潮，在国内的影响已经远远没有过去那么大了。今天其实已经很少有人再去谈萨特了。对于存在主义已经式微的说法，高宣扬并不完全认同。

高宣扬教授解释道：1980 年代到今天，世界发生了很大的变化。从中国封闭到中国开放到现在发生的时代的改变，同时还出现了一系列的世界性的事件，全球化、恐怖主义、网络化的出现，这些东西使得原来在 19 世纪末 20 世纪初，在二战后流行的存在主义，就显示出它的时代性有点距离了。

但高宣扬认为这个距离是表面的，“存在主义本身的口号是强调个人存在的创造性、自我创造性，创造的同时有责任来改变这个世界，在这个意义上，这个精神还是继续延续下来的，而且在现在这样一个后现代的时代、网络化的时代，越是要显示出个人责任的重要性”。

同时，高宣扬也提到，存在主义从 20 世纪中叶以后慢慢渗透到哲学、人文、社会科学的各个领域，包括法国的新浪潮、新小说都受到存在主义影响，“这说明它的成果不是已经过去了，相反，已经渗透到各个领域去了”。

九、亲近那么多大师，是时代给我的礼物

对于今天的中国学人和普通读者来说，那个大师辈出、星光璀璨的时代已经远去。而高宣扬或许是少数和中外大师有过深入交往的学人。对此，在场的同济大学欧洲文化研究院副院长徐卫翔教授由衷地表达了他的羡慕。高宣扬笑笑说这是时代给他的礼物。

1957 年，高宣扬进入北大哲学系时，是北大哲学系大师云集的时代，由于特殊原因，来自全国的哲学教授都调入北大哲学系，当时的北大哲学系集中了 35 名教授。

这么多年过去，高宣扬依然清晰记得当年在北大课堂听课的场景。“从 20 世纪 50 年代开始，直接聆听很多先生在北大课堂上课的情景。他们讲话的口气、他们对我们的教导，每一段话、每一个概念的解释都是牢牢记在心里。我能够顺利地在 1979 年以后出国，都是他们给我在心里面种下的种子。”

●图为高宣扬老师在作讲座

而说到在法国的 30 多年里，他除了感恩还是感恩，“30 多年里能和那么多大师交流，我要感恩的人太多了”。

法国老师对他的意义，除了学养之外，更独特的地方在于，将激情注入写作和思考中，这是法国思想家如福柯等人的治学行文的重要特点，“他们教我怎么来思考，教我怎么表达语言，教我怎么把情感渗透到文字上面

去。情感没有情是死的，生命是活生生的，活生生的生命是有感情的。思考也好，写也好，有一种激情在里面，这样的创作和写作是活的”。

张生也说，“以前我们交往的时候，高老师评价一个事物或者强调一个东西特别喜欢说这是一个活生生的东西”。

尽管已年迈，高宣扬依然没有停止在哲学王国里的流浪，“我还没有感觉累，脑子里东西特别多，多到感觉很紧张，每一分钟都很紧张，因为要写的东西太多了，要想的东西太多了，要讲的话太多了”。

◎五十年的筑梦情怀

——记 1957 届校友李景星

1963 年，从红色工程师摇篮——清华水木土建系毕业，他怀着祖国的需要就是他的志愿、为祖国健康工作 50 年的青春理想，离开了清华，至今整整 50 年，也是他与同学范令惠结为夫妻同舟共济金婚之年。他说，我时常心潮澎湃，久久难以平静，油然而忆起走过的 50 年岁月。他就是沈阳二中 1957 届戊班学生，联合国工业发展组织（UNIDO）专家组顾问、台湾新亚建设开发有限公司董事会主席——李景星。

一、参加建造全球最大的水泥船——古田号

1963 年毕业，我被分配在建工部建筑材料科学研究院水泥所混凝土室。1970 年 10 月，随中央科研单位下放到江西省九江市建材工业部水泥船试验厂工作。时任国务院副总理李先念对发展我国水利运输采用“水泥造船”——代钢代木的指示下达后，全国兴起了大造水泥船的高潮。用水泥造船对于当时的造船业是一个新课题，于是当时主管水运的交通部常务副部长马耀骥同志就向国家建委建材组请求支持技术人员。于是，在 1972 年年初，我被抽调到交通部水工局参加“水泥造船”工作。一直到“文化大革命”结束，我在从事水泥造船的 5 年时间里，经历了一段难忘的岁月。

5 年时间里，在当时“抓革命，促生产”的方针下，为发展我国航运事业，因为没有足够的钢材、木材造船，就采用水泥造船。我们走遍了祖国大江

南北，山山水水，在全国调查研究，先后在北京、上海、天津、无锡、揭阳等地分别召开了交通水运工作会议，其中无锡会议我主持制定了“水泥船制造工艺及质量检验标准”（部标试行），揭阳会议通过了于1973年3月22日在马尾下水的3000吨钢丝网水泥货轮、号称是世界上最大的水泥船“古田号”。同时，江南水乡到处可见大大小小的水泥农用船，在农村江河湖泊中穿行，为我国当时农业生产起到很大作用。这也是建设有中国特色社会主义的一篇乐章，叫插曲也行。

十一届三中全会后，1979年9月我被派参加联合国工业发展组织（UNIDO）活动，分别在土耳其、利比亚、澳大利亚、泰国等地4次在会上发言中，对中国水泥造船作介绍，引起各国学者特别是发展中国家的极大兴趣。在泰国亚洲工学院（AIT）院刊上发表了重点介绍中国水泥造船的文章。

二、承包伊拉克卡尔巴拉水泥厂

在党的十一届三中全会制定的改革开放政策指引下，我国对外交流正在兴起，承建国外工程项目和派出工程技术劳务人员不断增加。1983年，中国建材对外经济技术合作公司承接了伊拉克卡尔巴拉水泥厂的生产管理工作，先后从全国40个单位抽调科研、设计、生产和管理人员约2000人参与工作，从1984年到1990年9月海湾战争撤出全部工作人员，我时任建材部技术情报标准研究所副所长，被抽调任命作为第一任总经理带队完成生产调试工作。为庆祝赴伊援建20周年，我出版了《世纪颂歌——卡尔巴拉岁月》，详细记述了那段历史。当时的《中国建材报》评论写道：“20多年过去了，我们今天为什么还要拂去历史的尘埃，追溯那一段岁月的痕迹？因为这一段历史在我国建材工业的发展中是一个难以忘却的篇章，是一段至今依然有着明显影响力的故事，是我们建材人涉艰历险、饱受磨难、自强不息，为祖国、为国家建材工业的发展而奋斗的一个典型缩影——我们永远记住他们！”

三、澳门中行大厦中标

1987 年，随着国家改革开放的进一步拓展，为了和国外尽快接轨，走出去引进技术和外资，建材工业部在香港、澳门地区设立窗口单位，成立了中成建材国际有限公司，时任中国建材及设备进出口总公司总经理助理和国家建材工业展览馆馆长的我，被任命到港澳地区主持窗口单位工作。经过一年多的努力，1989 年参加澳门中国银行大厦内外墙体石材供应和安装竞标，以广东揭阳中国红为主的国产石材中标，把当时我国港澳地区和国外许多竞投者“击败”了。20 年的时间证明国产石材技术是过关的，至今在澳门仍是一景。

在吸引先进技术和资金方面，最为成功的例子是山东省省长姜春云在香港招商，我们同中石化（美国）、中国包装总公司联合投资 600 万美元，选用德国技术在山东临沂建立了我国第一个塑料编织袋厂，为我国水泥出口选用编织袋包装打下了良好基础。

四、走向太平洋岛国汤加

1992 年我们又经香港地区“再走出去”，走向南太平洋岛国。我以晋富集团高级顾问名义到尚未建交的汤加王国，指导承建当时汤加机场酒店楼，同当时汤加王国国王四世及王室成员建立了友谊。到 1998 年两国正式建交和在汤加发展经济合作，同汤加四世、五世、六世三代国王及王室成员都建立了良好的友谊。四世国王女儿来华访问期间，我们又相聚畅谈。特别值得一提的是，2006 年 4 月温家宝总理到斐济出席中国—太平洋岛国经济发展合作论坛，晋富集团汤加和斐济团队参加了会议筹备工作。贸促会俞晓松会长也派人与晋富集团合作组织南太展会，并为晋富集团在南太的工作题词以示关怀和支持。

五、参加香港地区建设

1993年离香港回归日越来越近了，港英当局在建香港机场等项目上同中方产生“尖锐对抗”，我被再次调到香港地区，主持隆天国际工程有限公司（北京建隆建筑工程联合公司）任董事总经理，并联合国内中建一局、上海七建、山东建总、广东四建及广东公路等单位，取得香港港英政府认可的四个C牌（最高总承建商资质），参加香港机场建设小组工作，开始参加香港建筑承包商投标工作，先后在建筑署、土木工程署的多项工程中中标。

1994年11月29日，以中国北京建隆建筑工程联合公司总经理名义，我代表中国民航在香港参加了第10届世界机场建设国际会议，并在大会上作了“中国机场的建设与发展”主题发言。实践证明，中国道路、中国速度让世人惊叹。

随着香港回到祖国怀抱的步伐加快，两岸同胞的交流也逐渐增加。1994年春天，我们企业同香港清华同学会合作，邀请台湾新竹清华大学校方领导和清华大学王大中校长到港参加活动，至今已过去近20年，仍回忆起那段相聚的难忘时光。从那时起，我到过台湾几十次，每次到新竹清华大学都像到了自己的校园一样，因为我们同根同祖，更有同一校训。

●图为2012年4月李景星同夫人范令惠摄于清华园

六、新世纪携新技术参加祖国大建设

“走出去，引进来”，经过改革开放30多年来不断提升，“再走出去”已具备一定的先进管理经验和发展设施；“再引进来”已着眼世界的一流技术和设备。例如21世纪初，我们同台湾新亚建设开发有限公司合作，这家公司于1967年成立，建过台湾四座核电站，并在中东及东南亚有过大型项目并拥有美国和日本土木建筑经验，是台湾第一家民营上市公司。我们合作在香港成立了新亚建设开发股份有限公司，本人被任命为董事会主席，于2002年同中建一局合作参加了北京地铁5号线的建设。同时先后参加北京康乐宫、上海嘉汇广场等工程总承包。另外，曾任公司副总经理的吴之昕高级工程师成为鸟巢工程建设的甲方代表，直接参与2008年奥运工程的建设。每当我们进入鸟巢工地时，心中都久久不能平静。古老的国度，几代人前赴后继，为装点江山而奋斗终生。

能在建设美丽中国的“筑梦”中尽微薄之力，我要感念我的母校和老师培育之恩。

◎从政从文，珠联璧合的公仆

——记 1960 届校友韩英

韩英，笔名韦央，沈阳二中1960届癸班毕业生。1960年考入中央财政金融学院（现中央财经大学）金融系，1963年8月毕业后被分配到广东省佛山工作。曾先后在中国人民银行佛山专区中心支行、佛山地委组织部、佛山地委办公室工作，曾任科长、副部长、副主任、秘书长等职。历任中共佛山市委书记、佛山市人大常委会主任、广东省九届人大常委会委员、广东省九届人大教育科学文化卫生委员会副主任委员。共计担任16年市委副书记、8年市人大常委会主任、5年广东省人大常委会委员。

在搞好本职工作的前提下，坚持业余文学创作。1978年始发表作品，1994年加入中国作协。系广东作协理事，世界华文微型小说研究会顾问，中国微型小说学会理事。发表诗歌、散文、微型小说等作品2800余篇，300余万字，出版个人作品集28本。曾获文学创作硕果奖、“五个一工程”特等奖、宣传文化精品奖。参加“90年代第一天”全国征文大赛，获“最具号召力”奖，获微型小说创作“十大高手”称号，获中国作协“星座杯”奖。

一、大学生活，教诲难忘

韩英说：“一个人在一生中接受过多少次教诲？又多少次教诲过别人？有些教诲如同过眼云烟，有些教诲却是刻骨铭心。”在中央财金学院（现中央财经大学）学习的时光，接受的教诲，是韩英无法抹去的珍贵记忆。

那是 1961 年的事情。当时国家正处于经济困难时期，按粮食定量发粮票，早饭、午饭、晚饭吃多少，都要有个安排，不能“寅吃卯粮”。有鉴于此，学院领导决定，实行半天教学制，每天上午上课、下午休息，以减少体力消耗，坚持完成教学任务。然而，韩英下午并没有休息，他独自一人走出校门，进行一项社会调查。没有不透风的墙，韩英上午在校学习，下午外出调查的事情，被有些老师知道了，并报告给金融系主任张焕彩。张主任找他谈话。系主任要找一个学生谈话，这在当时来说，是一件非同小可的事情。

张主任凛然坐在韩英的对面，韩英忐忑不安，可是谈话的内容却出乎他的意料。张主任的话语虽然直接，但是并不严厉，充满了耐心的开导。虽然他对韩英的这种吃苦精神和求真精神给予肯定，但也耐心地解释了学校领导安排休息的用意，还在做学问的方法上给予指导。而其中尤其令韩英难忘的是张主任说的：“做学生的要读两种书：一种是有字之书，一种是无字之书。”

1963 年 8 月，从金融系毕业走出母校，转眼已经 45 年过去了，未有机会再聆听张焕彩老师的亲切教诲，令韩英引为终生憾事。出校后，他始终不忘张焕彩恩师的教诲，长期坚持读两种书——有字之书和无字之书。有人在报纸上发表文章，说他是《“做官必须读书”的韩英》。他说：“时至今日，张恩师的教诲，仍然植在心田，枝繁叶茂，让我终生受用不尽。”

二、爱岗敬业，尽职尽责

1964 年到 1966 年，韩英在孙中山先生的故乡——广东省中山县，参加农村社会主义教育运动。被评为五好工作队员、广东省学习毛主席著作积极分子，并光荣地加入了中国共产党。

改革开放初期，韩英从地委组织部副部长调任地委办公室副主任，全面主持办公室的工作。他组织有关部门的同志进行了“解放思想，放宽政策”“农村借贷情况”“发展种植业养殖业专业户”等多项调查，牵头撰写了多项调查报告，其中关于佛山地区种植业、养殖业专业户的“百户调查综合报告”受到省委、地委领导同志的高度重视。尤其是在1982年11月，广东省委常委、分管农村工作的杜瑞芝，亲自到佛山，听取韩英等同志的汇报。杜瑞芝说，这个调查报告，对专业户的生命力、发展趋势，以及扶持专业户发展需要注意的问题，都论证得相当透彻，很有指导意义。中共中央书记处农村政策研究室也对此给予充分肯定。《红旗》杂志经济调查专版全文刊登了这个“百户调查综合报告”。

韩英在市委副书记的岗位上一干就是16年，分管过党群、纪检、宣传、统战、社会治安综合治理、精神文明建设等多项工作。对于上述每一项工作，他都尽心尽力去抓，也都抓得很有成效，干部、群众的口碑都非常好。

在讲述自己分管工作方面，他说：“当今父母者，是百姓。他们是主人，我们是公仆。不能把这种关系搞颠倒了。我们走上领导岗位，人民给了我们权力，也给了我们责任。做好工作，是人民之所托、职责之所在。我们所需要的，是一种诚实的态度。做老实人，办老实事，不骄不躁，不贪不腐，不卑不亢。”

三、人大工作，有为有威

韩英在担任佛山市人大常委会主任期间，致力于完善人民代表大会制度、推动民主法治建设。他认为，作为地方权力机关的人大常委会，一定要有所作为，“有为才有威”。

韩英作为中共佛山市委依法治市领导小组的副组长，经过调查研究、总结经验，概括出“关于推进依法治市工作的九个工作系列”。这些工作系列具有很强的可操作性，如能认真做好，必能使依法治市的工作迈上一个新台阶。1997年9月，此成果在广东省人大制度研讨会上宣读。此后，四川省宜宾市人大常委会邀请韩英去作专场报告。

2000年1月22日，广东省九届人大三次会议开幕。韩英是佛山市代表团团长，又是此次大会主席团成员。佛山市代表团提出的关于四会县工业园电镀厂严重污染西江水源的质询案引起了轰动，反响强烈。当时在广东视察的李鹏委员长，每天都收看质询实况。会后，省人大常委会主任朱森林陪同李鹏委员长到佛山视察，对省九届人大三次会议佛山市的质询案，李鹏委员长给予了充分肯定。后来，省人大常委会召开各市人大常委会主任座谈会时专门请韩英介绍成功质询的经验。韩英讲了四条：（一）问题要抓准（重污染企业严重污染西江水源，这是全省人民关注的大事情）；（二）情况要弄明（事前，韩英率省、市两级人大代表到现场检查）；（三）法律要学好（组织本代表团成员系统学习有关保护水源的法律法规）；（四）掌握要得当（根据事实，依据法律，进行质询，适可而止）。由于做到了上述四条，此次质询获得了成功，收到了预期效果。当年《人民日报》概述“广东人大现象”时，重点提到了此次质询。

四、业余写作，累累硕果

韩英从 1978 年 10 月开始发表文学作品，据不完全统计，韩英在 150 余家报刊发表小品文、微型小说、诗歌、评论等作品 2800 余篇，总计 300 余万字。近几年，又在游记领域一试身手，连续推出 5 本书——《苍茫西藏路》《苍茫蒙古国》《南非旅踪》《走马关东》和《南太平洋上空的十字星座》。《星报》《特区时报》《家庭时报》等八九家报刊，均辟有“韩英专栏”，陆续发表韩英的作品。韩英风趣地说：“不是我的文章写得好，是我的名字起得好，所以报刊把我的名字打在专栏上。”他还被几家报刊评为优秀特邀撰稿人。

参加“九十年代第一天”全国征文大赛，散文《我走在清晨的马路上》获最具号召力奖，评委会主任秦牧亲自为韩英签发获奖证书。1996 年 4 月，微型小说作品集《文章即金子》被中国微型小说学会评为优秀作品集。多年来，屡获文学创作硕果奖、“五个一工程”特等奖、宣传文化精品奖……1998 年 9 月，被评为广东省推广普通话工作优秀领导干部。另外还获首届国际文学笔会组委会颁发的“中山图书奖”，中国作家协会、《小小说选刊》颁发的“星座杯”奖。

不同年龄、不同职业、不同民族的读者，经常给韩英写信，与他切磋、交流，向他祝贺、问候。

韩英的作品受到了社会各界的广泛关注。世界华文微型小说研究会副会长刘海涛教授选编的《韩英微型小说百篇》一书中，每篇后都收有点评。点评者有武警士官、银行职员、主治医师、大学教授、报刊编辑，有高级人民法院大法官、省部级领导干部、地市级领导干部、我国驻外国特命全权大使，还有泰国、美国、马来西亚等国的华文作家。

韩英应邀出席了在泰国、马来西亚和印度尼西亚召开的第二、三、五届世界华文微型小说研讨会。会上韩英宣读了自己关于华文微型小说的论文。东南亚以及美国等国华文报刊均发表过他的微型小说，他的作品还被翻译成英文，编进《中国微型小说选集》英文本，作为加拿大的大学二至三年级的文学课教材。

韩英经广东省作家协会主席陈国凯、专职副主席欧阳翎二人介绍，于1994年12月加入中国作家协会。韩英先后担任广东省作家协会理事、广东岭南诗社常务理事、中国微型小说学会顾问、世界华文微型小说研究会顾问。

五、天道酬勤，四个高度

韩英并不是职业作家，但是，他的文学创作成果，可以与职业作家比肩。

韩英说："我自幼家贫，没有条件上学，家乡解放后我才上学。我之所以走上业余文学创作之路，并不是我想当作家，这是由于读书而来，由于渴求知识而来。有了经历，有了阅历，就要运思成文，不吐不快。"1998年9月19日，刘鹏凯先生在《澳门日报》上发表了题为《"做官必须读书"的韩英》一文，道出个中情形：韩英饱览群书，学识渊博；韩英经历丰富，感悟深刻；韩英勤奋劳作，锲而不舍。基于学识、经历和勤奋于一身，终有今日之建树。

纵观韩英的写作生涯，可以发现，他走过了四个台阶，一个台阶又一个台阶地向上走，达到了一个又一个的高度。四个台阶，就是四个高度，这是一个循序渐进的过程，这也是一个呕心沥血的过程。

第一个高度——机关公务写作高手

韩英在中共佛山地委组织部担任秘书科科长 8 年，此后又担任地委办公室副主任、市委秘书长。即便是走上地市级领导岗位之后，有些大件材料也是亲自动手写。他写出的公务文章，做到了“三性齐备”——准确性、鲜明性、生动性齐备，被公认为机关公务写作的高手。

第二个高度——写作小品文独树一帜

韩英写作小品文，写了 10 余年，写出了几百篇。韩英的小品文言必载物，有的放矢，精悍凝练，机智幽默。百花文艺出版社、广东人民出版社等几家出版社将他发表的大量小品文，陆续结集出书，计有《朋友是财富》《幽默是美酒》《从容走天涯》等 7 本，并有艾青为之题写书名的《韩英小品文选》。广东省作家协会主席陈国凯认为，韩英所写的小品文，独树一帜，难能可贵。1995 年 12 月，中国社会科学院文学研究所研究员袁良骏撰文评论韩英的小品文为“抑恶扬善的轻骑兵”。

第三个高度——微型小说界“星座人物”

韩英从创作小品文逐步走上了创作微型小说的路子。韩英创作的微型小说有 1000 多篇，受到广大读者的喜爱。在 20 世纪 80 年代，韩英以创作小品文和杂文为主；90 年代以后，他将微型小说的文体智慧融入小品文、杂文的创作之中，展现出一种新的文体现象——融合文体现象。广东文艺批评家协会副主席黄伟宗撰文，认为韩英的微型小说是“自成一格的杂文式微型小说，是带有韩英鲜明个性的微型小说，代表了微型小说的一种风格和走向”。评论界认为，韩英的微型小说“多层描绘人生百态，多样主题交响共鸣，冷暖叠映庄谐并生”。

第四个高度——形成“韩英现象”

国家一级作家、广东文学院老院长程贤章曾到韩英工作过的地方做过细致调查，写了 2 万字的调查报告，发表在《人才纵横》杂志上（1997 年第 4 期），题目是《从政从文　珠联璧合——论韩英现象》。这是最早系统地论述

“韩英现象”的文章，此后，全国各地开始陆续有人论述“韩英现象”。对于“韩英现象”，《人民日报》（华南版 2002 年 12 月 5 日）、《南方日报》（2003 年 1 月 6 日）均发表文章，指出“韩英现象”体现了一种新的“官员文化”。海外华人中国和平统一促进会秘书长唐炯认为“韩英现象”乃“官员文化现象”之典型例证。广东中华诗词学会常务理事李经纶于 2001 年 8 月 20 日撰文，指出：“韩英同志政余为文，著述丰厚，文名早播于中外。”

六、从政从文，珠联璧合

在韩英 60 岁生日的时候，广东省作家协会副主席廖红球、王杏元撰联并书，惠赠给韩英的条幅是 8 个大字——文誉粤海，德立佛山。中国农工民主党中央委员会副主席、广东省人大常委会副主任王宁生，于 2004 年 3 月 10 日题赠给韩英的是 7 个大字——工作写作皆奉献。

“莫愁前路无知己，天下谁人不识君。”我们所认识的韩英，就是一位既是领导，又是作家的两栖公仆。

1963 年 8 月，韩英从中央财政金融学院（现中央财经大学）金融系毕业后被分配到广东省佛山工作。其间曾在中共中央党校学习两年。1972 年 11 月至 1983 年 3 月，任中共佛山地委组织部科长、副部长，中共佛山地委办公室副主任，中共佛山市委秘书长。1983 年 4 月，地委与市委合并，实行市领导县的新体制。任市委副书记、市人大常委会主任、广东省九届人大常委会委员、广东省九届人大教育科学文化卫生健康委员会副主任委员。

光阴荏苒，斗转星移。韩英最忙的时候是身兼三职：市委副书记、市人大常委会主任、佛山科学技术学院党委书记。有时忙到“走在路上有人随，办公室里有人围，出差外地有人催”。为了完成如此繁重的工作任务，韩英从 1983 年 4 月起，就一直实行七天工作制，节假日像往常一样上班工作。他在领导岗位上，做了大量的实际工作，尽职尽责，无怨无悔。

与此同时，韩英认为，身在领导岗位，工作再忙也要动手写文章。他说，工作是形，写作是影，要“如影随形”。他长期坚持业余文学创作，他的文章是“三点儿文章”——早起点儿，晚睡点儿，节假日多写点儿。他的习惯是“三短一快”——开短会、讲短话、写短文，吃快餐。他先后发表微型小说、诗歌、散文等作品2800余篇，300余万字；出版个人作品集28本。他的作品屡获奖项，这又何尝不是一种奉献呢？

韩英自跨出母校校门，绝大部分时间从事地方党政工作，光明磊落，忠厚谦和，无怨无悔，尽职尽责。从1978年开始，他经历了改革开放30年的历程。最近，多家媒体访问他，他说：“改革开放的胆略、眼光、能力从何而来，从学习中来，从实践中来。”韩英有双重身份，一个是官员，一个是作家。在佛山，他的身份更多地被定义为官员。韩英有双重奉献，一个是工作的奉献，一个是写作的奉献，被誉为“从政从文，珠联璧合的两栖公仆”。

“从政从文、珠联璧合”的韩英向我们走来，他是那样的从容、友善和开朗……

●图为韩英展示和邓小平同志的合影

◎从酿酒工人到生物专家

——记 1962 届校友丁明孝

丁明孝，沈阳二中 1962 届乙班毕业生。北京大学生物学系毕业，科研方向是曾主持“细胞重大生命活动的基础与应用研究”973 项目。包括细胞分化及干细胞生物学、动物病毒及其与宿主细胞的关系。曾任北京大学生命科学学院院长、博士生导师。中国细胞生物学学会终身贡献奖。

一、酿酒酿出来的科研理念

1968 年，丁明孝从北大生物学系本科毕业。当时正值“文化大革命”期间，他被分配到辽宁抚顺的一个酒厂工作。酒厂的工作是繁重的体力活，扛麻袋运粮食、蒸料等，都需要人工操作。丁明孝回忆说，5 吨的原料蒸熟后需要冷却到常温，人站在八九十度热气腾腾的沼里，不停将原料抛到空中，一直降温到二三十度。“要扬得很高，也要扬很长时间，在这个温度下衣服很快会被汗沤烂，为了节省每人供应的 21 尺布，我们通常都光着膀子。”

“那时候的科研就是奔着解决实际问题去的。”丁明孝把在酒厂工作的经历称为当时时代背景下的科研。从 1968 年到 1978 年，他在酒厂的工作一做就是 10 年。厂子以前做过啤酒，但以失败告终。领导找到丁明孝，要求他们把啤酒做出来。丁明孝向上海化工啤酒厂要来生产图纸，和其他工厂交流学习，经历了数月的研究改进，终于成功地将啤酒做出来了。在酒厂的磨炼给予丁明孝后来从事科研的理念：长期摸索，不允许失败。

二、直面困难挑战，不忘坚守与创新

1978 年，北大生物学系经历了十年浩劫之后，面临着重组的艰巨任务。当时生物学系成立了以陈阅增为系主任、胡寿文为临时党总支书记的领导班子，力求建立新的教学和科研体系，恢复正常的教学秩序和专业课程，重组专业和实验室，提升教师的教学和学术水平。这年秋天，生物学系终于迎来了“文化大革命”后第一批通过全国高考录取的 136 名本科生和第一批通过研究生笔试面试的 24 名研究生。丁明孝也是这些研究生中的一员。

1978 年 3 月，全国科学大会在北京隆重召开，科学的春天到来。北大生物学系恢复了教研室，全系建立了 10 个专业和相应的教研室：植物学、动物学、细胞生物学（新建）、遗传学、生理学、生物化学、植物生理学、生物物理学、微生物学，以及在昆虫学基础上 1983 年新建立了环境生物学专业。同时恢复了 9 门重要的基础课：动物学、植物学、微生物学、生物化学、遗传学、生理学、细胞生物学、生态学、普通生物学等。陈阅增、沈同、张龙翔、张宗炳、曹宗巽、吴相钰、翟中和、杨安峰、陈守良、吴鹤龄、钱存桑、冯

●图为恢复高考后北大生物学系首届（1978 级）研究生合影

午、高信曾等教授成为基础课教学的组织者和主讲人。

丁明孝攻读研究生时所在专业的前身是畜牧兽医专业，主要研究动物病毒和动物疾病，1978 年后改名为细胞生物学。丁明孝的研究方向是病毒和细胞的关系。要想看到病毒必须使用电镜，而当时整个北大只有一台古老的电镜可供使用，所以他有时也会去中国科学院租用电镜。

科研条件虽然艰苦，但阔别校园多年，大家对知识如饥似渴。当时老师和学生约法三章：第一，难得有做科研的机会，节假日不要休息；第二，晚上 12 点以前不要休息；第三，女同学尽量不要生孩子。这些要求在今天看来显得苛刻，但那时老师和学生都倍加珍惜失而复得的学习机会。有好几个大年三十，丁明孝都是在实验室度过的。

正是在这样的科研环境下，北大生物学系取得了令人敬佩的成果。1978 年张龙翔的“猪胰岛素晶体结构的测定”获全国科学大会奖。1986 年林昌善、张宗炳、蔡晓明、夏曾铣合作的“黏虫发生的规律的理论及其应用研究”获国家教委科技进步奖二等奖。同年，王平、潘文石、曹炜、邵绍源、唐兆亮合作的“小鸭病毒性肝炎防治”获国家教委科技进步奖二等奖，翟中和、丁明孝、何大澄、戎宪辉、王晓合作的“核内 DNA 病毒在细胞质内的发生”获国家教委科技进步奖一等奖。

1993 年 11 月，生物学系更名为生命科学学院。随着“211 工程”“985 工程”项目的启动，以及《国家中长期教育改革与发展规划纲要（2010—2020 年）》的颁布，国家对教育的期望和大力支持促使北大，同样也使生命科学学院进入了前所未有的发展时期。朱玉贤、陈章良、李毅、安成才、赵进东、王忆平等一批留学归来的青年学者进入北大，为生科院注入了活力。

此时丁明孝身为生科院主管科研的副院长，在他看来，生科院依旧面临着青黄不接的问题。1952 年北大生物学系从清华、燕京等大学会聚了当时最优秀的生物学家。而随着老先生们逐渐退休，接力棒该交给谁？青年学者的研究领域都扎堆到植物基因工程，其他专业的延续与发扬又该如何继续？这成了

●图为丁明孝老师在座谈

丁明孝的一个心结。

2002 年，丁明孝出任生命科学学院院长。这一届领导班子做了一个大刀阔斧的改革：解散教研室。1993 年生科院由系转院，原有的 13 个教研室调整为 6 个系，教研室主任也变成了系主任，由系主任进行管理工作。开展导师制，充分发挥个人的决定权，调动研究的积极性。

◎新百年艺坛形象大使

——记 1956 届校友刘家相

刘家相，1936 年 10 月生于辽宁营口，沈阳二中 1956 届丁班毕业生。中国书法家协会会员，中国艺术鉴定委员会艺术家学部委员会理事委员，威海市书协副主席、顾问，山东大学（威海）文化传播学院教授、汉语史研究生导师、书画研究院副院长。长期在高校从事古代汉语和书法艺术的教学与研究工作。工文字训诂，精于翰墨。

他坚守艺术理想，以高尚的操守来创作文质兼美的艺术作品。他的作品直抵人心之本，生命之源，也揭示了历史发展的规律。从时代之变、中国之进、人民之呼中提炼主题、萃取题材，展现中华历史之美、山河之美、文化之美，书写中国人民奋斗之志、创造之力、发展之果，全方位全景式展现新时代的精神气象。充分展示中国在文化领域的成就，通过文化的相互交流，增加人与人、国与国、民族与民族之间的心灵沟通，向世界展示中国的文化艺术，彰显文化强国在世界的新形象。

其著述以《世说新语译注》《新型古代汉语》《释“越有难”》《古汉语词语补释》等为学界称道。在书法教育、书法研究和书法创作方面成果丰硕，培养了大批专业人才。对传统书法两大主要流派——王氏和颜氏书法，有深入的探讨。其《中国书法史上的丰碑》《〈兰亭〉论稿》等在国内产生了积极影响，受到政府的奖励。其书法诸体皆工，尤擅行草和古文字甲骨文书法。出笔潇丽有法，线条飞动含情，开合变化多姿，颇得右军笔意且别具风采。其甲骨文书法苍润婉丽、疏朗空灵、枯润相宜，在国内外重要展事中屡获大奖。其书多见于报刊，或结集，或勒石，或收藏于大型纪念馆。

其书艺驰誉海内外，为东西方国家的学者和汉学家收藏。曾赴韩国讲学，举办个人书法展。《人民日报·海外版》、中国艺术研究院《艺术评论》、北京大学《艺术主流》等报刊杂志专门推荐和评介。出版书法集《刘家相卷》《刘家相书法选集》等。作品入选《东方印象——走向世界的100位中国大书画家》及反映近代中国书画最高艺术成就的《中国艺术百年》大型古典线装书、《中国百年传世经典》《新中国百名书画大师榜》等书。

传略和艺术成就载入英国剑桥国际名人传记中心出版的《世界名人传》。庆祝神舟十号飞天荣获中国艺术飞天奖最高奖——终身成就奖，其巨幅书法作品“威震寰宇”悬挂于航天博物馆。

●图为刘家相在创作中

◎身处世界，心启二中

——记 1980 届校友崔琦

崔琦，沈阳二中 1980 届 4 班毕业生，1984 年毕业于河海大学军港建筑工程专业，持有同济大学建筑经济硕士学位和英国土木工程师资深会员资格。34 岁作为香港中资企业最年轻掌门人，出任中国港湾香港振华公司董事总经理及中国最大制造出口企业上海振华重工董事（控股股东代表），曾参与和主导完成超过 200 多项海上工程。因其参与多项香港港口和机场建设，1997 年作为在港中资 5 位企业代表，出席香港回归庆典。2001 年收购交通部海运企业，2009 年主导与中国最大建筑企业合作重组山东一家国企。2016 年作为公司创始人，成功完成自创公司在港交所主板上市，并于两年后完成控股权转让。2019 年转投医疗及生物技术研发。

1978 年，我怀着对知识的渴求，考入了沈阳二中这所闻名遐迩的省内名校。1979 年元旦后的第一节物理课，我们的物理老师后来的二中校长张佩纶先生开堂的第一句话是："告诉同学们一个好消息，中国和美国建交了！"他既兴奋又充满无限遐想的表情和极为振奋的语气，令我至今记忆犹新。物理老师新年这段开堂词，真是与他的物理教学毫无关系，我当时不理解他释放的表情，一度让我深思许久。懵懂的我一时间想不出中美建交与物理课有什么关系，而恰恰是老师们并不拘泥于课本，特别注重扩展学生的知识面的教学特点，让我们仿佛透过一扇扇窗洞见外面的世界。那堂物理课后，我对天下大事多了些关注，对世界特别是美国充满了好奇。在我后来的工作中才渐渐地意识到，过去半个多世纪，中美关系已成为地球上最重要的双边关系。今天的中美关系对国际大环境的影响，更是有过之而无不及。仅我个人观点——在某种意义上讲，中美关系是中华民族伟大复兴必须越过的障碍。

1984 年，我从河海大学军港建筑工程专业毕业后，加入国家海洋及海岸工程最强的国际工程承包公司，两年后转至香港及东南亚部分地区工作，开启了 40 年的海上基础建设生涯。其间不乏与美国公司和英国、荷兰、比利时、日本、西班牙、韩国、新加坡、德国、法国、葡萄牙、俄罗斯等多个国家的公司合作与竞争。国际竞争环境，合作者少对抗者多。我初次参与跨国集团工程合作，要追溯到 1991 年。20 世纪 80 年代末 90 年代初，香港开启集装箱港口连续雄霸全球首位十年的壮举，赢得了“国际航运中心”的美誉。这其中就有我们跨国企业联合体紧密合作的一份贡献。当时由我所在的中国港湾公司与英国、日本、荷兰和比利时 5 家跨国承建集团组成的联营体，一举击败由日本和荷兰多家公司组成的联营体，以 3.82 亿美元第一标赢得香港第八国际集装箱 9 个泊位码头建设。这是中国工程承包公司走上国际工程竞争大舞台，第一次以总承包身份承揽的最大国际工程承包合同。业主是由 3 家国际前十的海运港口经营集团组成的业主财团。他们聘请了两家英国的、国际顶尖的港口设计咨询公司，负责港口规划设计和现场管理。从业主到规划设计工程设计咨询公司及我们承建商，共有 10 家国际跨国集团参与，绝对称得上是名副其实的跨国企业合作的超级巨无霸项目。30 多年过去了，我还记得竣工那一刻的精彩：完成第一个泊位码头移交给业主当晚，承建商、业主工程师和业主三方现场漏夜完成验收签署，随即停泊港外第一艘超巴拿马集装箱货轮鸣笛靠港，笛声久久回荡。由于第一个泊位是提前 6 个月交付运营盈利的，业主慷慨解囊，给了我们联营体 2 亿港币提前交付使用奖金。这是后无来者之杰作。在我的文件档案里，仍然保存着业主英籍总工程师的发文。他赞扬中国港湾公司在这个超级项目的优秀表现，指出联营体的英国公司（当时是香港最大的工程公司）是借鉴中国港口建设的技术和管理，以改善他们现场工作的。中国港湾公司也从此确立了在国际港口建设的强势地位。这家香港最大的港口财团，之后在世界各地发展的港口，都给予了中国港湾承建的优先权待遇。

我当时以公司总经理助理的职务，有幸主导了中国港湾负责的香港第八国际集装箱港 20% 份额工程。项目完工后不久，我应中国国际承包业邀请，就项目的合作经历，撰文《跨国合营公司在大型国际工程项目中有关问题的探讨》发表于《国际商报》和《国际经济合作》，并凭此文赢得首届中建杯优秀论文。我的硕士论文，也是以此为案例完成。感谢我的前任和恩师方天中总经理和教我组织论、方法论的恩师丁士昭教授，感谢所有与我共同努力完成多项海上艰难工程的同事！

我与美国企业的渊源可以追溯到 1992 年，我代表公司总经理率工作组赴美，与一家世界 500 强的美国公司合作一项环保工程，对美国企业文化和中美企业商业合作有了最初的印象。不过这次双方会面，倒另有一段插曲，与我们见面的美国公司总裁是位身材健硕的长者。当我开场介绍我们是来自香港的公司时，他马上接过我的话说："我不知道香港在哪里，我知道中国，我去过朝鲜战场。"从他的坐姿形态和悬挂在他们公司大厅他与当时的布什总统握手的照片，看得出，他是位军人出身的企业家。从他几句追忆和表情，让我看到，他对 40 年前在朝鲜的那段经历刻骨铭心，也感到那段经历让他对我们的国家留有的一份敬重。

不过我真正与美国公司合作，是在 1996 年。那年可口可乐等美企进驻缅甸建厂，为解决缅甸货物出口瓶颈，由香港的全球最大吞吐量的港口公司和美国银行（Bank of America 美国银行排名第二，全球银行第八）、新加坡一家物流集团和中国港湾公司，组成港口发展财团，与缅甸政府达成投资、建设及运营（BOT）缅甸第一个国际集装箱港。这也是我第一次接触到国际上流行的 BOT 基础建设模式即特许权（为我后来发起和参与武汉第三座长江大桥 BOT 建设留下非常宝贵的借鉴）。这次的跨国企业合作，让我第一次与美国顶级财团共事，特别领教了犹太商人（美国银行远东总裁，犹太族）精算资本、把准时机、赢得暴利的气魄和铁腕。美国银行精准把握在1997年亚洲金融危机前一个月成功完成缅甸集装箱港口股权转让。当亚洲金融危机席卷香港时，美国人此前以每股2美元出售的股权，转眼间5美分都无人敢接盘。风暴当天香港银行借款利率直逼380点，相当于在那一天，如果借款100万，一年后要还款480万，这样的利率在2008年国际金融海啸以后再也没有听到过，这就是国际金融的血雨腥风！犹太资本面前，老谋深算的英国商人和欧洲及日本资本列强，无不甘拜下风。

我经历的商战迄今最近的一役，是在2018年，成功收购意大利最大海运公司在“一带一路”中巴经济走廊的海上15年过驳营运业务和他们在马耳他的欧盟公司。意大利公司30个月不可能完成的运营准备工作，我们仅用12个月就得以圆满完成，有力地保障了电厂在新冠疫情爆发前启动发电运营。至今，当时参与电厂建设的各方，仍然津津乐道，庆幸我们抢在新冠疫情前，创造了意大利公司不能完成的奇迹。否则，再过3个月新冠疫情爆发，后果不堪设想。

●图为2003年崔琦参与建设完成的香港电厂海上人工岛

自1980年高中毕业，离开家乡已40多年，我在20多个国家和地区承担过各类海上工程，感谢母校沈阳二中、河海大学和同济大学，是各位老师肇启了我最初的国际视野，给予了我严谨的基础训练、顽强的意志磨炼和坚定的理想信念，奠定了我事业的第一块基石。值此母校沈阳二中七十五华诞，特献上至诚感恩之心，亦祝愿母校云程发轫，无惧重重考验，奋勇砥砺前行，永创辉煌佳绩！

◎健康征程中坚守红色信仰

——记 1981 届校友胡波

胡波，1965 年出生，医学硕士，沈阳二中 1981 届 5 班毕业生。慈铭健康体检集团、慈铭海南博鳌国际医院创始人，现任慈铭集团党委书记、董事长。北京市社会领域优秀共产党员。

一、从小渴望投身医疗事业

胡波的父亲是原沈阳军区总医院（今北部战区总医院）的一名医生，也是一名共产党员。从小到大，他受到父亲言传身教，多次亲眼见证父亲妙手回春，挽救了一个个病人的生命。这些经历在小时候的胡波内心深处播下了一颗种子，让他对医生这个职业有了无限的崇拜与憧憬。他因此有了一个梦想，那就是长大之后要像父亲一样，成为一名医生。在父亲的支持和鼓励下，高考时胡波选择报考军医大学。

大学毕业后，胡波被分配到原沈阳军区总医院放射科工作，顺利成为一名军医。那段时间，每当看到前来检查的患者被病痛折磨时，他的内心深处都非常难受。他暗下决心，一定要努力在医疗事业上作出一番成就，一定要通过自己的努力，减少病人的痛苦。

37 岁转业后，胡波离开了军队医院。他选择来到北京，虽然工作城市和环境变了，但为医疗事业贡献力量的初心始终没有动摇。他有着坚定的信念：在自己的有生之年，将自己所学的医疗知识运用到肿瘤生物治疗方面的研发和应用上，尽己所能为肿瘤病人减轻痛苦。为此，胡波在北京开始了新的医疗事业，继续将白衣天使的梦想延伸延续。

随着自己在医疗领域工作的越发深入，胡波逐渐认识到，更好的医疗条件还不够，预防疾病尤为重要。早发现、早治疗不仅可以降低疾病给身体带来的痛楚，也能减轻疾病带给家庭的经济负担。如何能更好地帮助患者，用自己的专业知识为老百姓的健康服务？胡波陷入了深深的思考。

通过对国外体检行业现状的考察学习，胡波决定成立健康连锁服务机构，用更好更新的体检服务，引导百姓改进健康观念。他尝试在体检的过程中加入健康宣讲和专业咨询，用先进医学仪器进行专业诊断，将预防医学引入实践，使疾病在患病初期得到足够重视和有效控制。在他的持续努力下，2002 年，以“为人民健康服务”为核心理念的慈济（后更名为慈铭）健康体检中心正式成立，胡波开启了以“预防为主”的大健康创业之路。

二、红色信仰引领企业发展

“没有党建引领，就没有慈铭集团的今天。”这是胡波对慈铭集团成长的感慨。

2003 年，刚刚成立不久的慈铭体检就遇上了突如其来的非典疫情。当时，体检中心停业、员工休假，慈铭不仅遭受了经济损失，也受到了公众的质疑。面对这一情况，企业中的党员站了出来，他们以大众健康学校的名义，免费为百姓熬汤药、发消毒水，宣传预防知识，与大家一起挺过了非典最艰难的阶段。

在胡波看来，党员队伍的先锋模范作用和强大的凝聚力，不仅使慈铭渡过了难关，还为企业创造了一个良好的公众形象。为此，他果断决定在企业建立党支部，走上了以红色信仰引领企业科学发展的道路。“用红色信仰引领企业发展”从此便成了胡波的座右铭。2004 年，慈铭潘家园体检中心成立第一党支部，2007 年，慈铭集团党委成立，慈铭集团成为北京市第一家在非公企业建立党委的医疗机构。

2008 年汶川地震时，慈铭集团党委捐赠 20 万元，以最快的速度组建了

118 人的医疗小组赶赴地震灾区进行救灾援助。2016 年，慈铭集团还向助老公益基金会捐资 100 万元，用于“两弹一星”功勋人员的健康体检和健康管理。

“有些事，值得一辈子去做。”胡波在座右铭的引领下，先后解决了 1000 多名军转干部就业的问题，提议持续开展“进军营、进乡村、进社区”的党员献爱心活动，通过健康大讲堂、社区健康宣传橱窗、社区义诊与外出体检、老人上门免费体检等方式，为军人家属、留守村民、社区居民群体传播医学常识、开展健康保健。截至 2020 年 12 月，“三进活动”已走进军营 36 个、乡村 19 个、社区 168 个，累计开展服务活动 1500 余场，受益群众近 20 万人。

三、高举党旗投身抗疫一线

2020 年初新冠疫情发生后，慈铭集团成立武汉战“疫”前线临时党支部，成立疫情防控临时小组，25 名医护人员作为第一批援鄂医疗队奔赴湖北武汉。

出征前，胡波特别举办送行会。他讲道：积极报名参加抗疫行动的每一位同志都是慈铭其他同事学习的榜样，我们在入党时候都向党旗宣誓过，2019 年我们也开展了“不忘初心、牢记使命”主题教育，希望大家能够在抗疫前线充分做到将党的教育内化于心、外化于行。他还提醒大家，不要轻敌，保重好身体，务必注意安全，有困难从多方面寻找解决办法，鼓励前线年轻医护人员积极向党组织靠拢。

在胡波的指挥下，慈铭集团医疗队连续 33 个日夜征战在武汉市 6 个辖区 37 个集中隔离点和定点医院，为发热患者、疑似患者、密切接触者、康复病人等人员的分类集中收治隔离工作作出了突出贡献。其间，19 名入党积极分子提出入党申请，撰写了 30 余份思想汇报，把党旗插在了疫情防控的第一线。

2020 年 6 月，在北京新发地聚集性疫情防控告急的关键时期，胡波再次组织慈铭集团党员挺身而出，成立医疗队，连续投入疫情防控工作百余小时，好几次连困带累差点晕倒，也只是休息一个多小时便起身继续投入工作。年轻同事担心他的身体，但胡波说：“我虽然是集团领导，但更是一名党员，我的使命就是把组织分配的任务尽早完成，为疫情得到有效控制争取时间。”在胡波的带领下，慈铭集团医疗队累计进行核酸检测采样 40 余万份，为首都构建疫情防控安全屏障作出了贡献。

●图为 2019 年校庆胡波为母校捐赠善款

四、后记

胡波经常说：“做人要有社会责任感，这样才能走得更长更远。”他用“红色信仰”实现自身梦想，引领企业发展，带领慈铭员工把“为人民健康服务”理念落到实处，持续守护人民健康，践行共产党员的责任与担当。

◎心有所信，方能行远

——记 1981 届校友李泓冰

李泓冰，沈阳二中 1981 届毕业生，当年高考沈阳市文科第三名，作文满分获得者。复旦大学特聘教授，博士生导师，原人民日报社上海分社副社长。采写过全国两会、全国党代会、北京奥运会、上海世博会、上海进博会以及京津冀协同发展、长三角一体化等重大主题报道；深入九八抗洪、汶川地震、外滩踩踏、上海抗疫等突发公共事件一线采访。撰写过千余篇新闻评论，主笔“任仲平”文章获中国新闻奖一等奖等；获全国“新闻出版界领军人才”“全国优秀新闻工作者”等称号，获评第十一届范敬宜新闻教育奖“良友奖”。

一、纠正认知，明确方向

我从小特别喜欢文学，很希望能当作家，选择新闻专业，源于我的父亲。我父亲跟我说，你要想当作家就不能读中文系，因为中文系是写文学评论的，你应该去做记者，读万卷书，行万里路，可以做作家。于是，在沈阳二中报考时我第一志愿是复旦新闻系，第二志愿是北大中文系。

在复旦新闻学院的学习生涯中，对于我来说，最大的收获是完成了一个转折。我们那时还叫新闻系，很快认清了文学和新闻的不同。我本来是为了当作家才来读新闻，结果新闻系老师告诉我们，这完全是两回事，新闻是客观的，文学是想象的。很多人当时不了解，这种客观的力量、真实的力量是多么强大——这是新闻专业教给我的最重要的一个元素。

我在复旦的四年，奠定了一点文史哲的功底，这不仅仅是在新闻系学到的，复旦是综合性院校，给了学生这样的可能。还有，学生社团也很重要，让你结识不同专业的朋友，有的成了终生的挚友。我参加了复旦诗社、复旦剧社，大家一起也做了一些专业之外的事情，丰富了自己，和专业也是相互促进的。

回忆在复旦学习的日子里，留在记忆里的往往是一些跟专业不太有关系的细节。比如当时 3108 教室，每周有学术讲座，观者如堵，场面非常火爆。记得哲学系的 10 位博士生在那儿讲青年马克思，火到教室都坐不下，我们就坐到窗台上，或者把窗户打开，在窗外听。我们那时没有学分的概念，我在中文系、历史系都学了很多课程，老师也不在意外系的学生旁听。社会实践也印象深刻。比如说我们班去过崇明岛社会调查，我跟着复旦剧社去过湖州乡下过春节，跟农民在泥水里面踩高跷。我第一年实习去的是《上海农垦报》，大四又去了《湖北日报》，两次实习都是一个完整的学期，都是基层新闻实践。那时新闻业务老师说，为了采到新闻事实，把你从门口赶出去，你要从窗户跳进来。那种对新闻的执着和不懈，受用终生。

二、深入新闻现场，守住职业精神

走出校门，深入新闻现场，在一线，经历了许多印象最深的事件。

1998 年长江发生特大洪灾时，我和同事戎霄到了九江大堤溃决现场，又在洪水中跑了十几天，几乎每天都有现场报道，也有比较深度的调查，比如《假如九江大堤投过保》。我们曾千方百计搞到一艘小船，前往偏僻的江西省永修县三角乡，一位副乡长跟我说，他们那儿从没有来过记者。这个乡在水里泡了很久。我们看到，大坝上彩色破塑料布搭成连绵的棚子，老百姓叫苦，连干净水都没得喝。那时候，社会上经常有捐赠矿泉水的，有参与救援的解放军战士说，“我们喝过二十多种矿泉水”。但是灾民百姓的饮用水，不可能有这么大成本，他们最需要的一毛钱消毒剂可以净化一缸水，但是并没有。我们看到很多这样的捐赠偏差问题，交通沿线灾区和偏远地区，捐赠天差地别。我们就写了《不能让重灾区成为被遗忘的角落》，也起到了推动问题解决的作用。

汶川大地震，我和同事郝洪赶到了北川县城重灾区。在北川中学看到很多让人心痛的场景，写了报道《北川县城，绝不是最后一瞥》，实际上就是想把北川县城保留下来，能作为地震遗址博物馆。记得正好是跟温家宝总理前后脚到北川。本来北川县城已经安好爆破点，幸好最后还是保护下来了。

类似这样的采访经历还蛮多的。江西万载县的芳林村小学发生爆竹爆炸事件，40 多个小学生死亡，当时我和记者吴焰在现场，很艰难地采访到了受伤的小学生和芳林村的村民，写了《万载爆炸事件：痛定思痛谁之过》《新闻大战是与非》，追问真相的同时，也探讨贫困地区的脱贫渴望、产业单一与安全问题，探讨政府怎么处理公共突发事件，当时在人民网得到非常集中且强烈的关注。在这样的焦点公共事件中，这是记者应有的职业精神，没啥了不起，记者就是做这个的。

当下，一些人们产生了对于新闻本身的疑问，包括对媒体报喜不报忧，或是追求流量制造话题等问题。这种现象的存在，伤害了公众对媒体的信任，也在我们着力推进的国家治理体系和治理能力现代化进程中产生了负面影响。但记者们仍在努力，在一些公共事件中，还是有不少记者到现场，努力发出一线报道，坚守职业精神。在这样一个惊涛骇浪的时代，坚守底线可能是更难的一件事，希望每一个新闻人能够守住专业的底线，至少是不作伪、不说谎、不媚俗。

复旦新闻系教给我们：抵达现场，追求真相，内容为王。记者要从自己做起，没有任何理由拒绝到现场、拒绝报道真相。

我觉得，只要存在公众对公共事件真相的追问，只要存在对众说纷纭的澄清需求，新闻就不会死，记者这个职业就有意义。

前不久我在一个论坛上，和兄弟媒体交流，感觉我们现在习惯于报道一些宏大叙事，其实，我们如果以人民至上为宗旨，我们就要关注普通人的命运。既要看凤凰起舞，也要听寒鸦心事，两者不能偏废。还有，“不妄语，不失语”，现在我们比较注重前者，有时就会忽略后者，如果新闻行业在公共事件中时常失语，会给社会带来非常大的伤害，一是沟通成本增加，二是消耗社会互信，带来巨大内耗和社会冲突。“不妄语，不失语”，这简单6个字，希望每一个新闻人能够铭记于心。

如果让我用一句话来总结新闻的意义，我会说新闻是一种推动社会进步的重要力量。

三、技术在变，内容不变

在我的从业生涯里，从纸媒到互联网，到融媒体、新媒体，新闻在这个过程中有一些是变了的，但有些是应该坚持不变的。

我刚工作时，出报还是一个铅与火的时代，我们编辑要到印刷厂，印刷厂工人把编好的文章、版面，挑出活字拼成文，再拼成版，那个过程，跟宋明时期没什么区别，我也跟着工人学会了去抽取铅字、压条，然后拼成一篇文

●图为2023年李泓冰获第十一届范敬宜新闻教育奖“良友奖”

章，再嵌到版里……现在，在电脑里可以把这一切都完成，后来有了互联网，有了移动互联、两微一端、AI 记者，技术的进步自然不言而喻。

我这一代人，可能是有限的肉体生命跨越人类文明阶段最丰富多元的一代人。说不好这是幸运还是不幸呢。现在记者什么都要会做，不像以前会采会写就可以了。现在要会拍照、会拍视频，甚至 H5、VR 等各种采编技术，可以说是全天候的。对记者的要求高了，受众的要求也高了。包括自媒体的涌现，是时代非常巨大的进步，也应该是推动信息公开的巨大进步。

人类文明中，很多骐骥一跃，都是由技术进步带来的。大家都知道，瓦特改良蒸汽机，掀开了工业文明的序幕，互联网技术的飞跃，也给社会治理和社会运行模式带来了巨大的变化和挑战。

但是也有不变的，对于公众来说，他们仍然需要新闻，需要真相，需要了解这个社会是怎么运行的。所以我认为，内容为王是永远不变的，不管新闻穿哪件“衣裳”，它最重要的、得到受众尊重的，不是它的外表怎么打扮，而是它赤裸裸的、行走着的真实。

四、直面社会质疑，坚守新闻理想

目前，社会上对新闻专业有一些负面声音，现在新闻学院毕业生的就业可能也遇到了一些挑战，赚不了那么多钱，甚至认为“新闻专业无用”。的确，眼下大家感觉求职比较难，就算有了工作，还有“新闻民工”的说法。在不少媒体里，现实生活压力的挑战显然存在，这是一个全球性的问题。

我是 20 世纪 80 年代的大学生，那时可能更有活力，但是近几年年轻人可能会有想躺平的心态，我很理解年轻人的焦虑，我自己的孩子也跟你们差不多大。两代人的经历很不一样。80 年代是改革初期，我们这一代人在过去的 40 年中享受了改革开放的巨大红利。年轻人首先要生存，我特别能理解。找不到理想的工作，还让孩子奢谈什么理想？我也是因为有了适合自己的工作，有了党报这个平台，才能实现我刚才所说的理想主义者的一些东西。作为前辈也在反思，我们可能没有把一个更好的世界交到下一代手里，还要让你们去筚路蓝缕，要承受多重压力。

新闻记者从来都不是一个高收入的职业，在西方也是如此。但为什么还有一些人对新闻业孜孜以求呢？我觉得这原本就是一个理想主义者的行业，如果你没有一点新闻理想的话，真的不一定入这个行。从事新闻可能不太有现实功利性，但也有成就感，报道可能让一些陷入困境的人群从里面走出来。另外，在记者的职业生涯中，可以听非常多的人讲故事，这就好像你比别人多“活”了很多个人生。

如果我去了实验室做研究，我可能永远不会到汶川去，永远不会到九江大堤溃堤的江心岛去，永远也不可能走到黄河源头，跟牧民的妻子一起去做酥油茶……这些经历都是别的职业不可能带给你的。我们讲，人生主要在于质量，而不仅仅在于长度，做记者，你比别人多活了很多个人生，那不是一件很赚的事情吗？不管是从宏大叙事，还是从个人体验来说，做记者都是一个很令人兴奋、非常有诱惑力的职业。这当然因人而异。

选择了新闻这个职业，做新闻人，也许不可能升官发财，但通过你的报道，在现实中推动一些具体事件走向解决，我觉得这是集腋成裘、聚沙成塔的，如果我们的记者、我们的媒体，能在每一件事情报道中推动事件的点滴进步，整个社会不就在走向光明澄澈吗？这是新闻职业最大的意义之一，这种信念也一直支撑着我。

比如，汶川大地震，我写了时评《五星红旗能否为苍生而降》，呼吁为平民的群体性遇难举行全国哀悼日。以前都是只有国家领导人去世才能降半旗，那么后来你们也知道了，从汶川地震开始，我们有了为平民群体性死亡举行全国哀悼日的先例，这就是一种社会文明的进步，也是包括媒体人在内，呼吁的结果。

我在复旦讲课时，让还想做新闻媒体的同学举手，往往是四五十个同学里，举手的时常很难满 5 个。问了一下大家的毕业去向，很多是读研究生，还有不少去一些新媒体平台、一些大公司，做政府关系或媒体关系。那天校友会，我说，有新闻系这碗酒，什么样的酒我们都能对付。我始终还是相信“好学力行”的校训，也就是要恶狠狠读书、急吼吼做事，要有这样的一些力量，锻造自己的能力。现在是全媒体时代，媒体无处不在，你受过新闻传播的专业训练，做什么都会风生水起。

我最近听的一首歌里有一句：“不要嘲笑每个理想主义者，因为你脚下的路可能都是他们走出来的。”人类走到今天的路，那是无数理想主义者铺垫出来的。我们说要仰望星空，为什么？因为我们能够走到今天这一步，就是无数星星点点的理想主义者带给我们的。我们习以为常的一切，如果没有一代又一代理想主义者的艰苦实践，我们是享受不到的，这些甚至已经像水和空气一样弥漫在我们四周了，这就是理想主义者的意义。

●图为 2024 年 7 月李泓冰回母校沈阳二中在“一脉讲坛”讲座

◎学以致知

——记 1984 届校友王泉

王泉，男，1967 年 2 月生，辽宁沈阳人，沈阳二中 1984 届 4 班毕业生。1988 年本科毕业于浙江大学力学系，1988 年至 1994 年就读于北京大学力学系，获得硕士及博士学位。先后任教于新加坡国立大学、美国中佛罗里达大学、加拿大曼尼托巴大学、香港城市大学，现在中国南方科技大学力学与航空航天工程系任职讲座教授。加拿大皇家科学院院士，加拿大工程院院士，南方科技大学讲座教授，博士生导师。现任汕头大学执行校长。

我是王泉，沈阳二中 1984 届 4 班毕业生，班主任是岑志林老师。今年是二中 75 周年校庆，蒙母校给予机会，写此短文，一来谈谈三年高中生活对我的一些影响以及对教育的认知，二来以此感谢母校对我们悉心的培育之恩。

我从初中开始就对数学比较感兴趣。进入高中后参加了两次竞赛。整个高中学习阶段和数学竞赛准备过程，更加培养了我对数学的浓厚兴趣。我现在认真反思回忆后，觉得当时的兴趣更多是在翻阅和习练各种各样的考题后对解题思路的奇特和巧思的赞叹和喜爱，以致自己在解决各样题目后，所获得的成就感和小满足。高三时学微积分的过程带给了我第一次对数学本是什么的困惑和朦胧思考。当时我们的恩师岑志林教导我们极限等的概念，引入 $\varepsilon-\delta$ 语言，将我们从平时做题掌握技巧的思路，引入到了数学严谨而奇妙的世界。后来我知道岑老师所教的是数学史上第二次危机的产生与解决的过程。它起始于微积分里涉及无穷小量而导致分母为零等的危机，直到柯西和魏尔斯特拉斯等数学大师所创立的极限论等的思想，才使微积分理论基础严密化，并促使实数等相关理论的诞生。显然这套极限论思想不是高考的范围，但岑老师却认真地用他独特的启发式方法帮助我们了解这些思想，并且在我记忆中做了很多习题以了解 $\varepsilon-\delta$ 这套数学语言以及拉格朗日中值定理等所带来的深层逻辑和严谨思路。这一阶段的学习，使我从快意于解题过程到热心探索数学本质。到今天我还在思考数学的本质是先验的存在还是人类的发现等问题。随着我阅历的增长和教育的需要，对这类问题思索更加深入，因为这类哲思对更深刻认识科学的本质以及我们在教育中使学生如何在对人类整个科学发展和思想发展的学习过程中铸造更强的思想和认知都是至关重要的。对我而言，这些思考的起头源于我在高中学习微积分过程中带来的困惑和思索。哈勃在他的星云世界中写道：随着距离越来越远，我们的知识也在逐渐消失，而且消失得很迅速。最终，我们抵达了暗淡的边际——我们望远镜的最远极限。我们在那里测量影子，并且在一片鬼魅般的测量误差中寻找着几乎是最重要的界标。这样的搜寻工作将会继续。我们对知识的探索也正如这里所讲的一样，我们寻找最重要的

●图为 2024 年 5 月王泉回母校沈阳二中在“一脉讲坛”讲座

界标，并且搜寻将会继续。如果一个学生在高中年代，接触并领会某些人类思想的重要时刻，并由此产生困惑和浅薄的思考，无疑将是很重要和幸运的。

在二中 4 班三年里，除了各科的学习，我感受比较深的是团体精神与个性自由发展的和谐。董强同学对数学的深刻见解，李可同学对物理的天分，其他同学也都各有特点天赋异禀。在这样班级中，给我这样成绩不是很突出的同学所带来的不是压力，而是鼓励鞭策。我自己真实的感受就是在这样团体中，学习是个有趣而有价值的过程。我可以在这些优秀的同学身上有所学习从而补足自己的短处。而这样的感受是因为这个团体有友爱和乐于帮助的精神。而这样的团体精神会对个体除了带来当时的帮助，也会对无私个性的形成和对未来拥有希望的乐观产生影响。记得我在家里和其他伙伴玩闹时，造成脚趾骨折。在之后一个多月的时间里，是张人天同学每天上下学用自行车接送我。这件事刻在我心中，帮助我思考真正服务的价值和力量。燕京大学的校训是“因真理，得自由，以服务”。我们的服务精神的形成也许就是因为在中学学习阶段，那个有团体友爱和对个体自由尊重的精神中带给我们的种子。柏林大学校长费希特讲道：教育不是首先着眼于实用性的，也不是首先要传授知识和技能的，而是要去唤醒学生的力量，培养他们的自我性、主动性、抽象的归纳力和理解力，以使他们能在目前还无法预料的未来局势中，自我作出有意义的选择。这个讲话中提到的教育主要是指大学教育。但如果一个青少年在中学阶段就接受到了这个教育的精神，会是多么幸运。

高中三年还带给了我许多其他的思考。上个月底，我应邀回到母校与部分同学交流了为什么学习的话题。我提到了学以致知，思想科学都是一条发展之路，人的认知有局限性，读书帮助我们培养具有哲思的科学与人文气质，读书使我们改变认识世界的方式和角度，读书可以培养智慧的心对待世界和自己等几个方面。其中我引用了狄金斯的一首诗。我想再次引用这首诗的片段作为这篇短文的结束，愿年轻人都有一双希望的翅膀，希望是长着翅膀的鸟儿，栖居在人们的灵魂之中，吟唱着没有歌词的曲调，永无止息。

◎致力之力

——记 1988 届校友郭旭

郭旭，1971 年出生于辽宁省沈阳市，1988 年毕业于沈阳二中，1988 年至 1998 年在大连理工大学工程力学系学习。大连理工大学力学与航空航天学院教授，工业装备结构分析优化与 CAE 软件全国重点实验室副主任，中国力学学会副理事长、国际结构与多学科优化学会副主席、国务院力学学科评议组成员、教育部教学指导委员会（力学）成员、国家杰出青年基金获得者、“万人计划”领军人才、自然科学基金委创新研究群体负责人、辽宁工程科学计算与 CAE 软件研发协同创新中心负责人。国际机械设计旗舰期刊 *ASME-Journal of Mechanical Design* 副主编、国际计算力学旗舰期刊 *Computer Methods in Applied Mechanics and Engineering* 编委。

2023 年 11 月 22 日，中国科学院和中国工程院网站分别发布 2023 年院士增选名单，分别选举产生中国科学院院士 59 人，中国工程院院士 74 人。其中，沈阳二中 88 届毕业生、大连理工大学力学与航空航天学院教授郭旭当选为中国科学院院士。

长期从事计算力学、结构优化、固体力学研究和 CAE 软件研发，在相关领域做出了国内外同行公认的重要贡献，产生了重要学术影响。曾两次获得国家自然科学二等奖、两次获得教育部自然科学一等奖。还曾获辽宁省自然科学一等奖、全国创新争先奖、亚洲结构与多学科优化学会成就奖、国际华人计算力学学会成就奖、中国青年科技奖、钱令希计算力学成就奖、徐芝纶力学奖等。研究成果成功应用于新一代载人飞船、“祝融号”火星车、大推力火箭发动机、月球车等国家重点发展装备研制。

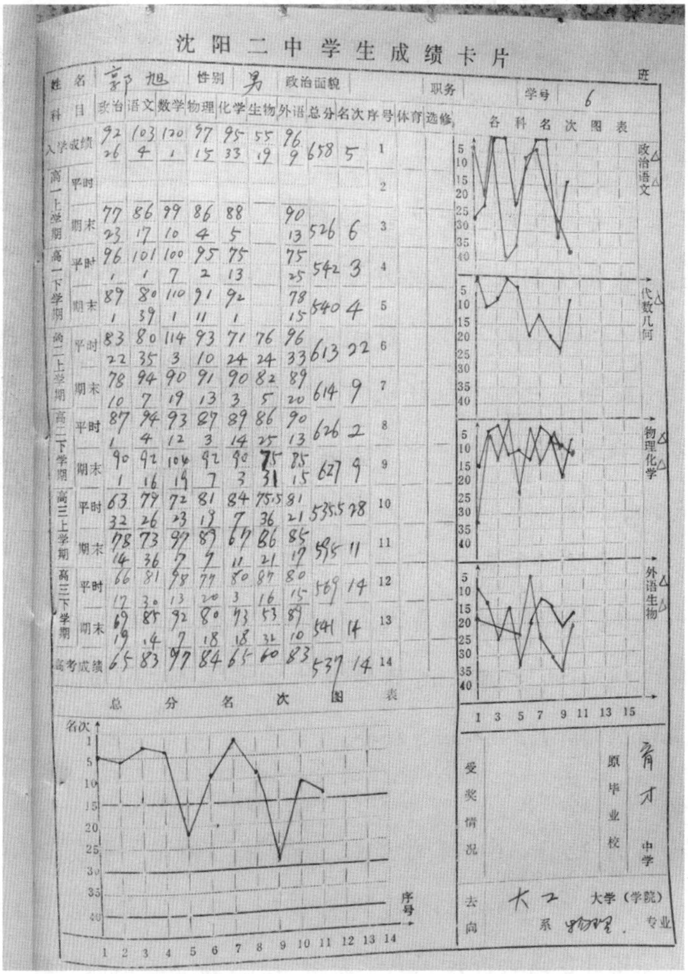

沈阳二中学生成绩卡片

姓名 郭旭　性别 男　政治面貌　职务　学号 6　班

科目		政治	语文	数学	物理	化学	生物	外语	总分	名次	序号	体育	选修
入学成绩		92 / 26	103 / 4	120 / 1	97 / 15	95 / 33	55 / 19	96 / 9	658	5	1		
高一上学期	平时										2		
	期末	77 / 23	86 / 17	99 / 10	86 / 4	88 / 5		90 / 13	526	6	3		
高一下学期	平时	96 / 1	101 / 1	100 / 7	95 / 2	75 / 13		75 / 25	542	3	4		
	期末	89 / 1	80 / 39	110 / 1	91 / 11	92 / 1		78 / 15	540	4	5		
高二上学期	平时	83 / 22	80 / 35	114 / 3	93 / 10	71 / 24	76 / 24	96 / 33	613	22	6		
	期末	78 / 10	94 / 7	90 / 19	91 / 13	90 / 3	82 / 5	89 / 20	614	9	7		
高二下学期	平时	87 / 1	94 / 4	93 / 12	87 / 3	89 / 14	86 / 25	90 / 13	626	2	8		
	期末	90 / 1	92 / 16	106 / 19	92 / 7	90 / 3	75 / 31	85 / 15	627	9	9		
高三上学期	平时	63 / 32	79 / 26	72 / 23	81 / 13	84 / 7	75.5 / 36	81 / 21	535.5	28	10		
	期末	78 / 14	73 / 36	97 / 7	89 / 9	67 / 11	86 / 21	85 / 17	595	11	11		
高三下学期	平时	66 / 17	81 / 30	98 / 13	77 / 20	80 / 3	87 / 16	80 / 15	569	14	12		
	期末	69 / 19	85 / 14	92 / 7	80 / 18	93 / 18	53 / 32	89 / 10	541	14	13		
高考成绩		65	83	97	84	65	60	83	537	14	14		

总分名次图表

各科名次图表：政治、语文；代数、几何；物理、化学；外语、生物

受奖情况

原毕业校 育才中学

去向 大工 大学（学院） 物理 系 专业

●图为郭旭在沈阳二中上学期间的成绩曲线卡

◎攻占前沿难题，矢志科研报国

——记 1991 届校友白晓颖

沈阳二中 1991 届 7 班毕业生、现任军事科学院军事科学信息研究中心副主任、研究员白晓颖，曾是清华大学计算机学院副教授、博士生导师的她，2019 年来到军事科学院，成为一名军队文职人员。短短 4 年多的时间里，她不仅完成了从地方科研人员到军队科研工作者的转变，还推动解决了网信体系建设、数据资源治理、信息服务等领域一系列技术难题，为数据赋能部队战斗力生成作出了重要贡献。

一、身穿“孔雀蓝”，胸怀“强军梦”

作为高层次人才被引进成为军队文职人员时，白晓颖已是国内计算机领域知名专家。她当时正任教于清华大学，获得过多项国家发明专利、软件著作权，还曾荣获清华大学教学成果奖。

2019 年，新调整组建的军事科学院面向社会广泛延揽人才。“现代战争打的是信息、是数据、是智能，而这不正是我的专业领域吗？”白晓颖不愿错过这个千载难逢的机会。

她如愿穿上“孔雀蓝”，正式成为军事科学院的一名文职人员，来到军事科学信息研究中心工作。

“军队文职人员无论硕士博士，都要自觉当新时代强军事业的勇士。”从入职那天起，白晓颖就急切地更新知识体系、思维方式，努力完成身份转变、角色转换。

她的书架上，除了科技著作，还有越来越多的军事书籍。有时，工作结束已是深夜，她又开始不知疲倦地进行军事知识“补课”，阅读大量资料，撰写学习笔记。

“白老师下载了大量的文献资料，3 个多月借阅了近百本各类文献资料，那是我好几年的借阅量。”她的同事说。

春夏之交，白晓颖一行来到戈壁大漠的边防某部。他们深入指挥所、测试站、控制室一线，与官兵面对面座谈交流，结合最新科研成果，为部队网信系统建设、数据资源使用等方面出谋划策。

她策划开展“数智砺战”系列活动，带领科研骨干深入一线作战部队调研数据需求，了解数据使用情况，开展精准对接服务，为部队既送资源、送数据，又给方案、给技术，被部队官兵认为是送来了“及时雨”。

“攻城不怕艰，攻书莫畏难。科学有险阻，苦战能过关。”这首诗，是曾任军事科学院院长的叶剑英元帅所作。白晓颖很喜欢这首诗，“搞军事科研就是要勇于攻关，不论多难，都要有‘苦战能过关’的信念”。

2022 年底，白晓颖领受了某网信建设任务，挑起总工程师的重任。这项任务的难点在于，要把多个系统、不同型号的设备集成一体共同管理，共享信息。此外，在进行数据和应用迁移、升级、适配的同时，还要保证业务系统正常运行，可谓难上加难。

那段时间，白晓颖每天清晨就进入工作状态，协调处理各类问题，直到深夜才能休息。有的项目推进遇到瓶颈时，她就鼓励大家说：“逼一逼是能做出来的。”

“项目经常会遇到瓶颈，但有她在，我们都特别踏实！”一名团队骨干成员说。

8 个多月时间，攻克了数不清的各类难题，数十个单位的系统“无感迁移”到同一张网，很多人认为“不可能完成的任务”最终圆满完成。

“白晓颖给我们的科研工作注入了一股清流。”军事信息科学研究中心领导称赞说。

“这个会议的视频推荐你看看，估计对你的课题有启发”“这本书建议你读一读，应该对你正在写的报告有帮助”……从研究室领导到新入职研究生，与白晓颖共事过的同志几乎都收到过她的“微信推送”。

“白副主任经常能联系到国内顶尖的学术专家，她从不吝惜自己的学术资源，主动帮忙解决难题。”某研究室主任介绍，5 年来，白晓颖先后联系数十位知名专家学者来单位交流作学术报告。

白晓颖还特别提出，组织研究生定期学术汇报。不管多忙，她都会挤出周日下午的时间，与她所带的博士生一对一交流，“谈学术、聊生活、谈未来，每周我们都特别期待！”她的一名学生笑着说。

让同事们更佩服的是白晓颖的学术洞察力。某天，又到了白晓颖定期组织的学术会议时间。她和大家围坐在一张圆桌旁，认真聆听，仔细记录。她发言不多，却总能直指要害，不少难题随着讨论的深入迎刃而解。

“参加白副主任组织的学术会议，更像是参加‘毕业答辩’，不下一番功夫可过不了关！”同事感慨道。“数据核实了吗？”“测试验证了吗？”……白晓颖“犀利”的提问，经常让准备不充分的人坐立难安，甚至汗流浃背。

起初，有人对此表示不理解，认为她对待科研太苛刻，带来了很多“额外的压力”。对此，白晓颖的看法是：“军事科研容不得半点马虎，不要凭想当然，也不要说差不多，否则可能带来血的代价。”

白晓颖认为，军队人员的最高荣誉不是牺牲、不是奉献，而是胜利。她始终以备战打仗为牵引，瞄准部队建设和军事斗争准备急需，发挥自身专业优势，带领团队集智攻关。

“越是深入研究，越觉得科技赋能战斗力任重道远。这已不是一种紧迫感，而是一种危机感。”白晓颖说。

前不久，在某重大专项课题竞标中，白晓颖作为军事科学院代表，与其他军地人员组成联合项目组。她特别强调注重“军事需求”，定下向战胜战的基调和标高，赢得了军地单位的一致认可，为项目的最终胜出发挥了至关重要的作用。

在 2023 年 5 月召开的第四届军事大数据论坛上，作为论坛负责人的白晓颖，以“军事大数据综合治理与融合应用”为主题，与军地专家学者共同探讨适应未来战争军事大数据建设的热点难点、发展趋势，受到广泛关注。

不少年轻同志谈到，白晓颖身上有一种独特的“精神的磁场”。“从某研究机构组建时的深入合作，到跟随她加入军队文职人员队伍，对我来说她不是领导，而更像是我的人生导师！”一名同事说。

近年来，在白晓颖的影响带动下，一批高层次人才先后追随她加入“孔雀蓝”方阵，并在完成重要科研任务中崭露头角。

“这是白晓颖的选择，也是时代的选择。”曾经负责文职人员招考的领导说，近年来，军队文职人员比重不断加大，越来越多的高素质人才走进军队，为军队的发展贡献力量。

二、将个人所学融入国防建设的机会，我不想错过

“白晓颖对国防科技事业的选择，并非偶然。”军事科学院军事科学信息研究中心领导说。白晓颖出身军工家庭，青少年时期，看到最多的是老一辈军工人为国奉献的忘我拼搏，听到最多的是发展国防科技、建设强大国防的谆谆教诲，科技强军报国的信念早早就在心中扎根。白晓颖大学选择到具有深厚军工背景的西北工业大学就读，本科毕业后又来到被誉为“红色航空工程师摇篮”的北京航空航天大学读研深造。出国学成之后，刻在骨子里的爱国情怀使她没有任何犹豫，毅然踏上回国之路。

2002 年起，白晓颖在清华大学任教，在软件工程、服务计算、数据工程等领域开展大量教学和科研工作，获得多项国家发明专利、软件著作权。虽然

在清华大学发展得很好，但当白晓颖听闻新调整组建的军事科学院面向社会广泛延揽人才时，她对国防科技事业的热情再也无法抑制——现代战争打的是信息、是数据、是智能，而这正是她擅长的专业领域。“将个人所学融入国防建设，这是个难得的机会，我不想错过。”几乎没有犹豫，白晓颖加入了军事科学院“孔雀蓝”方阵。

2019 年，白晓颖被任命为该院军事科学信息研究中心副主任。当白晓颖得知她所敬仰的科学家钱学森归国后在军队的第一个办公室就在这个大院时，心情格外激动。“我一定要像钱学森等老一辈科学家那样，把一生的追求与祖国的需要、民族的命运紧紧联系在一起，矢志科研报国、科技强军。”白晓颖坚定地说。

三、搞军事科研不论多难，都要有“苦战能过关”的信念

“军事科研对我来说是个全新领域。”白晓颖告诉记者，为了尽快适应新的工作环境，她决定重构自己的知识体系和思维方式。于是，白晓颖的办公室里，除了计算机软件工程方面的书以外，又多了军事理论、军事术语等方面的书籍。“白老师下载了数以‘TB’计的文献资料，3 个多月借阅了近百本各类文献资料。”一名科研人员说。凭着这股拼劲儿，白晓颖迅速了解了军队信息化建设与作战应用等方面的需求，梳理出军事信息等领域的关键技术问题，凝练出独具特色的研究方向。

“搞军事科研要勇于攻关，不论多难，都要有‘苦战能过关’的信念。”这几年，白晓颖带领团队积极探索“理技融合”科研模式，以重大任务为牵引，组织策划跨领域跨专业合作研究，探索出一条独具特色的军事科研技术路线，取得一系列研究成果。

四、一花独放不是春，百花齐放春满园

“我们都愿意称白主任为白老师。”军事科学信息研究中心某室主任说。

白晓颖笑着说："在清华 17 年的教学经历，让我觉得'白老师'这个称呼更亲切。"

白晓颖会定期组织学术会议。会上她的发言不多，却总能直指要害，凝聚共识，不少难题随着学术讨论的深入迎刃而解。一名科研人员说："参加白老师组织的学术会议，更像是参加毕业答辩，不下功夫可过不了关。"不管多忙，白晓颖都会定期组织研究生进行学术汇报。"白老师严谨的科研思维和精益求精的态度令我钦佩。"她的一名博士研究生说，一次他对某项科研项目提出想法，白晓颖敏锐地发现了其中的漏洞并给出修改意见，避免了项目半路翻车。"白老师总是主动分享自己的学术资源，帮助大家解决难题。"大家说，白晓颖这几年先后联系了数十位知名专家学者来单位交流，组织的一场场高质量的学术报告让大家受益匪浅。

●图为白晓颖到武警某部为官兵授课

"一花独放不是春，百花齐放春满园。"白晓颖十分注重培养团队自主攻关的能力。有一次，某项目实施之初，项目组成员提出希望借助"外力"来完成项目主体建设。白晓颖语重心长地说："这个项目是我们锻炼核心能力的重大机会，虽然难度非常大，但我们日拱一卒、日进一步，就一定会到达胜利的彼岸。"为了让大家消除顾虑，她以身作则，带领团队采取"小工具""小切口”的方式推进项目实施，最终探索出自主科研的实践路径。

“从某研究机构组建时的深入合作，到跟随她加入军队文职人员队伍，白老师就是我的人生导师。”一名科研人员说。如今，在白晓颖等“先行者”的影响带动下，一批高层次人才加入“孔雀蓝”方阵并崭露头角。

◎我的青春与“战神”相伴

——记 2011 届校友魏星

魏星，男，“九〇后”，沈阳二中 2011 届 12 班毕业生，现为轰、6K 机长。

我叫魏星，是中部战区空军航空兵某团的一名飞行员。我出生于辽宁省沈阳市的一个军人家庭，从小听着抗日战争和抗美援朝战争的故事长大，心里早早就种下了一个英雄梦。

高三那年，空军来学校招收飞行学员，在班主任刘晓妮老师的鼓励下，我去报了名。我想蓝天那么大，一定能实现我的梦想。从航校毕业以后，我幸运地来到赫赫有名的空军“神威大队”，见到了“战神”轰炸机。这是一支光荣的部队、英雄的团队。参观师史馆，我了解到部队官兵的一系列光荣事迹，崇敬之情油然而生。我暗暗下定决心，一定要在这个英雄的团队干出一番事业。

当时，部队正处于机型的转换期，新飞行员参训的机会并不多，我内心的焦虑被一名老飞行员看穿，他跟我说：“这种时候最锻炼人，也最考验人，想干事，就别闲着。”

于是，在没有飞行的时候，我就学航理、练体能，把有限的时间抓住。正是这一时期的笃定和努力，让我开始飞向更广阔的蓝天。后来，我也成长为团队的中坚力量，在面对年轻飞行员时，我常常会对他们说，机会永远留给有准备的人，事有所成，必是学有所成。

在我们空军部队，飞行员梦寐以求的荣誉有两个，一个是“金头盔”，一个是“金飞镖”。2020 年，是我第一次参加“金飞镖”考核。

那年，我是队伍里年龄最小的飞行员，身边个个都是高手，每个人都“身怀绝技”。我对自己的要求是不拖后腿、多做贡献。但是上了赛场，谁不想争第一呢？最后，我们机组稳定发挥、精准命中，夺得那一届“金飞镖”，不仅如此，我们单位还获得了团体第一，包揽了考核前三名，实现了“大满贯”。

有人说：“你这么年轻就三获‘金飞镖’，真不得了！”但我想说，昨天的荣誉敲不开明天胜利的大门，“金飞镖”只是我们奋飞航迹上的一项指标，未来战场上得去、打得赢，才是我们最终的追求。

青春是美好的，青春更是用来奋斗的。我很喜欢一句话：不驰于空想，不骛于虚声。摒弃不切实际的幻想，脚踏实地付诸行动，才会业有所成。

当我站在“金飞镖”的领奖台上，当我驾驶战鹰翱翔在祖国的蓝天，我真正感受到了青年大有可为。奋斗是履行使命最坚实的步伐，要努力做好每一件事、完成好每一项任务、履行好每一项职责，矢志不渝地奔跑、超越，用我们飞行员的话说，就是——跑出加速度，飞出推背感。

●图为魏星和战友一起交流

◎“甜牙”设计师

——记 2013 届校友王子平

王子平是沈阳二中2013届16班毕业生，著名设计师。2023年，路易威登与5位当代先锋艺术家共同携手为经典的Capucines手袋赋予独到见解。艺术家比利·赞格瓦、埃瓦·尤斯凯维奇、丽莎·卢、图尔西奇和王子平携手为路易威登Capucines手袋赋予全新创意，将空白画布升华为当代艺术。其中，中国艺术家王子平设计了系列收藏中的一支最小尺寸手袋，取名为“甜牙”(Sweet Tooth)。

贝尔纳·阿尔诺说：“时尚不是艺术，但设计师和艺术家说的是同一种语言。所以他们很亲密，有时他们想分享想法，一起工作。”路易威登自1854年成立以来，一直向艺术和艺术家开放市场。由中国艺术家王子平所创作的迷你手工包，则是迄今为止系列收藏中最小的包。这支手袋采用了明亮的色彩和图像进行皮革拼接和镶嵌，呈现了王子平一直以来的艺术立场。她说：“我无法代表所有的人，我只是我自己，在物质条件丰饶的状态下成长起来的我，我想表达的感情更私人化，更私密一些。”

2023年9月底，王子平在香港K11MUSEA举办了最新的个人展览“爱痕与无尽冒险(Traces of Love and Timeless Adventure)”。此次展览作为王子平首个在香港个展，展出了一系列新的素描、雕塑，以及首次展示的雕塑作品。

从沈阳的小巷走到纽约普拉特学院和罗德岛设计学院，一直以来，王子平以她独特的风格在艺术世界中留下了深刻的印记。她像是一个视觉魔术师，把广告和插图的元素巧妙地融入她的画作中。在这位艺术家的眼里，古典艺术的神韵、产品包装的魅力、网络论坛的图标，甚至 Photoshop 的透明图层都是宝藏。每一个细节都被王子平精心打磨，交织成一幅色彩“鲜艳”又具有某种“先验”性的画面。

为路易威登 Arty Capucine 系列设计手袋，对于王子平来说实属首次。在艺术家的法国画廊 Galerie Marguo 的帮助和在 LV 法国总部的技术支持和实验下，王子平的第一次跨界创作顺利完成。由于中法两国有时差，所以有大量的沟通工作是在中国的下午到晚上进行，所以王子平也会尽可能把自己的绘画时间放在上午，来确保她在上午会有大段的不受打断的绘画时间，这样就可以确保下午有法国的邮件或者信息可以及时回复。

时至今日，手包“HANDBAG”已然是女士们的心头至爱，每个女人都有几款视如珍宝的心爱包包。手包几百年间随着历史与社会的发展与变迁，有着不同的作用和象征。它的设计也随着时代与潮流转变而不断更新，所承载的文化和含意也有所不同。

作为一名中国新锐女性艺术家，王子平无疑对此有着不一样的视角。

她给自己设计的这款手袋起了一个名字——“甜牙”（Sweet Tooth）。这款手袋如同手中的小巧艺术品，皮革主体下隐藏着眼花缭乱的棋盘图案，野生的万花筒般的装饰令人忍不住多看几眼。那使人目不转睛的中蓝色漆皮与金属的珐琅标志和表带相得益彰，而袋内藏有的星星图案、浅蓝和鲜黄的皮革内衬，再加上蓝绿交织的珐琅珠子，都仿佛在讲述一个甜蜜的故事。最后，那个白皮瓣上的珐琅姜饼人装饰，更是为这场甜蜜的梦境画上了完美的句号。

如果说由约翰·列侬以及小野洋子所创造的“BAGISM”一词，彰显了包袋与当代艺术作品背后所凝聚的各种“主义”。那么对于王子平来说，她设计这件手袋的时候，脑海中的画面是小小的令人愉悦欣喜的短暂瞬间：过年时候的烟火、逛庙会时候的冰糖葫芦上的脆壳，小时候无忧无虑会因为收到一盒精美糖果而发自内心的纯粹的开心的心情……“我希望这件作品可以作为一个随

●图为王子平设计的作品

身携带的小小的记忆胶囊，在日常生活中提醒大家这样的愉悦瞬间的存在，并陪伴使用者度过各种各样的没那么开心的时刻。”

这也无怪乎王子平在接受“凤凰艺术”专访时介绍到，Sweet Tooth 在英文语境中会被引申为“喜欢吃甜食的人”的意思，不过这位艺术家同样也很喜欢直译的“甜牙”作为名字，就如同在甜美中掺杂着一点点锐利的力量感。

对于许多人来说，王子平的作品犹如一个迷宫，每一部分都充满了与众不同的魅力，让人不知所措，不知从何开始。就像站在一个五彩斑斓的旋风中，大家的视线无处不在，每一处都值得细细品味。在绘画的每一个角落，王子平都用同样的热情和精细度去勾勒，摒弃了传统油画的深浅对比。在这个画面中，信息层层叠加、交织、流淌，挑战着人们的关注点，也促使我们重新思考我们的关注焦点。

在创作中，王子平则会比较偏执地把每一寸画面都用同样的细节度来画，这个在观念上类似于“去中心化”的色域绘画。同时，她也着迷于表达上的模棱两可，这种十分模糊的表达几乎是与基本的绘画语言相违背的。此外，这位艺术家也会选用很多细碎的元素。

王子平坦言，自己的绘画受到很多不同艺术家的影响，特别是海伦·弗兰肯瑟勒的色域绘画和希尔玛·阿夫·克林特的艺术都让她深受触动。因此，在“甜牙”这支手袋的设计上，王子平采用了其绘画中灰白格子、拼贴的材质、现成品样子的素材（姜饼人、薄荷糖形状的底座、红色大头缝衣针等）、鲜艳而平面的色块和用色彩关系区分开的阴影来组合成最终这支包袋的设计，同时也遵循着 LV 经典的 Capucines 手袋的优雅精致的外形。

对于一名创作者来说，绘画和设计手袋时的心理状态似乎有着某种共通之处。王子平在绘画时常常会在心里留意潜在“观众”的存在感：如果觉得叙事性太直接的话，她就刻意模糊它；如果觉得太过于模棱两可，则放置一些好理解的具象形象在画面上。在她看来，驱使其绘画的是想自我表达的欲望，而这种欲望不同于传统绘画的绘画主体来自外界的描绘性和叙事性，而是源于自身内在的本质表达。

在设计手袋时，王子平没有特意去考虑这支手袋更适合哪个年龄段或者哪种人群，而是在脑海中设想着更广泛一点的使用者形象，更多关注于希望这支手袋给使用者带来的心情和一起陪伴的岁月，期待不同的使用者给这支手袋赋予全新的搭配，带着它去旅行去冒险。

在某种程度上，这种比较关注于体验的理念和其作品中期待观者去在庞杂的信息中收集信息的体验比较类似。有意思的是，王子平作品的最后一个步骤也是由观者在画面前通过熟悉的图案、绘画、包装来试图拼凑出一个主题一个含义或者一个故事情节，而她实际想表达的东西也就是这个“筛选和找寻”的体验。

可以说，在社会的大语境下，手袋已成为品牌、机构和艺术家相融相合的舞伴，它不仅为大胆的试验和宣言提供了舞台，也是跨界合作的精华所在。当时装设计师与艺术家、建筑师的思维融合，那独特的火花常常让消费者眼前一亮，诞生出限量却意义无限的设计。

手袋的起源其实相当朴实。想象一下，当初衣物并没有口袋，人们怎样保存那些贴心的小物、随身的珍宝呢？于是，手袋应运而生，成为人们的贴身守护者。一只手袋的诞生，从一个梦想的草图，到试样的形成，再到精细的缝合，最后走入市场，每一步都如艺术家的细腻笔触——它不仅仅是实用的，更是时尚声明，是公共与私密的交会，更是艺术与生活的桥梁，甚至成了承载思想的媒介。

而对于王子平而言，无论是绘画、摄影、雕塑还是新媒体，都只是情感与想法的不同表达。如同世界各地的语言，每一种都有其独特之处。绘画的魅力就在于，在有限的框架中尽情展现自我——这不就是方寸之间的无限广袤吗？

●图为王子平工作室

第四章

同袍同泽，与子偕行

这里有饮水思源的寻根人。三载求学路，一生二中人。他们将甜蜜的回忆绘成最美的图画，缱绻于纸间；把凌云之誓言烙成永恒的勋章，镌刻到心田。他们将二中的包容大气、追求卓越、家国情怀、朝气快乐薪火相传，亦常回“家”看看！

◎师恩难忘　岁月留痕

——恩师崔德昌百年诞辰纪念活动讲话

文 /1953 届薛国桓

各位校领导、各位老师、各位校友，大家好！

我叫薛国桓，1953 年从二中毕业的学生，与我的孩子一同前来参加崔老师的百年诞辰纪念活动，心中倍感荣幸。

崔老师是我的物理老师，曾带我们三年五班。他到校后的第一堂课便是电学部分，其讲课概念清晰明了，深受同学们喜爱，常常下课铃响了大家都浑然未觉。当时大家都觉得在临近毕业之际能遇到如此优秀的物理老师，实在是幸运至极。崔老师身材不高，但双目炯炯有神，仿佛能看穿学生的心思，对于学生提出的问题，他总能迅速抓住关键，给出准确解答。他还善于引导学生独立思考，为我们日后的发展奠定了坚实良好的基础，而且他和蔼可亲，因与学生年龄差距不大、沟通顺畅，故而深受学生爱戴。记得毕业时学校安排物理老师给学生进行高考辅导讲课，全校 11 个班分成两组，当时没有大教室，只有两个大食堂，两组分别在食堂听课。前 5 个班由甲、乙、丙、丁、戊组成，由崔老师负责讲课。起初两组学生按规定去相应食堂听讲，可没多久，崔老师这边的人越来越多，不仅座无虚席，连站着听都没地方了，同学们用实际行动给崔老师的课作出了无声却有力的评价。

我本人深受崔老师影响，在二中学习时本立志高考报唐山铁道学院，为新中国铁路建设贡献力量，毕竟父亲是铁路系统高级职员，子承父业似乎顺理成章。然而自从听了崔老师的电学课后，我的志向逐渐改变，崔老师将电学讲得如此生动，让我最终决定学习电子方面的专业。后来得知崔老师毕业于上海交通大学电机系，高考时我便报考了哈尔滨工业大学的电机系。我的两个儿子薛定华、薛定宇也是崔老师的学生。崔老师曾对我说，父一辈子一辈都在二中学习很难得。如今我很高兴能告慰恩师的是，我的孙子也是二中的学生。最后一次见到崔老师是在校庆 60 周年时，我和老伴蒋梦云，她也是崔老师的学生且与我同班，我们一同到二中参加庆祝活动，在校门口与崔老师以及教我们化学的李忠祥老师合影留念，这张照片我一直珍藏着，就如刚才看到屏幕上也出现了这张照片一样。

从第一次听崔老师讲课到如今，一晃 70 多年过去了，时光飞逝，但师恩永远铭记于心。借此机会，我这个老学生想表达自己的心意，我代表我家祖孙三代向培养教育我们的母校表示衷心感谢，向培养教育我们的老师们致以崇高敬意！祝愿母校不断发展，为国家源源不断输送人才！

◎回忆 60 年前的崔德昌老师

文 /1957 届段昭华　吴隆海　黄宝宗

段昭华，清华大学电机系毕业，原沈阳重型机械设计研究院副总工程师。

吴隆海，清华大学工程力学系毕业，航天科技十一研究院高级工程师。

黄宝宗，清华大学工程力学系毕业，东北大学教授、博士生导师，本文执笔。

我们是沈阳二中 1957 届戊班毕业生，同年考入清华，在母校建校 75 周年之际，不由得回忆起那段在母校学习成长的难忘岁月（1954—1957），虽然时光流逝已过 60 余载，但许多情景依然清晰，宛如就在昨天！现在我们都已经 80 岁上下，走过了大部分弯弯曲曲的人生之路，要问起点在哪儿，从某种意义上说，是在二中。因为正是从二中开始，我们逐渐树立起一种信念，就是努力为祖国的科技事业献身，做一个品德高尚、有知识、有作为的人。

当时的二中可谓名冠东北，以 1957 年我们班高考为例，那一年全国是低谷，录取率仅为 42%，但戊班学子基本上都考上了大学，其中许多人还考上了名校。当年清华在东北招生 100 名，二中考上 20 多名，其中戊班有 5 人，还有北大 1 人，大工、吉大、哈工大多人。二中为什么如此优秀？我们认为主要原因是当时的老师优秀，他们敬业、水平高、育人得法，名师出"高徒"。例如，我们的班主任语文白云鹏老师、几何三角陈业炎老师、代数王凤超老师、物理崔德昌老师、化学马云泉老师、俄语张琦老师等，真是阵容强大！是他们的辛勤卓有成效的教导，为我们后续的学习和工作打下了坚实基础、启发了创造力，至今回想起来感激之情油然而生。其中崔老师对我们的帮助尤为突出，下面是从记忆深处找回的有关崔老师的片段。

60 多年前，崔老师年轻、英俊、睿智，上海交大电机系毕业，听说来二中任教前当过工程师。从高一崔老师给我们讲物理课不久，大家普遍感到物理虽然难，但有趣、学得明白，到了高考前许多同学觉得对物理有信心，能拿高分，事实也确实如此。崔老师的教学效果这样好，源于他的教学方法和特点，下面是我们的几点体会。

第一，概念清晰，经久不忘。我们上大学后，作为理工科学生继续学物理，清华用的教材是《普通物理学》（福里斯、季莫列娃编，苏联），可谓系统、全面、深奥。但五六十年后，当我们许多人回忆物理的时候，想想那些还没“还给老师”的基本概念，诸如：平抛、斜抛、自由落体、单摆、碰撞、平面镜和凸凹透镜成像、光的反射与折射、电路、线圈在磁场中的转动等，居然惊奇地发现，大多数还是崔老师在物理课中教给我们的。只有当时讲得清晰，才会印象深刻，有这样经久不忘的效果。

第二，系统深入，便于掌握。中学物理内容十分丰富，原理公式纷繁，难以理解记忆。崔老师将自己的深刻理解，加以科学归纳，并总结学习规律教给学生，使我们能够从繁到简、由表及里、比较牢固地掌握物理学的基本内容。比如力学，有运动方程（匀变速运动）、牛顿定律、动量守恒（动量方程）、机械能守恒等，分别描述力学状态和过程，把它们联系起来，便能从容应对任何综合性难题。这便是我们对物理高考有信心的原因。

第三，精准练习，重点突出。任何理论都需要通过应用和练习才能掌握，问题是如何选题，避免题海。崔老师教学中十分重视精选习题，突出重点、举一反三。正因为这样，在高考时我们才感到不少题“似曾相识”，记得其中一道电路大题与平时练过的高度相似。

第四，尽心尽力，服务教学。高三要准备高考了，那么多内容如何复习？为了提高学生的复习效率，深入理解学过的知识，考出好成绩，崔老师为大家精心编了一本辅导材料，并亲自刻写钢板，记得有 10—20 张蜡纸，小字工工整整，人手一册。这本材料总结了同学们学习的重点、难点、易犯错误等，讲得清清楚楚，对我们高考复习帮助太大了！对于巩固学过的知识、灵活应用、提高考试成绩起到了很好的作用。

第五，严格要求，气氛活跃。崔老师无疑是位严师，对学生学习中的每个小错误都不放过，但课堂气氛是活跃的，有时不乏幽默，这使得大家喜欢物理课，积极思考、踊跃发言。曾记得，有一次让一位同学在黑板上答题，答得不够好，大概只能得 3 分（5 分制），崔老师拿起粉笔按“5”的笔顺写下第一笔，正在大家疑惑的时候，他在左上方填写一短杠，成为“3”而不是 5，然后冲同学们一笑。这当然是件小事，不足挂齿，但活跃课堂气氛、使学生喜欢学习，却是一门教学艺术。

崔老师是中学物理特级教师，他的经验是个宝库。上面提到的只是许多年前崔老师教学的点滴回忆，难免挂一漏万。

1957 年高中毕业后，同学们进了不同的大学，而后又走上各自工作岗位，发挥自己的光和热，长期以来没有机会与崔老师见面。直到 2007 年，57 届学生毕业 50 周年，母校举办毕业生返校大会，在沈阳的戊班同学才有幸见到阔别 50 载的几位老师，其中有白老师和崔老师，他们虽然年事已高，但精神矍铄，久别重逢的喜悦溢于言表。是啊，50 年风风雨雨，一言难尽！好在现已雨过天晴、喜相见。在午宴上师生都很感慨，崔老师当即赋七律二首，以淳朴的语言抒发了难忘的师生情谊，更表达了一位 84 岁高龄教师对昔日学生无微不至的关怀，感人至深！这次聚会师生留下了一些珍贵的合影。

如今，我们那段终生难忘、永远留恋的二中学习生活已成为相当久远的历史，当年那些令人肃然起敬、倍感亲切的各位老师多已逝去，但二中的优良传统、社会名气和贡献正在传承和发扬，崔老师所代表的那种钻研和献身精神必将永存！

◎殷殷学子意　深深师恩情

——恩师崔德昌百年诞辰纪念活动讲话

文 /1960 届于秋英

2019 年我怀着感恩母校、感念感谢师恩的心情，参加母校 70 华诞。当得知崔德昌恩师已在 2014 年 5 月 12 日仙逝时，很是悲伤。我国自古就有一日为师终身为父，尊师重教的优良传统。为感念恩师情，我提议在恩师百年诞辰的 2023 年举办纪念活动，得到同学响应。崔老师女儿崔庆十，她也是二中学生，我们不谋而合。

今天我更是怀着感激感动的心情，缅怀崔德昌恩师百年诞辰。更加深切感到母校的温暖与温馨。

首先，感谢胡玉倩书记、刘亚军校长、工会主席赵迅师弟等人全方位的大力支持协助，还有党委王爽旻副书记等在百忙之中光临的母校领导，由衷感谢！

第二，感谢崔庆立、崔庆十和他们的同学们为这次活动忙前忙后，这些做了大量工作的幕后英雄付出了心血和精力，功不可没，向可爱的师弟师妹们致谢！

第三，深深感谢今天到会的挚亲的校友们！

1954 年我考上了慕名已久的沈阳二中，1960 年高中毕业，考上了北京大学医学部。在二中从初中到高中的六年时间，是我人生中难忘的美好时光。老师学识渊博，丰富了我们的头脑，谆谆教诲让我们懂得了做人的道理。我们难忘烈日炎炎与冰霜严寒中孜孜不倦读书的苦与乐，暑假开学时拔校园里一人高杂草时的劳动热情。在培养德智体全面发展的教育方针下，处处铭刻着恩师疼爱的修枝剪叶，让我们茁壮成长，好为国家培养栋梁之材打下坚实基础。

崔德昌恩师在平凡的教书育人的岗位上，作出了不平凡的事迹。老师德行天下，有德才兼备的高尚人品，感召学生，传授知识。恩师学识渊博，他讲物理课深入浅出，生动有趣，不管是不是他教的学生，不论什么时间，见到崔老师请教物理课问题，他总是不顾吃饭或休息，不厌其烦地细致讲解，直到学生懂了，脸上露出笑容，崔老师才会慈祥地微笑着鼓励说要有信心，会学好物理课的。对回答物理课问题和做对物理实验的学生，老师都会用欣慰的眼神欣赏着。

严师出好徒，名师出高徒。崔老师在教学上一丝不苟，潜心治学，恪尽职守，坚毅正直，无私奉献。他爱学生，学生尊敬爱戴崔老师。

值得欣慰的是，崔德昌老师的后代都很优秀，好的家风代代相传！

二中有多位像崔德昌一样的好恩师，如宋祝三校医，当时的教导主任（之后任了校长）马子云，让学生念念不忘。相信二中会涌现出更多的好教师。纪念崔德昌恩师百年诞辰活动，感恩母校、感念恩师是众望所归，会给二中增光添彩，不负韶华，大气成就大器。

感谢师弟师妹对我的厚爱，这次活动有照顾不周的地方，请校友们海涵。

我深爱沈阳二中，我认为沈阳二中的代名词应是“品学兼优，报效祖国”。像钱学森式德才兼备科技泰斗，应该是沈阳二中学子的楷模象征。

最后，祝福母校，踔厉奋发，勇毅前行，再创辉煌！

祝大家福寿安康，吉祥快乐！

2029 年母校八十华诞再相见！

◎我记忆中的母校

文 /1964 届于连城

于连城，男，1945 年生，大学本科学历，高级经济师。1961 年考入沈阳二中，1964 年高中毕业考入大连工学院（今大连理工大学）化工机械专业。1969 年毕业后，分配到一机部大连橡胶塑料机械厂工作。先后在车间、技术处做技术工作。1981 年在大连工学院机械制造专业进修一年。1985 年在中国工业科技管理大连培训中心研究班学习。回厂后曾担任厂办副主任、动力能源处党支部书记、企业管理处处长，大连冰山橡塑股份有限公司（上市公司）人事处处长、监事会主席，现已退休。首次主持制定了一套完整的企业技术标准、管理标准、工作标准，实现了企业管理标准化。曾被评为“大连市优秀企业管理工作者”“辽宁省优秀企业管理工作者”。工作中多项成果获奖，著有 20 多篇论文，分别在国家及省市级杂志上发表。

一、记我的化学老师孟繁武先生

孟老师个子较高，身材挺拔，当年 58 岁，身体结实，稍有些瘦，但精神矍铄，目光炯炯有神。身着褪色的蓝色中山装，衣襟前有几处被化学药品腐蚀的痕迹。胸前佩戴着暗红色教师校徽。

孟老师课讲得好，对学生要求严格，据说他是辽宁省化学学会理事，一级教师，在省内中学里很有名望。当年沈阳二中是省重点高中，各学科教研组都有省市知名的优秀教师。有的出版了学术论著，有的在大学里任教过。学校师资力量很强，校规校纪严明，学风严谨，教学设施先进，教学水平高，在省内赫赫有名。

孟老师讲课生动形象，板书工整，字体苍劲有力。每次上课前都掏出怀表放在讲桌上，时间掌握很准，从不拖堂，同学们都挺佩服。他讲原子、分子结构、化学反应方程式、氧化还原反应、中和反应等概念性知识绘声绘色，本来枯燥的内容都被他讲活了。特别是门捷列夫元素周期表，讲得更精彩。从如何发现到内在规律、本质，深入浅出十分透彻。他要求我们背元素周期表，从左到右、从上到下每行每列都背会，还让我们背金属活动顺序和元素的化合价。

我是化学课代表，学习这门课更加用心，学习成绩也很好，得到老师赏识。我的任务是课前课后帮助老师拿小黑板、挂图、教学用具，在黑板上抄写老师留的作业题，收同学们的作业，下课后擦黑板。

记得一次市里组织观摩教学课，地点在教学楼五楼大教室，上课铃响前，我拎着小黑板和挂图跟在老师后面走进教室。一进门看见教室后面坐满了外校老师，有好几十人，比我们班的学生还多。我回到座位上心里一阵紧张，见孟老师神态自若，把教案放到讲桌上，又掏出怀表看了一眼也放到讲桌上，回身把挂图挂到黑板上，瞅瞅大家开始讲课。语速不紧不慢，和平时上课一样。同学们的心一下子就平静下来，课中间他提出问题让同学们回答，仍习惯地戴上老花镜打开花名册要点名，同学们都屏住呼吸，不知点到谁的头上，没想到孟老师忽然摘下花镜，笑着对大家说："这样吧！谁会答谁举手！"顿时紧张的气氛就轻松下来，好几名同学争先举手发言，我也高高地举起了右手，教学课上得非常圆满。

毕业前的一天下午，我在小操场上遇到了孟老师，他问我报什么学校，什么专业，有何想法？我说："我报了北京大学原子核物理专业，将来做个居里夫人那样的科学家。"老师听后很高兴，勉励我说："年轻人应该有远大理想和抱负，要实现理想就要发奋学习，不要浪费青春时光，千金难买寸光阴哪！要脚踏实地学好本领才能为国效力，才能实现自己的理想，切不可好高骛远。你快毕业了，咱俩照个相吧，留个纪念。"老师和我一起走到中街的一家照相馆，拍了一张照片。

高考后因为社会关系，我没有被北京大学录取，而被省内一所高教部直属的重点大学录取了。当时心理落差很大，情绪低落觉得愧对老师，愧对学校。大学毕业后留在外地工作，再也没回母校。直到1996年夏天庚班同学聚会才回到母校，正值学校放假只能在教学楼里转了一圈，看看上过课的教室。听说孟老师在“文化大革命”中遭受了处分，我心里十分难过。但老师的音容笑貌却永远印在我的脑海里，老师语重心长的话语永远铭记在我心中。

二、母校记忆

收到母校征文的通知，记忆的闸门一下子打开了，当年在二中学习、生活的情景潮水般涌现出来。

沈阳二中位于三好街东部道北，教学楼是一座五层白色建筑，楼的正门朝北。不知是设计师是否为躲避马路边的喧闹，还是施工单位的失误把楼的方向盖反，这也是同学们曾议论的话题。大楼背面与马路一墙之隔，道路上通的是无轨电车。

大楼正面是广场，有几条用树墙围成的小路，其中间的小路直通学生宿舍和食堂。广场西侧是小操场，有篮球场、单杠、双杠、吊环、爬绳等运动设施。再往西就是一幢一层建筑，体育教研组和化学教研组及实验室、熥饭点都在那里。广场的东侧是校门，没有传达室。学生宿舍的后面是大操场，可举办运动会和各种体育赛事。

二中当时就是省重点高中，是唯一不设初中部的中学，学校的校风好，学风严谨，教学水平高，升学率高，教学设施先进，师资力量雄厚，在省市赫赫有名。各学科都有省市闻名的优秀教师，而学生则来自各区、县，自愿报名、统一考试，择优录取。家远的学生可申请住宿，大部分学生都走读。

学校的教学体制是按苏联模式，实行学习成绩五分制，外语为俄语。每年都有高年级学生被保送到苏联留学，记得我入学时就有一位学长被选上了，他经常在校乐器室里吹号，很好听。我向同学打听，才知道他快要去苏联了，我听后非常羡慕。另外教室里的桌椅也是苏式连体的，可坐两人、桌面有斜度，下半面可掀起，这种桌椅在清扫卫生时挺费力。我们庚班的班主任冯懿老师原是苏联翻译，在陪苏联专家野外考察时发生车祸受伤，伤愈后转到二中任俄语教师。她注重口语和听力的练习，课堂上多用俄语对话，语法讲得非常好。还介绍一些苏联中学生和我们通信，我就和苏联一名九年级叫奥雷莎的学生相互写信，交流学习心得，对我们俄语写作能力的提升有很大帮助。我们班的俄语成绩较好，在年级里名列前茅。我的俄语高考成绩也很好，一入大学就被指定为快班的俄语课代表，后面还有中班和慢班。

学校管理很严，一切活动按校规运行。同学们都很自觉，老师在与不在都一样，自习课上鸦雀无声，在教室和走廊里没有打闹和大声喧哗的现象。除每周一班主任老师训话外，教导主任马子云也时常到各班训话。内容大致是讲校风、校纪、社会公德、世界观、人生观、学习目的和方法，乃至个人卫生等小事。

学校也常组织各种课外活动，每年都举办以班为单位的年级体育运动会，项目包括田径、体操等。比赛成绩按各班累计，最终排出名次。我是班体育委员，负责组织大家报项目和赛前训练，通知参赛时间、地点。记得一次市里举办团体操比赛，地点在市人民体育场，我校的参赛项目是长拳表演，队伍有几百人都是男生，上身穿白衬衣，下身着蓝裤子（自己解决，我的白衬衣就是从邻居那里借来的）。赛前我们坐在北看台组成一个长方形，带队的体育张老师把我托到第一排前的铁丝网上，我的双脚后跟踩在网眼里，后背靠在网上指挥唱歌《我是一个兵》四部轮唱。那天大家格外卖力，比在学校里练唱时更整齐响亮，那气势、那歌声响彻整个体育场，彰显了二中学生一往无前、勇于争先的精神。

学校还组织文艺演出活动，各班都积极排练，正式演出在沈阳工业学院（今沈阳理工大学）礼堂（二中附近）。我们庚班节目是大合唱，共 3 支歌曲：《太行山上》《游击队之歌》《延安颂》，由刘光复同学组织，由我任指挥，我双手戴白手套，右手持黑杆白头指挥棒。同学们身着军装，佩戴肩章，头戴大沿帽，个个英姿飒爽（军装是从军校借来的）。甲班的节目是独幕话剧《火烧赵家楼》，反映五四运动的内容，演出水平相当高。绰号“小老大”的丁姓同学演的反派人物非常逼真。丙班演出的是女生小合唱，其他班也都有精彩的演出。学校还邀请沈阳音乐学院附中的学生来校联欢，在教学楼大厅里他们演奏小提琴、大提琴、管乐和钢琴等，丰富了我们的课余生活，提高了同学们的音乐素养。物理实验室的老师还教我们三人（丙班毕瑶、我班周明泽和我）放映电影，讲授真空电子管知识、电影拍摄、胶片处理、制作、剪接、录音、在银幕上成像原理及放映技术等，使用的是16毫米放映机，在大厅里为同学们放映一场电影《勐垅沙》。我参加工作后1976年4月，真的由我发起，我编剧、导演，与曾在长影工作过的摄影师张老师（在大连海运学院任教）合作，拍摄一部长18分钟的宣传纪录片。内容是展示企业形象、发展成就、开发研制的多种新产品及在用户厂使用取得的良好效果，取景大连、烟台、青岛等地。我参与拍摄、制作、剪接、录音全过程，拷贝也是16毫米胶片，这与我在二中受过的感染熏陶不无关系。

记得还有一次我和一些同学参加省数学竞赛，赛前由学校数学老师辅导，数学教研组组长张运钧老师带队。他是省数学学会理事，他写的书已由出版社出版。他的学生陈雪筠老师（当时也在数学教研组）把张老师亲笔签名送给她的这本书让我看过。我非常渴望能听到他的课，但张老师并非我们后4个班的任课教师，通过这次辅导我听课的愿望才得以实现。竞赛在辽宁大学数学系阶梯教室进行，由数学系白教授主持。竞赛结果不太理想，获集体二等奖。对这个结果张老师很不满意，可我认为这么多人参加比赛，按每个学校参赛人数平均成绩排名次，得到这个名次也不容易，如果有一个人考不好就会影响集体名次。

不光是数学课，仅以我对教过我们课的老师回忆，就可看出全校老师的水平。如化学课孟繁武老师、马云昌老师都是省市知名的优秀教师。孟老师还是省化学学会理事，当年已经58岁。他讲的无机化学课生动形象、通俗易懂，板书工整，字体苍劲有力，对学生要求很严，该记的必须背会，所留的作业必须按时完成。我是化学课代表，对这一点印象深刻，他的课让人终生难忘。马云昌老师的有机化学课也讲得很精彩，条理清晰、重点突出、语言简洁。

生物课张老师讲课非常有吸引力，他讲孟德尔·摩尔根的遗传学，讲基因分离、基因自由组合和基因的突变，堪比牛顿的三大定律。他公开表露，他的观点赞同孟德尔·摩尔根学派，但也不排斥米丘林学派的嫁接成果。他还介绍我国科学家童第周对金鱼的基因研究成果，在那个年代这可是科学的前沿。尽管高考大纲没有这些内容，却打开了我们探索科学的天窗，激发了我们学习生物学的兴趣。

历史课龙乾老师是位老教师，知识渊博、教学经验丰富，从古代史到近代史，从中国历史到世界历史，讲得有声有色，特别是中国革命史，从辛亥革命、五四运动到中国共产党的建立，领导中国人民进行的长期艰苦卓绝的斗争，直到中华人民共和国的成立。他时而悲愤、时而激昂、时而兴奋，这种情绪感染了我们，大家都喜欢听他的课。至今想起来，他讲课的内容和观点放到现在也是正确的。

还有代数杜春和老师的速算、心算“会、快、准”的强力训练，语文课许一中老师对鲁迅作品的深刻剖析和对经典名著的讲评，政治课李连德老师的社会主义思想教育课，三角函数张老师的四个象限的函数熟练计算，等等，各有特点。还有几何课孙老师不用直尺和圆规，徒手在黑板上画直线、三角形和圆，令人叫绝。

总之在二中三年的学习生活是美好的、快乐的，更是难忘的。母校不仅给了我们知识，也教会了我们如何做人、做事，如何树立正确的人生观、世界观，追求真理，勇于探索。告诉我们学习是人生最快乐的事，学习永远在路上。二中让学子们魂牵梦绕，它的一草一木、一砖一瓦，它的美丽身影将永远保留在我的记忆里。

◎ 668 班同学没有落后的

——记我的班主任彭鸿涛老师

文 /1966 届张存悌

张存悌，1966 年毕业于二中（668 班）。1977 年考取辽宁中医学院，毕业后曾任该院附属三院内科主任，现为沈阳市东北国际医院国医堂门诊专家。已出版医学专著 51 本，曾应邀赴澳大利亚、加拿大、美国及中国香港讲学。

沈阳二中之所以成为拥有 75 年历史积淀的名牌中学，很重要的一点就是有一批教书认真、诚心育人、非常敬业的好老师。他们学为人师，行为世范，培育了万千优秀人才，我的班主任彭鸿涛老师就是其中一位优秀的代表。我从二中毕业已经 53 年了，至今想到彭老师仍记忆犹新。

我是二中 668 班的学生。1963 年考入二中时，当年负责招生的马主任（后来的二中校长）搞了一个尖子班，从招录的 336 名考生中，按照成绩从最高分依次选取前 42 名，组成 668 班，我有幸成为其中一员。这就是后来“文化大革命”时所谓“尖子班”事件，当时校领导的这种做法被批判为“分槽饲养”“培养修正主义苗子”。当然这是后话，当初我们并不知情。

当年尖子班组成后，校领导为慎重起见，考虑挑选一位政治性强的优秀教师担任班主任。这样，共产党员、军转干部彭鸿涛老师就成为我们的班主任。这一干就是三年，从高一到毕业。初次见到彭老师，觉得他有些消瘦，体重也就 90 斤吧，衣着朴素，操一口略带湖南腔的普通话。从高一到高三，他先后教了我们立体几何、三角、解析几何，讲得认真，教得明白。印象深刻的是，他上课时一定会提个小黑板，上面写好前一堂课的习题，讲新课前提问一个同学，考察同学上一节课的掌握情况。之所以事先写好小黑板，是为了节省时间，也算用心良苦。

彭老师教得好，大家学得扎实。在历经“文化大革命”荒废10年后，1977年恢复高考，668班大约30人考入大学，这个比例在当时是很高的，我也考入辽宁中医学院。这些同学毕业后可以说都成为各自岗位上的骨干。不必多说，这与彭老师教得好有很大关系。有一件事颇有意思，考场上大家看到数学题时，都觉得似曾相识，很像当年彭老师的出题风格，答题自然也顺手。后来同学聚会时知道，那年的高考，数学命题组的组长正是彭老师，大家不禁失笑。“文化大革命”结束后，彭老师被评为特级教师，也是实至名归。

彭老师教书好，育人更好。他关心、爱护每一个同学，待人和蔼可亲。他注重并善于做思想教育，为此投入很多心血。放学后他经常留下一个同学谈心，了解情况，指点不足。“一个都不能少”，全班同学都与他谈过心，这要耗费多少时间和精力呀！有一次彭老师找我谈话，还把我领到家里，师母做饭款待了我。刚入二中时，因为家庭困难，我想申请助学金，彭老师马上向校领导汇报，由于条件不够，没有评上，老师给我如实解释，我也就坦然接受了。后来由于眼睛近视，我又申请一笔临时助学金，这次彭老师帮我争取成功，得到8元钱，配了一副眼镜，整个高中阶段我就戴着它完成学业。

1966年5月，高考在即，大家填报升学志愿，彭老师与每个同学都做了交谈，权衡志愿报得合适与否，并提供建议。记得我第一志愿想报北大数学系，自知学力水平不够，目标有点高，不过还是想闯一把。但是彭老师听了后，没有犹豫就支持了我的想法——他对每一个同学都是尽量鼓励的。

彭老师为人谦和、真诚，对人从不疾言厉色。晚年师母有病卧床，老师一口饭一口汤地喂服，精心侍候了五六年，直至师母离世。记得我曾为师母看过一次病，老师告诉我，他与师母是娃娃亲，自小感情就好。以前老师把工资交给师母，家里事就不用管了，全由师母打理。现在她有病了，自然要好好侍候她，彭老师做到了，行为世范。

彭老师对668班同学深有感情，晚年亦未稍减。我去过他家几次，事隔几十年，全班每个同学他都记得清楚，哪位同学去看过他，带了什么礼品，都能一一念叨出来，要知道这已经是一位八九十岁的老人了。记得去年九月去他家里，闲聊中我无意说到在668班我算是一个“打狼的”（排在队尾）了。一向和善的彭老师突然正色地说到：“668班同学没有落后的。”此话令我感动，我明白，在他心中668班同学都是好样的，没有落后生。

彭老师今年已90岁高寿，耳不聋，眼神好，思维清晰，真是好人一生平安。我特地写了一副对联送给他：“何止于米，相期以茶。”老师已经平安度过了米寿（88岁），祝愿他活到茶寿（108岁）。

◎沈阳二中，我永远不能忘记你

文/1968届崔大林

崔大林，沈阳二中685班学生。国家体育总局原副局长，中国奥林匹克委员会副主席，中华全国体育总会副主席。

沈阳二中是著名的。它令多少中学生向往，甚至梦寐以求，也令多少家长对它充满了钦佩、渴望。

沈阳二中在我心中是难忘的，当我在亚特兰大奥运会赛场上看着五星红旗冉冉升起的时候，当我率领马家军在斯图加特的田径赛场上取得中国第一块中长跑金牌的时候，当我同辽宁足球健儿一起捧起亚洲俱乐部冠军奖杯的时候，我常常想起我的母校——沈阳二中。

我不能忘记的是，二中给予了我们一种蓬勃向上、追求卓越、自强不息的精神。它使我这个共和国的同龄人能够几十年如一日地面对社会、面对人生，能够在风风雨雨的坎坷道路上，不退缩、不动摇、不息地开拓，永远进取。

我不能忘记的是，二中给予了我们一种勤奋、严谨、求实、刻苦的作风。当年，我曾任685班班长、学校足球队队长、田径队队员，并在校学生会工作。二中的德、智、体全面发展的素质教育，在我身上孕育了一种实事求是、埋头苦干的优秀品质，使我们能够脚踏实地工作、奋斗在社会主义现代化建设的各个领域，并为祖国和人民作出了应有的贡献。

我永远感谢我的母校——沈阳二中！

◎忆往昔崔师身影　念恩情岁月留痕

——恩师崔德昌百年诞辰纪念活动讲话

文 /1980 届崔琦

尊敬的各位前辈、各位老师、各位校友：

大家好！

在我的记忆长河中，始终闪耀着一位特别的老师——崔德昌老师。那是在 1980—1982 年上学之际，我在二中与他初次相遇，当时他担任二中考场的监考老师，在黑板上认真书写着各项制度，那场景至今都深深印刻在我的脑海之中，难以磨灭。极为幸运的是，之后在我读书期间，他竟成为我的物理老师，从此，他对我的影响犹如种子般在我心中生根发芽，且一直延续至今。

这两年听说要举办纪念崔德昌老师的追思活动，我非常激动，也在回忆 40 年前崔老师和我们交流学习、跟我们在一起的幸福时光。

崔德昌老师宛如理工科学生眼中那强大的发动机，在教学过程中总是充满着无尽的能量。他的身材或许并不高大，然而其体内仿佛蕴含着难以估量的巨大力量，每次走进教室，都好似带来了一股蓬勃的活力。他上课的时候有个独特的习惯，喜欢在教室里从左缓缓走到右，然后再从右折返到左，手中拿着讲义，深入浅出地讲课，行云流水般地写着板书，而这个习惯也在不知不觉间对我产生了深远的影响。尤其让我印象极为深刻的是，每每下课铃声响起，他总会略带抱怨地说道："时间过得太快了，还有好多知识没有讲完呢。"

回忆起崔德昌老师的过往经历，能够深切感受到他对知识的执着追求以及对时间的格外珍视，还有那份沉甸甸的责任感。他那扎实深厚的学识犹如春雨般滋润着我，尽管具体的相关理论知识如今能清晰回忆起来的已然不多，但这份影响却如同烙印般深刻而持久。后来，我也踏上了理工科的学习之路，在学习和工作的过程中，老师的影响始终如影随形。

在 1978—1980 年那两年，我有幸受到浙江省环保局律师的悉心指导与培养，在读书时期，我的成绩向来都是较为出色的。我毕业于河海大学军港工程专业，并且有幸参与了中国主要航母基地的建设工作，还曾登上过那雄伟的辽宁舰。虽然在理工科的技术道路上，我或许没能完全达成自己最初设定的目标，可能在一定程度上受到了管理和商务工作的影响，但那些坚实的基础学习却是不可忽视的。

如今，我离开学校已然 40 多年了，在这漫长的岁月中，我历经了无数的风雨和挑战。我惊喜地发现二中在辽宁这片土地上有着极为重大的影响力，在技术领域有卓越影响力的人中很多都是二中的毕业生。

如今开展崔德昌老师的追思活动，其意义是无比重大的，能够极大地激发年轻人和职场人的热情与斗志。衷心地希望学校能够更加注重理工科人才的培养，让二中的优良传统得以不断传承和发扬光大，让理工科学生能够为国家和人民作出更多应有的贡献。

◎记忆中的崔德昌老师

文 /1980 届崔庆十

崔德昌，沈阳二中物理教师。1923 年生，1949 年上海交通大学毕业，1953 年到沈阳二中工作，1988 年离休，2014 年去世。曾任沈阳二中物理教研组长、中学高级教师，1986 年被评为辽宁省首批特级教师（当年沈阳二中唯一一位特级教师），中共党员，区、市先进工作者，政协委员。

父亲于 1923 年正月十二日出生，上小学时在河北老家玉田，初中在遵化，高中在北京。1949 年毕业于上海交通大学电机系。同年 8 月，华东军区司令兼上海市市长陈毅在华东革命大学首届开学典礼上作了重要讲话，号召学员到祖国最需要的地方去，建设百废待兴的祖国。作为该校干部一期的学员，父亲积极响应政府号召，与当年毕业的 600 名同学来到东北，随同其他 4 名交大毕业的来到沈阳工作。

1953 年，父亲在近千人的考试中以第一名的成绩投身他心仪已久的教育事业，被分配到沈阳二中，又经严格考核，如愿做了一名物理教员。

见过父亲的人都说，那时的父亲风采迷人：魁梧的身材，时尚的分头，利落的衣服，黑亮的皮鞋，生风的脚步，敏锐的目光，犀利的语言，干练又充满活力，特别是上课时的声音极其洪亮，经常能由楼内传到校门口。课上，父亲与学生互动，气氛活跃；课下，父亲与学生打成一片，亲切自然。

父亲的教学条理清晰，逻辑缜密，风趣幽默，自然生动，通透灵活。高考复习时，父亲的课学生都特别愿意听，也吸引了很多外班的学生，他们拥挤在门窗下，有的还站在窗台上，有些胆小的就把耳朵贴在门上……半年之后，父亲担任了物理组组长。父亲最拿手的是高考辅导押题，每年都能押上一两道大题，真是神奇！人们都说物理组来了个神人，都想靠近他了解他。

“文化大革命”的时候，父亲也受到了冲击，下过工厂，去过农村，走过“五七”，其间许许多多的事情不堪回首，但有几件事不能不提。

最难受的见面。父亲下放沈阳铁西一家工厂的时候，每半个月，母亲就要带着我和弟弟坐公交给他送粮票、布票，每次父亲都是这样的形象：一顶破黄帽子，一件破蓝上衣，脚穿黄胶鞋，两手提着黄裤子——造反派怕父亲自杀，没收了他的腰带……他总是很慢很慢地走向我们，而我们则静静地像陌生人一样凝望着他，不敢多说一句话！父亲委屈呀！我们又能怎样？

最懂事的学生。在运动初期，受时代风气的影响，有的学生“揭发”曾教过自己的老师，但父亲教过的学生没有一个这样做的，哪怕是在有些人的“启发”下，他们也一致认为崔老师课讲得好，没有什么好揭发的。世道人心，这给父亲带来莫大的安慰。

最愤怒的眼泪。父亲由城市来到农村，单位补发了3000元退职金，但家里一分钱也没有动，这是救命钱哪！一家人只是靠着母亲不到50元的工资熬日子。后来政府给“五七”战士盖房动用了这笔款子，只余下800多元。生产队长知道这事后和父亲说，要用这笔钱买苹果树苗绿化山地，改变当地穷困面貌。当时家里都要揭不开锅了，但父亲还是答应了。没想到的是，接下来的几年里，果树苗无人打理，渐渐枯萎了，山上还是光秃秃的……队里也不提及那笔钱，父亲终于愤怒了，流泪了，他找到队长说：“我拿最后的退职金——全家最后的积蓄——支援你们，好让你们尽早脱离贫困，到头来竟是这样，对得起我这一片心、对得起我老崔吗？！”我知道，父亲不是为了钱！

最尴尬的偶遇。那时的小山村里隔几天就在场院放映露天电影。有一天晚上，我和小伙伴们兴致勃勃地看完电影起身要往回走，一扭头，猛然看到角落里站着一个人，他垂着手，低着头，那双熟悉的眼睛斜斜地扫视着我，眼神里似乎充满了惶恐、畏惧、羞愤、无奈……是父亲，是父亲！他在请罪！其实，对父亲来说，这已是无数次请罪了，但被我——他的亲生女儿——看见这还是第一次！我的心震颤着，全身冒出冷汗。离开小伙伴后，我躲在黑暗处咬着牙看着父亲：他曾是那么高傲，现在却是如此卑微；他曾是那么坚强，现在却如此无助！晚上，父亲打扫完场院回家，我早早睡下了。第二天一大早，父亲似乎总是特意瞄着我，我不敢看父亲的眼睛，像没发生任何事似的上学去了。几天之后，一切似乎恢复了原样，但我知道，父亲的心又一次破碎了，为了自己，也为了心爱的女儿。

最简单的快乐。农村的生活很苦也很单调，但其中有很多那个时候才有的特殊的快乐。这里少了许多城里的斗争、奔波，多了一些平和、清淡；这里有乡间特有的鸟飞虫鸣；这里有弟弟们拿着手电筒到小火车站接母亲回来走在山路上的场景，有母亲灯下为我们缝制棉衣，有父亲早上打太极拳，有看家护院的“大老黄”，有弟弟做的“冰车”……记得每天晚饭后邻里乡亲坐满我家院子，听着我家北京牌收音机的广播，拉二胡，讲鬼故事，唱样板戏。还记得父亲特意帮我往学校背草，把家里唯一的草帽给我戴上；还记得那时我总被队里的大喇叭表扬说城里的孩子不娇惯，照样完成学校的任务，我的心里美啊，但我知道这主要是父亲的功劳啊！

1978 年春天的一个晚上，彻底“解放”的父亲带着全家回到了阔别八年的沈阳，回到了日思夜想的二中。学校早早为我们安排好了住处。刚进楼，楼里就沸腾了：“崔老师回来了！”“老崔回来了！”“看看变成啥样了！”……那些天，老邻居、老朋友络绎不绝，我们家总是热热闹闹的。

安顿下来后，父亲的工作很快进入正轨，还上课，还是物理组长。从前的“历史错误”彻底平反了，父亲思想上、精神上没有了束缚，精神面貌焕然一新，全力投入到他所钟爱的教育事业。父亲带的是毕业班，校园里父亲永远是闲不下来：备课，出题，判卷，刻钢板，教补习班，答疑解惑……下班后父亲也闲不下来，还要到很多科学院所讲学，比如中科院金属研究所、东北工学院、沈阳药学院、沈阳建工学院、沈阳军区总医院等。

有很长一段时间，市教育局为积累教育资料，提升全市教学水平，特意邀请德高望重的学科前辈录制电视课程，父亲也在被邀请之列。每天一下班，父亲不吃不喝，急三火四地挤上公交车赶往位于北陵的省电教馆录课。录制教室只我父亲一人，并无学生互动。父亲努力保持平常的上课风格，板书，解题，自问自答，使课堂尽可能有趣而不枯燥。父亲的课风趣幽默，通俗易懂，反响极其强烈，有些在乡下共事过的老同事捎话或来信说，终于在电视上一睹“物理之王”的风采。

每次录完课，父亲总是空着肚子赶着末班车回家。站在家门口的父亲总是一身白粉笔灰，接下来就是那熟悉的画面了：父亲高高举着双臂，母亲用小扫帚一下一下扫去父亲身上的粉笔灰。“父亲投降，母亲扫灰”成了我们家的惯例。简单地吃过饭休息一下，父亲还要查资料，写教案，刻钢板……第二天一大早还要赶着到学校印题，课上发题、讲题……

父亲对工作从不怠慢，从不含糊。除在校工作外，为了把物理实验课上得更好，父亲还经常在家里做些小实验，那个时候也是我最快乐的时候。比如有一次要讲“杠杆原理”或“起重机原理”了，父亲在家里找了一些小物件，摆弄了一阵，做出了一架小仪器。父亲小心地牵动着拉绳，杠杆来回摆动，滑轮上下移动，整个仪器运行和谐流畅。再如要讲“三棱镜折射”，父亲用纸壳、玻璃片制作一个三棱镜，然后对着太阳或灯观看光线折射效果。每次做试验父亲都是那么专注、那么陶醉，而我在旁边静静地看着，真心感到父亲无比神奇、无比伟大！

20 世纪 80 年代初，年近六旬的父亲终于加入他渴望已久的伟大的中国共产党，实现了人生夙愿，那种激动的心情真是难以形容。入党后，父亲更努力了，而且每月都要多交党费。

父亲还被选为市政协委员，在政协会议上，父亲也和其他代表一样畅所欲言，为沈阳市、为国家的发展建言献策。会议结束回到家，父亲喜悦、激动的心情久久不能平复，他为自己真的当家作主而自豪，为政府关注百姓而感动。

父亲总说：“没有中国共产党，就没有我崔老师的今天，我要永远感谢党，热爱我们的国家，为教育事业贡献我的一切。”

说到上课，了解父亲的人都知道他有个习惯：每每进到教室和学生打招呼后，父亲就从左上衣口袋里取出怀表，放在讲台的一角。讲课时，父亲不时看一下怀表；内容讲完了，父亲经常留时间给学生消化内容，这时候父亲就拿起怀表来回地巡视，解答学生问题。尤其是在课上小考的时候父亲更是怀表不离手。时间一到，父亲一边手握怀表，一边观察着学生，学生的情况父亲一目了然。学生也形成了极强的时间观念，极大地提高了学习效率。

父亲文理科都好，文史特别是古文最为突出，爱写诗，但他把主要的精力都放在了物理教学上，因为他最崇拜的科学家是爱因斯坦、钱学森，也因为他内心有一种挑战精神：非要弄通一般人最害怕的物理。物理成了父亲的最爱，也成就了父亲的名声，以至于人们称他“崔物理”“崔电学”！

在家里，父亲是好丈夫，是好父亲，也是我们的好师长。

父亲与母亲风雨同舟、相濡以沫、恩恩爱爱近60载，其间发生的许多事情虽然模糊了，但有几件事我还记得很清楚。

父亲花钱最多的项目是买书，去的最多的地方是书店。平日里不管是工资还是讲课费，父亲从来都是“双手奉献”给母亲，不留一点私房钱。父亲需要购书时，总是伸出手来要，有时像乞讨，样子似乎十分可怜。母亲总是笑眯眯地逗他，父亲越着急母亲越是逗，直到父亲快急眼了母亲才罢休，父亲则像获了赦免似的拿了钱买他的心爱的书去了。这场面，让我们做儿女的看了既感到有趣，又感到幸福！

父亲晚年住院，母亲身体也不好留在家里休养。每天二老常打电话互相问候。听说父亲要出院了，母亲打电话说：“老伴呀，等我接你去！”父亲回道：“你会走路吗？你自己都下不了地，还得人侍候，怎么接我呀？除非你开飞机来，不用腿走路来接我，好吗？”这是父母最后一次通电话，听着感动又心酸。

对我们这些晚辈，父亲在我们很小的时候，就常教我们读书、做人。虽说我们因时代的原因学业上不理想，但我们敢说在做人上对得起父亲的良苦用心。记得在“文化大革命”时期，生活非常困难，有些同事、朋友、乡亲没办法只好向父亲借钱，10块20块的，有些人过了好长时间也还不上，父亲总说他们也不容易。许多借的钱就不了了之了。

再有父亲治病享受高干待遇，费用全部报销。有一次，家人提了一句能不能给家人也开点药，一向随和的父亲勃然大怒，拍着桌子喊了起来：“这是国家给我一人的，不是全家享用的。不要沾我的光，占公家的便宜，占便宜吃大亏，要自己挣自己花。”

父亲去世已数年，悲痛的心情渐渐平复。我永远不能忘怀的是父亲坚定、执着、热爱、正直的品格，不能忘怀的是对他的思念，不能忘怀的是埋在心底的信念：做父亲那样的人，走父亲那样的路！

◎影响我一生的回忆

——记班主任陈洪峰老师教学事迹两则

文 /1981 届庞继景

庞继景，曾就读于沈阳二中初中部 79 届二班（班主任：陈洪峰），高中部 81 届四班（班主任：孙丽华）。中国医科大学英语医学专业毕业后在附属第二医院眼科从事医疗、教学和科研工作。1999 年在东京医科齿科大学眼科获医学博士称号。随后赴美国奥克兰大学，在眼科研究所从事基因治疗博士后研究工作。2002 年加入美国佛罗里达大学任眼科研究系助理教授。主要研究视网膜遗传病特别是先天盲童的基因治疗方法。2014 年晋升为正教授。2017 年回国担任厦门大学附属厦门眼科中心眼科研究所常务副所长。多年来，庞继景及其研究小组的工作一直站在国际基因治疗领域的前沿。曾获包括 H.Talmage Dobbs 眼科贡献奖在内的多个荣誉称号。2011 年获中华医学会眼科分会海外华人眼科学与视觉科学杰出成就奖。2015 年在美国获 OCAVER 眼科与视觉科学杰出成就奖。现任海外华人视觉和眼科研究联合会主席。

1977 年的秋季，二中在“文化大革命”后又恢复了重点中学的地位，并开始在沈河区通过统一考试择优招收高中生。

我们作为二中初中部二年级的老学生，也进行了年级内统一考试并按成绩缩编为 4 个班进入初三。我被编在三年二班，班主任是教化学的陈洪峰老师。20 多岁的陈老师也是二中的毕业生，只比我们大几岁，当时还没有成家。所以，他几乎把全部精力都用到了我们这些学生身上，经常是早晨第一个到，晚上最后一个走。我的性格及世界观的形成也是受了陈老师极大的影响。

有两件事，对我以后 40 年的生活和事业有很大的帮助，我一直记着。

有一次，年级组织到附近的青年苗圃去参加义务劳动。正巧陈老师在学校里有事离不开，就叫班干部带着我们去了。可是当任务分配下来后，同学们都愣住了，我们班的任务和其他班级相比，又累又难，而且很难在一下午完成。当时我们班是个团结的集体，同学们又都年轻气盛，一致认为我们班主任老师不在，不应该被这样对待。在班干部交涉无果后，大家就故意集体消极怠工，结果当然可想而知。

当天，还没等我们回来，苗圃那边的告状电话就打到了学校。当身心俱疲、满腹委屈的我们刚准备向亲爱的陈老师诉苦的时候，却见陈老师一句话不说，铁青着脸把我们带到了学校北面的操场上，这时，班干部把事情的原委仔细向陈老师作了汇报，然后，陈老师就给我们上了一堂难忘的课——大家站在那里受到陈老师长达两个多小时的思想教育。

我和同学们一样，刚开始时觉得特别委屈，然后一点点才认识到我们处理问题的方法有问题。

他说："我现在理解同学们了，但是我们一定要挽回对我们学校和班级的不良影响，叫大家知道我们不是拈轻怕重，怕苦怕累的懒汉！"第二天下午，陈老师又带我们回到了苗圃，那一下午的劳动叫我至今难忘。还是同样的苦活，还是昨天那些人，但这回同学们憋足了劲儿，拼命地干，像小老虎一样高质量地完成了当天的任务。

还记得苗圃的工作人员当时感动地说："昨天不是真实的你们，今天的你们才是我们心目中二中学生的样子，我们明天就去你们学校反映，表扬你们的这种知错就改的精神！"

通过这件事我认识到，遇到事情，尤其是受委屈时，不要急躁；更主要的是知道犯了错误不可怕，只要及时改正了，是可以把坏事变成好事的。这种认识对我在以后的中考（考取二中高中部）和高考，在日本留学读博士，在美国搞研究，从助教一直做到正教授的过程中，都有很大的帮助，使我受益匪浅。

二中的同学能在国内外取得不凡的成就，和当时学校重视德育、素质教育以及品格培养有很大的关系。

记得当年，每到下大雪的时候，我们学生都要出去到附近马路的分担区扫雪。因为这涉及相应区段的公交车能否顺利行驶的大事，所以每次陈老师都是尽量和大家一起去。记得有一次扫雪时，天气特别冷，奇怪的是陈老师并没有出现。我和往常一样尽力扫雪，天气虽冷却干得满头是汗。第二天早晨，陈老师在全班同学面前特意表扬了我的行为。他说："你们以为我没参加扫雪，我是在暗处冒着严寒静静地观察着你们每一个人的表现。希望大家以后做任何事都要老师在和不在一个样！"这件事对我的影响也很大。

这以后，我养成了干每件事都仔细认真的习惯，知道做事不光是为了让家长、老师和领导看到你的成绩，更理解了"慎独"的真正含义。这为我后来成为一名合格的科学工作者和临床医生打下了良好的基础。

一晃40年过去了，中国发生了翻天覆地的可喜变化。老师对学生的教育方法也发生了很大的改变，我知道陈老师的教书育人方法也在与时俱进。我真心感谢母校二中以及像陈老师这样的优秀园丁对我们那一代的培养。希望母校永远发扬教书育人的优良传统，在教好科学知识的同时，注重品德及素质教育，培养出更多具有人文素质和家国情怀的社会栋梁！

◎一切故事都从 1978 年那个春天开始

文 /1981 届李泓冰

母校校庆前，沈阳二中的巩固老师联系我，拍发了一个纪念册，印着我是 1981 年沈阳高考文科状元。我说错了，我不是状元，一定要排的话，算是探花吧。

不由得重温了高考经历。对“六〇后”来说，恢复考试先遭遇的是中考——我从沈阳九中初中毕业，考进了省重点沈阳二中。二中当年以理科教学著名，未设文科班。又逢中国迎来“科学的春天”，凡进了二中，都怀抱一个科学家的梦想，我也不例外。改革开放元年——1978 年春，我读初三。北京召开全国科学大会，邓小平宣告：“我们今天能够举行这样一个在我国科学史上空前的盛会，就清楚地说明‘四人帮’肆意摧残科学事业、迫害知识分子的那种情景，一去不复返了！”一句话，卸下了长期禁锢人们思想、让知识分子抬不起头的精神枷锁。时任中国科学院院长的郭沫若贡献了诗情洋溢的书面发言《科学的春天》，“我们民族历史上最灿烂的科学的春天到来了”，中华民族将要书写的“这部伟大的历史巨著……它不是写在有限的纸上，而是写在无限的宇宙之间”。沈阳开了个“中学生与科学家座谈会”。刚在数学比赛获了个小奖，我被选中参加。一来很光荣，二来也有些惊异：参加座谈会的科学家，好几位是和我一个院子的熟面孔。比如师昌绪，不就是那位每天早上和我们一起在树林打拳、还老开我玩笑的师伯伯吗——他竟是赫赫有名的金属材料科学家。

一进高中就担任数学科代表的我，很快认定自己的真正兴趣是在文学。我和好友王曼天天跑教导处软磨硬泡，还动员高度近视的、理科成绩不够好的同学，一起呼吁开设文科班；历史、地理老师也暗中出谋划策。开明的校领导终于同意在高二开设二中有史以来第一个文科班，我们只凑够了 25 人，每每操场排队，队列都不到其他班的一半。

高考那天，觉得和平时做题相比，数学、语文都无比简单，写完《毁树容易种树难》的作文，我还小睡了片刻，让监考老师颇为关注——班主任严命不准早交卷嘛！当有人从辽宁大学阅卷组传来消息，说出了一个105分的语文卷（满分110分），作文还满分。我嘴里艳羡，心里却想，这分数倒也没啥，作文满分怕不容易。我的同桌，率先知道分数，连夜跑到我家报告。居然，我就是那个105分的考生。数学却走了麦城，因为一道应用题的粗心，只得了86分（满分100分）。总分倒不算低，我妈妈喜得把这报喜男生抱起来转圈儿……很快，报纸报出全市前五名，仅有一年历史的我校文科班，居然占了其中三位。于是记者找上门来，我那篇作文很快被刊发，并在众多高考辅导书中出现，当然一分钱稿费也没有。当时辽宁是出分后再填志愿。我工整填下：第一志愿复旦新闻系，第二志愿北大中文系。这一代知识分子的人生故事，其实都是从那个春天开始的，没有例外。整个中华民族“解放的不仅是人，还有智慧”……

◎我的命运在二中拐弯了

文 /1981 届王曼

1979 年秋天，我进入二中念高一。高一四班共有 50 多名同学，没几天工夫我就发现班里人才济济，满是学霸。我原本在初中读书时积攒的自信心，很快被打击得了无踪迹。最让我打怵的科目是物理，它经常使我一头雾水。

但是，好在班里有李泓冰这位好朋友。跟泓冰商量过后，我们决定学文科。可谁来给我们授课呢？二中那时并没有文科班。泓冰说，咱们去跟学校要求成立文科班。两个“初生牛犊”真的行动起来，去找了周校长。当时，这位 50 岁的先生曾听过我们两个给同学们做文学讲座，他慈祥地说：“你们能凑齐 25 个愿意上文科班的学生，我们就可以开个文科班。”

这简直是莫大的信任。我们从一班到七班，几经劝说，竟然真有二十几个同学同意学文科了。那时候，正是“学好数理化，走遍天下都不怕”的崇尚理科年代，学文科难免有点等而下之。几十年后我重新学习历史才知道，1949 年后，院系调整对我国高等教育有着相当深刻的影响。其实人文科学在苏共体制里也是不被重视的，“文化大革命”期间所谓的知识越多越反动，说白了就是怕人文科学越发达，搞愚人政策也就越难。别的文科同学后来发展如何我不了解，不过我自己，因为学了文科，慢慢成长为一个经常指出“皇帝没穿衣服”的小孩了。

1981 年我们参加高考。我们文科班的李洁、李泓冰和我，名列沈阳市高考文科前五名，我和泓冰的作文还得了满分，高考作文登在《沈阳日报》上。我们算是为二中争得了荣誉吧。

有这么辉煌的成绩，我怎么能忘记二中那些卓越的老师们呢？语文老师王大中、王炎；历史老师雷老师——这位老师讲课认真风趣，以至于 40 年后我仍能清晰地忆起他操着东北口音的授课内容；地理老师我忘了姓什么，是位执着敬业的老先生；政治老师柳年图——尽管她不喜欢我，不过这位老师讲课还是蛮好的；数学老师臧老师，身上具有那个时代少有的“痞气”或曰看破红尘气；而我们的班主任英语老师李红呢，是一位非常疼爱学生的好老师，现在想起来，这位有时难以掌控课堂的老师，很可能是个后知青时代的自学成才者。

在二中，我收获的岂止是知识，岂止是高考高分，岂止是日夜学习养成终生读书的习惯。我最大的收获，是得到青春万岁型的友谊。李泓冰是我一辈子都不能忘却的年少挚友，而庞继景、史丽秀、王明武、陈梅、李洁等，现在依然与我有联络交流，我很珍惜这份同窗深谊。

因为二中，我后来的人生就不期然而成了独立思想者、走遍世界的独行侠、冲破藩篱的自娱自乐者。

◎“等差数列”——一家三代人与二中的奇缘

文/1984届高军

高军，弘正教育集团创始人。2006年6月，创立弘正教育集团，并担任董事长至今，现旗下拥有4家子公司、12家分公司，直营管理幼儿园超过400余家，累计管理服务过的幼儿园超过3700所，辐射全国10余个省份，创建了以帮助孩子走向社会创造更大价值为目标的弘正教育体系，集教育理论、教育理念以及自主研发的完整课程于一体，成为推动中国幼教事业发展的重要力量。

二中之于我，之于我的家庭，是一种幸运，更是一种奇缘。

二中不仅是我的母校，也是岳父的母校，儿子的母校。而为此增添神奇色彩的是，我们祖孙三代的入学时间，恰好都是相隔28年。这个等差数列，是老天注定的奇缘，也让我对母校有了更加特殊的情感。

我的岳父冷进恒，1955年升入二中，跟我在二中时代的数学老师陈雪�是同班同学。他此前初中也是在二中，并且是保送进的高中，后又保送进东北大学。那是一个不甘落后的时代，听老人家说，不管哪个学期，只要有两门以上功课成绩低于4分（5分制），就不具备保送资格。那也是一个讲究全面发展的时代，除了要求学习成绩好，还要考虑综合素质。1956年，岳父还以学生身份被推选为市人大代表。

岳父先是在东北工学院（即现在的东北大学）学习两年，后来和全国各地大学选调来的学生一道，来到当时的海军通讯学院，继续深造三年。1963年毕业之后，从事无线电方面的教学工作。从青岛到沈阳，工作几经变迁，一辈子兢兢业业，直到调到辽宁省标准化研究院工作，是当时院内同期唯一一名教授级高级工程师。

提到二中，老人家始终情深意切。最让他念念不忘的，还是二中的精神，二中的老师。“我们那时候，就是强调教学和育人并重，我们立志要成为为国家服务的人。二中特别注重培养学生扎实的基本功。老师也非常优秀，课讲得非常清楚，好多教师在沈阳市考评都是第一第二。”

我是 1983 年进入二中。在当时，我属于中等生，但是学到的东西，受到的影响，还是非常大。直到现在，我依然还能想起当时上课的场景。

记得教物理的崔德昌老师，是省特级教师，毕业于上海交大。在那个年代，一个名牌大学的高才生“屈尊”教高中，这情怀可是了不起。崔老师个头不高，圆圆的脑袋，圆圆的脸，讲课特别风趣幽默。他会满黑板地画一杆大大的秤，就是为了让我们可以学得轻松明白。崔老师讲课还会故意用一些好玩的变声，随时还可以讲出物理课之外的知识，比如会教我们东北土话，“你这个 fou 的”，其实是英文 form 演化来的。还有教代数的张忠成老师。有一次上课，在黑板上写了 3 个数字，然后问我们：这是什么呀？接下来，才讲到说是他们一家三口的年龄，那么这就是一个数列。讲到“等差数列”，他说你不能叫人家等差（chāi）数列，就像“邮差”你也不能叫人家邮差（chā）。当然，那时候的我，根本不知道自己的生命中也会有一个特别的“等差数列”。在讲到“什么是化简”时，张老师就说，你把右边的移到左边，再把左边的移到右边，这不叫化简，叫化繁。

我的儿子高浩淇，2011 年进入二中。在高一下半年，就进入了文科尖子班——文弘志班。他是一个历史怪才，也被班主任吴冬梅老师视若“传人”，课下经常出入教师办公室与吴老师探讨问题或向她借阅书本，课上更是充当老师得力助手为同学们答疑解惑，考试题目中的背景知识，他不用任何准备，就可以侃侃而谈。后来高考，以全校文科第七名的成绩，考入四川大学历史系。现在，他已经是伦敦大学学院（UCL，QS 世界大学排名第七）的研究生，专攻英国殖民史。

既有热爱又有专长，在高中就可以早早地确定人生奋斗的目标方向，无疑是幸运的，而这就得益于学校的风气，更离不开老师的鼓励与教导。

学有所成，是老师们的最大期盼，也是学生们的福分。

我们祖孙三代，都在二中度过了最美好的高中生涯，也在各自的人生轨迹上颇有收获。

从二中毕业之后，我考入了大连理工大学，毕业后保送研究生，1993 年开始了工作和创业。

一定是特别的缘分吧，命中注定，我也投身到了教育行业，这也是我可以为之奋斗终身的事业。2006 年 6 月，我创办了弘正教育集团，历经探索、实践、验证，自主研发创立了一个涵盖教育理论、教育理念、课程体系等综合内容的教育体系，13 年来已经辐射全国十几个省份 3700 多家幼儿园。

如果问，二中带给我最大的影响是什么，我可以毫不含糊地说，就是利他精神。大气成就大器，这是我们二中的校训，也在深刻地影响着我的人生选择。

坚持做正确的事，做一些对社会有价值的事，帮助更多像我一样的普通人家的孩子，通过教育改变自己和家庭的命运，将来活得更好、活得幸福，是我一生最朴素的追求，也是我最大的满足。虽过天命之年，依然不敢懈怠，这些就是二中给予我的精神信念。就是因为有着那么多优秀校友的榜样激励，才成就了今天的我。

◎我心中的母校

文 /1985 届逄红

逄红，1985 届高三毕业生，当年高考作文获得高分，被原国家教委评为优秀作文，毕业于南京大学中文系，现任《辽沈晚报》首席编辑；是我校众多从事新闻工作的、时空上距离最近的校友之一。

从 1985 年 6 月从沈阳二中毕业，算起来已经有几十年了。这几十年中，除了读完四年大学，其余时间一直从事新闻编采工作，每天与许许多多的事、形形色色的人打交道。纷繁忙碌中，或邂逅母校老师、校友，或得知同学消息，有关母校的记忆总是非常自然清晰，甚至栩栩如生、触手可及。

那时任教的老师到现在都是校友见面时乐于谈到的。最抢眼的当然是那些 20 多岁的年轻教师。他们一般比自己学生年长 5—6 岁，情趣心境在许多方面相去无几。在课堂上他们更多地用自己的方式讲课，标准的教材被他们讲授得更富激情。如果说在课堂之内，确保教学的一致目标使他们的个人特征成为职业责任的陪衬，那么课堂之外，他们作为年轻人的青春风采则展示得淋漓尽致。除了在操场上围成一圈打排球，在为数不多的时候说古论今，还有各种各样的课外活动：百科知识竞赛、各种征文比赛、文学社活动、联欢会、夏令营……即使在当时，我们也知道这些活动还需要学校和其他教师的支持（甚至可能是更主要的），但无论如何，年轻教师总是那其中最靓丽的。时光的流逝，使人明白那是青春的魅力，不同于成人般的不事张扬，也不比少男少女青涩的花季雨季，那是浓绿的树、盛开的花、奔腾的青春、正午的骄阳。从二中毕业之后，在与这些年轻教师重逢，更多的是同龄人之间的理解。陆续我们得知这些以前正规师范大学毕业生，有的重返校园深造，有的去了外地，还有的离开了教师的岗位，又听说现在又有比他们更年轻的师范大学毕业生到二中执教了。回首往事，他们在联欢会上跳舞的身影依稀可见，指点江山的慷慨激昂音犹在耳。不知他们一旦离开菁菁校园，还是否拥有当年的心境和风采。

转眼十几年过去了，从前的心境隐匿在纷纷扰扰的世事中。如果不是从个人的角度看，心境往往是最容易被忽略的部分。滚滚红尘最为清晰的往往是硬指标，就我做高中生的时代而言，衡量一个学校水平的硬指标往往是升学率。1984—1985 年，二中连续两年升学率 100%，创造这一奇迹的中坚力量就是二中的中老年教师。对于学生家长和社会乃至教育领导机关，就确保升学率这一目标而言，他们就是信心的象征。说来颇耐寻味，百分之百的升学率的出现当然有很多因素，但这些中老年教师仿佛成了升学率的人格化身。他们眼角的皱纹鬓边的白发，几十年教学生涯沉淀下来的为人师表、循循善诱、率先垂范、可亲可近的风度之中底气十足。因为那份安详那份宁静，关于他们的回忆历久弥新、回味绵长。

社会上很多人说起二中 100% 的升学率，也推测学习的艰苦。现在想想，那时候用于学习的时间很多，但自己倒没觉得有多苦，每天要做的功课很多，自己感兴趣的课外书也看了不少。相当多的同学有自己的目标和特长。教学楼前的公告栏经常公布各种好消息：哪些同学在数、理、化、外语、作文、计算机等各类竞赛中获市、省以至全国级的奖励，哪些同学被授予各种荣誉称号。校际活动也不少，有市内的，也有跨省的，学生的参与也比较普遍。在主题班会和其他场合，师生之间、同学之间的思想交流活动十分活跃。

1985 年高考前夕，一些全国重点高等院校开始到二中选拔适合某些专业需要的应届毕业生，直接保送或推荐（在一定分数段内优先录取）升入高等院校。

高中毕业生升入大学过渡得非常自然。在这个日新月异的时代里，许多同学从事着从前无法想象的职业，呈现出多姿多彩的生活状态。学习、创新如呼吸般自然，当年校园的朝气蓬勃延续为成年后的从容不迫。校友聚会时一声“你没变哪”，道出几多思念、几多感伤。回首菁菁校园，成长的岁月总是令人难忘。

◎逐梦摇篮沈阳二中

文 /1986 届黄敏

黄敏，东北大学工业与系统工程研究所，博士生导师，美国密歇根大学（安娜堡）高级访问学者，国家杰出青年科学基金获得者，教育部长江学者奖励计划特聘教授，曾获国家科技进步二等奖、教育部自然科学二等奖、霍英东教育基金会高等院校青年教师奖（研究类）等。

韶光流转，盛事如约。一想到今年是二中 75 周年校庆，心中就有一种莫名的激动，这激动是喜悦、是回忆，更是深深的祝福！

一、校庆让我平添喜悦

作为校友，我为二中自豪！沈阳二中创办于 1949 年，在张学良将军于 1925 年创立的同泽男中原址的基础上，以省四中为主体，合并市立一中、二中、三中和省立二中的高中部，沈阳二中与祖国同年诞生，是新中国第一批省立重点高中。这里，有悠久的历史，有深厚的文化底蕴，有美丽的校园，有一流的师资力量，有骄人的教学成果，有丰富多彩的课外活动和各类竞赛，更有老师和学子们辉煌的成绩。二中校训“大气成就大器”彰显了非凡的胆气与魅力。在这里，园丁们在三尺讲台上挥洒汗水、传播知识，坚守着平凡而光荣的岗位。在这里，莘莘学子怀着一颗颗渴求之心，勇于拼搏、自强不息，让理想在这片肥沃的土中发芽、成长，为二中增添了一抹抹碧绿。昨日，他们以二中为荣；今天，二中以他们为傲！他们为二中殚精竭虑，为老师出谋划策，为学子保驾护航。75 年砥砺耕耘的风雨历程，75 年求索进取的辉煌足迹，在这继往开来的里程碑时刻，怎不令人喜上眉梢。

二、校庆让我满是回忆

怎能忘记，二中以她“大气成就大器”的校训如磁石一般吸引着众多学子，用“大气”的教育，培养“大器”的人才，培养不仅仅着眼于升学，更为学生的一生着想，注重对学生综合能力的养成，让学生在未来工作生活中更有潜力，这一切都深深地吸引着我和沈城的学子们。15 岁的我带着美好的憧憬，以优秀的成绩叩开了二中的校门。

母校啊，我灿烂年华成长的地方，这里有太多流淌的汗水，太多的欢声笑语，太多难忘的回忆。

回忆中，饱含着对老师的感恩，在最后奋战高考的日子，每天疯狂地学习、背书、做习题，用汗水挥洒青春，用激情点亮梦想，虽然很苦，但老师们悉心的指导和无微不至的关怀，让我们总是在劳累中感到快乐，所以我一直信心百倍，动力十足。记得高中三年，班主任赵鸣笛老师最常对我们说的是“谁笑到最后，谁笑得最好”，这样一来，班里成绩好的同学更上一层楼，成绩平平的同学不放弃努力，最终全班同学全部考入大学，张文生同学成为当年全省理科状元。今天看来，在人生的长河里，“谁笑到最后，谁笑得最好”这句话又何尝不是我们戒骄戒躁的清醒剂和宁静致远的动力呢？

回忆中，充满了同学间的友情，三年同窗互相鼓励与陪伴，让我的三年高中生活丰富多彩，在二中的三年大家结下了深厚的友谊，毕业离别时，真的是难舍难分，虽然已分开这么多年，但至今脑海中还是会时时闪现求学时与同学们在校园中快乐相处的美好场景！

回忆中，蕴含着思想的熏陶，“勿忘‘九一八’振兴我中华”讲演大会、“同怀爱国志，振兴我中华”的爱国报告会……激发了每一个学子的爱国之心。

回忆中，有体魄的锻炼，一年一度的运动会、冬季长跑比赛，让我们为祖国奋斗练就了强健的体魄。

回忆中，有素质的培养，苗圃劳动、试验田拔草等活动培养了我们爱劳动的品德，游千山、东陵等活动培养了我们对家乡的热爱，美术欣赏、电影欣赏等活动培养了我们的鉴赏力与思辨力。

这些回忆青涩美好，刻骨铭心。从青春的迷茫，到坚定的理想，在这里，我学会了思考，学会了如何超过自己，不但丰富了知识，开阔了视野，更是教会了我如何奋斗拼搏，如何战胜困难。如今我也有幸成为一名平凡而光荣的人民教师，在东北大学任教，在教学科研工作中，更是谨记母校“大气成就大器”的校训，严谨治学、求实创新，可以说，母校不但给予了我丰富的知识，更是赋予了我优秀的品格。

时光荏苒，斗转星移。在我毕业31年的日子里，我的女儿和我一样，也坚定地选择了二中，在二中学习的这段时间，她始终为能和我一样成为二中的一员而感到骄傲和自豪。刚入学时她在2006班，班主任李慧老师，文理分班后到了2022班，班主任陈阳老师。李老师和陈老师一文一理，为她插上了追梦的双翅；两位班主任和各任课老师扎实的教学功底，为她打开了知识的大门；入情入理的人生教育，为她定位了优秀的方向。她在二中学习，在二中追寻梦想，我很放心，也很欣慰，因为我坚信二中能带给她最美好、最宝贵，也最有价值的人生经历。历史的底蕴，良好的学风，美丽的校园，丰富的校园生活，亲如家人的老师和同学，都将成为她扬帆起航的动力，也将成为她最大的精神财富。

三、校庆让我送上深深的祝福

母校，你是培育人才的摇篮，撒播知识的海洋，流淌着道德的源泉，矗立着精神的旗帜。母校更是我的心灵圣地，你让我插上了德才兼备的翅膀，第一次触碰到了梦想，感谢母校赋予我的一切。在母校75岁生日之际，我衷心地祝福母校年年桃李、岁岁芬芳、再书华章！

◎我欠老师一个道歉

文 /1986 届佟丽霞

佟丽霞，1986 年毕业于沈阳二中。现供职于沈阳日报社。曾任《沈阳晚报》副总编辑，沈阳网总编辑，荣获 2012 年度中国新闻奖三等奖。

我不知道别人的青春逆反期是在什么时候，我的，是从高三上学期时开始的。

我突然变得非常挑剔，爱用充满敌意的眼光，审视最关爱我的老师。那时，教我作文的是辽宁省的语文名师王大中老师。每次发作文的时候，他都会把我的作文放在最后一个，重点讲一讲。文学社、影评社开展的很多活动，他都鼓励我们参与。我们几个同学的作文，祝勇的、高振宇的，会经常被他拿去发表，或者参加各种作文竞赛。一开始，我是很开心的，渐渐地，不知哪根神经搭错了位，我突然很讨厌自己被关注，怀疑老师这样做是不是有很功利的目的。

“功利”，在 17 岁的我看来，是件多么庸俗、多么不可饶恕的事情！

于是，王老师让我做的很多事情我都抗拒。该交作文了，没写完；媒体来采访，赶紧逃跑；到哪儿演讲，故意把嗓子搞哑。总而言之，莫名其妙地，我就陷入极大的忧伤中，敏感，脆弱，自卑，讨厌被关注，像一只被强光照射的小刺猬，蜷缩在自己浑身的刺里。没有人知道我的心里发生了什么，我也从没有和别人讲起这一段黑暗时光。

前几天和高中同学聚会，同班的女同学说：“高中的时候真自卑，你们几个真是神一样的存在呀，学习又好，作文又好。”我吃惊极了：“我比你自卑十倍！我又胖，又矮，眼睛又近视又小。排队的时候，看着你们的背影，真羡慕你的体型啊！”于是，我们两个都像发现了新大陆一样地惊讶，我们曾经都那样羡慕过彼此。真像泰戈尔说的：云想变成那只鸟，鸟想变成那朵云。

高考失利，在大学里，我过着浑浑噩噩的日子。我很满意自己无所事事的样子，觉得很酷、很自在。我不写任何东西。我甚至要与过去的自己做一个切割。在大学校园的我，却收到了自己高中老师的教诲。王大中老师对我说："要写呀，你曾经写得多好啊！"处在青春逆反晚期的我，竟然回答："世界上写得好的人太多了，不差我那几本吧。"我觉得自己说得很高明，甚至还得意地扭了下脖子。王大中老师从来都是好脾气的，他那时表情中一闪而过的严厉和冷，至今我还记得。

日子，就这样一天天地过去了，我也就这样一天天地变得越来越平庸。

在尘世的匆忙和慌乱之中，我的逆反似乎也终于平复了，我已学会用敬爱的温暖的眼光看我的老师。当然，我也没有反思过曾经做错了什么。

直到有一天，意外比明天更早地来了。王大中老师突发脑溢血，醒过来的他半身不遂，在妻子和儿女的艰苦努力下，只会说几个单字。我变成了那个可以去关心老师的人了，教师节、春节我都会去看望他。

病榻上的王大中老师，还是只会说几个单字，但我看得懂，他在问我的工作、写作、孩子、父母。他从来都那么周到。都问完了，他会在床的左边拿出一个塑料口袋，单手解开，拿出里面的剪报本。用他那只唯一灵活的左手，一页一页地翻给我看，那里面贴着的，是我们——他曾经的学生，在报纸和刊物上发表的文章，或者是学生的照片，有我的，当然更多的是别人的。我只依稀记得一些名字，李泓冰、王曼、祝勇、刘志宏、遆红、江叁……在每篇文章每个名字的旁边，有时还会有一个印刷体的稍大一点的字，是从报纸和刊物上剪下来，后贴上去的，各种颜色，各种大小。比如祝勇的文章旁边，会贴一个很大的"勇"字。李泓冰的文章旁边，会贴着一个"冰"字。

我一页一页地翻着，看着一个一个熟悉或者并不熟悉的二中校友的名字，看着我曾经妙语连珠的老师，用一个个吃力的单音，满脸自豪地，如数家珍地，和我讲着没人听得懂的解说。

其实，我已然听懂了，不仅听懂，我还会在王老师说出单音之后，接着往下说：“嗯，这是某某的文章，写得真好，你看这个字用得多好，他一直都这么勤奋，越写越好，真得好好学习呀！”王老师就会满意地点点头。然后我们就再翻再讲。从头翻到尾。每一篇都要这样。看到一本要结束了，王老师就会着急，咿咿呀呀地指给我看，旁边还有好几本。我便赶紧把这一本合上。王老师有时会不高兴，原来，我匆忙间把某一页给折了，他要再打开抚平，重新装到口袋里，用自己的单手竟然可以系一个扣子。然后再打开另一个塑料口袋，再一篇篇地讲。

王老师的家人怕我烦，有时会问我天气云云，王老师挥挥那只好用的手，阻止家人打岔，有时家人也会说：“你们王老师天天看报，他看到报纸上的标题是他学生的名字，就会让我们剪下来，贴到本子里，那么多学生都记得。”

把所有的本子都看过一遍，他才心满意足地，也很疲惫地停下来。卧床15年，王老师床头的剪报本越来越多。

不论他在病榻上躺多久，不论他的病情发生了怎样的变化，他永远都能发现他学生的名字和发表的作品，即便是在报刊角落里的一个小豆腐块儿。

这就是我的老师，这就是我的老师的“功利心”吧，这就是曾经被我鄙夷、被我不齿过的“功利心”吧，在他的学生点点滴滴的进步里，他收获着尘世间最大的幸福。

我从来没有向王老师说过我青春期的逆反，甚至坐在老师的病榻边，和他一起翻剪报本的时候，我都刻意地让自己的情感变得粗糙，我不想成为那个爱流泪的人。我写下这段经历是因为我欠王老师一个道歉。

如果说，母校的荣光是一座越来越高的塔，学生的成就，对社会和人类的贡献，就是塔尖。而这个塔的基础就是一个个像王大中老师这样的师长。他们承担着各个学科的教学任务，用自己的德行告诉一代又一代的学子，热爱、坚持、守正笃学、久久为功。

他们成就了二中，成就了学生的本事，更成就了学生心中的道德和头顶的星空。

◎我的科艺人生从这里启航

文 /1986 届赵姝颖

赵姝颖，东北大学教授，现任中国人工智能学会智能产品与产业工作委员会副主任委员，中国教育发展战略学会人工智能与机器人教育专业委员会常务理事，辽宁省科普作家协会副理事长。2017 年 5 月，与中国科学院院士严纯华、中国工程院院士钱易、曾任教育部副部长的吴启迪教授等 11 名中国大陆学者一起，当选发展中国家工程技术院创始院士。

“百灵鸟，从蓝天飞过……”不知多少次，这悠扬的歌声回荡在耳畔。一次难忘的登台，成了我人生道路的重要转折。

“高一的时候，根本不知道我们班有你这个人！”住在同一个大学寝室的高中同学带着感慨对我说，“现在你竟然变得如此光彩照人！”我心里想，“其实我原本很有内秀，我的蜕变真的要感谢二中，她给了我放飞自我的机会，让我勇敢地展现自己，变得如此自信和快乐”。此时此刻我的眼前又浮现出在沈阳二中参赛场景。

高二时，我偶然听说学校要举行校园歌手大赛，内心紧张而纠结。我想参加，因为我觉得自己歌唱得不错，但是我又不敢参加，因为我曾经在小学二年级的时候躲在舞台边上拒绝登台表演而让老师难堪，从那以后我再也没有机会登上舞台。当我第三次鼓起勇气走到音乐教室门口怯生生地把门推开一条缝，被周兆民老师发现时，他把我让进屋，问我：“你想唱什么歌曲参赛？”我紧张得一时说不出话来。老师递给我一本厚厚的歌曲集。我翻了半天，一首熟悉的歌映入眼帘，《我爱你，中国》。“老师，我唱这个行吗？”周老师似乎有点不敢相信，“啊！你是哪个班的？学过美声唱法？”“我是 861 班的，以前没跟老师学过，我自己听磁带学唱的。”那次参赛，我第一次得到了声乐指导。

一个平时在同学眼中胆怯而内向的女孩，出人意料地拿到了校园歌手大赛的亚军。我的艺术之旅从此一发而不可收。大一的时候，我参加沈阳市大学生美声唱法比赛，获得了冠军。那一年，我和很多音乐学院大三的学生一起参加“沈阳市大学生艺术团”，成了团里唯一一名理工科的美声唱法演员。硕士研究生毕业那年，我再一次获得了全市大学生歌唱比赛美声唱法组冠军。

1998 年，我开始在职攻读博士研究生。我的研究课题是足球机器人，一个在那个时代不被人理解的“好像在玩”的项目。当时中国只有东北大学等少数高校开展了这项科研工作。那时候，人工智能和机器人对于大多数人来说还非常陌生，研究同行少，学术交流难，网络不畅通，资料难查找，开展工作举步维艰。想象力和不时闪现的灵感帮助我在探索中发现问题并找到解决问题的思路和办法。勇于迎接技术挑战又善于通过艺术减压的我，在那个枯燥、紧张和压抑的研究氛围中，很快就从团队中脱颖而出，成了 20 多人的课题组的执行负责人。1999 年，作为中国第一支参加机器人足球世界杯决赛队伍的核心成员，我远渡重洋，赶赴巴西，在克服了千辛万苦和重重困难的情况下，夺得了中国的第一个机器人足球项目世界冠军。在国际科技竞赛的领奖台上，我们高举五星红旗，高唱国歌，那歌声激起现场众多华侨华人强烈的爱国热情。在赛后的聚会晚宴上，我又一次高歌一曲《我爱你，中国》，一种作为中华民族一员的自豪感油然而生！

攻读博士期间我破格晋升为副教授。此后，我开始探索科学技术与艺术相融合的研究道路。我组织了专业团队，在全国各地开展科普教育，将人工智能与机器人技术与音乐、舞蹈、动画、环艺设计等多种艺术形式相结合，先后完成近百项自主研发的科普展品，寓教于乐，实现对青少年的科学素养、技术素养和艺术素养的熏陶，探索出一条科艺融合的教育创新之路。2012 年，我的团队被中国科协命名为“全国科普创作与产品研发示范团队”；2015 年，我在东北大学创建的机器人科普基地被命名为“全国科普教育基地”。目前，我发明的世界首款立方体变形仿人机器人——方方机器人，正在成为人工智能教育的重要载体，使更多的孩子走出应试教育的苦闷，走进富有想象力和创造力的快乐学习之旅，充分感受科技的艺术之美和艺术的科技之美，造就乐学人生。

艺术给了我灵感，科技给了我力量。希望有一天，我能用更多科艺融合的创新成果，为中国教育的改革发展作出更大贡献。

谨以此文献给母校 75 周年华诞。

◎心中的家园

文 /1993 届高宁星

在二中的三年里，于我而言，这里是一个有苦有甜、欢乐而包容的地方。

报考二中之前，这所学校的名字是跟我偷偷仰慕的一位学长联系在一起的。他考上了这里，我也要考上这所学校！当我第一次踏入校园，我就被这里的厚重气息所吸引，这里的一草一木都带给了我一种久违的熟悉感。站在高大恢宏的教学楼前的时候，我忍不住伸出手用指尖去触摸。那种粗粝的感觉直到现在还留存在我的记忆里。

然而，对这个地方的记忆里也有遗憾，一些温暖的遗憾。

在二中读书的时候，班里有不少的同学的午饭是从家里带的饭盒。我们用一个大概一米长半米宽的铁笼子，装上整个班级的饭盒由值日生抬到锅炉房统一蒸热，然后中午的时候再抬回到教室里面用餐。有一天中午，我拿到饭盒的时候感觉分量变轻了不少，装饭盒的网袋里多了一个塑料口袋。我打开饭盒一看少掉了一半，又打开那个塑料口袋发现里面有一元和两元的纸币还有毛票拼凑起来的一些钱和一张留言条。字条上的大意是，不小心打翻了我的饭盒，很是歉意，然后赔偿我 5 块钱，让我去买中午饭。字条上没有署名，甚至还特意嘱咐不要去找是谁做的这件事。

我不记得那天我中午饭到底吃了没有，只记得自己拿着这个装着零散纸币的塑料袋在锅炉房的门口站了很久。我本来就不大认识别的班同学，更不好意思在学校里面到处打听，而且“肇事者”显然跟我一样害羞。但是，这 5 元钱对那时的我而言实在是太沉重了。记得当时妈妈每个月给我的零花钱只有 3 块钱。站在锅炉房门口的我是多么希望能把这笔“巨款”还回去呀！后来，这张字条和这些钱我一直保存了很久。

如果说校园里不署名的人的温暖打动了我，那我所熟悉的老师和同学带给我的力量则深深地融入了我的血脉。

高三的时候我们已经分了文理班，高考的压力日益沉重起来。可就是在这样的时刻，班主任刘宇老师带着我们开始了给每一个步入成年的同学集体庆祝 18 岁生日的活动。每每在午休或是自习课的间隙，分散在文科班的同学们回到原来的教室，和新老一班的同学一起庆祝。开始的时候时间宽裕，我们也会在教室里点起蜡烛。后来时间紧张就只够同学们向过生日的人送上祝福，但是，这个活动从未间断，直到我们毕业。毕业 24 年了，每当追忆青春，我仍会翻起集合成册的《十八岁寄语》。一张张鲜活的脸庞就会立刻跳动在眼前，心就又回到 18 岁的那一年。许多年以后，我才知道这些活动充满的是仪式感，这些纯真流动的情怀奠定了我生命的底色。

在二中的最后一年里，课程比高一高二的时候多了晚自习。夕阳时分，我经常会被窗外的天色吸引。最靠西边的窗户里还映着落日的一抹红色，第二扇窗里已经渐变成淡紫，而第三扇窗里的蓝色则牵着夜色漫漫而来。

晚自习真的就是自习，很少有老师来占用我们的时间，我就常常听着同学们翻书的声音，轻轻讲题的声音，发着我自己的呆。记得有一次白天下了大雪，第一节晚自习就被我们用来在操场上玩，在夜幕里，在铺满厚厚的白雪的冰面上，肆意酣畅地疯玩。以至于坐在雪地上太久，裤子都湿了！于是，就有了第二堂自习课我们挤在一起靠坐在走廊的暖气上的画面，也有了某人脱下鞋子准备晾晒被追打的画面。

每当自习课结束的铃声响起，教室里的声响就会从潺潺的溪水瞬间变成磅礴的瀑布。通常或书本，或坐垫，一切可以随手抛起的物品就会在嘈杂声中飞向空中，就像是滴在热锅里的水突然地四散飞溅起来。每每这个时候，我都会趁着这样热闹的喧嚣和沸腾，用最大的音量喊出“风萧萧兮易水寒，壮士一去兮不复还”。然而教室里面实在是太吵了，就算是我最大的音量，我自己也听不太清楚。这样日复一日，高三紧张忙碌的生活就在这一动一静、一张一弛的节奏中悄然落幕。

记得高考之后我到住在另一座城市的已经是大学生的表哥家里去玩儿。他问我高中三年最大的收获是什么，我想了想，然后坚定地回答，我学会了爱！当时表哥看我的眼神里满是疑虑，还有点神秘莫测。我想，他大概是误会了什么。

高一新生军训的时候，寝室里最后来的女孩得到的是一张最不舒适的床，但是她真诚的笑容让我们惭愧万分。那时我理解了宽容的力量。

高二时发新书，我和另一个同学争着要一本封面有残缺的课本。那时我渐渐体会了给予的快乐。

高三时，我的目光总会被那些热情、专注、勤奋的男孩子吸引。虽然没能发展出美丽的恋情，但是这种向上的光亮成了我永远的追逐。

弹指一挥间，我已经从这所学校毕业 29 年了。这 29 年来，二中一直是我心中的家园。虽然不会时时想起，但是母校带给我的温柔而坚定的力量从未远去。

◎那些留在沈阳的人

文 /1997 届刘剑

一

孔庆东说起他的高中不无自豪，他说，后来上了北大，尚有隔壁的清华在那里虎视眈眈。而哈三中不一样，在哈尔滨，哈三中唯我独大。

沈阳的高中格局，可能有点群雄逐鹿的意思，实验大约像清华，二中大约像北大。不过也可能因为我是二中毕业生，也许实验毕业生不这么认为。

我后来终于还是上了北大，悄悄跟自己人说一句，北大没有二中好。在校生请珍惜，毕业生就且行且珍惜吧。

二

北大没有二中好，可能是我很主观的印象。毕竟，二中像初恋，她的存在是特别的。

那是在北大的时候——在食堂吃饭，我的筷子不小心掉地下了，没太当回事。对面的姑娘一脸鄙夷，恶狠狠地把筷子捡起来，拍在我面前。妈呀，这是干啥呀，我感觉自己的灵魂受到了深刻拷问，我好像错了，错大了。其实我就想说文化冲突吧，就是一件事，虽然我的举动确实不太对，但要不要上升到道德层面。每个人，每个地方来的人，理解都不太一样。

那是在二中的时候，班上有两个男生打架了，老师说：“检讨！”然后那个会把裤子穿反的男生站起来，拿出他的检讨书：“恩格斯说，年轻人犯错误，上帝也会原谅……”这事让我印象深刻，还没等老师原谅，我们早就习惯于自己原谅自己了。当然，老师是会原谅我们的。

三

事隔多年，我依然思念老詹，对，就是三班那个老詹，那个神奇的班主任老詹。我还是先说说老詹的段子吧，我们这一届二中人盛传的。

我们军训是一入学，哗啦啦全体拉进丹东五龙背军训，那里盛产栗子和温泉，兵哥哥很帅。然后在一个月黑风高的漆黑夜晚，有个男生上厕所，不小心摸进了教官专用的那间，一开门，老詹一脸的严肃，正色问：干啥呀你？问题呀？

据说，那男生当夜失眠。

另一个段子是这样的，我们二中盛行大扫除，动不动就拉过来扫一节课，值周的时候还会扫一周，作为高考大局下的小关照，说不出的气派。然后某次大扫除完毕之后，老詹又正色站在全班同学面前，问："右边下数第二块玻璃谁擦的？"两个女生怯怯地站起来，羞红着脸。老詹说："擦得太干净了，我以为没有玻璃呢，一扔烟头，把手都烫了。"然后他自己不笑。

还有一次自习课，一个男生戴着耳机，大声对他同桌说："我睡一会儿，老詹来了叫我呀。"老詹已经神不知鬼不觉地站在他身后，只幽幽地说了句：晚了！

四

事隔多年，老詹在我们的同学聚会上说："小同学吧，挺可爱的，能不喜欢你们吗？但是你说，调皮，能不管吗？那得管哪！"

其实我们知道，所以我们不断犯错，我们心里有个底：上帝都会原谅，老师也会。虽然当时我们这种意识不算明确。

这种包容的气度，使我很长时间找不到北，特别是毕业以后，再没有人待我这样。

五

不过，老詹也是被包容的。老詹自己讲了个段子，说那时候要查老师的教案。老詹，二中的人间国宝，数学课讲得荡气回肠，但是教案是旧的——真正的老师都这样。现在你进医院，排 3 个小时队，见医生 3 分钟，然后他花 2 分 40 秒在你病例本上写写写，写个劳什子哦——不过现在长大了，我们都懂，因为那才是评价他工作的唯一标准，给人检查用的。对于老师来说，教案也是干这个的。所以老詹虽然课讲成了国宝级，但是不更新教案。

检查的来了，咋办？老詹就把旧教案交了上去。教导主任说："你，拿回去重写。"老詹说："我不。"然后校长来了，说："老詹的呀，就不用重写了吧。"你很难想象二中的校长有多气派。赵元任，清华四大导师之一，真神人，但在清华也"气得一个字都写不出"，后来不得不回美国去了。检查虽厉害，但是二中有校长罩着。

但是，二中校园里如果砍棵树，校长会在早会上跟我们解释为什么。

哦，对了，我的人生里有两个老师抽烟，一个是老詹，另一个是戴锦华。并不是说二中允许教师在校园里抽烟，老詹，他是个异数。我们，从校长到学生，没有一个人反对他抽烟，没办法，我们太爱他。

六

时光匆匆过去，如今我变成了油腻的中年。为了二中校庆，已经有好几位同学，前仆后继班长上身，催我写篇作文，歌以咏志。一开始我的内心是抗拒的。该怎么说呢？谁能想到，一所当地数一数二的高中，万众瞩目着等你三年以后上北清，然后你至今依然如此平凡。当你炉火旁打盹儿回忆青春时发现：青春？浪掷了！那些当年早早因为优秀而成为你童年阴影的高大上同学，如今依然微笑着出现在你的噩梦里。

但是，青春，不浪掷，也会过去。

◎二中教我的事

文 /1997 届徐柳

徐柳，1997 年毕业于沈阳二中，考取辽宁大学中文系新闻专业，获文学硕士学位。曾任《沈阳日报》经济新闻中心记者、英国《金融时报》中文网财经翻译、英国诺顿罗氏富布莱特律师事务所法律翻译，现任英国博闻律师事务所法律翻译。

我是沈阳二中 97 届毕业生。二中是我的 Dream School，我是听着二中的传说长大的，二中就是“宇宙最好学校”，进入清华北大的必经之路。虽然后来我没能由此进入清北，但提到二中，我都会想起那个炎热夏季的周末，还在上初中的我，第一次踏进二中高大的教学楼，瞬间被阴凉笼罩，不禁站住，循着旁边盘旋而上的楼梯，抬头仰望高深莫测的苏俄建筑穹顶，被深深震慑，让人对未来踌躇满志。

时任校长张佩纶在某种意义上，也增强了这种气派。早上，他西装革履、表情严峻地站在校门口，凝视着比他晚到的师生，一言不发。校长不怒自威，但很擅长讲话，总能直面调皮捣蛋、哄堂大笑的学生，轻易化解尴尬。他有很多次讲话给我留下深刻印象，比如学校砍了一棵树，他会在早会上向全校解释为什么要砍这棵树。他会公开解释各种问题，使一切工作“师出有名”。他总是风度翩翩，颁发“舒而美奖学金”时也仪态雍容。

二中教我的第一件事，大概就是“这种气派，可以有”吧。

二中是超规格的高中、浓缩的大学。我们那届招了 9 个班，每个班 40 人，当时教学楼和实验楼的教室都是按这个人数设计的，正好每人一个座位，宽绰而平等。与我初中之前以女教师为主的校园环境截然不同，这里以男教师居多，老头儿尤其多，而且都极有气派，既不会成天追问你学习，也不会棒打鸳鸯。学习和生活都是自己的事，自己作主。我们好像进入了一个武林高手扎堆儿的地方，每天看着他们倏忽来去，偶尔施展绝技。

教导主任杜琳有一次来我们班训话，顺便提了句："现在电视上教的英语语速太慢了，how——are——you——？外国人哪有这么说话的？"我被那句十倍慢速播放的男中音"how are you"震到了，那大概是年幼而孤陋寡闻的我当时听过的、由一个中国人发出的最到位的美语了。

有个负责值周的周老师，总是很挑剔，我们不耐烦，私下里就参照他稀少而翘起的发型，叫他"恐龙"。据说还有个同学去敲教导处的门，问："孔（恐龙）老师在吗？"突然有一天，他拎个收音机，来给我们上课了——"音乐赏析"课。键盘、弦乐和管乐，我小时候都学过一些，却是在这门课上，我第一次学到如何分析音乐语言。某天上课他一时兴起，给我们唱了一段字正腔圆的现代京剧，自此，我们都叫他"周老师"，再没人叫他"恐龙"了。

上大学后，苗美女向我提起，六班有个进了清华的同学，他去听讲座去早了，看见一个老头儿在扫地，等时间到了，老头儿把笤帚一扔，上台开讲。我听了暗想，这风格似曾相识。

二中当时的名师灿若星辰，个性独特，他们的样貌，至今记忆犹新。物理老师吴万用站在讲台上，身高快顶到天花板了，声若洪钟，讲起话来好像讲台黑板都在共振。化学老师刘凤益总戴着墨镜，关切地问我们："小时候学过的，忘了吗？嗯？高一的时候不就是小时候嘛！"代数老师詹运达肤色黝黑、板书娟秀、静如处子、动如脱兔。全校老师都禁烟，唯独老詹不用禁，老詹吸烟不是吸烟，而是对他过人才华的补偿，他不仅是老师中的大咖，坊间还传说他曾是沈阳市大学生 110 米栏纪录保持者，娶了校花。

当然，根据坊间传闻，我们老师娶的都是校花。大概坊间觉得，江湖高手娶校花也是天经地义，不然天理难容。

我们的活动很多，玩是一件大事，乃至最后大家形成了一种自觉、一种共识，学校的活动要参加，自己也要搞活动，既不愁没人张罗、也不愁没人响应。我们入学军训是去丹东五龙背，山里有满天的星星和温泉。我们有体育课和体活课，学太极拳也学交谊舞，有运动会也有各种球类比赛，得参加艺术节，也得参加冬季“一二·九”长跑。

我们文科班没几个男生，但凭借高频率、高强度的自我训练，差点晋级年级联赛。他们坚持认为咱班不是弱旅，因为除了 14 个人买了 7 个足球以外，有一次还把理科班的男生给踢哭了。虽然我总隐约觉得，如果不是因为咱班弱，七班输了为啥哭？但这些都不重要，重要的是，我曾认为，男同学在操场疯跑后满头大汗地回到教室，这太不气派了，然而今天看来，能有这么多户外活动时间，真的不能再气派了。

二中教我的另一件事，大概是扫除。

一个数一数二的重点高中，无比重视扫除，不仅每周例行大扫除，在校期间每班还要停课一周，把学校里里外外的活儿都干了。这一周就是著名的“值周”了，其实我们要干的活儿涵盖校园日常的方方面面。从站岗栽花，到监督检查，无所不包。我被分到教导处接电话去了，我记得还去图书馆整理过书，新来的小老师是北大图书馆专业毕业的，这一度让我觉得图书管理员这个工作门槛太高。

班主任老师曾无比郑重地给我一个“负责扫除”的任务，我还无比郑重地执行了这个任务，因为忙于扫除，连朋友过来找我聊天都被我拒绝了。

有句话叫“伊顿的地板上滚过十几位英国首相”，看到这句话时，我不禁想到高中时每周给地板打蜡的重大仪式，几乎是在把二中的地板当伊顿的地板来膜拜。后来，我有个大学同学嫁给了我的高中同学，她问我：“你们二中的是不是都爱扫地？我只见过你和我老公会主动扫地。”我竟无言以对。

成绩也是不得不说的一件事，高一评语里“学习成绩稳定”的意思就是“数理化一直不及格”。当初我是以接近满分的成绩考入二中的，但除了英语和语文，其他科目都没学好，整个高中期间都在为严重的偏科而焦虑。

据我所知，好多同学都焦虑，学习不好的同学焦虑，学习好的也焦虑。

朋友说她心大、不焦虑，她在理科班，学籍卡成绩全A。但她提起过一次考试，她还在做第1页，就有人举手问第3页的问题，等她做到第3页，人家交卷了，她感到崩溃。我们从未问过位于焦虑链顶端的同学是什么心情，只是将数理化满分同学的名字，久久传颂。

直到很多年后，在不同的同学聚会上，还会有人几近哽咽地对大家说："你们都那么优秀。"我才意识到，原来大家是彼此的童年阴影。虽然同届的同学中已经有人取得了专业领域内诺奖级别的奖项，也有人从事非常高精尖的研究工作，还有人成为优秀的企业家，但我们当中的大部分人，可能并没有在社会上取得当初期望的成功，还有人戏称二中已是自己的人生巅峰。

所以很多人会觉得，二中没能做到将大部分高分学苗再次以高分送进大学。我想，二中倒不是不重视高分，而更像是选择了一条注重人格独立、意志自由的教育道路。毕竟高分学苗不只是智商过关，还要有足够的自律、自觉和勤奋，才能从事更枯燥、更艰难的工作，意识不到自主学习重要性的人，难以走远。这个得靠自己。

当年我们班高考成绩不好，只有一名同学考入北大，很多人错过理想的大学，也许还遗憾终生了。即使这样，几年之后，又有一批同学考入清华北大读研读博或出国留学，女博士更是层出不穷，很难说不是受到二中精神的影响。现在，这些当初互为童年阴影的人，散落在世界的各个角落，彼此提供着精神支持，成为艰难生活中亲密的战友。

高中的焦虑也许不堪回首，但长大之后就会发现，那只是一个开始而已。对自己有更高要求的人，接受更大挑战的人，还会继续焦虑。然而，在生活的重压之下，在挥之不去的焦虑之余，还能保持独立自主，坚持精益求精；知道有人可以做到完美，自己也可以做得更好；把目光投向自身，同时也投向外部世界；关心一棵树为什么被砍掉；在漫漫的生活中发现乐趣、承担责任……这都是二中教我的事。

◎母校在心里

文 /1999 届于佳

于佳，1999 年入学沈阳二中，曾就读于 023 班（高一），班主任张孟华，022 班（高二高三），班主任李志东。曾任校团委、校演讲协会、环保协会成员。2002 年起先后就读于大连外国语学院、德国柏林洪堡大学，欧洲学硕士。2006 年进入中国外交部，曾长期从事对欧洲外交，并于 2007—2012 年在中国驻德国大使馆工作，现任外交部涉外安全事务司副处长。

时光飞逝，来不及回首。转眼间我与母校的故事已历 20 个春秋。

20 年前，我们还在为中国驻南联盟大使馆被炸悲愤不已。如今，五星红旗强大的保护力已成为国人心中的定海神针。而我也荣幸地成长为一名摇旗手、一名中国外交官。

回头望，惭愧不已。知识还给了老师，记忆留在了故乡。在计划永远赶不上变化的人生旅程中，甚至都没能如愿回去看看，更枉提对母校的报答与贡献。然而生活中总有些东西恒定不变，就像母校永远在那里，在心里，在骨髓和血液里。

母校是品格。为了解释一种现象，老师煞费苦心、不厌其烦地演示；为了求证一条真理，课堂上面红耳赤、无所禁忌地争论；为了完成一个目标，纵使屡战屡败，也要愈战愈勇；为了照顾生病的室友，即便耽误课业，也毫不犹豫。一场高考或成或败，铸就的是二中人敬业、求实、坚韧、博爱的人生信条。

母校是情怀。既有自己谱曲、自己填词、自己伴奏的班歌，也有自创、自编、自导、自演的话剧。既有亲手浇灌认养的银杏，也有亲自为鸟儿安放的巢室。既可以在运动场为健儿热血呐喊，也可以在图书馆安静地品味文学艺术。既可以相约深夜辨星识宿，也可以结伴上街宣传公益。三年繁华喧嚣转瞬即逝，留下的是二中人一生对多样世界的包容和对个性发展的追求。

母校是标识。江山代有才人出，不断充实着母校的英雄榜，打磨着“沈阳二中”这块金字招牌。即便平常如我，母校也是一段忘不掉的经历、一串抹不去的足迹，为每个“二中人”打下深深的人生烙印。无论走到哪里，母校都是“二中人”共同的符号，是牵引我们心心相连的红线。

母校 75 周年校庆之时，我可能已再次远渡重洋赴命。届时，当年的恩师或已添了银丝，睡在我上铺的姐妹早已为人母。不知道孩子们是否还挥舞着饭盒冲向食堂，不知道坦克和大炮是否依旧屹立在校园正中，而我定会在地球的另一端挥舞着五星红旗，为祖国也为母校庆生，为二中人加油！

◎给母校二中

——毕业二十年，才突然理解这三年对我的人生如此重要

文 /2003 届余悦

余悦，沈阳二中 2003 届毕业生，本科就读于清华大学，毕业后保送至复旦大学。硕士毕业后在中国移动工作 7 年，转而投身于教育事业，供职于郝景芳创立的“童行学院”。

又到高考日，忍不住又想要回顾一下自己的当年，但是思前想后，总感觉与当下这种忆苦思甜、经验励志的风格不太搭调，因为，我的高中生活，实在是太无忧无虑、欢乐祥和了。

我的高中，是我们市少有的“放羊学校”，“不务正业”的活动一大把，但好像对学习要求不高。人家白天讲课刷题小测试，我们课堂上唱歌跳舞演话剧；人家晚上自习辅导摸底考，我们放学后跑步打球健美操；人家大小假期压缩集训、补课补课再补课，我们逢年过节搞点活动，然后就真的放假了……

这样快乐的三年，让其他学校的学生无比羡慕，让我至今难以忘怀。

但是一面临高考这种大关口，仿佛就不那么轻松愉快了。

2003 年的春天，一场“非典”全国肆虐，刚过完“五一”长假的我们接到学校的通知：继续放假。

虽然特殊时期我们可以理解，但面对距离高考只剩一个月这种现实，我们也有点蒙圈。

考前半个月返校，老师们朝着我们会心一笑，说：“不用担心，相信自己，没问题的。”

对了，我忘了说，我们这届，是我省第一批接受新教材、第一年参加高考大综合的学生，而且那时候还是估分填志愿，大家都在“摸着石头过河”，

果然就由于各种状况，出现大批掉河里差点溺死的。

我们班的“男一号”神童，为了保证专业，降档次去了不是那么顶尖的大学；一向名列前茅的大班长，估分不上不下地纠结了很久，终于去了复旦大学，却被分配到自己不爱的专业；我那成绩优秀的同桌，一心梦想着北外，报志愿时却无比保守，以高出好几十的分数去了吉大；而从来未让出过“年级第一”宝座的班花，意外落榜……

那年暑假，我们班的整体成绩并不出众，既没有拿到年级第一，也没有实现全员一本，大家就在那样的“白色恐怖”中，天各一方地散了。

在这次过河中，我算是赢家，以日常不算出众之资质，一马当先地闯入了清华，还挤进了计算机软件这样的前沿专业。

当然“学霸”的光环短暂即逝，大学生活繁累得要命，大作业、学生会、艺术团、登山队，学习、训练、学生工作接踵而至，忙到不舍昼夜。这逼得我不断地自我怀疑、追问和思索，甚至在读研时转到复旦管理学院，试图探索更多的人生可能，最终我接受了“行胜于言”的人生信条，在毕业后进入某著名央企，心无旁骛地认真干活。几年历练，从产品到项目到市场，样样都算扛得起，也还颇得领导的欢心。

在这个智能通信快速崛起的时代，很快每个人都有手机、每个手机里都有个微信、微信又有个功能叫作微信群，于是你拉我我拉他，我们一干人，又大规模地聚集到一起。

看看大家的这些年，基本每个人都有些故事。

A 君成绩中等，高考去了上海某高校，心有不甘。苦读四年之后在考研中逆袭去了北大，毕业没几年就成为某大型基金公司的基金经理，在北京买房娶妻立稳脚跟。

B 君数学语文均不算优势，唯凭着出色的英语水平通过了北外某小语种的自主招生考试，跳过了高考这道关卡，本以为他是一时英勇，潜力难以为继，谁知一路开挂般考入了外交部使馆，成为我国外交事业的一线人才，目前正携妻带子驻扎在中东某文明古国。

C君成绩一贯排名不高，高考发挥也是欠佳，前往南京某高校，毕业回归家乡。经销售、工程几番周折后，进入设计领域，一举拿下难度系数超高的注册资格证书，杀入排名顶尖的地产公司，在项目中独自挑起专业大梁。

D君则有幸在高考那年赶上了志愿学校的招生“小年”，顺利考入北京某高校，毕业后稳稳当当进入大央企，两年之后忽然对之前的人生选择感到不满，于是挑战了考研重回高校，攻读下硕士学位后，南下闯荡，在互联网界几经沉浮，夫妻双双进入阿里担任高级职位。

……

如此精彩的人生比比皆是，至于我们当年谁学习更好，谁高考如何，大家并未淡忘，但似乎已经没什么意义。

◎当时只道是寻常

——追忆我的二中生活

文 /2004 届王琦

王琦，2004 年于沈阳二中毕业，考取北京大学（信息科学技术学院）。2008 年本科毕业后，到加拿大留学，就读于滑铁卢大学（University of Waterloo）电子工程系，并分别于 2010 年和 2014 年获得硕士和博士学位，其间在国际学术期刊上以第一作者发表文章 10 余篇。2014 年至今，在 OTI Lumionics 公司研发部门担任高级工程师，申请至少 5 项美国专利。

自 2004 年从沈阳二中毕业，时光已经飞逝了 20 年。在这过去的 20 年里，我先后在北京大学（Peking University）电子系读了四年本科，在加拿大的滑铁卢大学（University of Waterloo）电子工程系读了两年硕士和四年博士；博士毕业后，又在多伦多的一家初创企业的研发部工作至今。随着年龄和阅历的增长，我渐渐意识到所谓客观的时间在个体的主观体验下其实并非均匀而是在加速流逝，所以这逝去的 14 年在我的感受中真的是弹指一挥间。

2008 年出国至今已有 15 年。身处异国他乡，由于思念家国，回忆起往日时光便成为一种下意识的习惯。夜深人静时，逝去的时光便一幕一幕在眼前重演，自己仿佛成了一个旁观者，顾而乐之、叹之。如此久之，虽毕业多年，往事之点滴却并不如烟，反而在脑海深处愈加深刻、鲜活。由于理工科出身之秉性，即便在温情的追忆时，我也会不自觉地深入分析自己的足迹，考察走过的阳关大道、独木小桥，以及选择某条路径的必然性、偶然性，进而总结自己的成败得失。但是人生正如历史一样无法重来，不能像我从事的科学研究那样提出假说、反复实验检验、从而证明或证伪假说形成科学知识，这意味着我无法问自己“如果上省实验而非二中会怎样”，“如果念清华而非北大会怎样”或

“如果博士毕业后选择去高校而非工业界会怎样”等问题。我只能从我的有限信息中依靠我的有限理性来判断某些事、某段经历对我产生的可能影响（当然这个过程中难免带有我的主观性）。反复思索后，我从中得出的一个结论就是在二中的三年学习生活对我的人生轨迹至关重要。正如古人云“不识庐山真面目，只缘身在此山中”，留洋已 10 年的我，无论空间上还是时间上已经距离那段二中的三年时光足够遥远，我想我也许具备了些许看清“庐山真面目”的眼力。我尽力本着“假话全不说，真话不全说”的原则，回忆并论证一些我认为二中留给我的特别印记。当然这些只是我的管见，未必准确，甚至未必正确。

在学校层面，给我印象最深且最不寻常的是贯穿于高一、高二的 5 点 20 分放学的时间制度，其背后的指导原则是“把时间还给学生”。对于在初中时代便有着晚自习记忆的我而言，这种科学的时间制度安排使我受益匪浅。仅就时间而言，我一下子变得“富有”，我也毫不吝惜地支配着我的“财富”，享受着校园以外的快乐。我重新拾起了儿时学习过但在初中时中断的大提琴，并把这种爱好保持至今，成为我修行、内省乃至见性的一种重要途径。我也是在这个时期，对西方古典音乐产生了浓厚的兴趣，听遍百家、兼收并蓄，且透过云雾望见耸入云端若隐若现的几座高山，由此开启了日后十几年的精神攀岩之旅。时间富足的我也成了北方图书城和辽宁省图书馆的常客，在我特别喜爱的数学和物理科目上吸收营养、开阔眼界、独自钻研，掌握了远超出学校课本的知识和技巧，同时一窥人类心智活动的精致和美（当时囫囵吞枣也不见得完全领会），由此影响了我在大学乃至博士的专业方向选择。以上这些是我认为最重要的几点，次要一些的包括广泛的阅读和身心的修养。当然我无意在此渲染某种因果性和必然性，因为完全有可能即便周一至周五的时间没有还给学生，我也会利用周末进行同样的活动从而最终形成类似的路径选择，所以这只能见仁见智了。

这种时间安排我认为体现了决策者的制度自信和不急功近利。高中学生其实已经成年，应该学会对自己的行为负责，学会主动学习的能力，无论学校还是家长都不可能监督学生一辈子。比如毕业后去北大读书的四年里，更是“时间还给学生”的模式，上课没有点名威吓（政治课除外）、生活中没有导员骚扰，一切时间自己安排，学习也好，逍遥也罢，悉听尊便。再之后出国到滑铁卢大学读博士，导师也只是“领进门”，指明尚无人迹的科研“桃花源”的大致方向，至于如何伐木成舟、上下求索、发现新大陆则完全在于自己，当然这一路的“山穷水尽，柳暗花明”也只有自己能体会。另外，人生如马拉松长跑，需要的不是一时而是持续的前进动力，而超负荷的教育方式多少有些残害身心，搞得身心俱疲、潜力透支，失去学习的兴趣。

当然我不否认在现行选拔体制下，某些教育方式的存在有其短期合理性，但我想从长远看，一个学生的终极目标应该是获得足够高的“智力”以面对未来无处不在的竞争，而不仅仅是获得“善于考试”的能力。实际上，一旦拥有高“智力”，则“善于考试”便水到渠成，即高“智力”为“体”，“善于考试”为“用”。〔这里所谓的智力不是智商（智商只是智力的可遗传部分），我理解的智力包括（但不限于）逻辑能力、抓重点能力、记忆力、领悟能力、想象力、洞察力、见微知著能力、平衡感〕所以，平时与其在已经得到了 80 分，但为了追求 90 分或 95 分，而花费全部宝贵时间在枯燥单一的练习题或机械记忆中，不如分出部分时间在文学、艺术、科学、计算机编程、棋牌甚至有氧运动等领域，发掘兴趣，提升智力。

除了“把时间还给学生”这一大原则外，我还能想到的其他不寻常的方面有“每节课 40 分钟”（提高教学效率，学生专注力有限），“进教室换拖鞋”（营造在家感觉，使学生精神放松，间接提高学习效率），以及“班级值周制度”（全班休课一周负责全校劳动，培养学生责任心和动手能力，当然我觉得劳动强度可再大些）。考虑到中学校长在学校一言九鼎的地位，我当然理解以上这些制度的方方面面反映的是张佩纶校长的教育理念。如今身处海外，我只有在心里向佩纶校长致敬了。

制度设计得再好也需要有优秀、高效的团队来执行。优秀的教师是学校的核心资产，保障了课堂上知识传授的质量，我想这本质上是实现“把时间还给学生”的基础。六祖慧能大师说的“迷时师度，悟了自度”，道出了修行（其实也是学习）的进阶过程。而优秀教师的作用正是在有限的时间里通过“传道、授业、解惑”使学生最快地从“迷”到“悟”，从而使学生可以尽早地开始“自度”之路。我很幸运能在二中的三年里遇到众多优秀的教师，他们年富力强、经验丰富、尽心尽责，像重剑无锋的班主任兼化学老师商红军，沉毅敏达的物理老师李淼，精明强干的数学老师曹升阳，宽仁严谨的语文老师刘敏，豁达聪颖的英语老师韩彦瑾，率真机敏的英语老师王玉梅，谦逊儒雅的政治老师丁玉志，慎思明辨的历史老师张文斌，渊博厚重的生物老师李铁军，睿智风趣的地理老师李江涛，青春练达的地理老师王宏伟，开明古趣的音乐老师周兆民，幽默干练的体育老师李永年，身怀绝技的体育老师李洪建，等等。

作为三年班主任，商老师以他的大巧不工、无为而治的风格渐渐塑造了我们044班在现在的我看来——“不急、不贪、不忿”的班风。举一例证之。当年全体高三在东北楼时，食堂就在教室楼下，每次第五节课下课铃声响起时，只闻外面锅碗瓢盆齐鸣，伴随着冲刺下楼之声，原来是其他班级争先恐后奔赴食堂。而我们044班，全班不为所动，最后才陆陆续续、有条不紊下楼到食堂。

如前文所述，我已经利用大量课外时间汲取了超出课本范畴的物理和数学内容，所以再花费时间完成这两门课程的课后作业便略有形式主义之嫌。故我也很感激格外开明、亦师亦友的物理李老师和数学曹老师在一定程度上赦免我的作业。

虽然二中集结了众多优秀老师，但由于我年少轻狂，也留下了不少遗憾。

高中时代的我心底里是认同物理学家卢瑟福的名言的，即“所有的科学要么是物理要么是集邮（All science is either physics or stamp collecting）”。言外之意就是化学、生物、地理等学科其实算不上科学，其方法、实践过程和结果也就是同集邮差不多。从事科研多年后，以现在的我看，这句话当然错误，有着时代的局限。但当时在这种“指导思想”下，可想而知，我是带着敷衍的姿态来学习那些“集邮”科目的。化学还好，不至太懈怠，因为班主任坐镇主讲，但生物课基本就是神飞天外了，课下也未用过功夫。因此这么多年，内心中一直觉得愧对学识极为渊博的生物老师李铁军。事实上，毕业后对生物的兴趣越发浓厚，阅读了不少生命科学著作，用力思索过“生命起源”“智慧涌现”“群体生物行为模式”等问题。但无论怎样，我错过了在学生时代向李铁军老师讨教、切磋的机会。

另外，因为 2004 年的高考辽宁省是“大综合”，所以政治和历史两门学科陪伴始终。政治丁老师和历史张老师的授课无比缜密严谨，知识结构的梳理也清晰明白，怎奈当时的我重理轻文，一概油盐不进，而且出于一些意识形态上的原因，对两位老师讲授的内容颇不以为然。现在回想，实在愧疚。最后高三时为了高考才不得不“功利”地临阵磨枪，发动照相机式记忆，最终得以侥幸过关。到后来出国留学，阅历渐长，更加了解、理解了祖国的历史与现实，才体会到当年两位老师在有限空间内腾挪之不易。

以上便是我对二中三年学习生活去粗存精后的有限追忆，并未涉及同学间的部分（这是更大的一块）。由于那时的我尚未养成记日记的习惯，所以文中回忆之某些部分、形成的某些观点未必准确，甚至可能只是我的一厢情愿，我只能尽力为之，希望能做到不欺人、不自欺。三年的时间在现在的我看来实在不算长，但对于当年“食”量无限、勇猛精进的十六七岁少年而言，确是一段学而不倦、乐以忘忧的漫长时光。当时的我觉得时间永恒、青春无限，并没有料到那三年的给养和储备最终把我像无法回头的箭一样射了出去。三年里二中对我方方面面的影响和塑造有些容易看出、写出，但我相信也会有相当的部分会如同曹雪芹在布局《红楼梦》一样，“草蛇灰线、伏脉千里”，要到人生的某个阶段才会显现（包括以自己未察觉的方式）。如此看来，这次在 2018 年对二中生活的追忆应该不会是我最后一次“沉思往事立残阳，当时只道是寻常”了。

◎匆匆那年，庆幸自己遇到最好的你们

文/2007届陈夙

陈夙，毕业于2007年，考入天津财经大学教改实验班。现为北京师范大学经济与工商管理学院金融系博士研究生，曾任北京师范大学研究生骨干暑期社会实践福州挂职团团长，北京师范大学研究生会副主席。

2017年的最后几天，微信朋友圈中都在晒18岁照片，沉寂多日的0712班级群又活跃了起来，《同窗故事》中的毕业合影照片被传了上来。逝者如斯，高中毕业已10年有余，尘封已久的高中记忆也因此如泄闸洪水般奔涌而出，真切而清晰，温存而有力量。匆匆三年，弹指一挥间，庆幸自己遇到最好的你们——亲密无间的同窗挚友，温润博学的师长。

一、同班为朋，同志为友

2007级学生是刘辉校长到沈阳二中任职后招生的第一批学员，刘校长决定，将市内五区和周边郊区县中考成绩最好的生源集中到0712班，组建二中第一届宏志班。一个学期后的文理分科，我有幸以较为优异的期末考试成绩分到了0712班，成为宏志班的四十四分之一。

0712班因中考相遇并组建，同学们不仅是学霸，还积极参与学校的各项团学工作。其中有5名同学经选举任职于校团委及学生会，后来刘笑黎任团委副书记、刘湃任学生会主席。同学们也积极参与学校的社团活动，赵朋曾创建了钢琴协会，并由此组建交响乐团。

不可否认的是，高中三年的知识可能早已随着岁月的流逝而淡忘，但高中三年的课余生活却因岁月的流逝而沉淀。也许我们早已忘记自己在某次考试中的成绩，但我们不会忘记同学们的互帮互助。记得那一年尚秋里因篮球比赛左

臂尺骨和桡骨骨折，从陆军总院转至骨科医院，住院治疗一个半月。出院后，尚秋里左臂仍缠绷带 5 个半月，其中不便可想而知。他的同桌沈茹鑫尽其所能照顾他在学校的日常生活，很多同学主动为他记笔记。这份笔记不仅记录着那半年的知识，更记录了同学们的肝胆相照，这份笔记也被尚秋里珍藏至今。

高考之后，大家怀揣着理想和热情各奔东西，但同窗情谊并没有随着时间的消磨和距离的变化而消减，反而变得越发深厚。考学出国、求职就业、结婚生子、甚至家人患病等，都会与同学分享或向同学求助，0712 早已成为我们共同的家。也许有些缘分早已注定，兄弟缘深者，当数同年同月同日同姓同性同桌的“六同君子”刘湃和刘文龙。此去经年，班内先后有三对同学结为伉俪，刘湃和王琳博士毕业后定居北京，达人和佳希移居美国，刘文龙和沈茹鑫天津大学毕业后回沈阳就业。有意思的是，刘沈夫妇竟然与小辰同住一个园区。

戊戌春节期间，王新宇提议大家一起在“蚂蚁森林”里种树，同学们积极响应，天天为小树“浇水”，积聚能量。我们相信，这棵节能减排的环保之树，防风固沙的公益之树，互帮互助的友谊之树，无论它被栽种到哪里，都会牢牢地扎根在祖国大地，常青于祖国北疆。

二、师之所存，道之所存

高中三年，我们有幸能跟班主任周兆楠老师学数学，跟刘敏老师学语文，跟王淑老师学英语，跟邵李宁老师学物理，跟商红军老师、单智侠老师学化学，跟姚兰老师学生物。回想起老师们备课授课时的一丝不苟，答疑解惑时的细致入微，对教育教学理念的分享与反思，对待学生的尊重与包容，看到学生超过自己的欣慰喜悦，自己心中唯有感恩！

我们忘不了周老师的那句“这么做不漂亮”，她的徒手黑板画圆堪比尺规作图；我们忘不了王淑老师的那句“这道题没有正确答案，只有最佳选项”，她是真正将应试要求和能力培养完美结合的好老师；我们忘不了邵老师定下的迟到就唱歌的班规，忘不了他那堪称一绝的板书和烂熟于心的名人逸事，忘不了因为他讲错题目而请全班同学喝可乐的一诺千金。

因为一些原因，我们也有幸听过很多老师授课。忘不了红梅老师的知识竞赛，强化了大家的文学常识；忘不了李姣老师的“是什么，为什么和怎么样”，养成了大家思考问题的基本习惯；忘不了宝山老师的风趣幽默；忘不了张睿升老师的旁征博引；忘不了石莹老师的青涩和宽厚；忘不了高真东老师的“再来一个”……

“在沈阳二中就读是怎样一番体验”在“知乎”上一度很火，客观而言，二中提倡素质教育，重视学生品德培养和能力塑造，学生活动经历和学生工作经验积淀在二中人的气质中，“大气成就大器”的校训影响和激励着我们，不忘初心，无问西东，以梦为马，不负芳华。很多同学在后来的学习和工作中脱颖而出，大都得益于此。在沈阳二中就读，最深的回忆是高中生活不只有学习，但养成了终生学习的习惯；最深的感触是引导和成就学生的无限可能；最大的体验是自主规划；最大的收获是思辨精神。这不仅内化在二中老师们的教学中，也外塑在二中老楼的石柱上，更无声地融入无数二中学子的血液里。

三、望之温然，即之也温

在多数学生的记忆中，德育老师总是“望之俨然，听其言也厉”，而我印象中的二中德育老师是“望之温然，即之也温”。可能是自己见到的多是他们在教学业务中“严谨求实”的一面，很少见到他们在德育工作中“凶神恶煞”的一面。商红军老师教过我们化学，刚刚分到 12 班时，因为教学进度快于其他班级，商老师还专门为我们几个新同学补齐进度；丁玉志老师教过我们政治，也当过我半年班主任，他的谦逊正直，给我留下了深刻的印象；古爱华老师教过我们体育，她的体育课是我印象中最轻松活泼，最有收获的体育课；李江涛老师教过我们地理，即使面对较为繁重的日常管理工作，他仍会主动提出为参加数学竞赛而缺课的同学补课，他也会火眼金睛地发现哪些同学“借鉴”了某个同学的地理作业。

因自己在每周五大扫除被分配到德育处擦窗户，我发现在德育处工作时的他们也是平易近人、平和公允。每次在德育处扫除时，老师们也会和我们几个谈心，关注我们关切的问题。相信大多数二中人不会忘记，周一升旗仪式上德育主任永远不变的开场白：大家早上好。而大多数人大概已经忘记，某年愚人节，有同学在主楼一楼的告示栏中贴了一张关于李老师调到市教育局的“调令”。毕业后不久，李老师真的离开了二中，先后去三十中学任校长、市教育研究院任书记。

前两年某天中午，迎面走来一群来北师大进修的中小学老师，我突然意识到，刚刚与自己擦肩的人正是李老师，随即转身，“李主任”脱口而出。李老师闻声转身，一下子认出了我，惊喜地问道：“你怎么在这儿？”高中毕业多年，在北师大读博士的我和来师大进修的李主任意外相遇，“涛”声依旧，我心中充满欣喜和感动！

四、一草一木，念兹在兹

沈阳二中，不仅是我个人的选择，也是我家人的选择。表哥是二中第一届篮球队队员，堂妹是第一届二中北校区学员，表哥、我和堂妹先后毕业于沈阳二中，这里承载了我们家人共同的校园回忆。少年出走与壮年归来，母校里可能不再有我们熟悉的坐标，但对母校的归属与认同却一如往昔。

启功先生题写的图书馆虽已复建，但荣高棠先生题写的体育馆还在；经历过暴风雪的游泳馆虽已不在，但饱经雨雪冲刷的塑胶操场还在，历经风霜雪雨的加拿大杨还在。

月光下的树影斑驳了多少流年，着班服的我们多少次走进五爱街 6 号，夕阳下的我们多少次回望她的面庞，睡梦中的我们又多少次忆起她的容颜。岁月翩跹，韶华易逝，这里有我们苍茫的爱恋，这里有我们许下的诺言，这里有我们无悔的青春，这里有我们匆匆的那年。匆匆三年，庆幸自己遇到最好的你们，庆幸有你们相伴的高中三年，庆幸有你们相伴的毕业十年，庆幸还有你们相伴的无数未来。

◎回忆里铺满花瓣

——给母校75周年校庆献礼

文/2007届迟进舒

迟进舒，毕业于沈阳二中0712班。2007年考入中国矿业大学（北京）安全工程系。2011年前往美国华盛顿州立大学攻读博士，主修大气科学专业。2016年博士毕业至今，在瑞典农业大学从事博士后科研工作。研究方向为气候变化，微气象观测，森林和农田生态系统碳水动态及耦合机制。

寒冷的北极圈，又是一个雪花漫天飞舞的晚上。看到“母校催你交作文”的消息，我望着窗外，不禁回想起我那记忆中最温暖的青春岁月，我的二中生活。满世界求学已经整整20年，而高中的三年对我来说最是珍贵。正是那时那地，我受到了最好的高中教育，结识了一辈子的好朋友，遇到了对我有知遇之恩的老师。

遥远的记忆，依然鲜活，从未褪色。

二中生活的第一大幸运与骄傲——成为0712班的一员。还记得踏进二中校园报到的第一天，我在教学楼门前的阅报栏里查找自己所在的班级，从071班的名单开始，找了很久，直到在最后一个班级0712班看到了自己的名字。意外的惊喜，0712班会聚着来自市内以及各个郊区县成绩优异且个性鲜明的同学，与此同时也拥有着全校最顶配的教师团队。

在0712这个群星璀璨的班级里，我成绩平平，常常保持沉默，偶尔内心叛逆。然而幸运的我，却得到了两位恩师的青睐，这是我高中时代乃至一生最大的幸运。两位老师，一位给了我无微不至的关怀，亦师亦友，成了忘年交；另一位帮我树立了我至今依然坚定不移的人生观，偶像光环时刻笼罩着我，是我终生奋斗的榜样。

开学后，令人意想不到的是，一向崇尚理性思维的我竟然喜欢上了语文。我喜欢上每一堂语文课（除了写作文），觉得课堂上的内容都好有趣。后来我慢慢发现，吸引我的不是课本的内容，而是讲课老师自带的教学魅力。那是一种巧妙而自然的方式，把原本无聊的课文用最生动而朴实的语言传递给我们。中国文学博大精深，高中生的领悟能力有限，但是她却让我们看到了所及深度里最美的风景。我在近几年的科研学术工作中才慢慢发现，能把复杂高深的知识用最通俗易懂的方式展示出来，其实是一件很不容易的事。

还记得高一上学期快结束的时候，刘老师让我们每一个人随意写一篇作文，我于是借此机会表达了自己对这门学科的热爱和对老师的崇拜，还自告奋勇想要当语文课代表。高一下学期，我真的成为0712班的语文课代表，这是漫长学生生涯中最令我骄傲的职位。在之后两年半的时光里，我每天乐此不疲地收着作业，兢兢业业地做好自己的本职工作，享受着热闹非凡的语文课堂。原本喜欢沉默的我，开始积极参加各种活动：一次次组织大家学习古诗词，排练课本剧，甚至自己走上讲台去讲课。得益于如此美好的教学方式，这样宝贵的经历更是为后来我从事助教助研工作打下了基础。

与此同时，和刘老师之间的沟通交流也更多了一些。渐渐发现她对学生的悉心关照远远超过语文老师这个角色，像朋友一样，随时准备为我们排忧解难。时不时地跟她汇报学习工作思想进度成为我的习惯。记得2005年和2006年的春天，她去参加辽宁省语文高考命题，有一个多月不在学校。我就每隔一两天给她发一封邮件细说着每天发生在身边的琐事，结果等她回到学校时我收到了一封长长的回信，详细地回复了我的每一封邮件的内容。至今依然记得那时看到她和看到回信时的激动与感动。

现在回头想想三年来从未间断的倾诉都是些无聊而且幼稚的小事，包括某次取得了比较满意的期末成绩时的欣喜，学校排球比赛中冲进了四强后的激动，与室友产生小摩擦时的烦躁，第一次收到同学写来的小字条时的惊慌失措……但刘老师每次都不厌其烦地认真聆听、耐心开导。在她那里，我感受到了“在外求学”（高中住校三年）期间最珍贵的一丝又一丝温暖，出现的恰到好处——在我最需要关怀与帮助的年纪。

高中毕业后，我离开了沈阳，去北京、去美国、再到现在瑞典工作。可以说刘老师对我的每个人生阶段都有参与，高考填报志愿、大学毕业保研还是出国留学、博士毕业后选择去哪里继续深造……在我面临这些至关重要的选择而不知所措的时候，是她给了我最为合理的建议；在这些枯燥且艰难的求学路上，还是她一次次给我鼓励；遇到让我愤愤不平的人和事时，是她抚平我的情绪；极度疲惫想要放弃的时候跟她聊聊天，我会重整旗鼓。我的高中语文老师，也是我永远的人生导师——恩师刘敏。

另外一位偶像级恩师，是我们美丽端庄大气优雅且充满智慧魅力的英语老师——王淑，也是我学生时代遇到过的最耀眼的人。对她的崇拜，源于她那超过她自己中文水平好多倍的英文，那也是我至今依然认为最好听的英文。

依然清晰地记得高中第一堂英语课，她急匆匆甚至飞速走进我班教室的情景，在她开口上课前几秒钟还在单纯地以为她只是走路快，没想到当她一开始讲课，语速大于光速，并且全英文授课……后来到了美国读博士，当教授们用更快的语速讲授着我从未学过的专业知识时，并没有感到那么绝望，因为自己高中时就接受过这种训练，感谢她。

王淑老师上课时会站在喜欢打瞌睡的同学身边讲，我也是其中的一个。很有效，之后就不敢困了。后来越来越认真地听英语课，才意识到她所讲的从不是那些无聊又死板的教科书式英语，她在用她丰富多彩而传奇的人生阅历来教学。讲课的时候可以不带书本报纸等教材，知识点永远信手拈来，仿佛英文不只是她的专业，更是她与生俱来的一项语言技能，能够自然而然地传授给学生。年少的我从未踏出国门，但从那时起，我就立志将我从她那里学到的知识用到最恰当的地方，去身临其境感受她经历过的这个精彩的世界。从中国到美国，又走遍欧洲，我终于实现了当初的愿望。

我课余时很喜欢打着“问题”的旗号跟她聊天，她时不时地总喜欢给我

“上课”，讲一些做人的道理。偶像的力量在于，从她嘴里说出来的一些简单句子都会变得特有哲理。高三下学期，面对着一个又一个的“最后一次”，心中充满了万般不舍。是她教会我“人，总是要向前的”，唯一能做的就是珍惜当下，珍惜每一堂课、每一次考试、每一次班级活动。遇到挫折时，她告诉我“不以物喜，不以己悲”，这比读范仲淹的《岳阳楼记》领会得更深刻。她时常以“大气一些，退一步海阔天空”劝诫着当时那个叛逆不成熟的我。前些年看到二中的新校训“大气成就大器”，我第一个想到的人就是她。

正是她这三年来的及时劝诫才塑造了我现在的人生观。经过不断努力，以往那个情绪化的我，也渐渐养成了不骄不躁的平和心态。受王淑老师的影响，我依然留在最纯净的象牙塔里与世无争地做着我喜欢的科研工作，并选择了在一个以中立中庸和慢节奏闻名的国家（瑞典）生活。我很享受目前的生活状态，所以我永远感激她！

记忆始终埋藏在心底，好想回到过去，重温两位恩师讲课的场景。如今我们天各一方，可即便如此也丝毫阻挡不了我对母校对恩师的思念。高中那会儿见不到的日子按天算，后来上大学的时候几个月都见不到一面，如今一别就是几年。每次回国，我都会回二中找她们报到，一看到她们，我就感觉自己又回到了那段单纯和美好的时光。

一转眼高中毕业 10 多年了，岁月无情地拖着我向前走，我还记得王淑老师说的那句“人，总是要向前的”。在不断前进的同时，我经常回首拾起那曾经散落在我人生路上的一片片花瓣，独自细细回味欣赏。虽然我再也回不到那条路上，但因为有她们，我的回忆才如此美好。仅以此简短的回忆录献给母校 75 周年华诞，感谢二中对我的教育与培养，更感谢恩师对我的呵护与关爱。身为一名二中人是我永远的骄傲。

◎你在我生命中的每一天

文 /2007 届张嘉怡

二中的生活是我最引以为傲的经历，但每次提起二中我都是既骄傲又惭愧，总觉得自己至今还没能拥有什么像样的成就，有点对不起母校。对二中的怀念和歌颂应该只属于那些在各自领域小有成就的同学们，我似乎没什么资格。就像曾经不爱发言的我，在课堂上有时候知道答案也不敢举手回答。毕业十年，我不再像原来那样胆怯。二中对我来说意味着什么呢？不是三年的学习，而是我对工作和生活每一天的热爱。

二中对我来说，是人生中最大的神奇。

那是二中第一次面向郊区县招生，我竟然成了县城里唯一考进二中的学生。大家都为我能考进二中感到高兴。如愿进了第一届宏志班，班级里是按成绩分学号，按学号站排。前前后后是各个郊区县的同学，没想到，小小沈阳市，竟然还能说出好几种方言。感觉同学们个个身怀绝技：有人活泼，一下子就能成为人群的焦点；有人睿智，一语中的能让别人叹服；有人言谈背后是多年的文化底蕴；有人擅长我从未接触过的体育项目。

在这个神奇的班级，在活跃气氛的感染下，我居然敢去尝试许多突破自己的事情，比如参加运动会。我可是从小到大都没有运动细胞的人哪！跳格子都像狗熊一样笨拙。我居然自发去跳高，跑 400 米。尽管我在跳高预选赛就惨遭淘汰，最低的竿都被我一脚踢开，400 米跑到一半就摔倒，但我当时竟然一脸骄傲，还觉得自己给班级争了光。想一想那三年里，不论什么活动，全班同学都抱成一团，各自尽其所能，让我对“团结”有了最深刻的感受。直到现在，每当有同学过生日的时候，同学们都在群里送上生日祝福。班长还留意着每个同学的近况，不让任何一个人掉队。几十个人的大集体，十几年来大家千变万化，可无论何时竟然都像学生时代一样热闹融洽。

除了活跃，我在这里还第一次感受到朋友间的温暖。初中的时候也有几个好同学凑在一起，但也仅限于中午吃饭，放学回家，毕业后就失去了联系。高中一下子迎来了住校的生活。对于一个从未离开家的孩子来说，住校生活很需要适应。还好宿舍里有自带母性光辉的“猫姐”为大家排忧解难，还有像阿拉蕾一样有特异功能的“水水”，总是奇怪到让人一边诧异一边大笑。在欢笑和温暖中，离家的日子不那么难熬。平时下课的时候几个小伙伴一起聊动画片，换贴纸，写写画画，后来都成了一辈子的好朋友。分班的时候，虽然我不擅长理科，但我太喜欢这个班级、这里的老师和同学，所以还是毅然选择了学理。事实证明，我真的更擅长文科，越到高年级，数理化对我来说越难。最后，我的高考成绩并不理想，唯一高得出奇的是英语，我也因为喜欢英语选择在大连外国语大学读我最想读的英语高级翻译专业。

高中毕业后，很多人都觉得如果我没上二中，可能会考上更好的学校，因为小地方的高中尖子生少，比别人优秀一点就能得到老师更多的关照。毕业后的几年，我也曾陷入困惑，究竟离家求学是对是错？费尽千辛万苦，在万众瞩目中进了这么优秀的学校，最后却有负众望，好像终究归于平庸。很长一段时间里，我不敢回忆高中的生活，不想看清那时渺小、平凡、如何努力也不能出众的自己，大学毕业后也没有光鲜的履历，一直在为找到理想的事业四处奔波，不愿意找大人口中的“稳定工作”，只一心做自由翻译，享受关起门来玩文字游戏的乐趣。不在热门城市，不爱在群里发言，不敢返校，我好像一下子跟高中生活失去了联系。从别人口中听说高中同学一个比一个优秀，我一边羡慕，一边为自己加油。

重新找到高中对我的意义，应该是在这一两年。我发现，二中给我的，不是目之所及的锦绣前程，而是老师们教会我如何给生活赋予源源不断的热情。他们让我知道，不论做什么，都要投入、热爱。此刻我眼前还能浮现出每一位老师每次走进课堂时振奋的表情，他们好像已经攒足力气开动一艘大船，载着我们到达一个又一个目的地。

理科老师的脸上总是洋溢着对科学的欣赏。周老师经常把数学题解到一半留在那里，然后露出神秘的表情，鼓励我们去继续挖掘剩下的宝藏。每当哪位同学给出精彩的解答，她脸上都露出赞许和欣慰的表情，好像这不仅仅是为一道难题给出了解答，而是为全人类带来了生的希望。她总是让我们不满足于一个答案，寻找不止一种方法，在这个过程中去体会数学的魅力。我的物理最差，可是出乎意料的是，物理课带给我的不是煎熬，而是探索科学的刺激和快乐。邵老师的每一堂物理课都给我很大乐趣，好像一个小球和小车便能造就一个科学家，再简单的推导都蕴含着朴素的宇宙法则。物理公式在他笔下不是天马行空的潦草，而是整整齐齐的板书，一点一点推导出的有理有据。邵老师除了工作，平时还喜欢摄影、自驾和唱歌，他是热爱生活的典范。好像物理和他的生活息息相关，他常常把生活中的见闻跟课本上的知识联系在一起，转换相机镜头可以让他想到透镜的工作原理，而自驾时车上乘客数量的多少也能引发他对重力和做功的思考。他从来不会针对某一道题，而是把答题看成掌握知识后水到渠成的事。他希望我们能够快乐地学习，所以每堂物理课都有歌声萦绕。他还抓拍了我们运动会时的一些镜头，有一张是我摔倒后委屈地大哭的样子，这成为我珍藏至今的表情包。

我对理科的悟性差一些，语文和英语才是我的强项，是这两位老师让我看到语言的魅力。刘老师讲语文讲到激动的时候眼睛瞪得老大，好像她已经钻进作者的心里去，每到我们跟不上她的思路时，她都着急得想一把将我们拽进她的世界。她赋予每一篇文章“文学”的本质，这些文学的美在她质朴的语言中不再遥不可及。英语老师王淑激发了我对原本就有兴趣的英语更大的学习热情。王老师反复告诉我们对英语要用“sense”，让我从来不把英语看成是“一道题”，而是“一个整体”，她从不让我们死记硬背，而是站在西方文化的角度去理解语言的使用习惯。在她的描述中，我第一次对“外国”有了概念，后来的这些年，英语成了我看世界的一个窗户。她也常提起自己做翻译的经历，那时我才体会到“翻译”这个职业的意义，开始对这个职业充满向往。为了激发我们学英语的热情，她还找来很多英语电影给我们看，不想让我们只拘泥于书本而忘记语言作为沟通工具的本质。

毕业这么多年，老师们也许不会记得在各方面都毫无特点的我，但是他们在我的记忆里却是很鲜明的，是他们让我找到了知识的本身，他们让我感觉到知识不是习题和考卷，而是人类文明进程中积累的科学经验和语言文字。对知识的记忆随年月变得模糊，可是那种好奇和渴望却能伴随我一生。

正是这些在我心中埋下的热爱，让我在经历工作的坎坷之后选择了自由职业，为自己喜欢做的翻译工作继续坚持下去。每天有最前沿、最新鲜的消息摆在我面前，有时是前方国际案件的证词，有时是正在筹划的电影剧本，有时是最前沿的科技进展，有时是正在谈判的重大项目提案。翻译过科幻小说、心灵书籍、创意广告、越洋情书。我的老师们曾经用他们的热情让那些枯燥的知识变得有趣起来，而如今，面前的文字在我投注的热情中也变得鲜活，带给我感动、欢乐、欣喜。我以"卖字为生"自居，忘记辛苦，享受其乐。最后悔的是从没当面表达我对老师们的感激，如果时光倒流，我真想让当时的自己勇敢一点，告诉老师们，我有多么爱每一堂课，多么敬佩他们每一个人。现在，我不再惭愧自己没能给二中带来荣耀，我想，如果母校和母校的老师知道，我永远带着二中和老师们烙印在我心中的精神，应该也会为我感到自豪吧？就像母亲一样，她内心最重要的一定是，走出她怀抱的每个人都能知道怎样在漫漫人生路途上学会幸福快乐。我的二中，不只是存在于那三年，而是在我之后生命的每一天。

◎我的二中回忆

文/2009届段妍每

段妍每，沈阳二中09届毕业生，本科就读于南开大学法语系，硕士就读于北京外国语大学国际组织项目国际经济方向，获外交学硕士学位，同时获得法国ESSEC高等商学院国际商务战略与管理硕士学位。曾在清华大学担任国际项目主管，如今在瑞士日内瓦工作。

我现在正在大雪纷飞的日内瓦，打下这行字。这个冬天，欧洲受北极寒流影响，气温骤降。好久没有见过这样的大雪了。让我想起2007年，在二中读高二时那场全城停课一天的暴雪。当时的我，应该从来没有想到有一天自己可以走得这么远吧。

回忆数载求学经历，何其幸运，每一步都走得稳当平顺，哪怕出现意外情况，也是别有洞天另一番美景。我并不否认自己努力且进取，但更时时感恩的是命运的眷顾与善待。若要在这篇文章中写下二中对我人生的影响，我只能说它是我现在任何哪怕极其微小的成就的起点。我无法想象，如果没有在二中的经历，如今的我会在哪里，从事什么样的工作。

感谢二中，让我顺利进入南开大学法语系，自此找到一生挚爱的专业。南开毕业后，我又到北外读国际经济学硕士，还拿到了法国ESSEC高等商学院的硕士学位。这又是另一个长长的故事。

说起我的高中经历，学业方面的回忆自然占据很大比例，我仍然清楚记得高一上学期每一次考试的年级排名，且毕业多年以后午夜梦回也偶有答不完试卷的恐惧。除了学业，除了风光无限的学生活动，更让我印象深刻的是，当时的我如何热爱文学并坚持写日记。在午间休息的空隙里，在每一个写完功课的时间缝隙里，一本接一本地读书。甚至高三上学期学业最忙碌的时候，仍然挤时间读完了两大本厚厚的英文原版小说。这一段时光弥足珍贵，我永远感激。

感谢二中的老师们，师恩铭记于心。班主任李建红老师对我们说过："要让自己的能力不断扩展到最大的程度，属于你的能力，它就永远在那里。不断扩展能力，达到自己的极限，它会伴着你一生。"这句话当时震撼了我。在以后的岁月里，我的确也是这样做的——考入南开，去新加坡、奥地利、英国参加交换项目，考入北外的项目班，拿到心仪的高商 offer，获得留学基金委的奖学金到法国读书，拿到两个硕士学位，争取到自己心仪的工作，每一步都充满了挑战，每一步都扩展了人生的极限。我的老师们一定还说过很多这样发人深省的话，那些话语已经融入血液，成为营养，形成骨骼，一生相伴。我们何其幸运！翻看高中的日记，其中一页贴着一张化学卷子，背面是教了我三年化学的孟祥瑛老师写给我的长长一段话，大意是我这一阶段学习不在状态，应该如何提高化学成绩，如何改变学习方法，放松心态。毕业快 10 年了，当时那种感动到泪水翻涌的心情仍清楚记在心里，和这一页日记一起成为永远的珍藏。二中之所以是二中，不是因为我们，而是因为你们——我的每一位老师。

在二中的三年好像青春里极其漫长的时光，从 16 岁到 18 岁，脱胎换骨的三年，奠定了一生的基础：学习习惯，阅读习惯，掌握知识的方法，观察世界的角度，人际交往的能力，自我反省的意识……可以非常确定地说，没有在二中的三年经历，就不会有今天的我。感谢你，我的母校！

◎秉承大气，追逐大器

文 /2010 届李岚峰

李岚峰，2010 年 6 月毕业于沈阳二中 1004 班，本科和研究生就读于南京大学政府管理学院行政管理专业，2014—2015 年入选中国青年志愿者研究生支教团赴贵州省安顺市平坝区支教一年，2016 年 11 月作为中国青年代表团成员出访越南。曾获全国优秀共青团员称号、第十一届中国青年志愿者优秀个人奖、教育部国家奖学金、江苏省优秀学生干部、安顺市青年五四奖章、南京大学栋梁奖学金特等奖等荣誉。目前就职于中共中央组织部。

听闻母校沈阳二中 75 周年校庆将至，万分欣喜。还记得 60 周年校庆时，我们高二，穿着红校服，在操场上热热闹闹地参加校庆大会。会后三五成群地围着各个兄弟学校、各地校友送给母校的贺礼拍照留念。一晃 10 年，我们陆续结束了学生时代，从“小伙子”变成了“大小伙子”。

2007 年我考入沈阳二中，高一在 1003 班，班主任是单智侠老师。高二分班后学了文科，在 1004 班，张孟华老师做班主任。2010 年，我考入南京大学，先后就读本科与硕士，其间前往贵州支教一年，于 2018 年毕业参加工作。如果把 20 年的求学生涯分成前 10 年和后 10 年，那么中间的转折点便是沈阳二中。在二中读书的三年，印象最深的一句话，就是每逢重大活动，时任校长刘辉口中的“大气成就大器”。当时囫囵吞枣，10 年后重读校训，感受到母校恩师们的谆谆教导和殷殷期盼。以“大器”为目标，以“大气”为底色。“大器”是我们每个二中学子毕生追逐的方向，“大气”则是我们必须秉承的母校的嘱托，是我们内化于心，外化于行的独特气质。

寓“大气”于学会感恩。高中三年，爸妈在学校附近租了房子陪读，一日三餐无微不至地照料，加之老师们的无私关怀和悉心指导，让我平稳度过了叛逆的青春期，以至于随后的10年一直没有“跑偏”。本科毕业后，我放弃了直接免试读研的机会，加入了中国青年志愿者扶贫接力计划第16届研究生支教团，前往贵州省平坝第一高级中学支教一年。担任高一年级4个班、240名学生的地理老师，同时承担两门校本课程的教学任务。一年的支教生涯中，恩师张孟华老师给了我极大的帮助。从授课PPT到教案再到教学技巧倾囊相授，让我这个行政管理专业的“业余地理老师”所带班级，包揽了历次考试的全年级同层次第一名。二中教会我学会感恩，感恩父母师长，在感恩中收获成长，传递梦想。

寓“大气”于承担责任。在1004班，文科班男生少，一共11名男生，承包了全班所有的“体力活”，每次打水桶、扫雪、搬书、搬桌椅自然是男生责无旁贷的分内之事。当时觉得再正常不过，后来去南方读书、支教后才发现，包揽体力活这种事，是我们东北男生的特有优势。往小了说，这叫“怜香惜玉”；往大了说，便是敢于担当。大学期间，我先后担任南京大学学生社团联合会主席、南京大学西部计划项目管理办公室主任、南京大学团委副书记（学生），在不同的岗位上，虽不能说鞠躬尽瘁，但也能做到勤勉尽职，本分做事。先后荣获第十一届全国优秀青年志愿者，全国优秀共青团员，教育部国家奖学金。二中教会我承担责任，敢于担当，在奉献中磨砺意志，锤炼自我。

寓“大气”于全面发展。和现在很多中学生相比，我觉得10年前的我们更加幸运。比起在高考的指挥棒下竭力追赶应试成绩，我们在二中接受了更加注重学生全面发展的素质教育。即使在学习节奏相对紧凑的高三，我们一样能在球场上挥洒汗水，在环保研究会进行头脑风暴，在课堂间隙DIY班会材料。理科老师建议我们增强文学历史素养，文科老师鼓励我们做思维的体操。高中毕业4年后，我在距沈阳二中3000公里外的贵州平坝一中，组建了安顺市首个中学社团联合会和最大的中学志愿服务团体，建成四大类共35个学生社团，辐射学生2000余人。将二中带给我的文理兼修、一二课堂全面发展的理念带到西部中学的校园。二中教会我全面发展、学思结合，在实践中身体力行、追求卓越。

虽已离校多年，我还时常关注沈阳二中的官网和微信公众号，看到母校高考升学捷报频传，交响乐团、合唱团屡创佳绩，学生社团繁荣发展，“三引三回”掷地有声，也会备受鼓舞，第一时间转发到朋友圈分享喜悦。在沈阳二中悉心栽培荫蔽下的每名学子，定将不忘母校师长的嘱托，始终秉承海纳百川之“大气”，在各行各业、各国各地奋力追逐，力图成就服务国家、造福人民之“大器”。

◎汝之唤，吾之盼

文 /2012 届孙嘉欣

孙嘉欣，2012 届毕业生，毕业于 1216 班，考入大连外国语大学，英语专业八级，现任辽宁广播电视大学教师。高中在校期间连年获得校优秀学生、校优秀学生干部。在“2009 天下事知多少”网上答题活动中，成绩优秀，获优胜奖。2011 年在第五届“地球小博士”全国地理科技大赛中荣获一等奖。2012 年因学习刻苦，遵规守纪，关心集体，乐于助人获得校“希望之星”雷锋奖。毕业后持续关注母校发展，于 2016 年 7 月 18 日组织创建了沈阳二中 2012 届校友 QQ 群，致力于为母校发展奉献力量。

我走在车水马龙的五爱街上，夕阳的余晖洒向母校食堂整齐的轩窗，我踮脚向内张望，那一张张纯真向上的笑脸，像极了曾经的我们。继续南行，体育馆里传来了阵阵喝彩声，不知是哪一个阳光帅气的男孩又一次完成了高难度的后仰跳投。青春的呐喊声渐行渐远，我驻足，凝望，在刻有郭沫若先生题字的校门之上，赤朱丹彤，云蒸霞蔚。正当我拿出手机，准备记录下此番景象之时，沈阳市第二中学的公众号弹出这样一则推送:“二中人，母校催你交作文。”暌违日久，母校将迎来 75 岁华诞，这是来自母校热情的呼唤，亦是我们二中学子深切的期盼。

毕业 6 年，我仍然清楚地记得母校上一次举行校庆之时的盛况。那是在 2009 年，秋高气爽之时，也是我们 2012 届刚刚入学的时候。那时的我们刚刚撇下初中生的稚嫩而步入高中校园，一张张求知若渴的脸上依然难掩青涩与懵懂。我们聚集在北操场，听礼炮奏鸣，看白鸽齐飞，为满天下的桃李载誉而归赞叹鼓掌。在听过校领导和社会各界精英校友的致辞之后，作为当时刚刚踏入二中校园的高一新生，我们倍感鼓舞，立志奋勇争先。

十年弹指一挥间，我们从那一年的新生变成了高中毕业生，又从高中毕业生变成大学毕业生，如今，我们成为社会发展的中坚力量。前行路上，每一次回眸，最清晰最深刻的永远是二中模样。

回溯我与二中的第一次相知，巧合的是，那是在我的初中母校沈阳七中的百年校庆上，二中与七中互致祝福的时候。不得不说，七中与二中的渊源也是我初中三年坚定地选择二中作为目标的重要原因，我深深地相信，从一个卓越跨越至另一个卓越，会因此变得简单，再添上我的努力，以及上天的眷顾，天道酬勤，中考时我以 730 分公费进入沈阳二中。我用日日夜夜的努力换来了与二中相知之后的相逢，而这一次相逢，是我与二中一切故事的开始……

汝之唤，是二中校园景物之唤。在二中的三年时光，我把相机带在身边，随时记录着身旁的每一处美好。如今翻开相册，那里有葱茏的春，高昂的加拿大杨挺立在主楼前的广场上，清晨来到学校经过此处，偶有小松鼠嬉戏其间，呈现了一幅人文与自然相得益彰的和谐画卷；那里有盛放的夏，被姹紫嫣红环绕着的沈阳二中游泳馆，成为同学们绝佳的避暑胜地；那里有成熟的秋，火红的枫叶好似运动健儿们的激情斗志，运动会上，他们挥洒汗水，摘金夺银；那里还有唯美的冬，瑞雪纷至沓来，一片银装素裹，从综合楼向东北方向望去，这是我见过的最美的校园冬日。

二中的主楼大概是历届校友记忆最深刻的一片天地，它采用苏联图纸，历经数十载，几经修葺，成为我们所亲身见证的教学楼，冬暖夏凉，是它带给我们最真切的感受。而二中的综合楼在我心中有着与主楼同样的感情寄托，因为这里承载了我们三年当中两年的漫长时光，高一在主楼，高二高三在综合楼，感情随着时间的流转而历久弥坚，宽敞明亮的教室、简洁大气的建筑风格，在我们最关键的两年间，它与我们相伴，我们怎会不心生敬意?

校园里纵横的甬路、丛林间漆黄的长椅、充满青春活力的篮球场和羽毛球场，以及那个滋养我们每日成长的宽阔食堂……我收到了来自母校校园景物的召唤。

汝之唤，是二中师生情谊之唤。我一直坚定地相信：学生对于学校的态度与评价极大程度上来自于这所学校的老师们帮助他们获得了什么，以及帮助他们如何获得。作为一名文科生，在沈阳二中，我有幸遇到了秉持着素质教育理念，才华横溢，并且拥有独特个人魅力的老师们，他们因材施教，尊重学生各自不同的兴趣特点，热衷奉献，陪伴我们一步一步迈向成功。

我的班主任张莹老师，是在二中对我影响最深的那个人。她有着深厚的文化积淀，思维灵动跳跃，语言风趣幽默，她尊重学生的观念，并且深知如何与不同类型的学生交流与相处，从而引导他们前行。张莹老师的政治课将书本上的原理和方法论与现实生活有机结合，使得原本略显枯燥的内容摇身一变成为学生好学与乐学的源头。三年的政治课，我们在欢声笑语中学到了太多的文化知识与人生指南，亦师亦友的她，深得人心。更值得称赞的是，张莹老师极为敬业，每日清晨很早就来到学校，早自习有她的陪伴，我们感到的是温馨。到了晚上，我们 7 点半上完晚课，张莹老师这时候还会从家里再次返回到学校，陪伴我们进行晚自习，一直到冬季的 8 点半以及夏季的 9 点 40 分……我曾经无数次地感叹：能在自己的高中阶段遇到如此德才兼备、甘于奉献并且有着丰富教学经验的优秀班主任，这是我多么大的荣幸啊！

作为英语课代表，我还要感谢我的英语老师张月影，她有着深厚的英语教学素养和实用的教学技巧，帮助拥有较好英文基础的我深入拓展了提升的空间。时至今日，当我也踏入了教师这个行列，成为一名英语教师的时候，我清楚地知道，她是在我英语学习道路上最关键的导师。与此同时，她的睿智低调、和蔼可亲也正引导着更多的二中青年教师，他们接过张月影老师手中的火炬，带领着二中学子继续向前。

语文老师于非也在用她个性化的教学方式为我们这个文科班补充了多元的文化素养和学习理念，她不拘泥于书本，将目光放远至应试之外的大千世界，在为我们积累更多作文素材的同时，让我们深刻地感知到教育的本真。历史老师赵金荣，地理老师方荟蕾……她们都在用各自的智慧经验与辛苦奉献帮助我们体味成长、收获快乐。此时此刻，我收到了来自母校师生情谊的召唤。

汝之唤，是二中人文精神之唤。沈阳二中，作为沈阳市素质教育的代名词，为一代代二中人解读着教育的真谛。文化积累与素质教育并重，既着力于夯实学生的文化基础，又注重引导学生树立正确的世界观、价值观和人生观，追求学生的全面发展。

“大气成就大器”，是二中的校训。“大气”有两层意思：一是指拥有高水平的才识和品德，二是指拥有能容纳不同意见的度量，也即平常所说的宽广的胸襟、气度。它既有性格的因素，更多的则是涵养和历练的体现。“大器”，指的是能够担当大事的人。我们以此为座右铭，在学生时代，在今后的工作当中，时刻谨记，用以指导我们日之所行，将二中人的“大气”传承下去……我收到了来自母校人文精神的召唤。

在沈阳二中即将迎来建校 75 周年之际，母校的召唤亦是吾辈的期盼。

我期盼在校庆之日重返母校，近距离地端详校门内正前方的那块刻有“沈阳二中”的棕黄色古石，叹它在经历岁月的洗礼之后，越发坚韧，包容万物。我会沿着熟悉的甬路，踱步向当年的羽毛球场，细嗅身旁茂密的花草，抬头望去，已然走到那年脚步匆匆的食堂。拾级而上，北面的操场，南面的教学楼，一切熟悉的过往尽收眼底。我还会饶有兴致地前往二中的新主楼，近观现代与古典的交流融合，轻抚岁月的痕迹，感叹继承与发展相结合的艺术之美。

我期盼在校庆之日重返母校，沿着当年校园内的点点足迹，找到属于我们的那间教室，轻声靠近，仰起头发现，三尺讲台上的老师正是我们的恩师。我们互致问候，忆往昔，话当年，谈笑间，我们发现老师的鬓角上又多了一点斑白，这是岁月刻下的沧桑，这更是二中老师对于“一切为了学生、为了一切学生、为了学生一切”最深刻的诠释。

我期盼在校庆之日重返母校，亦如那一年，听礼炮奏鸣，看白鸽齐飞，为满天下的桃李载誉而归再一次赞叹鼓掌。这一年的校庆日，我们不再是当年青涩懵懂的高一新生，我们怀揣着经验与智慧携手前来，鼓励与帮助意气风发的学弟学妹们早日实现各自理想，将二中的人文精神传承下去，并以“大气成就大器”的光辉誓言共勉！

盼望着，盼望着，那将是沈阳二中与二中人共同的节日！

◎多庆幸，有一段回忆叫二中

文 /2015 届李娜

李娜，毕业于 2015 年，考取中国石油大学（华东），任班级团支书。取得成果及荣誉：国家级大学生创新创业项目负责人；2017“外研社杯”全国英语写作大赛三等奖；“同圆杯”2017 山东省大学生建造设计大赛二等奖；东方华脉杯建筑设计竞赛二等奖；“校园微空间设计大赛”一等奖；连年获国家励志奖学金、组织能力奖学金等；连年获优秀学生、优秀学生干部称号。同时也是一名光荣的中共党员。

一直不敢提笔写二中的那段回忆，因为我总是担心自己浅薄的文字没办法将自己心中关于二中的那段幸福的回忆描述出来。

2012 年的那个夏天我带着憧憬的心走进这所校园，看着班级陌生的 36 张面孔，却有一种归属感。从高一开始，老师始终没骗过我们的话就是：三年真的很短。但是当时的我们年少无知，对于时间的流逝没有任何感知，现在回头看来，我想每天拿出小本本，记下与 1508 班的你们发生的所有故事，哪怕是谁忘记了带书包上学，哪怕是哪天我们上了游泳课，哪怕是哪天我们吃了“希望之瓜”，哪怕是哪天老师又送给我们棒棒糖……我知道这些回忆将渐渐模糊，但是在沈阳二中幸福的感觉永远不会消散。

高中的我们开始学习有些深奥的知识，6 个人的小组在一起上课，无趣的知识好像也在黑板上跳跃起来了。男神语文老师总能将语文课讲得生动有趣；班主任数学老师讲课总是很认真，板书写了满满一黑板，当我们浮躁的时候，老师会说：做道圆锥曲线冷静一下吧；英语老师总是喜欢让我们表演课本剧，那些日子就在英语课的表演中慢慢过去了；物理老师会在晚课让我们感受到量子力学的魅力，然后每节课都留个悬念，让我们思考；化学老师总是很可爱地写着化学方程式；生物老师总是很幽默，当我们困的时候，说要用水浇一浇我们这些祖国的花朵。

关于二中的回忆，是高一参加团活动得到的各种小礼物；是高二在北校牵着朋友在操场听着广播蹦蹦跳跳的模样；是高三晚自习下课门口小哥卖的烤冷面；是每年都听但永远欣赏不来的新年音乐会；是每年艺术节上大家尽心尽力的表演；是每天中午奔跑着去抢饭的身影；是食堂楼梯下不足10平方米小卖店里的国外零食。有时候想着想着，还以为自己没有毕业，第二天还会穿上校服去上学，但我永远也回不去了。

在那三年里，我们没有手机，但却依旧活得很充实，很满足。二中教给我们的并不只是知识，而是一种快乐学习的态度，并且送给了我们一群一辈子的好朋友。

上了大学之后，再也没有一个人会在周一的升旗仪式上说：大家早上好。虽然每天可以按心意自由着装，但依旧怀念穿着那件松松垮垮的校服，在加拿大杨下疯狂扫落叶的样子。我最喜欢做的事情就是和大学同学分享我的高中生活，在自我介绍的时候骄傲地说出我毕业于沈阳市第二中学。我的高三生活好像也没有那么痛苦，大概是因为全班36个人一起学习，共同分担了高考的压力。很感谢最后北方传媒将我们高考前几天的日子拍成视频记录下来，每年我都会看上好几遍，看看主楼前的广场，看看路两旁好看的银杏树，看看那群好几年都没见过的朋友。

每年回去一次，见见老师，时间过得真的很快。门口的陶朱公馆、又一顺都关门了，二中门口那条路终于修好了，班主任又带高三了，我竟也毕业3年了。大厅里面的校训好多人都看不懂，但是“大气成就大器”仿佛写进了每一个二中学子的心里。蓝色的运动服也载入了校史，以前还以为毕业了穿着校服晃进校园，现在才发现我们成了最后一批穿着它们的人；以前在走廊里横着走，现在往教室里望一眼都害怕撞上陌生的打量的视线。以前每次考试都是万年老二，等到高考的时候终于第一了还超了第二好几分，却没人庆祝了。我们用三年做了一套永远都没人讲解的试卷，用一场考试结束了我们与二中的回忆。但是无论天南海北，只要我们始终怀揣着这份美好的记忆，天涯亦咫尺。

这可能是我写得最流畅的一篇作文了，再也不用努力凑那 800 的字数，估计现在都写出作文纸了吧，希望这一次老师能给我作文满分，希望我永远也不会忘记这段回忆。

多庆幸，我当年多考的那几分，让我遇见了二中，遇见了你们。

◎我心有二中　绝世而独立

文 /2016 届李若曦

李若曦，毕业于 2016 年，毕业班级为沈阳二中科学高中 1601 班，考取河北医科大学临床 5+3 专业。

“别睡了，英语老师来检查晨读了！”

“哥儿们快点跑，体育课迟到了可是会被平儿罚的呀！”

“去超市的帮我带盒泡面！”

当我回忆起我的高中三年，学习仅仅占据了我记忆的一小部分。而以上这些看似毫无意义的对话，却总是能被我随意拾起，如果配上一杯好茶和一位听众，我能兴致勃勃地絮叨一下午。也就是那一个个寄存在对话背后的故事，构成了现在的我，不完美，却独一无二。

一、春生

还记得第一次看到你们，是在入学那天晚上的班会。大家略带羞涩地坐在一起，最后一排坐的全是男生，云昊像是还没睡醒，肇泽正努力把之前在 QQ 群里的名字和人对上号，志远还在担心没写完的作业。一会儿开始了自我介绍，你们一个个走上去，略带紧张却又掩饰不住兴奋。我努力记住每个人的名字和脸，到最后越记越乱，我想，时间还长着，慢慢来吧。这一慢，就是整整三年，再也不敢忘掉任何一个。可能就是那个时刻，我们在彼此心中留下了一颗种子，等待时间将它慢慢浇灌，终成坚固藤蔓，彼此相连。

二、夏长

一个团队的建立绝不是一件容易的事。最开始的热情慢慢冷却，住宿生活加上新的学习内容，各种问题逐渐凸显。老赵关心我们，但是在一些方面，我们只能靠自己不断摸索。我们有过矛盾，甚至可以说是冲突，价值观的碰撞，对理想和未来的认知不同，或者是面对生活的态度。当时的我们可能没办法将问题如此概括，但是从一件件小事中我们明白，若想使 1601 班成为真正强大的集体，每个人都要改变。我们像是一个个粗制的齿轮，在无数次的运转后，将自己打磨成了最契合彼此的搭档。

三、秋收

大概一年半之后，我们找到了自己的节奏，可以掌控自己的生活，班级也从一个团队渐渐向“家”转变。我清楚地记得我每年的生日，你们都带给我不同的惊喜，我原本为在外地过生日而感到遗憾，但你们却用最温暖的方式驱散了严寒。我们在走廊里跑来跑去抹蛋糕，最后地上滑得走不了人；你们用一大片雪地为我写下祝福，那些字被阳光晒化，但永远留在我心里，所以当你们把我扔在雪地里时，我感觉雪都是暖的。我们为了篮球比赛而呐喊，为了吉尼斯运动会而努力训练，更不要说艺术节上你们出色的演出。我不适合站在台前，我愿意永远为了台上光彩照人的你们鼓掌，可能你们知道自己有多优秀，但我心里的你们一定优秀千百倍。

四、冬藏

高三开始，学习也变得紧张起来。我们也知道，在这一年里发生的一切，都不会再有了。增多的考试，加量不加价的作业，还有寝室自习室越来越晚熄灭的灯光。我们嘴上说着累，手上却不敢停下。好多个夜晚，上完自习我都会看看很少有灯亮着的校园，无比寂静无比黑暗，但是七八个小时过后又会充满活力。每一天都如此循环，两年时间也是这样转瞬即逝，最后一年，也应该很快吧。我们不曾懈怠，老师们也投入了更多的精力，连平儿也一改本色，给予我们一切便利，大力扭转了形象，也成为我印象最深刻的几位老师之一。倒计时一天天走下去，我们也一天天在改变，既希望高考马上到来，考完解脱，又希望它慢一点再慢一点，还有那么多没做完的卷子，没见够的人，没说出口的话，能不能再给一年，不，一个月，甚至只要一天，我们似乎就能把那些遗憾补全。

离校的前一天晚上，我和肇泽、东烨出去打了好几个小时篮球。回来的时候，教室里的人都在收拾自己的东西，不要的卷子习题册都扔在了墙边，明知道明天扫除还要费一番力气，也懒得管了。讲台上几个女生各种自拍然后修图，教室角落里还有秀恩爱的。当钟表指针指向放学时间时，我们不约而同静了下来，等待那听了三年的广播响起。最后一次了，我在心里默念。广播结束，大家离开，像往常一样关灯、关窗、断饮水机。站在教学楼前，看着灯一层一层熄灭，楼里逐渐变得安静，楼是不在乎哪一届学生又要毕业了的，它会永远矗立在那迎接一批又一批小屁孩儿，至少当时的我是这么认为的。

其实那天之后的记忆也逐渐模糊，连高考的紧张心情都有些淡忘，只记得英语好像答得很惨，语文作文不知所云。我的高中生活从我拎着所有行李走出大门的那一刻就彻底结束了，至于高考，已经变成了超市里买酸奶送的勺，酸奶好喝就得了，勺子不好用，回家再找一个不就好了。

我没有陪伴你的一生，但是我想，我是你的孩子中最幸运的一批人之一。3 年中，你传授了我很多，但最让我铭记于心的是对生活的反思和自省，这两件武器让我所向披靡。我不敢说未来一定取得多大成就，夺下海口回报你，但是当你需要我的时候，我一定会站在你身前。

“喂喂喂，别睡了！”

“干吗呀，这是自习课。”

“走啦，给二中过生日去，二中 75 岁了。”

祝二中生日快乐！

◎似锦韶华，吾梦二中

文/2017届桑宁

桑宁，沈阳二中2017届毕业生，曾就读于2017届7班。中央美术学院国际预科毕业生，伦敦艺术大学（全英艺术排名第一）平面传媒设计专业本科在读生。

有人说，人的这一生，最好的活法就是按照自己的意愿过活，当你老了的时候，可以不为自己的迷茫徘徊、优柔辗转而后悔。我一直很认同这样的说法，也一直鼓励着自己作出属于自己的选择，毕竟人生在世，如戏也好，如歌也罢，终究要自己去体会。而如今的我，可以很坚定也很骄傲地把这句话献给二中，献给每个二中人，献给我人生中，第一个真正意义上的无悔。

每当我们说起一个学校，总会去说她的傲人师资，她的超然地位，她的优异成绩。而二中，她的优秀绝不仅限于高考成绩，更多的在于她有着七十五年历史，有着善解人意的师长和个性独立的学生。传统意义上来说，我也许并不是一个听话的孩子，我努力考上了二中，毫不犹豫地选择了文科，我的成绩还算不错，可我心心念念的却是要去学美术。对我来说，当一名美术生从不是被逼无奈，而是我毅然决然的选择，是我魂牵梦萦挥之不去的设计梦。可能生命对每一个人来说，终有一部分的意义是折腾，为了生存，为了情感，或者为了其他的什么东西，挥洒自己的青春和活力，拼命地折腾。而我，可以很明确地告诉自己，我要为了心中的梦而折腾，努力地折腾。而我坚定追寻梦想的勇气，却是二中赋予我的。在二中学习的时间里，记得班主任老师说过，这世上总有许多阴差阳错，让你不经意间走上了和原本设想的人生不同的道路，你可能会把这归为命运不公，但到最后你会发现这样的生活也挺好，你所有的考试失利，所有的心酸失望，可能都是上天的馈赠，所以别害怕，你只需要定好目标，然后不断努力。我想也许正因如此，二中，才有着丰富多彩的社团：街舞社，戏剧社，合唱团……只要你有兴趣，二中就有平台，每一个人都值得所有人为他鼓一次掌，而各式各样的活动就在提供这样的机会，不管成功与否，你要相信，总有老师同学在默默地爱着你。

我想念二中，想念她的一草一木，想念下课铃一响，同学们奔向食堂的背影；想念球场上挥汗如雨的男孩和旁边抱着水果浅笑嫣然的女孩；想念早操时，体委嘹亮的口哨声；想念每一次的擦肩而过；想念课堂上的昏昏欲睡；想念写满板书的黑板；想念每一个你。二中无疑是招人喜欢的，喜欢到，无论经历过什么，都是我心中永恒的星子。忘不了夏天和同学去给全班师生买雪糕，回班后一声声的欢呼；忘不了秋天二中北校飘落的叶子和风轻拂时，仿佛身处层林尽染的大山中那般岁月静好；忘不了在我最爱的二中的冬天，在我喜欢的二中的午休，全班人在一起打雪仗，衣服不知被汗水还是雪水湿透。那一刻，仿佛全世界的温暖都笼罩在我身上，那一刻，我们就是亲人。

记得高一的时候我们组的 6 个人总是调皮捣乱，让老师很头疼，那个时候觉得老师总是冤枉我们，对学校某些严苛的制度不以为然。可是后来，老师生病住院了，我们凑在一起研究着送他点什么，总会想着他的身体有没有好一点，那一刻我突然明白，不管之前有什么不愉快，不管我如今或以后是谁的学生，他在我心中的地位都无可取代，他的每一句叮嘱，每一个笑容，甚至画的每一个圆，习惯性摸头的小动作，都早已烙印在记忆的最深处。

高二，我选择学了文科，在左老师的班，第一感觉是老师很漂亮，很温柔。其实我对地理是没什么天赋的，不喜欢背地图，对人文地理也没什么兴趣，再加上当时要学美术，本不太在意这门课，我唯一坚持学地理的理由竟是左老师，我喜欢听她讲课，也喜欢听她唤我的名字，更重要的是，她从没因为觉得文化课重要，而劝我放弃梦想。可能我学文化课会比学艺术更优秀，但是当你明知道一件事可能不会有最好的结果，还去做的时候，才能叫信仰，设计对我来说是梦想也是信仰。我当时能有这份坚定而决绝的勇气，不会在将来后悔，老师的认可起了很大作用。看着老师身体不舒服仍然坚持在讲台上，看着她为每一个同学讲解可能已经说过很多遍的知识点，总会莫名心疼她。她总是以一个外柔内刚，认真生活的形象立在那。后来，毕业这么久了，我还是会不自觉地受她影响，不管在哪儿，不管做什么，都要努力生活。

没有一个学校是完美的，二中也一样，你可能会抱怨纪律太过严苛，老师不够理解你，同学不够友善，等等。我想说，这没什么遗憾的，也没什么值得计较的，或多或少我们都会对自己的环境有所不满，可是当你毕业了，你会发现二中有多么值得称赞，曾经的生活，多么值得你去留恋。怎么说呢，大概是，你骂了一阵子，想了一辈子。当你离开二中，你会发现大学没有想象中的美好，你会发现可能再没有训责你只是希望你变得更好的人，你会怀念的不只是打闹玩乐的兄弟，一起压操场的姐妹，更会是那句“大气成就大器”的校训，是那架可能已经弹奏了许多年的钢琴和那面同学墙。你甚至可能会怀念老师在讲台上的某一句口误或者某一个恰巧与你视线相交的回眸，甚至是高三晚自习下课后看着教学楼的灯光一个个暗下去的一刹那的平静。后来你才发现，原来不管是后院的大炮还是每一条小路，或者每一个走廊拐角每一个班级，都印在了你的脑海里，那是二中的地图，也是你的青春，无须刻意想起，也永远不会忘记，某个夜里，回忆汹涌，泪水滑落脸庞，你终究会庆幸自己来过二中，自己曾在二中生活过。

谁的人生都不是一帆风顺，我们都向往着置酒泛舟、随遇而安的惬意人生，却总活成了压力如山、迷茫徘徊的普通人，世俗强大到我们可能连改变它的想法都没有，可是我很开心，在我人生观建立的关键岁月，在我最迷茫不知所措的时候，我在二中。二中鼓励个性发展的学术氛围让我明白作为一个普通人，知道自己想做什么是多么值得自豪的一件事。我爱二中，不因为我在二中解了多少道数学题，不因为二中高考超高的一本线过线率，也不因为我邂逅了怎样的感情，收获了多么真挚的友谊，只是因为我与二中选择了彼此，然后，我在此，选择了我的人生。

如今我研二，学习平面设计，在一个还不错的学校，可以预测我还不错的未来。我从未觉得自己有多优秀，但我不后悔走到现在的每一步。如人饮水，冷暖自知，不求这一生再无坎坷，只求这一生无悔我来过。

而我庆幸，在我还不算漫长的人生轨迹中，有二中，这两个每当我深夜想起总会莫名感动的字。

巍峨二中，壮志如虹。

◎奇妙二中

文/2017届万佳怡

万佳怡，女，东北师范大学在读学生。曾就读于沈阳二中2017届18班，曾在二中担任班长、生活委员以及校学生会生活部部长。爱好音乐，喜欢钢琴、吉他、单簧管等乐器，平时爱看小说。

也许你们不信，我们也很奇怪，高考最后一门科目结束了以后，放下笔的我们内心并没有曾经幻想过那么多次的狂喜，朋友圈、动态里也没有料想中的那样疯狂刷屏，不知道是不是仍沉浸在高考的余波中没有缓过神来，我高中的小圈子仿佛一下子消失了，只留下了空旷的沉寂。然后，在或者无聊或者充实的长假过后，我们走入了大学，在或者无聊或者充实的几个月大学生活之后，我们开始了怀念。

不知道大家初中来自哪里，初中的学校是怎样一番景象，反正第一次来到二中报到的时候，我真的感觉二中大得会让我迷路。而二中也确实没让我失望，她的大气不只体现在了占地面积上，第一次军训便令我更加震撼。或许很多人初中是军训过的，不过大部分那种过家家般的操场站队列也不过只是种形式，没有什么实质上的影响，但那年，背着行囊坐着大客被拉到一处远离住所的货真价实的民兵训练营，在艰苦的条件下硬生生训了一个星期的二中军训，真的让我无限震惊。毫不放水的住宿条件，严格的军事训练，纪律严明的用饭时段，二中的军训真正褪去了许多独生子女的娇气，甚至直到高三最后一刻，间操的队列也是整齐的，口号也是响亮的。

刚刚融入二中生活的时候，我其实是无所适从的。还在初中时，学习主要是靠家长和老师来规划和督促，来到二中以后，轻松的学习氛围和老师“散养”式的讲学都让我不知所措。想来这一点并不是我独有的感受，老师们貌似早早就预料到了这种情况。刚开学的几次大型考试题目都偏难，刚脱离了中考的阴影并受轻松氛围的影响而玩得尽兴的我们，一下子就被这当头一棒敲醒了。而更令我惊叹于老师们的智慧的地方在于，虽说题目总体偏难，但都不是怪题，很具有典型性，老师们在每次考试之后都会对试卷进行极其细致的讲解，甚至还会举一反三现场再出几道题让我们试手，我在感叹老师们的敬业与教学智慧的同时，也大大钦佩他们头脑中构建的庞大题库。

我知道，高考在大多数人的眼里其实就是一场知识的博弈，所以大部分高中都投其所好，恨不得让学生一整天都埋在课本和习题当中，令我庆幸的是，二中显然不是那个“大部分”中的一员。进入大学后我也时常感叹，如果说大学是一个小型的社会，那么在我眼里，二中就是一个小型的大学。还是我们这一届时，英语是分正常课时、走读课时还有外教课时的，正常课时自不必说，便是正常的英语课，而走读课时竟然是分出了 A、B、C、D 四个班，每个班教学的内容都大不相同，这大大激发了我们学习英语的热情。除了英语以外，体育也是二中的另一大特色。除了高三阶段学校有时为了给我们更多可以利用的时间而放了水以外，我们的每节体育课几乎都是满满当当的，很少解散自由活动。高一的时候甚至可以选择喜欢的运动类型上课，男生有足球和篮球，女生有乒乓球和健美操，而且还会有游泳课作为压轴大戏，无时无刻不在给我们准备惊喜。

如果说在南校区我感受到了精致的美，那么北校区便给了我严谨的美。不像主校区教学楼装修那般精美，北校区的教学楼主要是宽敞明亮的。精心安排的课表、严格的起床出寝时间、便利的生活条件、大量的户外活动安排，那一段健康充实、心无杂念的学习生活或许是我这辈子最难忘怀的一段记忆。也许高中生都是向往高中毕业的，我也曾是这样，但经历过才知道，能够简简单单地捧着书本或是咬着笔思考，没心没肺地和朋友打闹嬉笑，不用为前途迷茫，单纯得像杯白开水的日子，只有这几年，而北校区却提供给了我们能最大化感受这一切的条件。

作为二中学生会的成员，我对这个组织的感情是很深的。从选拔到实习，从完成任务到分配任务，每次的紧张感、压力都让我脚踏实地地一点点成熟。不过，干了那么多的事，完成了那么多次任务，对我影响最大的一件事却是初选阶段的一个小插曲。上交了入会申请以后，广播通知我们到六楼的会议室开会。本以为只是一场日常通知的会议，谁想丁主任没说两句话就来了次突袭，让我们进行即兴演讲来展示自己。由于会议室较大，老师为我们准备了麦克风，在一场场精彩演说过后，便到了最令人紧张的环节——丁主任的总结。他总结了很多问题，句句敲在了点子上，但最让我震惊和心慌的，要数这一句："在座的都是头脑机敏的学生，演讲很流利，手势很到位，步子也很从容，但是，你们绝大多数都忽略了一点，那就是麦克风。演讲的目的是让听众受你的讲话的感染，是能够带动气氛甚至控制全场气氛的，这不仅需要你语调、表情、手势的配合，还需要控制好麦克风的距离。这些细节你们或许都是知道的，但在巨大的压力下你们没有能力注意到与主题关联较小的细节，这一点，希望你们能在今后的锻炼中有所进步。"俗话说细节决定成败，而我们总会在注意到一些表面的细节以后忽略掉那些更细小的细节。想要在这方面做到高于常人，是要花费慢功夫的，丁主任的话不但让我铭记于心，更是时时鞭策着我认真观察、三省其身、多加思考。

完备的硬件设施，优美的教学环境，二中不仅仅是因为这些才脱颖而出的，一所高中制胜的关键自然是全体教师团队。我感觉我真的很幸运，能够在高中遇见这么多各具特色的名师，他们不仅对我的学业有很大的帮助，也对我的性格和观念产生了很大的影响。先拿化学老师来说，她是个很"懒"的老师，不太检查作业，也不太留作业，高二上晚课的时候也多是一半时间讲课，一半时间留给我们自己学习，甚至到了高三，作业和卷子都是让学生自己站起来讲解，她只负责纠正和点明重要的地方强化记忆。她有的时候非常严厉，当反复讲的题型出错率还是很高或是课上基础的内容没有记忆牢固的时候，她就会很直接地批评。不过奇怪的是，她虽然"懒"，但我们所有作业中完成质量最高的就是化学，她虽然严厉，但在同学眼里最可爱的就是她。或许这就是她独有的魅力吧，就像物理老师的细致严密、生物老师的活泼机智、数学老师的霸气幽默、语文老师的温柔细腻、英语老师的外冷内热，他们共同构建了对于我来说最生动有趣的课堂。我们的班主任大概是同学眼中公认的管得最宽松的老师了，在其他班主任急得天天坐镇教室管这管那的时候，她仍镇定地在办公室读读写写，然而班级里的情况她却总是了如指掌，能及时找状态不好的学生交谈，为他们加油鼓劲。

二中是有实力的学校，二中的学生也都是有实力的学生。我为自己最宝贵的三年时间是在二中度过而骄傲，希望母校未来更加辉煌。

第五章

如切如磋，如琢如磨

这里还有向阳生长的追梦人。他们用一双双切问近思、求志求真的黑眸，一颗颗处变不惊、温儒良善的心灵，一次次不畏山高、笃信前进的行动，谱写二中的青春之歌，以平视世界的底气和自信的姿态创造二中光焰万丈的未来！

◎当自由的风吹入围墙

文 / 2402 班张佳秒

在二中感受到的爱与温暖，我已经在招生会和周会上详细回顾过许多次了。所以今天最后想分享的，是高中三年对我影响最大的——开放包容的思想风气。

讲几件印象最深的事情：

第一件，高中的第三节历史课轮到我作课前演讲，当时和老师同学们都还不太熟，我讲了中国古代墓葬史，从先秦到隋唐，洋洋洒洒讲了半节课。李景芳老师（当时还不熟）在台下笑而不语，背着手耐心地听我在讲台上“胡说八道”。

第二件，时值校篮球联赛，为了表达我对赛场啦啦操低俗化趋势的不满，我写了一篇火药味十足的演讲稿，机翻译成生硬的英文，变成了我的英语演讲。Louisa（张璐璐老师）这次没有挑剔语法错误，还对我讲的内容表示支持和赞许。

第三件，高三和赵贤忠老师越来越熟了之后，赵老师经常在课下问我（尊贵的嫡课代表）：“咱们这么讲可不可以？需不需要我调整一下策略？有想法随时和我说，我们随时沟通。”看着经验丰富、德高望重的数学组长，与一个数学不及格的“得 E 门生”讨论教学方法，我时常觉得有点莫名好笑，但也由衷地感到钦佩和感动。

第四件，2023 年 8 月参加北京大学座谈会的时候，胡玉倩书记向北大招生老师发出尖锐提问：现在文理科一张数学卷，会导致很多数学不好但文科有实力的考生失去进入顶尖学府的机会，而很多进入名校学习文科的文科生反而是依靠数学的优势，这样长久下去会不会出问题？胡书记的提问一下子就击中了我的心。对现行高考制度的追问，背后是对学生的前途和对国家的未来的关切。从那时起，我便成为胡书记的“忠实粉丝”。

按照语文详略得当的原则，除了上述四件事详写，还有我出于喜欢《盗墓笔记》而专门作了研究东夏国和样式雷的演讲；还有安倍被刺杀后一周我作的关于日本社会的剖析演讲；还有无数个放学后住校生聚在教室里，讨论历史文学、社会时政的夜晚……每当回忆起这些瞬间，我都感到无比幸福。校园筑起高高的围墙，是为了保卫自由的思想。我们肆意地讨论着所有感兴趣的问题，分享过近期喜欢的书单，发表了那么多尖锐又热血的观点，进行了那么多场不分输赢的辩论。这三年，我大脑上的沟壑好像深了一点，我好像也慢慢变成了一个更会独立思考的人、更接近理性的人。

周深的《有你》中有一句我最喜欢的歌词：“接过万千热血的初衷，当有对答世界的音量。”独立思考带来质疑的勇气，于是我们渴望让世界听到我们的声音。这种跃跃欲试的力量，在过去，或许是在课堂上与老师辩驳的一次举手，或许是在网络上对唐山女孩的声援和对日本核污水排海的谴责；在未来，或许是对“真理”的质疑，或是对陈规旧制的推翻，或许是对不公不允的抗争与呐喊。

感恩母校三年，我感受到了人文主义的光辉，看到了宽厚的自由与包容，触摸到了理性所带来的刚毅与从容。自由的思想环境不仅不会滋生出蛮横自大的狂妄，反而会孕育出谦逊平和的儒雅风度。沈阳二中“大气成就大器”，真正就是在于这种一脉相承的文化气质。

七十五年，风姿不减；

海纳百川，沐阳而生。

谨以此篇，敬赠我亲爱的母校，祝贺沈阳二中建校 75 岁华诞，我永远为我的母校感到由衷的骄傲与自豪。

◎历览天下无所动　独赏二中情深种

文 / 2517 班李奕璇

岁月骛过，山陵浸远。转眼间，我已经在沈阳二中度过了一年半的学习生涯了。时间短经历却很充实，感受过林荫道上的疾驰缓行，见证过黄昏红云的如火绽放，体验过鲜红批痕的久久不语，流露过讲台前的青涩神情，充盈过比赛胜利的激情澎湃。在与二中不断熟悉的过程中，我渐渐明白了他美名远扬，成就斐然，值得我们骄傲的原因。

傲二中之底蕴。1949 年建校的二中，承载了 75 年的历史，足见其历史底蕴之深厚。二中见证着沈阳教育事业变迁与发展，身为“辽宁省首批示范性高级中学”，二中撑起一片天地。亲临校史馆时，感触尤深。历史之深厚足以见得，其师资力量与教学质量也深富底蕴。教师多出名校，经验丰富，且各自有独特的教学方式，因学生而异，师生之间更容易建立联系。

傲二中之朝气。我眼中的二中朝气蓬勃，充满生机活力。首先，体现在外表上的校园校貌。校园内，绿植遍布，春夏秋冬皆有绿意，且常剪修，富有新意。近期，在教室内养绿植也成为校规之一，抹抹绿意承载凌云之志。其次，基础设施完善，设计新奇。主楼上，将“学”字以不同姿态摆放，有“横竖都是学”幽默真诚的提醒意味。教学楼内，在校园主人们的经营下，干净卫生，处处充满着秩序。为祖国贡献新力量上，二中一马当先。通过丰富多彩的活动、竞赛、考试，二中学子锋芒毕露，陆续站在祖国的大舞台上。

傲二中之情谊，师生情谊、同学情谊令人动容。二中含情，不仅是麦克风上的善意提醒，也是冬季门帘的厚重温暖；不仅是食堂阿姨将餐盘递出的贴心，也是一声声“老师好”“你好”的亲切；是领奖台上您与我一起合照，是课堂上时不时的欢声笑语，是老师灵活真诚的点醒……二中是写给我人生的一封情书，记满了青春与希望。

何其有幸，就读二中。这样一所人文化、现代化、国际化的名校，毋庸置疑是沈阳市教育界的一面旗帜。岁月因青春慨然以赴而更加静好，世间因少年挺身向前而更加瑰丽。为了二中的骄傲，成为一个令人骄傲的二中人吧！

◎庆二中华诞记

文／2517班牛天赐

余以壬寅年八月初六始赴二中求学，迄今业已一年有余。初，显愚钝于数理之域，以至不知进取之义，无心向学。后虽弃理化不修，仍有忧虑之八九，无言者二三。幸得遇恩师，详解人文社科之奥妙，若霞光开薄雾浓云，方寻得无惧寒夜之志。时，辄于不觉之中悄去，转瞬乎又始于新，回首受教于二中诸先生，前躁郁颓然之态，恍若隔世。适二中七十有五隆庆华诞之际，作此文尝述无以言表之感激，言有未尽，万望海涵。

春秋代序，阴阳惨舒，韶光流转，盛世如约。唯公元二〇二四年，岁在甲辰，沈阳二中历七十复五载，期继往而开来。

青年湖畔，沈水岸旁，七十五载，风光旖旎。映青年湖之琉璃，渊渊灏灏；望沈水岸之青琱，蓊蓊郁郁。至于花柳夹岸，马踏盛京，引杏香而画影，见夕照之渔舟。其间天水云光，言尽而意未尽矣。

缅邈岁月，缱绻平生，七十五载，风雨兼程。夫民族独立，万象更新，文教兴国，允当施行。是以博文究理，乐菁莪之育；格致存真，开桃李之门。西席桃李，夙兴夜寐，秉大气磅礴之义，教堪当大器之才。修学于此，实吾之幸。古云：物华天宝，人杰地灵，盖为此也。

且逢良辰，顺颂时宜，七十五载，方兴未艾。若我二中，粉墨交替，百卉含英，千章争秀，实乃俊杰之摇篮也。书通二酉，思驰乎六合，则崔大林、刘玉浦、韩英、益延滨、王联寿之族至于为政也；精研覃思，理深于九章，则王兴治、郭爱克、高金吉、陈创天、祝学军之侪至于科研也。若夫经天纬地之才，唯不求闻达者，则如枝叶扶疏，恒河黄沙，不可悉数。

滋兰树蕙，木铎金声，七十五载，前程朤朤。唯愿二中挺立潮头，登高望远；乘风驭海，踏浪而升。余与诸君，共展望于未来。

◎陌上花开　共阅二中芳华

文 / 2517 班王吕芳菲

日月忽其不淹兮，春与秋其代序，三年易匆匆，岁月进吾瞳：信步课堂，听其书声琅琅，百千学子竞昂扬；漫游操场，坐看天边云舒云卷，二中不改往昔辉煌模样。我想：我以二中为骄傲。

一、秋风吹兮秋风凉，秋风散遍百花黄

韶华流转，盛世如约。沈阳二中，七十五载风雨兼程，七十五载砥砺耕耘，七十五载上下求索，历经风雨沧桑，在二中学子欢喜之日，迎来了她的七十五岁生日。君可见：二中弥漫卷卷书香，学子致力实现梦想；君可见：百叶梧桐繁茂生长，学子沉浸书声琅琅；君可见：三百万里征途，学子仍旧不改心之所向，只因我们是二中人。漫漫长夜，我们朝山谒水，一路前行，一路繁花相送。

二、梧桐生兮梧桐叶，梧桐落尽已流年

碧云天，黄叶地，金风细细，梧桐坠地应无声，实令学子心疼。回首二中：八千里路云和月，皆是征途点缀；三万里海楼与阁，亦是征途上的收获。三年求学，三年收获，再三回首，一望烟尘，一望过往，一望惊鸿。我有幸至二中，度过三载求学路，成为一名二中人，从修德明志博爱笃行到德才兼备、实至名归，我是一名真正的二中人！

三、凰飞兮凤凰羽，凤凰飞远学成矣

凤凰鸣矣，于彼高冈；二中人矣，犹如凤凰。我歌唱，我是二中人，我有着德才兼备的校训；我自豪，我是二中人，我历数二中三个春夏；我骄傲，

我是二中人，辽河北岸，沈水之阳，我身上充盈着向阳盛开的力量。遥亘千里，万里皆明，我是初飞的稚凤，我是不败的斗志，我是努力的二中人，我是自强的二中人。

山高水长，路途遥遥，我们满怀希望，二中是我们的起点，我们踏遍沧浪览平芜，观其长空万里、山河无限，阅尽三年时光流逝时过境迁。我们在路上，二中在路上……

◎大器七五载　中流击水时

文 / 2518 班卢一瑶

日出东方，以磅礴之势；矗立沈水，成大气之名。自己丑年肇始，至于今之甲辰年，为时 75 载。大器二中，与国偕长，75 载栉风沐雨，75 载上下求索，75 载砥砺耕耘，75 载春华秋实，桃李千支竞放，兰蕙万里飘香，照火树银花千万朵，亮岁月承平国葳蕤，其亦盛矣哉！

陌上花开，绿芜墙绕，请诸君与我共赏二中芳华。

漫步徐行，感二中大气风光。君可见：碧云天，芳草地，树葳蕤，花沁香。夙，天将破晓，二中人开始一天的紧张充实；夜，清辉满地，二中人细数一天的成长收获。这里的校园生活“绿波旖旎，山茶流红”，这里的二中人“披星戴月，行远自迩”。君可见：绿茵场，塑胶地，静如海，动成行。篮球赛，赛出别样风采；啦啦操，舞出花样青春。少年们以点滴汗水和一腔热血于篮筐下起跳，于球场上疾驰，于跑道上超越，意气风发，鲜衣怒马。每一次全力以赴，每一次斗志昂扬，都是对二中大气精神最好的诠释，都绽放着独属于二中人的大气光芒。二中 75 载的丰碑下，不仅有出色的教学成果，更注重学生的素质培养，拾己所爱，循己而行。

旋踵绝尘，观二中大气风采。君可见：廊宇下，案几旁，书声琅，肃而庄。夙，晨曦已晕，二中人春诵夏弦、遨游学海；夜，月明星稀，二中人一丝不苟、玉汝于成。“学弟学妹们，二中交给你们了，你们要好好爱护她！”2024学年开学典礼上，学长们亲切寄语。一张张青春洋溢的笑脸，一句句饱含深情的呼唤，给身为接力者的我们以深切的感触。作为二中人，我们热爱二中的一草一木，感念二中的一心一意，难忘二中的一点一滴，一丝一缕编织出二中人最好的时光，汇聚成二中 75 载最美的韶华。和光同尘，与时舒卷，在沈水之阳邂逅二中，是吾辈之憧憬，吾辈之幸运，更是吾辈之荣耀！

2024年3月19日，北京大学元培学院院长、我校89届毕业生、辽宁省高考状元李猛学长进行学习分享，鼓励每一名二中学子“自由探索，向阳生长”。正是沈阳二中75载“大气”之培养，造就了一位又一位“大器”之才。这是对吾侪之激励、之展望、之殷殷期盼。

当我在升旗仪式上宣誓“我是二中主人，我是二中精神”；当我看到祝学军院士、王兴治院士的成就；当我掷地有声地回答“我在沈阳二中读书”，一种自豪感从内心最柔软的角落油然而生，涤荡心胸。诚哉斯言，二中教会我们“诗酒趁年华”，以大气卓越之姿对待学业；二中教会我们“觉知而躬行”，以大气豪迈之姿成就自我；二中教会我们“爱家思报国”，以大气磅礴之姿心系中华。是夜，灯光洒下，灯影飘摇，少年面顾桀骜，燃烧青春，挥斥方遒。一面桌，一张椅，一叠纸，一沓书，数年如一日，这是二中人的坚定，这是二中人的骄傲！

“流金二十载，初心谱华章”二中交响乐团倾情奏响大气之音，复旦、人大等重点大学喜报频传倾力绘就大器篇章……山高水长，路途遥遥，不变的是二中人“踏遍沧浪览平芜”的求索精神，观其长空，万里山河无限。佳日兮辰良，吾校兮桃李芬芳，天高兮气爽，廿载兮盛况辉煌，时人承志，拓新既往，呈七十五载之日月，望数百年之苍茫。鸿鹄展翅，蛟龙腾江，会当击水三千里，志在四方！

回首七十五载，奋斗正当时。八千里路云和月，皆是征途点缀；三万里海楼与阁，亦是征途收获。以大气之名，铸大器之魂，遥亘千里，万古皆明，二中人满怀希望，奔赴下一个春秋，奔赴下一个未来。今日我以母校为傲，明日母校以我为豪，七十五载弦歌不辍，甲辰年砥砺前行。浪遏飞舟日，中流击水时。美哉我大气二中，鹰隼试翼；壮哉我大器二中，盛世翕张！

◎扬帆起航二中梦　求索笃行学子心

文 / 2518 班白金烨、武愉婷、魏子涵

“日月忽其不淹兮，春与秋其代序。”七十五载倏忽而逝，二中始终是历届学子的骄傲。她站在浑河岸旁，孕育国之栋梁，多少艰苦奋斗，多少涅槃重生，多少繁盛辉煌……

忆往昔，峥嵘岁月，繁华竞逐。二中学子以昂扬之姿，谱写了青春最美的画卷。且看他们在春寒料峭之时，凝心聚力，英姿飒爽，一举一动展现青春风采；在绿意葱茏之季，生逢盛世，感恩家国，一音一曲唱出青春华章；在天高云淡之际，奋斗不息，拼搏不止，在赛道上挥洒青春汗水；在银装素裹之时，以安全为伴，展生命璀璨，一颦一笑展示二中最美风采。

每一名二中学子奋力奔跑的轨迹，凝聚成二中浩荡前行的大江大河。23届学姐杨逸桐在高考中取得辉煌成绩；中加班学子勇夺全国花样滑冰锦标赛青年组第四名；88 届校友郭旭当选中国科学院院士，成为五十九分之一……二中取得的辉煌数不胜数。

看今朝，同学少年，风华正茂。无处不在的二中学子，在座位上埋头苦读的你，定是秉承爱国之心，勇担时代重任的；在操场上昂首阔步的你，定是怀揣伟大梦想，决心推动社会前进的；在科学与知识的书海中畅游的你，定是心向国之所需，立志勾勒繁荣家国画卷的。无微不至的二中老师，在校门口迎接每一名学生的您，纵使寒风凛冽，也仍然坚持将温暖的微笑带给大家；在课堂上传道授业的您，纵使身体抱恙，也仍然以汗水浇灌知识之花；在高三百日誓师大会上的您，“要奋斗，高歌少年时”郑重而庄严，以慷慨之语激励学生拼搏。纵使高中生活繁杂辛苦，但每一个二中人都会在这忙里偷闲的片刻欢愉中品得几分乐趣，体味人生之美好安然。耳边高昂奋发的朗朗读书声，眼前师

生融洽的和谐共处情景……点点滴滴，既是骄傲，亦有感动。

展望眼，大风泱泱，大河滂滂，二中师生大气成就大器，奋斗铸就荣光。“问题起于当下，答案则在未来。”星霜荏苒，韶华如驶，75 载已逝，能否赓续千秋佳绩，于高考之没有硝烟的战场斩关夺隘，吾辈当做好掌舵准备。“少年何妨梦摘星，敢挽桑弓射玉衡。”身为二中人，孜孜不倦，永攀学业高峰是我们的使命；彬彬有礼，修身养性立德是我们的责任；面面俱到，提升综合素质是我们的实力；星星之火，传承大气浩荡是我们的底气。

“芳林新叶推陈叶，流水前波让后波。”且看，二中这座 75 载底蕴的学府，正以其崭新的姿态，迈向更加辉煌的未来。这是你的力量，我的力量，是教育的力量，是时代的力量！东风得势，时代更新，趁此机会奋勇前行，美好的未来就在前方，75 年光阴终将化作鲲鹏之力，书就新时代二中之旷世传奇！

◎自信自强心骄傲 大气成就二中人

文 / 25 届兴治班李睿扬

沈阳二中，屹立于奉天之地，是一所具有卓越教学质量、优美校园环境、深厚文化底蕴，始终熠熠生辉的省重点高中。它以“大气成就大器”的校训哺育着一代代莘莘学子，为祖国的进步作出巨大贡献。这所拥有深厚历史底蕴的学校，以卓越的教育质量、雄厚的师资力量、优雅的校园环境、丰富的文化内涵、多彩的学生活动、显著的社会声誉以及辉煌的未来展望，赢得了广大师生和社会各界的赞誉。

我骄傲，我是二中人！

历久弥新，自信自强，它以骄傲的姿态，书写耀眼的辉煌。创办于 1949 年，它是新中国第一批省立重点高中之一。沈阳二中这个名字在辽沈大地上响彻云霄，她不仅是知识的殿堂，更是人才的摇篮。她以其严格的管理制度、优质的教学资源和独特的教育理念，为社会培养了一批又一批的杰出人才，他们自强不息，追求卓越，在各个领域、各条战线取得了突出成绩，作出了巨大贡献：中国工程院院士王兴治、高金吉；中国科学院院士祝学军、郭爱克……他们的名字至今为二中学子传颂。

名师铺路，前途明亮，它以雄厚的师资，讲授世界的多样。君可见敬业爱岗、团结一心的老师，用辛勤和汗水，铺就学子脚下的道路；君可见学识渊博，经验丰富的长者，用智慧和热情，激发学子探求未知的渴望；君可见慈祥关爱，热情耐心的师长，用直尺和粉笔，勾勒学子未来的画卷……在这里，我深刻地体会到了“传道授业解惑”的师者风范，感受到了优秀师资队伍的力量。“春蚕到死丝方尽，蜡炬成灰泪始干”是每位教师矢志不渝的人生追求。

清新自然，恬静典雅，她以优美的舞姿，呈现现实的华章。走进沈阳二中的校园，你会被这里的美景所震撼，她犹如一颗璀璨的明珠，镶嵌在繁华的沈阳市。校园内绿树成荫、花香四溢，这里既有现代化的教学楼、实验室、图书馆等教学设施，又有宽敞的运动场地和舒适的休息区，建筑风格独特，古朴典雅与现代气息合二为一，仿佛置身于一幅天然的水墨画中。在这里，你可以感受到浓厚的学习氛围和青春的气息，也可以感受到自然与人文的和谐统一。

劳逸结合，丰富多彩，它以欢乐的活动，挥洒学生的笑脸。学校的课程设置丰富多样，有严谨的学术课程，有丰富多彩的课外活动。艺术节、音乐会、戏剧表演，为学生提供了一个展示才华、交流思想的舞台；运动会、文艺会演、演讲比赛，让学生充分展示自己的才华和风采。此外，学校还注重传统文化的传承和弘扬，开设国学课程、举办传统文化讲座，让学生深入了解中华优秀传统文化的内涵和价值。这些课程不仅拓宽了我们的视野，也让我们在实践中锻炼了自己的能力，丰富了课余生活，培养了创新精神。在这里，我们学会了如何担当责任，如何关注社会，如何成为一个有情怀的人；在这里，我们学会了如何面对挑战，如何与人合作，如何成为一个对社会有用的人。

沈阳二中，凭借其卓越的教育质量和丰富的教育成果，赢得了广泛的社会认可和赞誉。现在的沈阳二中，已成为辽宁省乃至全国知名的品牌学校。我始终怀着感激与骄傲之情。是您给了我知识，给了我成长的舞台，也给了我一生的眷恋。待到吾辈鹏程万里之时，欣然回望过去的岁月，您的光芒依旧能照亮我们，指引我们，向着成功与未来，充满动力地进发！

我要赞美沈阳二中，她是我人生中的一座丰碑，也是我心中永远的骄傲。我相信，在未来的日子里，沈阳二中会继续发扬光荣传统，培养更多优秀的人才，为社会的进步作出更大的贡献。

您是我心中永远的灯塔，照亮我前行的道路。无论我走到哪里，都会铭记您的教诲，传承您的精神。愿您永远繁荣昌盛，明天更加辉煌灿烂！

◎二中，许我一个未来

文/25届中加班王嘉扬

在我整个的少年时代，沈阳二中在我的心中是梦一样的存在。直到2022年我考进了二中来到了中加班，今年又荣获国家级运动健将称号，我更加坚信了妈妈告诉我的那句话：“一直坚守梦想，万一梦想实现了呢！”

在沈阳二中的高中生活中，我深刻体会和感知到“大气成就大器”校训精神的强大感召力。中加班融汇中西，追求卓越的校园氛围，为我打开了一扇通向更广阔世界的大门，为我创造了更高端、更前沿的成长平台。得益于二中素质教育和特色教育的培育，我获得了更加全面的发展。我的家庭非常看中与沈阳二中教育理念的契合与共振，特别是学校对于学生优良习惯的养成训练，更是切中了爸爸妈妈对我的内心期待。回顾自己的经历，我坚定认为正向的成长根植于正确的三观，正确的三观生发于健康的性格，而健康的性格必积累于日常良好的行为习惯。这一切，都在我的家庭与学校双方密切的互动与配合中，不断开枝散叶。

人的一生虽然漫长，但关键处只有几步。高中这一人生的关键处，我有幸踏入二中，感恩母校给予我的不仅是素质的教育、人文的教育、全面发展的教育，更是“立大志，勇担当，善自律，敢拼搏”的人生信念。

不负自己最美好的青春韶华，珍惜二中开放的人生成长平台。在最优质的教育环境中获得自由的发展，在奔向未来的征途上追求无限的可能。

亲爱的二中，许我一个未来吧！

◎沈阳二中赋

文 / 2604 班柏一铭

神州之北，沈水之阳，泮宫以百数矣。然伫而弥精者，一家之敬。凡七十五载者，亦复其名。汉卿之志，鼎堂之铭；释褐之盛，通术之灵。共二中之行举，为学者之迎倾。

夫二中之自然，成一体也。高阁楼台，翠坪云道，更有幽圃、石径、瀑泉之属，皆安无机之世，多依画意。其间清景，甚以松、桃为誉。

瞻群松之直立，衿于九霄之外，茂于四时之间。虬龙盘梁，作皇脉之入地；青凤翱云，如翠盖之遮仙。苍苍其姿，度滕六之霜法；劲劲其态，胜列缺之雷鞭。是故无失本道，联与天永，孤共尘言，妙无形之圣律，恍无声之《韶》《咸》。至于桃树，尤盛于四月矣。无言以对，无实以表，故强述其国色：若瑶池之碎玉，比洛女之出波；仿彤云之映日，胜始皇之行车。赢赢然仙葩不堪负状，熙熙然思潺灿化流涡。历月之末，落英絮雪，柔云绸而多盈，芳妆粉而少媚，是为极品。拥台而上，极目而望，袒舞春娘，缦矗三方，一艳一峻，一柔一刚，相映成趣，互秀益彰。

呜呼！吾处二中，半载有余。铭魂镌魄，自感异矣。记其寻常之日，崇光清荣，治礼硎元；朗朗估毕，应和雀喧。对浩意如潮涌，化青气湛云天。恰为少年，尚撰风华；勾挑龙蛇，缣缃幻花。仲尼之坛，不与赵括之辈；高塾之境，但无庸琐之麻。身会春老，心惜晨阑；曦斥书郤，影覆毫端。自陶流墨，焉认清阴之转；更攀仙桂，恰比龙虎之蟠。

至于宙敛徂晖，落日熔金而云合璧，暮霞迸彩而影飘忽。肴后漫步，息挟跃芒。心疑紫府，身向求羊。肥燕过户，营垒成双；松鼠梭林，落木绕廊。暂疏牍简，不持兔毫；眸映鹅雪，耳闻松涛。三两成欢，同窗可恣年少；只身豫游，余暖正催逍遥。上染穹空，下漫玄黄，醉万物之醺然；松桃交辉，师生共适，痴二中之垂晚。

夜曾自习，室寂无声，或薪或槱，或类或征。此则二中之求俊扬者也。浮薄无取，业止曳白，志惛而浅，袜线之才，此则二中之鄙不待者也。及日事毕，温深思远，正身执案。自有夜息如纱，牵宿勾蟾，浮动昏皀，映人之灿。其神可遨九霄，其魂亦使汗漫，是夜有穷而学无尽也！更待铃听，辞二中也。望则清辉逾依，乘云槎而探八表；感则飞廉畅怀，上广寒而聚良宵；归则酣闲忘机，冥寰宇而肆卦爻；梦则万物太虚，语恒娥而共宴笑。噫！此为二中之曰也。

或有言曰："其政亦非苛乎，其身亦非倦乎，恶有异耶？"喟而驳之："灵精之存，性品之长，尤在外制，而非内务。夫外制者，桃李之蹊而已。文学未死，化清泉焉。润魂载志，岁有三十。骚客君子，文曲之材，松柏之质，经纶行止，可作传说，可就诗词。于古于今，何妄一同之痴？"复答之："学习之务，神州之统，非一家之所重；遥思洪荒，长窥鸿蒙，皆劳苦之先通。凡鳞跃户，作蛟龙矣；病禽浴燚，化凤凰矣。至于元龟，安禄尘坌，而不知其道矣。"

是故余谓二中：多五凤之楼手，少一丘之蛮氓；多八叉之苗雨，少九回之愁肠；多琬琰之天质，少风月之红妆；多华衮之灵性，少赤帛之文章；多天文共对地舆之论客，少庠序乱流褊材之书郎；多大气成就大器之德矩，少小人不施小仁之谬纲。

◎二中大气磅礴成大器　吾辈赤心昭昭奔前程

文 / 2605 班蒲书涵

当第一次走进二中教学楼，我的目光便被墙壁上“大气成就大器”几个字吸引，不由得想到“一丈夫兮一丈夫，千生气志是良图”这句话。果然，不久后，我就体会到校训落实在每一个角落，源远流长且含义深刻了。

若问我首先想谈及二中的什么，必不可少的是七十五载韶光流转中的杰出校友。看到他们的事迹，想到他们也曾在广阔的校园中留下足迹，我便着实会为成为二中的一分子而感到荣幸和骄傲。著名的王兴治和祝学军院士把最宝贵的年华奉献给国家，于荆棘里拓荒，于风雨飘摇时代造炬成阳，诠释了二中的风范，是立于我辈心中的榜样。读完他们的故事，我满腔热忱，私以为应继承他们的丹心与担当。“数载光阴弹指过，未应磨染是初心”，作为二中学子自当背负青天而莫之夭阏，胸中肝胆常热，屡践文魄书魂。

“与有肝胆人共事”，这是周总理青年时期所写，而这也是我来到二中后切实发生的。同学们都曾谈及过自己的志向，了解后发现大家不愧为二中学子，胸怀大志，矢志不渝。记得一位同学曾说，他要立志成为科学家，为国家作贡献。我认为这与周总理所言的“为中华之崛起而读书”不谋而合。终日乾乾，二中学子不做不问世事、空读书卷的书呆子，而是做有温度、持浩然正气的向上青年。

“羡子年少正得路，有如扶桑初日升。”扶桑晔晔，吾辈生逢其时，重任在肩，自当不负殷殷期盼，有所作为。君可见：二中弥漫卷卷书香，百千学子竞昂扬；百叶梧桐繁茂生长，沉浸书声琅琅。今日的我们翻开书本，仍能提起王维曾当百万雄师之剑，仍能载过张岱小舟轻逝的浪漫与自由，乘上东坡一点浩然正气下的千里快哉风。“且将诗酒试新茶，杯酒趁年华”，我们仍能在今日行着前人之路，于潮头再创新高，仍能披上名为“二中学子、中华青年”的美丽衣裳，仍能书写中华崛起的苍劲之笔，放出二中“大气成就大器”的荡气回肠……

青年如我，云程发轫，行远自迩。浪遏飞舟日，中流击水时，以朝乾夕惕的斗志，菁菁茁茁携手并进，做二中大气学子。

◎细节彰显大气

文 / 2606 班关佳依

一片夕阳透过走廊尽头的玻璃窗投射在地面，闪动在铁柜一角，金红色的光影惊艳了双眸，在心底激起层层涟漪。在高三教室里传出的讲课声中，过往的回忆，就这样涌来……

光线如水，人影匆匆。走廊的一角，保洁阿姨傍栏而坐，沉浸在桌上的书本之中，如置身于无人之境。一支笔、一个笔记本放在桌旁，或许写满了她心中的感悟。一种敬畏，镇住了前行的脚步。对知识的热爱与追求，似一阵疾风，冲开薄云的遮蔽，明亮的阳光直射眼中。返回教室，万物明净，已是别一番意境。感谢那个身影，于无言中，于细微处，彰显大气。

暮色深沉，心亦深重。晚自习的课间，我放下作业走向走廊，只顾低头赶路，作业中的困扰如若巨石，压在心头。恍惚间，似有一丝哼唱传来，如丝如缕飘入耳中，不热烈却明朗，不嘹亮却坚定，让我忆起世间所有的温暖。抬头，只见保洁阿姨凭栏而立，稍倾首，在哼唱中淡然凝望着夜色。灯火不明，夜色笼罩了她的身影，但那身影却清晰地刻在了我的记忆里。那一刻，读了很久的诗句毫无预料地浮现："你站在桥上看风景 / 看风景的人在楼上看你。"无需言语来解释了，那个身影足以诠释一切。心中的巨石早已不见踪影，感谢那个身影，于旋律中，于细微处，彰显大气。

时间翻过旧年的篇章，我又遇见了许许多多这样的身影。上课时门板无声一转，一杆拖把毫不容尘，拖净门前每一寸地砖；考试间隙，去卫生间的路上，一句"别急"，一句问候；午时的阳光里，食堂门前的队伍中，一只彩色的毽子灵巧地跳跃……她们伴我们走过寒冬，走过枝头静寂苦苦期盼的日子，走向春暖花开去看那一树树盈白的芬芳。她们宛若梦境，宛若那些身影的故事，令我怦然心动。

我曾将一个橘子画上那身影的笑脸，写上感谢，放在保洁阿姨的书本旁。我不知道这能否表达我对她的敬意，或者说对整个二中的敬爱，但我确切地意识到，二中的大气，彰显在每一个角落，每一个二中人身上，它不止于理论，不拘于形式，是真真切切地落实在我们的生活中，日复一日地将我们浸润的。我明确地知道，在这种浸润之中，我应当认真感悟这份大气，传承这份大气，全力培养肩负这份大气成就大器的能力。

来到二中，遇到这样的人，赶上这样的机会，我很幸运，我很骄傲。

◎骄于大气

文 / 2611 班唐子翔

二中何以为骄？

骄于其景，骄于其人，骄于其情，骄于其大气。

浩渺之园，四季各色。春如繁芳，盎茂勃然，雪绯缀枝，艳满晖下，荣荣清悠，翠覆新土，暖楼前各树，醒醉梦鸳鸯，脆鸣叠响，唤里益绿，容彻彩明；夏如灿星，赤而不灼，盛而不冗，故蕴其明，散千里之光，耀七十五年，邃含阔境，硕久无衰，绽无岁之旭意，凝无境之峦巅，明夜之所无明，柔日之所未柔，随风轻拂，与波倒影，幻然其间，若梦银河；秋如瑟风，萧清阔浩，壮绮园之纷斓，寂休夕之媚华，荡起默落，叶散随风起，风尽伴叶终，叶风相存，人园亦如此，风之大气，叶之佳曲，共作华章；冬如净雪，清而不凄，皎于天地，似晶无瑕，觅苍茫之径，踏无印之涉足，寻往无止，故变之，覆雪无休，为不变，冬向晚，焕新容，新非复迹，景明化忆。二中之园，园中之景，其景为园，其园即二中，浩渺于天地，微之方圆而浩之意无穷，此谓之大气。

学理尚明，师重师道，校治宜然，学子亦向之所学。三寸讲台，而至高德，百方之地，献与学子。一思一问，读典阅经，解天下之大问，精术业之百科。倾明万顷，奉献穷生，乘明而生，续耀辉煌。如爱其子，不辞艰辛，永念蒙思，同馈家国。千百名师，万家桃李，一世之师德，世世之福休。望此万家灯火明，万家回望谢惠思，烛光较日试高下，续烬恒燃火长明，此谓之大气。

情缘于景而出之于人，安而情悦，景呈欣意，满目如画，于悠之豁境赴心之所赴，于清之徐风会生之所会。纵寻之所无寻，知之所未知，悟之所未悟，亦怀荡浩之心，世无无挫之途，而有无挫之心。无念所过，而思所误，弗揣所往，而作以为忆，此谓之大气。

二中何以为骄？

骄于其大气，骄于其大器。

◎未冠随古稀　前途未可量

文 / 2611 班周轩名

古稀而沧桑，年少应有为。二者相合，未来无限。砌于地上的楼，皖玉色的路，是无法忘记的，但其中日月的点点滴滴，才是我心之所向，热爱之处。

骄而不傲，爱而不媚，是我心中二中人共有之情。一年前的岁月里，受邀来到一所校园参观，讲解内容已有八九分模糊，隐隐留下的，是一丝印象，一句“二中的校园布局与我校相同”。已五六年未走近五爱街，不知二中是怎样一番光景，我第一次对她产生了好奇。那时，是春光烂漫在大地之时。琅琅书声，头脑风暴，已有几月二中生活的我已慢慢适应了她。我喜欢她的风格、她的校训，与其中的同窗。我也惊叹于她的辉煌，她的大气，与颇有成就的学长。但我对她之骄，对她之爱，哪里只拘于反复提及，向过往同学描述二中的一切。我想象春天的露水——细无声，只因她深得我心之处，不于成绩，不于风景，而于自然与氛围。融于自然，物我合一。学术研究，人人皆醉于研。希望，理想，古稀之年，她越发前程无限。

骄之故事，爱之故事，隐于平凡的日子里。一节节课，一位老师走后，转瞬即逝的课间过后，另一位老师迈上讲台，传知授教。伴随着休息，人文素养教育也随之开始。在这溪水般的日子里，耳濡目染，陶冶之下，未冠少年的人格受到了启迪，她似一位饱有经验的画家，画龙点睛，骄之所在，有灵魂的人在她笔下诞生，重修养，而非各种虚无的评判方式。走过不足一年的时光，我骄于她，这时，是细雨飘飘时。

望其成龙，未来永无限。自然，朴素，修养，气宇，二中未来之路，漫漫且远。她迈入古稀之年，滋养下的，是一群少年，未曾改变。她带给少年以前程，少年与她以活力。走在林荫小路上，脚步带给泥土回应，孤身一人，也不孤独。恰如她未来岁月，纵使浪高风急，未冠与古稀相助，未来未可量。有骄傲，有热爱，那就有高远的未来。不知何年何月，春光烂漫抑或春雨淅沥，她又会重现于我心。

平凡的日子里，有非凡的经历，纵使前路未知，也未曾迷茫。为她而骄，也热爱于她，也许有不知多少个古稀之年她还要度过，树可活千百年，她也不会老去。七十五个春秋，七十五群少年，她陪着我们，岁月长流，细水无声。

◎二中之味乃清欢

文 / 2615 班龚依心

沈水澹澹，薄浅的水雾将大地与树木隔离得很远很远，在这喧闹的街巷里，有一所学校鲜明而宁静地矗立着，永远向着阳光的一面。

追忆曾经，她也有过万千个朝日的辉煌，我未曾一睹那华丽的光荣榜，只是从上代人的述说中听闻罢了。

“可是现在它……”那随社会舆论思考的，应是耳塞眼闭的人。大约可称得上是“峣峣者易缺，皎皎者易污”之类。我无暇反驳，亦不愿以沉睡雄狮之词礼赞。比起硕果累累的精英教育，二中，真正令人骄傲的，是平淡中的美好、生活中的清欢。

不论春冬何季，朝暮何夕，我眼中的二中，她总是一幅半舒半卷的画卷。如今正是盈春时节，草丛的嫩芽外，最先于高处开放的是桃花。是春风追赶着落花，是春雨洗净了树枝，是晨时窗畔回响的书声琅琅。

烈日当头，朔风袭面，绿荫场上奔跑的身影，不被限制了，散发着青春沸腾的气息。暮至，月光下的叶片又瑟瑟抖动，透过缝隙，是未来看似遥遥无际，却闪着金光。早出晚归，我中学的每一天，那样平常。这处处蕴藏勃勃生机的一方天地，枯燥间点缀着喜悦。

倘若谈谈二中所谓骄傲，不得不提及教师了。曾闻教育的本质不是灌输，而是点燃火焰，是一棵树摇动另一棵树，一朵云推动另一朵云。脑海曾幻想过，高中的讲堂，必定是乏味而严酷的。可我的学习中是充盈着欢声笑语的。当老师将天书中的数理化，执着、耐心地化为扬扬粉笔灰倾泄而下，知识悄悄溜进我意识的一刻，便早已闪着神圣的光了。温和、轻柔，我乐于觉察，老师授课中可爱的微笑。

她有闻名遐迩的功绩，是“女版钱学森”的诞生，或是名为“沈阳二中站”的地铁，似乎均可细来重墨描绘的。

浅水是喧哗的，深水是沉默的。

不是名利与功绩，她偏要争得一二；也不是荣耀与璀璨，我定要屡屡大谈。我并非天之骄子，也自不高求她在大众和社会的疑视下变得完美无缺。

我爱的是不停旋转的吊扇转动声，沙沙地划过试卷的纸笔声，漂亮校服传出的笑语声……

我骄傲的是她在舆论中扬起风帆、记录我流淌的青葱岁月，默默地带领我驶向前途的汪洋。

潮退时安息，潮涨时迎风而乘兴起舞。我愿二中做一轮白昼的月，不求炫目的荣华，不淆世俗的潮浪。今日，二中清欢中承载风雨的大气、坦然中不变育国栋梁的大器，我定会以二中为傲。

◎蓦然回首　七十五载　芳华依旧

文 / 2617 班王艺儒

一、序

你要写二中，就不能只写二中。

要写恩师的谆谆教诲、辛勤付出；

要写作业批语中字里行间的殷殷切切；

要写夏日柳枝、秋日杏叶、初春花绽、寒冬飘雪；

要写云淡风轻的午后，日光洒入主楼，青春活力的景象落入眼眸；

要写风雨沧桑、峥嵘流转的七十五载，大气成就大器，光芒万丈，造就辉煌！

我常落笔于你的“眼角眉梢”，从岁寒到春晓，从盛夏晚晴到秋来杏叶烧。暖风过境，春意料峭，即使这样也写意不了你的多娇。娇而骄，沈阳二中，令我一生骄傲的地方！

二、韶光流转，七十五载栽得桃李满园

1949 年新中国诞生之际，沈阳二中于辽沈大地上巍然耸立。二中人弦歌相继，扬帆远航，春华秋实，初心不改，75 年来为社会各界培育了一届又一届的优秀人才。他们如今遍布五湖四海，或成为业界翘楚，或收得美名四方，或成为国之栋梁。56 届校友王兴治现为中国工程院院士，中国反坦克导弹领域的开辟者和领军人物；59 届校友郭爱克为两院院士，生物科学领域的领军人物……不计其数的校友征帆万里，弄潮沧海，响应祖国号召，推动时代风潮，成为二中的骄傲，也成为一代代二中人的骄傲！

三、彼岸花开，青春年华陪我前行之人

如风，是炽热的眼神。

方阵罗列在赤红跑道，豆大的汗珠涎在下颌，呐喊着初来乍到的满腹热忱。那天烈日灼灼，笔直的军姿使我挥汗如雨，每当我疲惫想要放弃之时，是班主任传递给我温柔却炽热的眼神，眼眸间溢满信任与鼓励。清风徐来，吹散了那股热浪，但它又化作坚定信念，汇于我心。炽热的盛夏，您是清凉的风。

似茶，是温暖的阳光。

凛冽的冬，户外的风肆意宣泄。我端坐在教室中，时钟的嘀嗒规律地跳动，限时训练的紧迫压在我心头。随着时间的流逝，我的呼吸越发沉重，冰冷的双手，慌乱地书写，抑制不住的颤抖，使我慌乱。清脆的铃声迫使我停下笔，而后于我灰心之际，一杯热茶轻放在我身旁，“刚泡好的，趁热喝”。一杯茶，和几句简短的安慰，让寒冷的冬天逐渐温暖。茶香四溢，沁人心脾。刺骨的冬中，一杯热茶是寒冬的暖阳。

若雨，是心安的身影。

初春，积累了一个深冬的生气喷薄而盎然的春里，娇媚的细雨悄然而至。来往的师生，杂乱的泥印，充盈着泥土的湿腻。您静静打扫，我未看到您的面庞，但那蓝色的背影令我莫名的心安，因为我深知，是您在背后默默付出，为我的学习生活保驾护航。朦胧的春中，您是淅沥的春雨。

四、四季更迭，莫过于秋意正浓洒金光

如果说二中的春天是珠圆玉润的小诗，夏日是管弦嘈切的歌剧，而秋天是一篇优美的神话，富于想象，更富于色彩。

最美的秋也莫过于二中的秋，小径两侧的银杏树随着季节的变化而转变。从嫩绿到深翠，从金黄到赤红，最后到晚秋的缤纷色彩。在秋日的阳光下，叶子如宝藏般闪烁。当微风拂过，叶片缓缓而落，铺出了一条金黄的小路。只言

片语不足以描述它的亮丽，用相机记录便是最好的选择。

自古逢秋悲寂寥，我言秋日胜春朝。秋天让众多人悲伤，不明方向，于抉择中迷惘，在追求中跌撞。充满爱的校园中，于暮色微合、天色将倾之时，师生漫步在前往食堂的路上，伴着满天霞光，心晴于拂晓，与秋风同行，不再迷惘。秋景虽有些许悲伤，但二中的秋永远能让我与愁作别，奔赴满天星光。

五、尾

你的身影穿梭过七十五载光阴，栉风沐雨，抖落一身星霜。在峥嵘岁月里谱写灿烂华章，潮起潮落，见证沧桑过往。以宽广的胸襟包罗万象，寒来暑往，孕育桃李芬芳。你将群贤汇集，共赴璀璨的星途；把星火传递，不啻微芒觅曙光。你积历史之厚蕴，创今朝之辉煌，与祖国同龄，与时代共进。你让无数二中人骄傲地说出你的名字，乘风浩荡，继往开来续新章。

后 记

临别依依，言语万千。思绪飘飞，意蕴深长。我们惊叹于掌舵者的挺膺而出、担当重任、理念超前、卓越创新；感动于奉献者的心怀赤诚、培根铸魂、凝心聚力、同心筑梦；钦佩于奋斗者的不畏路远、不惧浪高、奋力攀登、勇锐前行；动情于寻根人的不忘初心、不负韶华、感恩奉献、回报母校；激越于追梦人的胸怀远志、手握蓝图、无愧时代、无愧青春。

这样的沈阳二中，我们怎能不爱她！

沈阳二中是一座彼得潘的梦幻岛，这里的少年青春韶华。有“敢教日月换新天”的勇力，有“鹏程万里翱天际”的豪情。他们把青春注入琅琅的书声里，置于安静的教室中，挥洒在广阔的操场上。他们一路笃定奔跑的身影，就是二中最美的风景。

沈阳二中是一座治学者的伊甸园，这里的园丁初心永驻。他们默默坚守在岗位上，步履不停、倾情奉献，用汗水和付出培根铸魂，以责任和担当潜心树人。用一腔爱、一支笔，跋涉一场知识苦旅，从青春到白发，愿心归处尽芳华。

这样的沈阳二中，我们怎能不爱她！

回首过往七十五载芳华之路，二中让无数肩膀扛起更高远的家国担当；教会莘莘学子树立实现自身价值，成就更好自己的远大理想；承担厚植家国情怀，不负时代的历史使命；传递堪当民族复兴重任的时代新人的社会担当。

展望未来五湖四海嘉友如云，二中人定会时刻铭记“大气成就大器”的校训，秉承誓词中“自信自强，自省其身”的准则，怀抱“今日我以二中为荣，明日二中以我为傲”的决心与志气，身披战袍，扛起战旗，书写二中未来画卷上浓墨重彩的辉煌篇章！

这样的沈阳二中，我们会永远爱她！

墨韵书香，一纸情深。用一本书，我们写下深爱的沈阳二中，我们写不尽对沈阳二中的深爱。